W0266813

MER DE
NORVÈGE
Tromsø
NORVÈGE DU NORD
TROMS
Bodø
NORDLAND
NORD-
TRØNDELAG
AKERSHUS
TFOLD
OLD
0
200 km
LA NORVÈGE DU
NORD ET LE SVALBARD
Pages 196-215
LE TRØNDELAG
Pages 182-195
LA NORVÈGE
DE L'EST
Pages 120-137
AUTOUR DE
L'OSLOFJORD
Pages 106-119

GUIDES VOIR

NORVÈGE

GUIDES VOIR

NORVÈGE

HACHETTE

HACHETTE

HACHETTE TOURISME
43, quai de Grenelle, 75905 Paris Cedex 15

DIRECTION
Nathalie Pujo

RESPONSABLE DE COLLECTION
Catherine Laussucq

ÉDITION
Jennifer Joly

TRADUIT ET ADAPTÉ DE L'ANGLAIS PAR
Marianne Bouvier
avec la collaboration d'Hélène Bertini et
Isabelle de Jaham

MISE EN PAGES (PAO)
Anne-Marie Le Fur

CE GUIDE VOIR A ÉTÉ ÉTABLI PAR
Snorre Evensberget, Alf G. Andersen,
Hans-Erik Hansen,
Tine Flinder-Nyquist et Annette Mürer

Publié pour la première fois en Grande-Bretagne en 2003,
sous le titre : *Eyewitness Travel Guides : Norway*
© Dorling Kindersley Limited, Londres 2006
© Hachette Livre (Hachette Tourisme) 2007
pour la traduction et l'adaptation française
Cartographie © Dorling Kindersley 2006

Tous droits de traduction, d'adaptation
et de reproduction réservés pour tous pays.
La marque Voir est une marque déposée.

Conformément à une jurisprudence constante (Toulouse, 14.01.1887),
les erreurs ou omissions involontaires qui auraient pu subsister
dans ce guide, malgré nos soins et les contrôles de l'équipe de rédaction,
ne sauraient engager la responsabilité de l'éditeur.

IMPRIMÉ ET RELIÉ EN CHINE PAR TOPPAN PRINTING

DÉPÔT LÉGAL : 70912, janvier 2007
ISBN : 2-01-240624-6
ISSN : 1246-8134
Collection 32 - Édition 01
N° DE CODIFICATION : 24-0624-7

Aussi soigneusement qu'il ait été établi, ce guide
n'est pas à l'abri des changements de dernière heure.
Faites-nous part de vos remarques, informez-nous
de vos découvertes personnelles : nous accordons
la plus grande attention au courrier de nos lecteurs.

Vue sur le Geirangerfjord

SOMMAIRE

Gokstadskipet, bateau viking vieux d'un millénaire *(p. 84-85)*

◁ **Le Nærøyfjord, un bras de l'Aurlandsfjord, dominé par des montagnes abruptes**

Oslo quartier par quartier

Couronne nuptiale provenant du Hallingdal *(p. 24-25)*

La Norvège région par région

Les bonnes adresses

Kransekake, un gâteau de fête

Skieurs adossés à un chalet de Trysil, Norvège de l'Est

Renseignements pratiques

L'église en bois debout de Borgund *(p. 176-177)*

Comment utiliser ce guide

Ce guide a pour but de vous aider à profiter au mieux de votre séjour en Norvège. L'introduction, *Présentation de la Norvège*, situe le pays dans son contexte géographique, historique et culturel. Dans les chapitres consacrés à Oslo et aux six régions du pays, plans, textes et illustrations présentent les principaux sites et monuments. *Les bonnes adresses* vous informent sur les restaurants et les hôtels. Les *Renseignements pratiques* vous offrent des conseils dans tous les domaines de la vie quotidienne, depuis les transports jusqu'à l'étiquette en passant par la poste ou la banque.

Oslo

Le centre d'Oslo est divisé ici en trois quartiers. À chacun correspond un chapitre qui débute par une liste des sites à découvrir. Un quatrième chapitre, *En dehors du centre*, aborde notamment les faubourgs de Bogstad, Frogner et Toyen. Sites et monuments sont clairement signalés sur un plan grâce à des numéros correspondant à l'ordre où ils sont présentés par la suite.

Un repère rouge indique les pages concernant Oslo.

Une carte de situation montre où se trouve le quartier dans la ville.

1 Plan général du quartier
*Un numéro signale sur ce plan les sites et monuments intéressants. Ils figurent également dans l'*Atlas des rues d'Oslo, p. 98-103.

Le quartier d'un coup d'œil classe par catégories les centres d'intérêt du quartier : églises, musées, bâtiments historiques, parcs et jardins, etc.

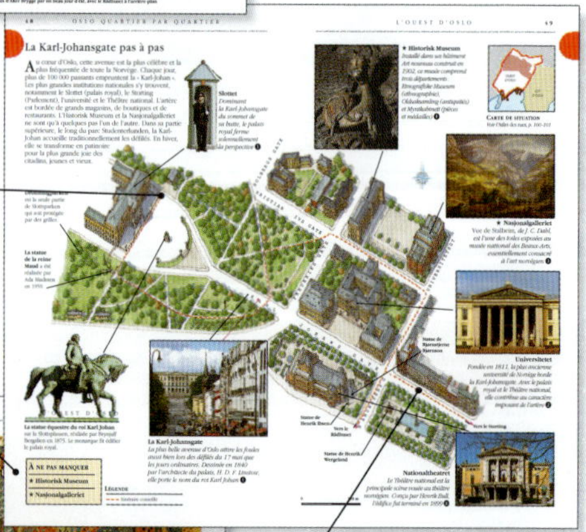

2 Plan du quartier pas à pas
Il offre une vue aérienne détaillée de chaque quartier.

Des étoiles précisent les sites à ne pas manquer.

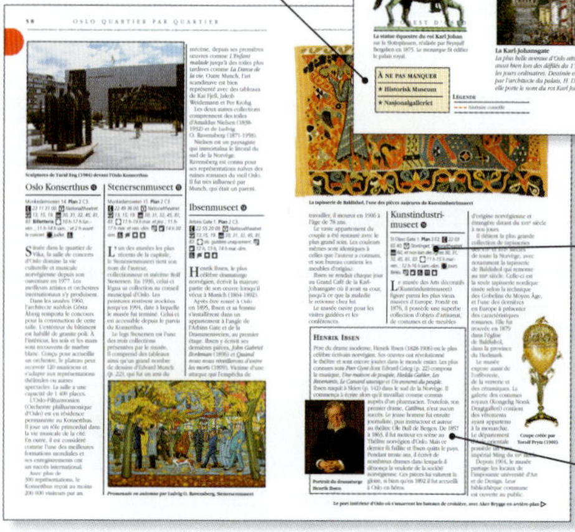

Un itinéraire de promenade est proposé en rouge.

3 Renseignements détaillés
Les principaux sites d'Oslo sont décrits individuellement. Adresses, numéros de téléphone, heures d'ouverture, moyens d'accès et autres informations pratiques sont également fournis.

Des encadrés développent un thème en rapport avec le site.

La Norvège région par région

En dehors d'Oslo, la Norvège a été divisée en six régions, qui font chacune l'objet d'un chapitre séparé. Sur la *Carte régionale* fournie en début de chapitre, un numéro indique les localités et les sites les plus intéressants.

1 Introduction
La présentation des paysages, de l'histoire et de la spécificité de chaque région montre son évolution au cours des siècles et ce qu'elle offre aujourd'hui au visiteur.

Des repères de couleur *(voir premier rabat de couverture)* permettent d'identifier rapidement chaque région.

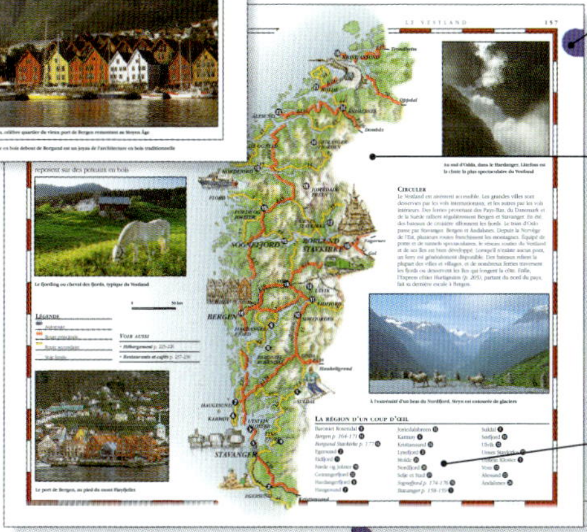

2 Carte régionale
Elle offre une vue d'ensemble de la région et de son réseau routier. Les sites importants sont numérotés et des indications pratiques facilitent vos déplacements en voiture ou en train.

La région d'un coup d'œil
répertorie tous les sites présentés.

4 Renseignements détaillés
Les principaux sites sont décrits un par un, suivant la numérotation de la Carte régionale. *Pour chacun d'eux, des informations détaillées permettent de connaître les bâtiments et monuments dignes d'intérêt.*

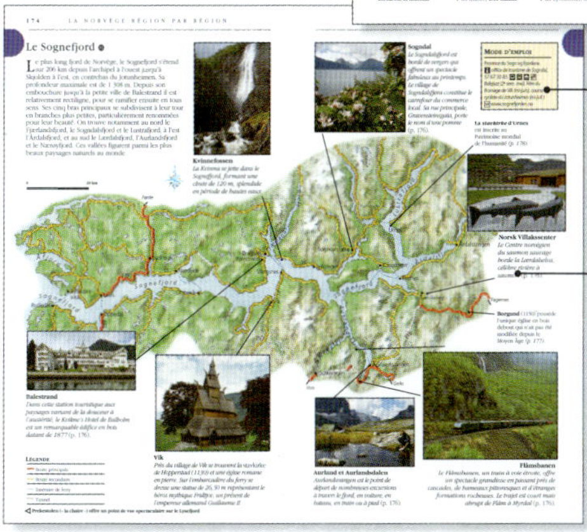

Le mode d'emploi regroupe des renseignements pratiques qui vous aideront à préparer votre visite.

5 Les principaux sites
Des cartes permettent de découvrir les parcs nationaux. La représentation en coupe des édifices en dévoile l'intérieur. Les plans des musées sont fournis par étage. Pour les villes importantes, un plan signale les plus beaux monuments.

Présentation de la Norvège

La Norvège dans son environnement

Avec une superficie de 324 219 m², le royaume de Norvège figure parmi les plus vastes pays d'Europe. Lindesnes, son point le plus méridional, se trouve à la même latitude que le nord de l'Écosse. Son extrémité septentrionale, près du cap Nord, se situe à 71° 11' 8" de latitude N. Le littoral, bordé par le Skagerrak, la mer du Nord, la mer de Norvège et l'océan Arctique, atteint 20 000 km de long. Grâce au réchauffement provoqué par le Gulf Stream, la majorité du pays est habitable. La Norvège compte 4,5 millions d'habitants, parmi lesquels 500 000 vivent à Oslo.

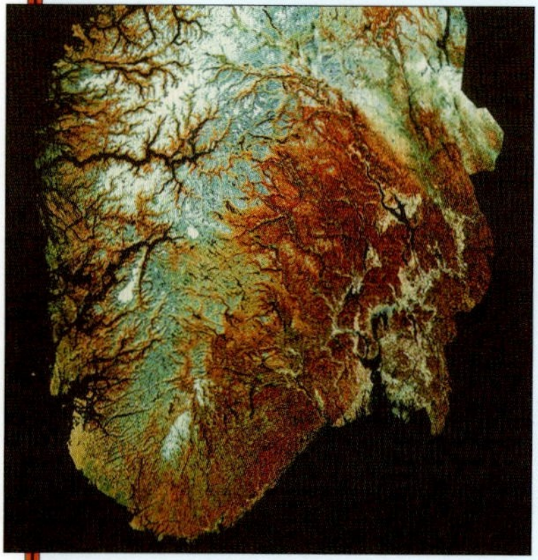

Photo satellite du sud de la Norvège

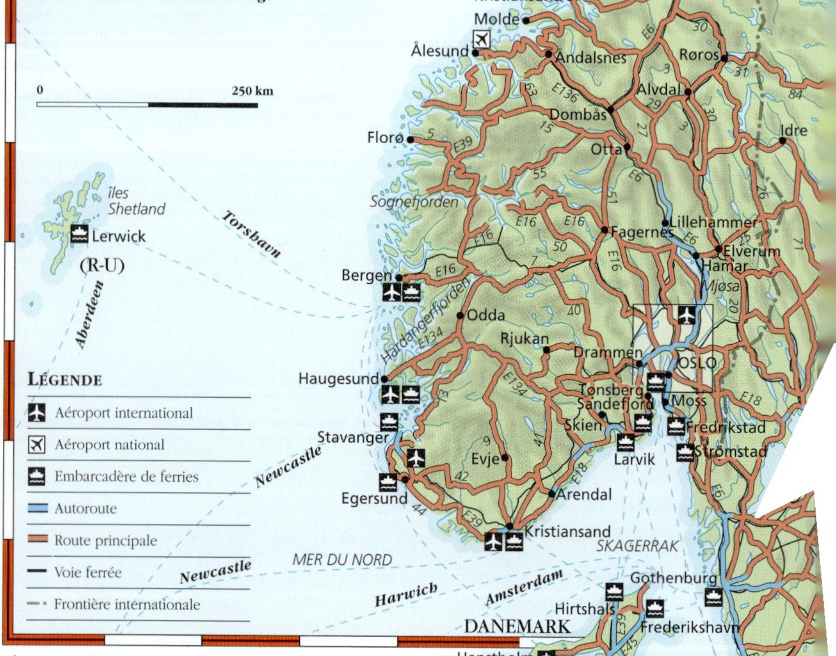

◁ *Cortège nuptial sur le Hardangerfjord* (Tidemand et Gude, 1848)

OCÉAN ARCTIQUE
Nordkapp
Honningsvåg
Hammerfest
Vardø
MER DE BARENTS
Vadsø
Kirkenes
Alta
Lakselv
Tromsø
Karasjok
Andenes
Kautokeino
RUSSIE
Vesterålen
Lofoten
Narvik
Svolvær
Karesuando
Kiruna
Vestfjorden
Gällivare
Bodø
Mo i Rana
Tärnaby
Arjeplog
Storuman
Gäddede
SUÈDE
Östersund
FINLANDE
GOLFE DE BOTNIE
Mora
Turku
Åland
Helsinki
Tallinn
STOCKHOLM
MER BALTIQUE
ESTONIE
Kiel
Gotland
EUROPE DU NORD
GROENLAND
SVALBARD (ARCHIPEL DU SPITZBERG)
MER DE NORVÈGE
ISLANDE
NORVÈGE
FINLANDE
Oslo
SUÈDE
RUSSIE
ESTONIE
DANEMARK
LETTONIE
LITUANIE
IRLANDE
FÉD. DE RUSSIE
GRANDE-BRETAGNE
PAYS-BAS
BIÉLORUSSIE
BELGIQUE
ALLEMAGNE
POLOGNE
LUXEMBOURG
RÉP. TCHÈQUE
UKRAINE
SLOVAQUIE
FRANCE
MOLDAVIE
SUISSE
AUTRICHE
HONGRIE
SLOVÉNIE
CROATIE
ROUMANIE
ITALIE
BOS.-HERZ.
LE GRAND OSLO
Gardermoen
Hønefoss
Tyrifjorden
Sandvika
Lillestrøm
Oslofjorden
Drammen
Drøbak
0
30 km

UNE IMAGE DE LA NORVÈGE

Depuis toujours, les paysages sauvages de la Norvège subjuguent les visiteurs. Des fjords spectaculaires ponctuent un littoral très découpé, tandis que de hautes montagnes surplombent de paisibles vallées. La musique, l'art et la littérature sont indissociables de l'âme de ce pays, tout comme le sport, notamment le ski et le football. La Norvège est aussi le berceau du prix Nobel de la paix.

Tel un rempart protégeant la Scandinavie des mers nordiques, la Norvège offre des paysages qui figurent parmi les plus magnifiques d'Europe. Elle s'étend sur 1 752 km, depuis Lindesnes, à l'extrême sud, jusqu'au cap Nord situé au-delà du cercle arctique. D'est en ouest, elle atteint 430 km dans sa plus grande largeur et 6 km en son point le plus étroit.

Macareux

Sous l'effet des soulèvements de terrain, des périodes glaciaires et de l'érosion, les paysages ont acquis une incroyable diversité. Tout le long du littoral, des fjords profonds entaillent les chaînes montagneuses. D'un vert limpide, leurs eaux baignent des villes situées loin à l'intérieur des terres. La Norvège possède en outre plus de 75 000 îles qui offrent des ports abrités aux nombreux bateaux.

Capitale animée, Oslo s'agence autour d'un port gardé par un château. Son architecture éclectique associe des maisons traditionnelles en bois, de majestueux édifices néoclassiques et des bâtiments ultramodernes. Autour de l'Oslofjorden – fourmillant de bateaux à la belle saison –, les témoignages des Vikings abondent. Ces aventuriers des mers poussèrent leur périple à l'ouest jusqu'en Amérique et atteignirent à l'est la mer Caspienne. Leurs incursions semèrent la terreur dans les communautés côtières du nord de l'Europe. De remarquables pièces

Pêcheurs dans le port de Sund, ancien comptoir des îles Lofoten

◁ Jeune femme en *bunad* traditionnel jouant de la musique folklorique sur un violon Hardanger

Plate-forme de forage en mer sur le gisement pétrolier d'Ekofisk

archéologiques de cette période sont exposées dans les musées, tel celui des Bateaux vikings (Vikingskipshuset) qui présente, entre autres, des vaisseaux datant du IXe siècle.

Au nord-est de la capitale, les champs fertiles et les forêts cèdent la place à de hautes montagnes culminant à 2 500 m et à de longues vallées étroites sillonnées de rivières et de lacs. Au sud, le littoral est bordé de plages de sable argenté que domine le haut plateau de Hardangervidda. À l'ouest, avec le port de pêche de Bergen et la capitale du pétrole, Stavanger, le Vestland est une région de fjords des plus pittoresques.

Le pays des aurores boréales

Jadis, les pèlerins entreprenaient un périlleux voyage vers le nord à travers la montagne pour se rendre à la cathédrale de Nidaros à Trondheim. Cet édifice sacré abrite les restes du saint patron norvégien, Olav Haraldsson. De nos jours, les voyageurs lui préfèrent le cap Nord, aux confins du pays, pour ses falaises vertigineuses qui surplombent la mer de Barents.

Le nord de la Norvège est célèbre pour son soleil de minuit et ses aurores boréales. Au plus fort de l'été, le soleil ne se couche jamais, alors qu'en hiver il disparaît totalement. Au nouvel an, son retour donne lieu à de nombreuses festivités.

Blason norvégien

Le climat

À une telle latitude, la vie est rendue possible grâce au courant chaud du Gulf Stream. Sur la côte ouest, l'hiver est doux, tout comme l'été. Le sud et l'ouest du pays connaissent les températures moyennes les plus élevées, avec 22 °C à Oslo au mois de juillet. Les températures les plus basses surviennent en montagne, en particulier à Finnmarksvidda qui a enregistré – 51,4 °C en décembre 1886.

Richesses terrestres et maritimes

La pêche – au hareng notamment – et l'industrie du bois constituèrent longtemps la base de l'économie. Ce peuple de marins fut renommé pour la construction de ses bateaux, et l'exportation joua un rôle important dans le développement du pays. Le XIXe siècle vit l'essor de l'industrialisation. Les scieries et les usines de petite taille laissèrent alors la place à des entreprises plus importantes, alimentées à l'hydroélectricité. Au XXe siècle, la Norvège devint l'un des pays les plus riches au monde grâce à ses gisements de pétrole offshore. L'emploi des revenus qui en ont découlé soulève encore maintes controverses. La protection de l'environnement est aussi une préoccupation et donne lieu à des débats passionnés, notamment en ce qui concerne la pollution des cours d'eau, la surconsom-

mation d'énergie et le choix des types de centrales électriques.

Fête de mariage sâme à Kautokeino, dans le Finnmark

Royauté et gouvernement

La Norvège est une monarchie parlementaire héréditaire. Le souverain actuel, Harald V, est monté sur le trône en 1991. Son épouse Sonja est une roturière, tout comme les conjoints de leurs deux enfants – le prince héritier Håkon Magnus et la princesse Märtha Louise. Par tradition, les Norvégiens sont extrêmement fiers de la famille royale, laquelle est proche du peuple, moderne et sans faste.

De par la Constitution, le pouvoir exécutif revient au roi, bien que dans les faits il soit détenu par le gouvernement. Le pouvoir législatif est entre les mains du Parlement (Storting), composé de 165 représentants élus tous les quatre ans. Parmi les six principaux partis qui se disputent le pouvoir, le parti travailliste a conservé la majorité de 1945 à 1961. Depuis cette date, diverses tendances, socialistes ou non, se sont succédé au gouvernement.

Les politiques gouvernementales visent la stabilité sociale, l'égalité des citoyens et leur bien-être. En 1978, une loi posa les principes de l'égalité entre les hommes et les femmes sur le plan du travail. Ces dernières furent ainsi nombreuses à entrer sur la scène politique. Parmi elles, Gro Harlem Brundtland, parvenue au poste de Premier ministre en 1986, compta dans son gouvernement 44,4 % de femmes – événement qui fit sensation dans le monde entier.

Mariage du prince héritier Håkon Magnus avec Mette-Marit à la cathédrale d'Oslo en 2001

Les Norvégiens

De nature hospitalière, ils feront tout leur possible pour recevoir convenablement un hôte en lui offrant à boire et à manger. Cette tradition remonte à des temps anciens, lorsque, dans les communautés rurales isolées, le visiteur avait grand besoin de se restaurer après un voyage éprouvant. Bien que de nombreux ponts, tunnels et routes aient rendu les villages beaucoup plus accessibles aujourd'hui, la coutume perdure.

Les Norvégiens sont profondément patriotes, comme le prouvent les cérémonies de la fête nationale (17 mai) où jeunes et vieux défilent dans les rues, parés du costume traditionnel (le *bunad, p. 24-25*). Toutefois, ce sentiment ne les empêche pas d'accueillir réfugiés et immigrés.

Réputé libéral et tolérant, le peuple norvégien n'en conserve pas moins certaines lois remontant à un passé très ancien. L'alcool, par exemple, est exclusivement vendu dans les Vinmonopolet, magasins gérés par l'État.

Sur le plan religieux, la Norvège est restée catholique jusqu'à la Réforme de 1537, date à laquelle l'Église évangélique luthérienne fut imposée par une ordonnance du roi Christian III.

La langue

La Norvège a connu de vives polémiques concernant le statut des deux langues en vigueur. Le *bokmål* (« langue des livres ») est issu du danois, tandis que le *nynorsk* a été créé à partir de nombreux dialectes norvégiens.

Depuis 1885, *bokmål* et *nynorsk* sont les deux langues officielles. Le *nynorsk* est essentiellement parlé dans l'ouest du pays (Vestland) ainsi que dans les vallées centrales, vers le sud et l'est. Par ailleurs le sami, la langue des Lapons, possède quelque 20 000 locuteurs *(p. 209)*.

Foule enthousiaste assistant aux compétitions de saut, point d'orgue du festival de ski de Holmenkollen

Une nation de lecteurs

Les Norvégiens sont les plus grands lecteurs de journaux au monde. En moyenne, chaque foyer en achète 1,7 par jour.

Les ventes de livres sont tout aussi impressionnantes. L'ouvrage le plus demandé de nos jours est *L'Expédition du Kon-Tiki,* de Thor Heyerdahl, publié dans près de soixante-dix langues et vendu à plusieurs millions d'exemplaires. *Le Monde de Sophie* de Jostein Gaarder a réalisé les meilleures ventes mondiales en 1996. La *Trilogie de Tora* de Herbjørg Wassmo a, quant à elle, été traduite en vingt-deux langues et plusieurs romans policiers norvégiens récents sont édités dans une trentaine de pays.

***L'Expédition du Kon-Tiki*, livre à succès de Thor Heyerdahl**

Peinture, musique et théâtre

Au XIXe siècle, l'engouement pour le romantisme national est à l'origine d'un riche patrimoine pictural, musical et littéraire. Les peintres de cette période, comme Adolph Tidemand et Hans Gude, prirent la campagne et ses habitants pour sujet. Puis vint Edvard Munch et ses toiles expressionnistes d'une grande sensibilité. Dans le domaine musical, le violoniste Ole Bull et le pianiste et compositeur Edvard Grieg s'inspirèrent des chants populaires et du folklore norvégien. Enfin, au théâtre, les dramaturges Bjørnstjerne Bjørnson et Henrik Ibsen placèrent des sujets typiquement norvégiens au premier plan de leurs œuvres.

L'importance accordée aux traditions se manifeste par l'existence de nombreux musées en plein air. Ainsi, toute ville digne de ce nom possède sa propre collection de maisons en bois rustiques illustrant le style local, et son artisanat, tels les objets en bois sculpté et la peinture décorative dite « à la rose » *(rosemaling)*.

La musique folklorique perpétue les chansons et sagas traditionnelles, avec des instruments comme le violon Hardanger *(hardingfele)*. Une multitude de fanfares d'écoliers accompagnent gaiement les défilés de la fête nationale du 17 mai ainsi que d'autres manifestations.

Sports et activités de plein air

Berceau du ski, la Norvège a gagné onze médailles d'or aux Jeux olympiques d'hiver de Salt Lake City en 2002, se classant ainsi à la deuxième place. Elle a en outre accueilli cette manifestation à deux reprises : en 1952 à Oslo et en 1994 à Lillehammer.

Le ski est un loisir extrêmement populaire. Dès les premières chutes de neige, toutes les générations sortent leurs skis. Des manifestations, tel le festival de Holmenkollen, attirent des milliers de spectateurs.

Le football est également très pratiqué, avec 1 800 clubs dans toute la Norvège. Les équipes féminines de football et de handball ont connu de grands succès, suivis à la télévision par le pays entier.

Amoureux de la nature, les Norvégiens passent une grande partie de leur temps libre à l'extérieur, à naviguer, pêcher ou randonner. De nombreux refuges de montagne *(hytte)* leur offrent un abri pour la nuit.

Skieur se reposant devant un refuge du parc national des Rondane à Pâques

Relations internationales

Membre de l'OTAN depuis 1949, la Norvège est néanmoins restée très indépendante. À deux reprises, en 1972 et en 1994, les Norvégiens ont refusé par référendum de se joindre à l'Union européenne. Lors de la dernière consultation, ils étaient 52,2 % à se prononcer contre l'adhésion et seulement 47,8 % à y être favorables. Aujourd'hui encore, les sondages indiquent qu'ils maintiennent ce point de vue.

Cependant, la Norvège joue un rôle important sur le plan de l'aide internationale. Proportionnellement à son PNB, elle est le plus gros donateur mondial. En outre, elle a envoyé près de 60 000 soldats pour le maintien de la paix sous l'égide de l'ONU, et elle attribue chaque année le prix Nobel de la paix.

Dépendant de plus en plus du monde extérieur, les Norvégiens se préoccupent de leur avenir une fois leurs réserves de pétrole épuisées.

Il faudra attendre le prochain référendum sur l'adhésion à l'Union européenne pour savoir si la Norvège est prête à s'impliquer davantage au niveau international.

Cérémonie annuelle de remise du prix Nobel de la paix dans le grand hall de l'hôtel de ville d'Oslo

Les fjords

Bras de mer étroit s'insérant entre les montagnes, le fjord norvégien figure parmi les formations géologiques les plus spectaculaires. Si, à son extrémité intérieure, sa profondeur peut égaler la hauteur des falaises qui le surplombent, son embouchure est peu profonde. Les fjords résultent d'une longue érosion glaciaire qui s'est produite lors de la dernière glaciation (110 000 à 13 000 ans avant notre ère). De gigantesques glaciers ont alors creusé le fond des vallées, façonnant des crevasses aux parois abruptes, souvent bien en dessous du niveau de la mer. À la fonte des glaciers, la mer s'est engouffrée dans les dépressions ainsi formées.

***Des chutes d'eau** se sont formées là où glaciers et torrents ont jadis taillé les montagnes en falaises verticales.*

***À l'endroit où les fjords** rejoignent la mer, sur la côte ouest de la Norvège, les montagnes abruptes qui les bordent sont peuplées de bouleaux et d'épicéas. Dans le nord, les falaises sont souvent nues sur toute leur hauteur.*

STRUCTURE D'UN FJORD

Ce dessin en trois dimensions illustre un fjord classique. À l'embouchure, son seuil peu profond plonge rapidement pour atteindre de grandes profondeurs en s'éloignant de la côte. Comme les montagnes, le fond est constitué de granite et de gneiss recouverts par des sédiments.

***Fruits et légumes** trouvent un terrain favorable à l'extrémité intérieure des fjords méridionaux. Le climat y est plus favorable qu'à proximité du littoral.*

***Des glaciers** semblables au Jostedalsbreen* (p. 178) *ont modelé le relief des fjords. Vers la fin de l'ère glaciaire, ils recouvraient l'actuel Sognefjord. Lorsqu'ils fondirent, la mer s'engouffra dans la vallée.*

***Les montagnes** s'élèvent parfois jusqu'à 1 500 m, à faible distance de la rive. Ainsi, au fond du Sognefjord, les sommets atteignent 2 000 m.*

Les bras d'un fjord peuvent s'étendre jusqu'à 200 km de son embouchure.

Des villages se sont développés dans les baies abritées, dont le sol est propice à la culture et à l'élevage.

***Parfois très long,** un fjord se ramifie fréquemment en plusieurs bras. Le glacier a autrefois creusé la roche en ses points les plus faibles.*

La profondeur d'un fjord peut dépasser 1 200 m.

***Les ferries** desservent idéalement les fjords. Plus lent que la voiture, ce moyen de locomotion est néanmoins très apprécié pour les paysages qu'il permet de découvrir.*

Des tunnels sous les fjords

Les déplacements le long de la côte atlantique de la Norvège ont de tout temps été difficiles du fait des profondes échancrures du littoral, des risques d'avalanche et de la présence des montagnes mêmes. Ces dernières décennies, les infrastructures ont connu de formidables améliorations grâce aux revenus des gisements pétroliers de la mer du Nord. Les techniques modernes ont permis de creuser d'immenses tunnels à travers les montagnes et sous les fjords, facilitant ainsi la communication avec les communautés isolées.

Le tunnel de Lærdal, long de 24,5 km *(p. 176)*

Paysages et faune de Norvège

La Norvège offre une extraordinaire variété de paysages. Les plaines du Sud-Ouest et leur relief vallonné cèdent la place aux montagnes, entrecoupées de rivières et de lacs où l'on peut pêcher l'omble chevalier, le saumon et la truite. Sur les hauts plateaux vit le renne, tandis que les forêts abritent élans, loups et chevreuils. Vers le nord, plus sauvage, l'ours côtoie le lynx et le renard polaire. Les îles du Svalbard ou Spitzberg *(p. 214-215)* accueillent des ours polaires. Dans les fjords, vous pourrez apercevoir des phoques, ou même des baleines. Sur les îles et les récifs nichent de nombreuses espèces d'oiseaux. La mer, elle, regorge de morues, de colins, de maquereaux et de harengs.

***L'ours brun**, autrefois présent dans tout le pays, vit aujourd'hui en nombre restreint dans le Grand Nord.*

Le littoral atlantique

Sur les falaises de Runde, près d'Ålesund, et celles des Lofoten, du Troms, du Finnmark ou du Svalbard nichent des centaines de milliers d'oiseaux, dont le guillemot de Troïl, la mouette tridactyle, le pingouin et le macareux. Le fulmar boréal et le fou de Bassan sont moins abondants.

***Le macareux moine** ou « perroquet de mer » est très répandu dans le nord du pays. Sa population varie en fonction de la nourriture disponible.*

***Le pygargue à queue blanche** niche en altitude près des côtes. On rencontre aussi l'aigle royal, le balbuzard, l'autour, la buse et le gerfaut.*

Les forêts

La Norvège est constituée pour moitié de forêts où vivent l'élan, le chevreuil, le lièvre, le renard et l'écureuil. Le visiteur pourra assister à la parade nuptiale du grand tétras ou à la migration des bécasses, surprendre l'appel du tétras-lyre ou le cri de la grue cendrée dissimulée dans les marais.

***L'élan** est le plus grand des cervidés de Norvège, à côté du renne sauvage, du cerf élaphe et du chevreuil. On le trouve dans tout le pays.*

***Le lynx** rôde au nord du Trøndelag. La Norvège possède d'autres gros prédateurs comme l'ours et le glouton. Le loup, aujourd'hui menacé, subsiste dans le Sud-Est.*

Les mammifères marins

L'orque s'approche parfois de la côte, notamment dans le Tysfjord, en Norvège du Nord. Près de l'île d'Andøya, les amateurs de safaris-baleines *(p. 201)* apercevront peut-être un cachalot, qui peut atteindre 18 m de long. La baleine du Groenland apparaît de temps à autre au large du Svalbard, où vivent des troupeaux de morses. Enfin, les marsouins fréquentent les eaux côtières, qui abritent également six espèces de phoques.

***L'orque**, prédateur marin redouté, engloutit d'énormes quantités de phoques et de poissons. Elle n'hésite pas à s'attaquer aux autres cétacés.*

***Le phoque gris** (fjordkobbe) et le phoque veau marin (steinkobbe) vivent près du continent. Quatre autres espèces occupent l'archipel du Svalbard (Spitzberg).*

Les fjords et les montagnes

Le cerf élaphe est le plus gros gibier que l'on puisse rencontrer dans les zones côtières et les environs des fjords. Le renne domine les hauts plateaux, où vit le lagopède, parmi les taillis de saules nains. La perdrix des neiges, comme le glouton, se rencontre plus haut dans la montagne.

***Les rennes sauvages** peuplent le plateau de Hardangervidda, les montagnes du Dovrefjell et des Rondane ainsi que les reliefs du Setesdal et de Bykle. Ils sont environ 70 000.*

***Le bœuf musqué** se trouve surtout dans l'Arctique, mais vit aussi sur le plateau du Dovrefjell depuis 1932.*

Le Grand Nord

Les espèces forestières et de haute montagne, comme les espèces arctiques, se retrouvent dans l'extrême nord du pays. Au Spitzberg, la faune est assez restreinte, mais le renne du Svalbard, le renard polaire et l'ours blanc se sont bien adaptés à cet environnement difficile. La côte septentrionale est particulièrement riche en oiseaux.

***Le renard polaire**, ou isatis, était menacé d'extinction lorsqu'il fut protégé en 1920. En progression, sa population demeure toutefois très vulnérable.*

***La perdrix des neiges** possède un plumage d'hiver d'un blanc immaculé, excepté autour des yeux et du bec. Elle peut nicher jusqu'à 1 650 m d'altitude.*

Des Norvégiens célèbres

Dans les années 1850, le romantisme national naquit d'un sentiment patriotique exacerbé. Suite à la promulgation de la Constitution à Eidsvoll, en 1814, qui mit fin à la domination danoise *(p. 38)*, un formidable engouement pour tout ce qui était norvégien s'éveilla. La poésie d'Henrik Wergeland (1808-1845), précurseur du romantisme, les peintures d'Adolph Tidemand et Hans Gude, les compositions d'Edvard Grieg, les récitals du violoniste Ole Bull et les pièces d'Henrik Ibsen participèrent à cette recherche d'une identité nationale. Le mouvement puisa son inspiration dans les anciens écrits norrois, telle la *Heimskringla (Saga des rois de Norvège)* de Snorri Sturluson (1179-1241), ou encore l'œuvre de Ludvig Holberg, parodiste et dramaturge du XVIIIe siècle.

Gustav Vigeland, le plus grand sculpteur norvégien

L'écrivain Knut Hamsun, prix Nobel de littérature en 1920

Littérature

L'âge d'or de la littérature norvégienne commença avec l'auteur dramatique Bjørnstjerne Bjørnson (1832-1910), prix Nobel de littérature, et son confrère Henrik Ibsen *(p. 59)* dont les pièces les plus célèbres sont *Peer Gynt*, *Une maison de poupée* et *Hedda Gabler*.

Knut Hamsun (1859-1952), le plus grand romancier norvégien, reçut le prix Nobel en 1920 pour *Les Fruits de la terre* (1917), qui témoigne de son amour de la nature. Parmi ses œuvres figurent deux autres romans remarquables, *La Faim* et *Pan*. Huit ans après Hamsun, Sigrid Undset (1862-1949) se vit décerner le prix Nobel pour sa trilogie *Kristin Lavransdatter*, consacrée à une femme du Moyen Âge, ainsi que pour son chef-d'œuvre psychologique *Olav Audunssøn*.

Également populaire, Cora Sandel (1880-1974) écrivit *Alberte*, une trilogie relatant le cheminement d'une jeune femme vers l'indépendance.

S'exprimant en *nynorsk* *(p. 16)*, Arne Garborg (1851-1924) et Tarjei Vesaas (1897-1970) décrivirent leur société. Dans *La Maison dans les ténèbres*, ce dernier dépeignit l'occupation durant la Seconde Guerre mondiale. En littérature pour la jeunesse, Thorbjørn Egner (*Gens et Brigands de Pimentville*, 1955) et Jostein Gaarder (*Le Monde de Sophie*, 1995) connurent le succès.

Peinture et sculpture

L'un des premiers artistes à laisser le sentiment nationaliste influencer son travail fut Johan Christian Dahl (1788-1857). Sa patrie lui servit d'inspiration, comme dans la toile *Le Mont Stugunøset à Filefjell* (Nasjonalgalleriet, Oslo). Il fut suivi par d'autres peintres, tels Adolph Tidemand (1814-1876) et Hans Gude (1825-1903), dont le *Cortège nuptial sur le Hardangerfjord (p. 8-9)* est typique du romantisme norvégien.

De 1880 à la fin du siècle, les peintres les plus célèbres furent Erik Werenskiold (1855-1938) et Harriet Backer (1845-1932). Au début du XXe siècle, Harald Sohlberg (1869-1935) occupa le devant de la scène avec *Une nuit d'hiver (p. 53)*, ainsi que Nikolai Astrup (1880-1928) avec *La Nuit de la Saint-Jean*. Puis vint le précurseur de l'expressionnisme, Edvard Munch (1863-1944 ; *p. 93*), avec ses thèmes de prédilection : l'amour et la mort. Enfin, le premier sculpteur norvégien de renommée internationale fut Gustav Vigeland (1869-1943 ; *p. 90-92*), dont les statues gigantesques ornent le Vigelandsparken situé dans le parc Frogner de la capitale.

Musique

Avec leurs accents patriotiques, les musiciens Halfdan Kjerulf (1815-1868) et Ole Bull *(voir Lysøen, p. 171)* s'associent clairement au mouvement romantique national. Rikard Nordraak (1842-1866), qui composa la musique de l'hymne national *Ja, vi elsker dette landet (Oui, nous aimons ce pays)* écrit par Bjørnstjerne Bjørnson, exerça une influence déterminante sur l'évolution d'Edvard Grieg (1843-1907 ; *p. 171*). Éminent porte-parole de l'âme norvégienne, ce dernier créa la musique de scène du *Peer Gynt* d'Ibsen, ainsi que des

Edvard Grieg, compositeur norvégien incontournable

chants et danses inspirés du folklore. Ses mélodies et ses œuvres orchestrales comme le *Concerto pour piano en la mineur* sont interprétées dans le monde entier.

Agathe Backer Grøndahl (1847-1907) fut la compositrice norvégienne la plus illustre de son temps, doublée d'une pianiste exceptionnelle. Harald Sæverud (1897-1992) fut encensé pour des œuvres comme *Kjempeviseslåtten (Ballade des combattants)*. Quant à Arne Nordheim (né en 1932), il se fit connaître à l'étranger grâce à son *Concerto pour violoncelle* et à son ballet *Stormen (La Tempête)*.

À l'opéra, Kirsten Flagstad (1895-1962) fut l'une des plus grandes cantatrices wagnériennes de son temps.

À l'heure actuelle, les musiciens les plus célèbres sont le violoniste Arve Tellefsen (né en 1936) et le saxophoniste de jazz Jan Garbarek (né en 1947).

L'explorateur Fridtjof Nansen, prix Nobel de la paix en 1922

EXPLORATEURS

En 1888, Fridtjof Nansen (1861-1930), également naturaliste et diplomate, fut le premier à traverser les terres glacées du Groenland d'est en ouest. En 1893, il tenta avec Hjalmar Johansen d'atteindre le pôle Nord en laissant dériver son navire, le *Fram* *(p. 81)*, dans les glaces, depuis la Sibérie jusqu'au Groenland. Deux ans plus tard, à 78° 50' de latitude N, tous deux quittèrent le bateau pour continuer à skis. Ils atteignirent la latitude record de 86° 4' N, mais durent rebrousser chemin pour hiverner, avant de rentrer enfin, après trois ans passés sur la glace. Par la suite, Nansen fut commissaire général à l'aide humanitaire à la Société des Nations, ce qui lui valut le prix Nobel de la paix.

En 1905, Roald Amundsen (1872-1928) franchit le passage du Nord-Ouest, accomplissant ainsi un exploit. Six ans après, il partit pour le pôle Sud. Il fut le premier à l'atteindre le 14 décembre 1911, à l'issue d'une course tragique avec l'Anglais Robert Scott. Celui-ci parvint à destination un mois plus tard, mais périt avec tous les membres de son équipe sur le chemin du retour. En 1926, Amundsen survola le pôle Nord à bord du dirigeable *Norge*. Il disparut en 1928 à bord d'un hydravion, lors d'une expédition de secours dans l'océan Arctique.

Thor Heyerdahl (1914-2002) mena l'expédition du *Kon-Tiki* à travers l'océan Pacifique en 1947, ralliant la Polynésie depuis le Pérou. Puis il traversa l'Atlantique à bord du *Râ I* et du *Râ II*, embarcations en papyrus. Par ses théories, il éclaira l'origine des populations du Pacifique.

Grâce aux fouilles pratiquées sur la côte est du Canada avec l'archéologue Anne Stine Ingstad (1918-1997), Helge Ingstad (1899-2001) démontra que les Scandinaves s'étaient installés en Amérique 500 ans avant l'arrivée de Christophe Colomb.

Thor Heyerdahl sur le *Râ II* lors de sa traversée de l'Atlantique en 1970

LUTTE POUR LA PAIX

Sur le plan international, la Norvège joua un rôle primordial en faveur de la paix et de l'aide humanitaire. Le ministre des Affaires étrangères Trygve Lie fut le premier secrétaire général de l'ONU de 1946 à 1953.

L'ancien Premier ministre Gro Harlem Brundtland est présidente émérite de l'Organisation mondiale de la santé. Le diplomate Thorvald Stoltenberg (né en 1931), nommé haut-commissaire aux réfugiés auprès de l'ONU en 1990, fut ensuite négociateur de paix dans les Balkans. En 1994, Terje Rød Larsen (né en 1947) fut nommé coordonnateur spécial de l'ONU pour le processus de paix au Moyen-Orient.

Gro Harlem Brundtland, présidente émérite de l'OMS

Le bunad norvégien

Broche d'argent, du Nordland

Le 17 mai, jour de la fête nationale, des foules de Norvégiens descendent dans la rue, vêtus soit de l'habit traditionnel, soit du costume national appelé *bunad*. Le premier est issu des coutumes ancestrales des différentes régions, tandis que le *bunad* est une version plus récente des tenues folkloriques. Suite à un exode rural de grande ampleur, beaucoup de citadins voient dans le *bunad* le symbole de leur identité. Leur permettant de renouer avec leurs racines, ce costume est de plus en plus populaire lors des fêtes.

Bunad du Vestfold ①

Présenté pour la première fois en 1956 sous sa forme actuelle, ce costume a dû être reconstitué pièce par pièce. Jadis, l'activité commerciale intense du Vestfold favorisa certainement l'emploi de tissus importés, plus légers que les étoffes tissées artisanalement. Toutefois, plus fragiles, ces habits ne résistèrent pas au temps. Ce *bunad* comprend deux variantes *(à gauche)*.

Coiffe portée avec le *bunad*

Ceinture de laine à boucle d'argent

Bunad du Hallingdal ②

Ce costume comprend une jupe noire, ayant parfois plusieurs épaisseurs, un tablier à fleurs et un corselet noir brodé de laine. Il est complété par un chemisier blanc brodé ton sur ton autour du cou et des poignets, comme pour ce magnifique *bunad* de mariage *(à gauche)* exposé au Hallingdal Folkemuseum de Nesbyen.

Corselet de mariée dans un riche brocart crème

Couronne nuptiale en drap de laine rouge

Bunad d'Åmli dans l'Aust-Agder ③

Le *bunad* d'Åmli représente le stade ultime de l'évolution du costume national. Depuis les années 1920, ce costume est élaboré à partir de pièces d'origine qui furent utilisées entre 1700 et 1850 à Åmli et dans les communautés rurales avoisinantes. La plus remarquable est le corselet, fait de damas rouge ou vert, que resserre une chaîne en argent lacée à travers trois paires de boutonnières.

Foulard à franges en lin brodé

Bouton de col double pour chemisier

Bunad de mariée de Voss ④

L'élément le plus remarquable de ce costume est sa splendide couronne, nommée *Vosseladet*, recouverte d'une étoffe rouge brodée de perles. Au bord de la coiffe pendent des pièces d'argent ainsi que des ornements en filigrane d'argent incrustés de pierres semi-précieuses. Hormis la couronne et un veston noir spécifique, cet habit de noces est semblable au *bunad* des fêtes ordinaires.

Agnus-Dei porté en pendentif avec la robe de mariée

Couronne nuptiale de Voss datant du début du XIXe siècle

Les bunader d'Oppdal ⑤

Ce *bunad* peut être utilisé dans toute la région du Trøndelag, bien que de nombreuses provinces possèdent leur propre costume. Il fut reconstitué en 1963 à partir de fragments anciens. La jupe en laine, de plusieurs couleurs, se porte avec un corselet rouge, vert ou bleu. L'habit masculin s'inspire d'un costume du XVIIIe siècle. La culotte est en cuir ou en étoffe noire tissée.

Agnus Dei porté en pendentif par les femmes

Gilet d'homme en lin et en laine

Les bunader du Nordland et du Troms ⑥

Créé en 1928, le *bunad* du Nordland, initialement bleu, existe également en vert. Il s'inspire d'une étoffe fabriquée à Vefsn il y a deux siècles. Le petit sac ou réticule reprend la couleur et le motif floral de la jupe. Le *bunad* féminin du Troms s'inspire des costumes de Bjarkøy et de Senja. L'habit masculin est identique dans le Nordland et le Troms.

Réticule à fermoir en argent

Les costumes traditionnels des Samis

Ce costume chatoyant fait partie intégrante de l'identité culturelle des Samis *(p. 209)*

Les costumes sâmes réalisés en tissu remontent au Moyen Âge. Auparavant, ils étaient fabriqués en peaux de bêtes. Aujourd'hui, les trois tenues les plus caractéristiques proviennent de Kautokeino, Varanger et Karasjok.

Le costume de Kautokeino comprend une tunique pour les hommes et une jupe plissée pour les femmes, avec une ceinture agrémentée de boutons en argent. Chaque élément est serti de broderies. L'habit de Varanger est tout aussi riche et coloré, tandis que celui de Karasjok, très sobre, conserve la coupe de l'ancien costume en cuir, le *pesk*. Les femmes de Karasjok portent un superbe châle à franges.

Le berceau du ski

Si la Norvège est réputée être le « berceau du ski », certains passionnés considèrent plus particulièrement Morgedal, dans le Telemark, comme le lieu de naissance de ce sport. Lors des Jeux olympiques d'hiver d'Oslo, en 1952, et de Lillehammer, en 1994, la torche y fut en effet allumée dans la cheminée du vétéran Sondre Norheim. Les Norvégiens excellent dans les compétitions internationales, mais, plus qu'un sport, le ski est un véritable mode de vie. Des kilomètres de pistes illuminées accueillent jeunes et vieux. Les manifestations familiales et les compétitions attirent une foule de participants.

Affiche des Jeux olympiques d'hiver d'Oslo en 1952

LE SKI DANS L'HISTOIRE

Le ski apparaît déjà sur des gravures rupestres, puis dans les poèmes de l'*Edda* et les sagas norroises. Sa pratique à titre de loisir et de compétition date des années 1750, avec un essor rapide après 1850. Sa popularité s'accroît avec la traversée du Groenland par Nansen en 1888, et l'expédition d'Amundsen au pôle Sud en 1911. Depuis la naissance des Jeux olympiques d'hiver, en 1924, le ski en est la principale discipline.

Cette gravure rupestre de 4 000 ans serait la plus ancienne représentation de skieur

Le sauvetage du jeune prince Håkon en 1206 par deux Birkebeiner (toile de Bergslien, 1869)

Expédition de Roald Amundsen vers le pôle Sud (1910-1912)

Liv Arnesen, première femme à atteindre le pôle Sud en 1994

La tour de saut mesure 60 m de haut.

FESTIVAL DE SKI DE HOLMENKOLLEN

En 1892, la première compétition de ski de Holmenkollen associe une course de fond de 18 km avec des épreuves de saut. Le plus long saut atteint alors 21,50 m, tandis qu'aujourd'hui le record dépasse 132 m. Une course de fond de 50 km est introduite en 1902. La compétition de fond, Holmenkollmarsjen, et la Journée des enfants *(ci-dessus)*, ont lieu en mars.

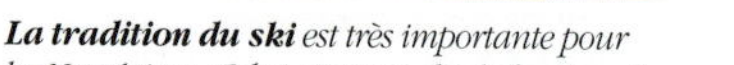

***La tradition du ski** est très importante pour les Norvégiens. Celui-ci est un ski de fond moderne construit selon un modèle ancien.*

***La course des Birkebeiner**, comptant 58 km de Rena à Lillehammer, célèbre chaque année au mois de mars le sauvetage à skis du jeune prince Håkon, en 1206, par deux partisans du roi.*

La zone de réception s'étend sur 115 m.

Un panneau électronique affiche les résultats.

***Le site de ski de fond de Marka**, aux environs d'Oslo, comprend 2 000 km de larges pistes. Des pistes plus étroites sont également prévues pour ceux qui préfèrent skier seuls. Implantés à intervalles réguliers, des refuges permettent aux skieurs de se retrouver autour d'un sandwich.*

DU SKI NORDIQUE AU SAUT

À l'origine apparut le ski de fond, le moyen le plus efficace pour se déplacer sur la neige.
Puis le ski alpin et le saut se développèrent à titre de loisir et de compétition.

***Le ski de fond classique** a donné naissance au skating, ou pas de patineur, qui devient une discipline en 1987.*

***Le télémark**, à partir de 1860, a influencé le ski de fond pour le virage et le saut pour la réception.*

***Le ski alpin** tient son nom des Alpes où il s'est développé comme loisir, tandis que le mot slalom est norvégien (sla signifie « incliné » et låm « piste de ski »).*

***Le saut à skis** a connu une évolution rapide, le dénivelé et la distance allant croissant. La technique en « V » a été mise au point par le Suédois Jan Boklöv.*

La Norvège au jour le jour

Dans ce pays, chaque saison de l'année a son charme. En hiver, les Norvégiens, qui figurent parmi les meilleurs skieurs au monde, s'élancent sur les pistes. En novembre ou en décembre, dès les premières chutes de neige, tous chaussent leurs skis, y compris les citadins. Les stations de sports d'hiver, équipées aussi bien pour les débutants que pour les skieurs confirmés, sont très prisées du public, en particulier à Pâques. Avec

Fleurs d'été sur fond de montagnes enneigées

l'arrivée du printemps, les journées s'allongent. Le 17 mai, la fête nationale donne lieu à de nombreux défilés. Peu à peu, les manifestations culturelles et artistiques prennent le pas sur la léthargie hivernale.

L'été venu, les Norvégiens se dirigent vers les îles et les îlots. Des fêtes et compétitions navales sont organisées tout le long du littoral. L'automne est la saison des spectacles, des concerts, des premières de films et des expositions.

Concert dans l'imposante salle Grieg lors du Festival de Bergen

Printemps

Tandis que le rude hiver commence à lâcher prise, le pays renaît. À la fin du mois d'avril, le soleil printanier annonce le terme de la saison de ski, incitant les Norvégiens à sortir.

La saison touristique commence en mai, lorsque la campagne reverdit et que les manifestations culturelles et artistiques fleurissent un peu partout. Danseurs et musiciens se produisent volontiers au grand air et de nombreux marchés apparaissent partout dans le pays.

Mars

Fête du soleil au Svalbard *(1re semaine)*. La plus septentrionale des fêtes célébrant le retour du soleil.
Alternative Fair, Bergen *(mi-mars)*. Découverte de l'ère du Verseau.
Festival de ski de Holmenkollen *(2e semaine,* *p. 26-27**)*.
Course des Birkebeiner *(3e semaine)*. Marathon à skis de Rena à Lillehammer *(p. 27, 125 et 130)*.
Festival d'hiver, Røros *(tout le mois)*. Excellents concerts dans cette ancienne ville du cuivre.
Festival de musique sacrée d'Oslo *(mi-mars)*. Propose de nombreux concerts.

Avril

Cérémonies pascales et mariages sâmes *(fin mars ou début avril)*.
Vosserjazz Hordaland *(début avril)*. Festival international de jazz, l'un des premiers de la saison.
Festival Ole Blues *(fin avril-début mai)*. Déclaré meilleur festival norvégien par le public, il propose rock, pop, blues, R&B, soul et world.
Journée internationale de la danse *(29 avril)*. À cette occasion, amateurs et professionnels se produisent dans la rue à travers tout le pays.

Mai

MaiJazz, Stavanger *(1re quinzaine)*. Un festival en plein essor avec de grands noms et de nouveaux talents.
17 mai *(« Syttende Mai »)*. La fête nationale est célébrée avec force défilés d'enfants et autres réjouissances.
Festival d'art international de Bergen *(fin mai-début juin)*. Dix jours de concerts et spectacles avec des artistes de renommée mondiale.
Nattjazz *(fin mai-début juin)*. À la même période que le festival international, le plus ancien festival de jazz d'Europe du Nord offre 70 concerts différents avec des artistes norvégiens et internationaux.

Fête nationale, le 17 mai, sur la Karl-Johansgate à Oslo

ÉTÉ

Les longues nuits claires ne sont pas faites pour dormir. L'été est prétexte à une foule de festivals et de spectacles en plein air, des comédies musicales aux pièces classiques, qui se déroulent sur fond de verdure. Les traditions locales se focalisent souvent sur l'une des facettes de la gastronomie, comme en témoigne le Festival des fruits de mer d'Oslo au mois d'août. Les offices du tourisme vous indiqueront d'autres manifestations originales.

Pêche au saumon à Ågårdselva, Østfold

JUIN

Pêche au saumon *(1er juin-fin août)*. Les dates peuvent varier légèrement.
Fête de la musique, Oslo *(1er sam. de juin)*. Classique, jazz, pop et rock.
Marathon de montagne *(1re semaine)*. Dans le cadre spectaculaire du massif du Jotunheimen.
Concerts d'été de Troldhaugen, Bergen *(mer., sam., dim., de mi-juin à mi-août)*. Les œuvres de Grieg interprétées dans sa propre maison.
Festival du ski d'été de Stryn, Sogn og Fjordane *(mi-juin)*. Skiez en short.
Festival du Nordland, Sortland, Vesterålen *(mi-juin)*. Pêche en haute mer.
Festival de la mer du Nord, Haugesund *(mi-juin)*. Compétition européenne de pêche sportive.
Norwegian Wood, Oslo *(mi-juin)*. Festival de rock *(p. 248)*.
St. Hans *(24 juin)*. À la Saint-Jean, le solstice d'été est fêté comme il se doit.
Festival culturel de la Norvège du Nord, Harstad *(aux environs du solstice d'été)*.
Festival du court-métrage, Grimstad *(mi-juin)*. Compétition populaire de court-métrages.
Festival de musique de chambre, Risør *(dernière semaine)*. Des concerts de qualité dans un Sørland idyllique.
Semaine de l'Extrême, Voss *(dernière semaine)*. Parapente, VTT, montagne, ski extrême et musique.
Festival du Vestfold *(fin juin-début juillet)*. Dix jours de musique, danse et théâtre.

JUILLET

Norsk Aften, Norsk Folkemuseum, Oslo *(mar., mer., ven. et sam.)*. La « soirée norvégienne » propose une visite guidée de l'église en bois debout et de l'ensemble du musée, ainsi que des danses folkloriques.

Ski d'été

Festival de jazz de Kongsberg *(début juillet)*. De grands musiciens, tel Joshua Redman.
Festival Quart, Kristiansand *(1re semaine)*. Concerts de rock avec des artistes nationaux et internationaux.
Fjæreheia Grimstad *(à partir de mi-juillet)*. Représentations en plein air des pièces d'Ibsen.
Festival international de jazz de Molde *(mi-juillet)*. Les meilleurs interprètes norvégiens et internationaux.

Des milliers de fans au Festival de jazz de Molde en juillet

Festival du Telemark, Bø *(dern. sem.)*. Festival international de musique folklorique pour toute la famille : chant, danse, concerts, cours et séminaires.

AOÛT

Festival Bjørnson, Molde *(dern. semaine)*. Festival international de littérature. Bjørnson figure parmi les plus grands auteurs norvégiens *(p. 22)*.
Festival international de blues de Notodden *(1re semaine)*. Concerts dans les clubs et en extérieur. Une « croisière blues » est également proposée.
Gålåvann Gudbrandsdalen *(4-14 août)*. Le drame d'Ibsen, *Peer Gynt*, est joué en plein air dans un cadre magnifique.
Journées de la chasse et de la pêche nordiques, Elverum *(1re quinzaine)*.
Festivals de musique de chambre de Stavanger et d'Oslo *(mi-août)*. Ces deux festivals attirent un public nombreux.
Sildajazz, Haugesund *(mi-août)*. Vingt lieux de concert, défilés d'enfants, marché du port et bateaux de plaisance.
Festival des bateaux de bois, Risør *(déb. août)*. Bateaux de bois anciens et modernes, concerts en plein air.
Festival du cinéma norvégien, Haugesund *(fin août)*. Plus de cent nouveaux films sont présentés en huit jours. Attribution des prix Amanda.

Busseroles émaillant la montagne de rouge à l'automne

Automne

La randonnée en forêt et en montagne, la cueillette des baies et le ramassage des champignons sont les loisirs typiques de l'automne. La nuit tombant de plus en plus tôt, les Norvégiens se réfugient à l'intérieur et profitent des nombreux spectacles proposés. Cette saison apporte en outre une moisson de nouveaux livres et d'expositions artistiques.

Septembre

Théâtre national (Nationaltheatret), Oslo *(1re quinzaine)*. En ouverture de saison, le Festival Ibsen alterne un an sur deux avec le Festival dramatique contemporain (Samtidsfestival).

Festival de la culture d'Ibsen, Skien *(1re semaine de septembre)*. Célébration de l'œuvre du dramaturge norvégien dans sa ville natale.

Ungjazz, Ålesund *(fin septembre)*. De talentueux musiciens de jazz de moins de 30 ans se produisent dans la ville Art nouveau *(p. 180)*.

Cueillette de chanterelles

Octobre

Festival de musique contemporaine Ultima, Oslo *(1re quinzaine)*. Les dernières créations en musique, danse et art dramatique en partenariat avec des théâtres et des musées : Black Box Teater, Oslo Konserthus, Henie Onstad Kunstsenter et Filmens Hus.

Journées Fartein Valen, Haugesund *(fin octobre)*. Le compositeur Fartein Valen (1887-1952) à l'honneur : conférences et concerts dans les églises, les galeries et sa maison d'enfance.

Oslo Horse Show *(mi-octobre)*. Une manifestation pour toute la famille au Spektrum d'Oslo.

Oslo

mois	avr.	juil.	oct.	janv.
Température moyenne maximale (°C)	9	22	9	-2
Température moyenne minimale (°C)	1	12	4	-7
Durée moyenne d'ensoleillement quotidien	6 h	8 h	3 h	1 h
Moyenne mensuelle des précipitations	41 mm	81 mm	84 mm	49 mm

Lillehammer

mois	avr.	juil.	oct.	janv.
Température moyenne maximale (°C)	8	21	7	-6
Température moyenne minimale (°C)	-2	10	1	-12
Durée moyenne d'ensoleillement quotidien	6 h	8 h	3 h	1 h
Moyenne mensuelle des précipitations	30 mm	75 mm	70 mm	35 mm

Température moyenne maximale

Température moyenne minimale

Durée moyenne d'ensoleillement quotidien

Moyenne mensuelle des précipitations

Climat

L'ouest de la Norvège jouit d'un climat océanique avec des hivers cléments et des étés doux. À l'est, l'Østland connaît des hivers froids et des étés chauds. Le Vestland subit la plus forte pluviosité, tandis que le nord du Gudbrandsdal et les confins du Finnmarksvidda sont les zones les moins arrosées.

Bergen

mois	avr.	juil.	oct.	janv.
Température moyenne maximale (°C)	9	18	11	4
Température moyenne minimale (°C)	3	12	6	0
Durée moyenne d'ensoleillement quotidien	5 h	5 h	2 h	1 h
Moyenne mensuelle des précipitations	114 mm	148 mm	271 mm	190 mm

Trondheim

mois	avr.	juil.	oct.	janv.
Température moyenne maximale (°C)	8	18	9	0
Température moyenne minimale (°C)	0	10	3	-7
Durée moyenne d'ensoleillement quotidien	5 h	6 h	2 h	0,5 h
Moyenne mensuelle des précipitations	49 mm	94 mm	104 mm	63 mm

Tromsø

mois	avr.	juil.	oct.	janv.
Température moyenne maximale (°C)	3	15	5	-2
Température moyenne minimale (°C)	-2	9	1	-7
Durée moyenne d'ensoleillement quotidien	5 h	7 h	1,5 h	0 h
Moyenne mensuelle des précipitations	64 mm	77 mm	131 mm	95 mm

HIVER

À l'approche des fêtes, les sapins de Noël s'illuminent et les maisons en pain d'épice joliment décorées apparaissent. Les restaurants affichent complet pour le buffet de Noël, avec au menu le *lutefisk* ou poisson « à la soude », poisson séché plongé dans une solution alcaline.
Le Nouvel An marque le début de la saison de ski. La neige fraîche attire alors tout le monde sur les pistes.

NOVEMBRE

Rakfisk Festival, Valdres *(1re semaine)*. Les meilleurs producteurs proposent leur spécialité, la truite de montagne fermentée.
Musée international de l'Art enfantin (Det Internasjonale Barnekunstmuseet), Oslo. Ouvert plus longtemps en hiver du mardi au jeudi et le dimanche, ce musée expose des dessins d'enfants du monde entier.
Illumination du sapin de Noël *(1er dimanche de l'Avent)*. Selon la tradition, les habitants font le tour de l'arbre illuminé sur fond de musique, de chants et de discours.

DÉCEMBRE

Concerts de Noël *(tout le mois)*. Des artistes célèbres se produisent dans les églises, accompagnés par les chœurs et orchestres locaux.
Marchés de Noël *(dimanche)*. Les musées de culture populaire comme le Norsk Folkemuseum d'Oslo organisent des spectacles de danse folklorique, des concerts, des ventes artisanales et des ateliers de Noël.
Maisons en pain d'épice, Galleriet, Bergen *(tout le mois)*. La plus grande ville miniature en pain d'épice au monde. Une exposition présente 150 maisons, bateaux, avions et tremplins à ski fabriqués en pain d'épice par des enfants, des jeunes et des professionnels.

Paysage enneigé de Lillehammer à la pleine lune

JANVIER

Ski-Kite, Møsvann, Telemark *(début janvier)*. Skier en se faisant tracter par un cerf-volant. Cours au Centre de ski de Rauland.
Festival de l'aurore boréale, Tromsø *(fin janvier)*. Les visiteurs viennent du monde entier observer ce phénomène extraordinaire : des lueurs intenses dansant dans le ciel par nuit claire dans le nord du pays.

Bonhomme géant au Festival de sculpture sur neige de Vinje

Polar Jazz, Svalbard *(fin janvier)*. Le plus septentrional des festivals de jazz et de blues. Quatre à cinq jours de spectacles à travers Longyearbyen.

FÉVRIER

Festival de sculpture sur neige, Vinje *(1re semaine)*. Un musée de sculptures en plein air original. En faisant appel à votre imagination et aux animateurs, créez votre œuvre avec de la glace et de la neige.
Semaine de l'opéra, Kristiansund *(début février)*. Opéras, ballets, expositions artistiques et autres manifestations.
Festival des arts d'hiver, Lillehammer *(mi-février)*. Concerts et sculptures sur glace célèbrent l'hiver.
Marché de Røros *(3e mar. de février)*. Grande foire commerciale.

JOURS FÉRIÉS

Nouvel An (1er janv.)
Dimanche des Rameaux
Jeudi saint
Vendredi saint
Dimanche de Pâques
Lundi de Pâques
Pentecôte
Lundi de Pentecôte
Fête du travail (1er mai)
Fête nationale (17 mai)
St. Hans, *St-Jean* (24 juin)
Noël (25 déc.)
Lendemain de Noël (26 déc.)

Décorations de Noël dans un centre commercial

HISTOIRE DE LA NORVÈGE

Il y a plus d'un millénaire lorsqu'il se rendit à la cour d'Alfred le Grand, roi d'Angleterre, le chef norvégien Ottar fut le premier à rapporter l'existence de la « Nor-weg » ou « voie du Nord », patrie des Vikings. Leur règne fut suivi par des siècles de combats, de colonisations et d'unions. Enfin, la Norvège accéda à la prospérité et à une renommée internationale.

Première monnaie norvégienne, frappée en 995

Il y a plus de neuf mille ans, les premiers habitants de la Norvège furent les peuples Komsa et Fosna. Des outils et des armes rudimentaires datant de l'âge de pierre à l'âge du fer ont été mis au jour, ainsi que des gravures rupestres illustrant rennes et poissons. Plus tard, des représentations symboliques de roues du soleil et de bateaux apparurent. Des tumulus de l'âge du fer ont été retrouvés, contenant des armes, des objets décoratifs, des pierres runiques et des embarcations.

L'âge des Vikings *(p. 34-35)* marque un tournant dans l'histoire de la Norvège car les guerriers rapportèrent de leurs expéditions lointaines des idées qui allaient influer sur l'évolution culturelle et politique du pays.

En l'an 890, lors de la bataille de Hafrsfjord à Stavanger, Harald Hårfagre (« aux Beaux Cheveux ») unifia la Norvège en un seul royaume. Il défit ses ennemis et devint suffisamment puissant pour établir une armée permanente et maintenir l'unité. Les opposants quittèrent le pays, ou bien furent proscrits ou tués.

Parmi ceux qui s'enfuirent, certains s'établirent en Islande. En 985, Erik le Rouge (Eirik Raude) fonda une communauté au Groenland. En l'an 1000, son fils Leiv Eiriksson découvrit l'Amérique. Ainsi, les Nordiques s'installèrent temporairement à la pointe nord de Terre-Neuve.

Après la mort de Håkon le Bon, plus jeune fils de Harald Hårfagre, la succession au trône suscita de graves conflits. Olav Tryggvason (mort en 1000) et Olav le Saint *(p. 194)* unifièrent alors le royaume et imposèrent le christianisme. Ils détruisirent les statues païennes et érigèrent des églises.

Au cours des siècles, la Norvège se dota d'un empire comprenant les îles Féroé, les Orcades, les Hébrides, l'île de Man et, à partir de 1260, l'Islande et le Groenland.

Faute de règles de succession, la guerre civile éclata en 1130. La lignée de Sverre Sigurdsson finit par triompher. Lorsque son petit-fils, Håkon Håkonsson, fut couronné en 1247, la Norvège était au sommet de sa puissance. Après la mort de Håkon V Magnusson, en 1319, l'ordre dynastique ne favorisa pas la lignée norvégienne. Son petit-fils, Håkon VI, fut le dernier roi d'une nation indépendante.

CHRONOLOGIE

9300 av. J.-C. Les Komsa, premiers habitants, sont des chasseurs-cueilleurs qui vivent près d'Alta, Finnmark

v. 500 av. J.-C. Début de l'âge du fer. L'extraction du fer commence dans le Hardangervidda et l'Aurland. Le climat se refroidit

Sculpture viking du dieu Odin

v. 1000 apr. J.-C. Leiv Eiriksson aborde le « Vinland » en Amérique du Nord

1030 apr. J.-C. Saint Olav périt dans la bataille de Stiklestad

10 000 av. J.-C. | **1500** | **500 apr. J.-C.** | **750** | **1000** | **1250**

v. 4000 av. J.-C. Progrès de l'agriculture dans l'Østfold

1800-500 av. J.-C. À l'âge du bronze, les hommes érigent de vastes tumulus sur les crêtes, au bord des routes et sur le littoral comme à Jæren

793 apr. J.-C. L'ère des Vikings commence avec le sac du couvent de Lindisfarne en Angleterre

890 apr. J.-C. Bataille de Hafrsfjord : Harald Hårfagre unifie la Norvège

1247 apr. J.-C. Håkon Håkonsson monte sur le trône

◁ ***Couronnement de Håkon Håkonsson à Bergen en 1247 par le cardinal Vilhelm de Sabina*, de Gerhard Munthe (1910)**

Les Vikings

Marteau du dieu Thor

Du VIIIe au XIe siècle, les Vikings se lancèrent à l'assaut du monde. Commerçants, colonisateurs ou pillards, ils sillonnèrent les mers depuis la Norvège, la Suède et le Danemark en quête de terres, d'esclaves, d'or et d'argent. Ils lancèrent des incursions dans toute l'Europe, atteignirent Bagdad et rallièrent même l'Amérique. Les moines chrétiens terrifiés ont relaté leurs mises à sac. Toutefois, les Vikings n'étaient pas de simples barbares. Ils excellaient dans le commerce, la navigation, la construction de bateaux, l'artisanat et vivaient dans une société très démocratique pour l'époque.

Un guerrier viking *avec son équipement sur une gravure sur pierre du Xe siècle provenant de Middleton, en Angleterre.*

Lindisfarne *est une petite île au nord-est de l'Angleterre, dont le monastère fut mis à sac par les Vikings en 793. Cette pierre tombale illustre l'attaque d'une bande de guerriers.*

LEIV EIRIKSSON DÉCOUVRE L'AMÉRIQUE
Les aventuriers nordiques employaient de gros bateaux robustes, plus lourds que les fins *langskip* utilisés à des fins guerrières. Ils avaient ainsi plus de place pour l'équipage et les provisions. Ce tableau de Christian Krohg, réalisé en 1893, représente Leiv, fils d'Erik le Rouge, pointant le doigt vers un nouveau continent, l'Amérique. Il fut surnommé « le Chanceux ».

Les vaisseaux vikings *tenaient très bien la mer et parcouraient des distances énormes. Leur quille peu profonde leur permettait de remonter les rivières et d'accoster sur les plages. En outre, ils pouvaient passer d'un fjord à l'autre par voie de terre en glissant sur des rondins.*

Le casque en fer et l'épée *constituaient le principal armement du Viking. Le casque était dépourvu de cornes et doté de « lunettes » protégeant les yeux. Les fourreaux étaient en général magnifiquement décorés.*

***Les femmes vikings**, très indépendantes s'occupaient de la maison et de la ferme en l'absence des hommes.*

La barre du gouvernail était située à tribord.

Les Vikings à la conquête du monde

Les Vikings envahirent, pillèrent ou commercèrent avec de lointaines contrées. Ils atteignirent l'Islande vers 870 et le Groenland en 982. Leiv Eiriksson découvrit l'Amérique vers l'an 1000. À l'est, ces aventuriers allèrent en Russie et descendirent les fleuves jusqu'à la mer Noire et Constantinople. D'autres longèrent la côte occidentale de l'Europe jusqu'en Méditerranée.

***Vestiges d'une ferme** viking du IXe siècle dans les îles Shetland, comptant deux chambres, une longue salle et une cuisine. Les habitants dormaient sur des bancs le long des murs.*

***Une broche** fermait le manteau des hommes. Fixée au niveau de l'épaule droite, elle laissait toute liberté pour manier l'épée.*

***Les principaux dieux vikings** sont Odin, dieu du savoir, Thor, dieu de la guerre et Freyr, dieu de la fertilité (ci-contre). Au XIe siècle, la Norvège se convertit au christianisme.*

Chronologie

- **793** Les Vikings mettent à sac le monastère anglais de Lindisfarne
- **834** Le vaisseau viking d'Oseberg sert de tombeau
- **845** Les Vikings attaquent Paris et Hambourg
- **890** Bataille de Hafrsfjord : le royaume est unifié
- **911** Le chef viking Hrólfr (Rollon) fonde le duché de Normandie
- **948** Håkon le Bon tente de convertir ses sujets
- **v. 1000** Leiv Eiriksson découvre le « Vinland » en Amérique du Nord
- **1030** Bataille de Stiklestad

800 | 830 | 860 | 890 | 920 | 950 | 980 | 1010

- **799** Début des incursions en France
- **841** Une importante flotte viking passe l'hiver à Dublin
- **870** Colonisation de l'Islande
- **876** Installation permanente en Angleterre
- **912** Les Vikings atteignent la mer Caspienne

Bateau viking, v. 980

- **985** Erik le Rouge colonise le Groenland
- **v. 1000** Olav Tryggvason (Olav Ier) est tué à Svolder
- **1066** Bataille de Stamford Bridge : défaite face au roi Harold II d'Angleterre

Tombeau de Margrete, reine du Danemark, de Suède et de Norvège, cathédrale de Roskilde (Danemark)

Union de Kalmar

Håkon VI Magnusson épousa la princesse danoise Margrete. Leur fils unique, Olav, devint roi du Danemark en 1375, puis hérita du trône norvégien à la mort de son père en 1380. Ainsi débuta l'union dano-norvégienne qui allait durer quatre siècles.

Lorsque Olav mourut à l'âge de 17 ans en 1388, Margrete régna sur les deux pays, ainsi que sur la Suède. Elle adopta son neveu Erik de Poméranie et le fit couronner roi des trois nations en 1397, scellant ainsi l'Union de Kalmar. Celle-ci se maintint jusqu'en 1523, date à laquelle Gustav Vasa fit sécession pour établir une nouvelle dynastie en Suède.

Union avec le Danemark

Margrete mena une politique juste envers la Norvège. Cependant, le pays se trouva affaibli en 1536 quand Christian III décréta que la Norvège ne serait plus qu'une province danoise.

La Norvège fut incapable de s'affirmer au sein de l'union, d'autant plus que, depuis le milieu du XIVe siècle, la peste avait réduit de plus de moitié sa population. La Réforme de 1536 obligea l'archevêque Olav Engelbrektsson, l'un des rares défenseurs de l'indépendance, à fuir le pays. La Norvège fut alors administrée comme un vassal par les suzerains danois. De plus, sa classe moyenne se trouva amoindrie par la puissance de la Hanse germanique qui dominait les échanges commerciaux sur la côte occidentale.

Christian IV

La domination danoise eut toutefois des effets positifs. Petit à petit, l'industrie norvégienne se redressa. La pêche se développa. L'exportation du bois fournit de nouvelles ressources. Lors du déclin de la Hanse, les marchands norvégiens purent entrer en scène. L'industrie minière prit son essor, notamment sous le règne de Christian IV (1577-1648) qui s'intéressa de près aux affaires de la Norvège. Il s'y rendit à trente reprises, fonda la ville de Christiania et réorganisa l'administration. L'Église fut placée sous domination royale et le pays acquit sa propre armée.

Christian IV établit le contrôle norvégien sur le nord du pays. Cependant, le conflit avec la Suède força la Norvège à céder plusieurs provinces orientales. En 1660, son fils Frédéric III instaura l'absolutisme dans le « double royaume ». En d'autres termes, la bureaucratie fut nommée par le roi et non plus issue de l'aristocratie. De plus

Bærums Verk, l'une des premières fonderies norvégiennes en 1610

Chronologie

1349 La peste noire réduit la population norvégienne de moitié

1380 Mort de Håkon VI Magnusson, dernier roi de la Norvège indépendante

Margrete, reine de 1388 à 1412

1397 L'Union de Kalmar place la Norvège, le Danemark et la Suède sous l'autorité d'un seul roi

1400 La Ligue hanséatique, basée à Bergen, détient le monopole du commerce extérieur

1536 Le roi danois Christian III déclare la Norvège province vassale du Danemark

1537 Suite à la Réforme, l'archevêque Olav Engelbrektsson doit s'exiler

1558 La domination de la Hanse décline

1350 — 1400 — 1450 — 1500 — 1550

Tableau d'Eilif Peterssen (1892) représentant les poètes de la société patriotique Det Norske Selskab

en plus, les fonctionnaires vinrent de la classe moyenne norvégienne, ce qui se révéla bénéfique pour la nation.

Sous Frédéric IV, au début du XVIIIe siècle, les guerres contre la Suède se succédèrent. Elles firent apparaître un héros national, l'amiral Peter Wessel Tordenskiold, qui anéantit la flotte suédoise par surprise.

Charles XII, belliqueux roi de Suède qui tenta à deux reprises de conquérir la Norvège, mourut lors du siège de Halden en 1718.

L'amiral Peter Wessel Tordenskiold, héros national

Dans le pays, le besoin d'indépendance allait croissant. Il naquit en partie d'un regain d'intérêt pour l'histoire norvégienne, sous l'impulsion d'une société patriotique de poètes et d'historiens de Copenhague, Det Norske Selskab. La création d'une université norvégienne, longtemps revendiquée, fut seulement accordée en 1811. Toutefois, ce sont des événements extérieurs qui précipitèrent la fin du « double royaume » en 1814.

Dans l'ombre de Napoléon

Frédéric VI, à la tête du royaume dano-norvégien, s'allia avec Napoléon en 1807. Les ports norvégiens subirent alors le blocus britannique. L'isolement économique du pays fut total lorsque la Norvège se trouva en guerre avec la Suède. Il s'ensuivit une période de grande misère, de 1808 à 1812. Les récoltes et la pêche furent mauvaises et la famine sévit.

En Suède, l'ancien maréchal français Jean-Baptiste Bernadotte se fit élire prince héréditaire en 1810 et prit le nom de Karl Johan. Ayant rejoint la coalition européenne contre Napoléon, il persuada ses alliés – la Russie, la Grande-Bretagne, l'Autriche et la Prusse – qu'il forcerait le Danemark à céder la Norvège à la Suède une fois l'Empereur vaincu. Lorsque ce dernier fut battu à Leipzig, en 1813, Karl Johan attaqua le Danemark. Par le traité de Kiel, conclu en janvier 1814, la Norvège fut rattachée à la Suède.

1624 Oslo est incendiée. Christiania est fondée au nord du chateau d'Akershus

1709 Grande guerre du Nord entre l'Union dano-norvégienne et la Suède

1718 Le roi de Suède Charles XII est tué devant la forteresse de Fredriksten lors de sa deuxième offensive

1813 Karl Johan déclare la guerre au Danemark

1814 Le traité de Kiel cède la Norvège à la Suède

1600 — 1650 — 1700 — 1750 — 1800

Christian IV (1577-1648)

1645 Par le traité de Brömsebro, la Norvège cède les provinces du Jämtland et du Härjedalen à la Suède

1660 Frédéric III instaure l'absolutisme

1769 La Norvège compte 723 000 habitants, dont 65 000 citadins

1772 Création de la société patriotique Det Norske Selskab

1811 Création de l'université de Norvège à Oslo

L'Assemblée d'Eidsvoll d'Oscar Wergeland (1885), tableau exposé au Storting d'Oslo

L'Assemblée d'Eidsvoll

À la signature du traité de Kiel qui rattachait la Norvège à la Suède, le prince danois Christian Frédéric était le gouverneur général de la Norvège. En accord avec le peuple norvégien, il refusa de se plier au traité. Une assemblée comptant 21 des plus éminentes personnalités du pays le déclara apte à monter sur le trône sans toutefois accepter le principe d'une monarchie absolue. Il fut donc décidé qu'une assemblée nationale serait élue par le peuple. Le dimanche de Pâques 1814, 112 représentants se réunirent à Eidsvoll et adoptèrent le 17 mai une Constitution pour la Norvège. Le même jour, Christian Frédéric fut élu roi d'une Norvège libre et indépendante.

Cependant, l'héritier au trône suédois Karl Johan exigea l'application du traité de Kiel. Une courte guerre s'ensuivit, puis Karl Johan finit par reconnaître la Constitution d'Eidsvoll. Le 4 novembre 1814, le Storting (parlement norvégien) élut le vieux monarque suédois Charles XIII nouveau roi de la Norvège. Karl Johan lui succéda en 1818.

L'union avec la Suède

Ratifié en 1815 par les parlements norvégien et suédois, le Riksakt (« acte du royaume ») stipula que les deux États auraient un même roi et une politique étrangère commune. Par ailleurs, il était entendu que les deux pays resteraient égaux et indépendants. Cependant, le Riksakt ne prévoyait pour la Norvège ni drapeau ni service diplomatique. Cette disposition fut l'un des points d'achoppement qui conduisirent à la dissolution de l'Union. Un autre sujet de désaccord fut le droit du roi à désigner le gouverneur général de Norvège.

Lorsqu'il mourut, en 1844, Karl Johan avait acquis une grande popularité en Norvège, malgré ses diverses tentatives pour limiter les manifestations d'identité nationale. Torvslaget (« l'émeute de la place du marché »), le 17 mai 1829 à Christiania (l'ancienne Oslo), en fut un exemple. Les Norvégiens célébraient joyeusement leur fête nationale lorsque les troupes attaquèrent. Le poète Henrik Wergeland, chef de file du romantisme national, se trouvait dans la foule et fut blessé d'un coup d'épée. Cet incident lui inspira des vers passionnés en faveur d'une Norvège libre. Ainsi, Torvslaget donna une importance accrue aux festivités du 17 mai.

Émeute de la place du marché à Christiania le 17 mai 1829

Chronologie

1814 La Constitution norvégienne est adoptée le 17 mai par l'Assemblée d'Eidsvoll

Henrik Wergeland

1829 Émeute de la place du marché : le 17 mai, les troupes attaquent la foule lors de la fête nationale. Le poète Henrik Wergeland est blessé

1837 Première représentation au théâtre de Christiania

1844 Mort de Karl Johan. Son fils Oscar Ier lui succède

1810 — 1820 — 1830 — 1840 — 1850

1816 Création de la Norges Bank, banque centrale norvégienne

1818 Karl Johan est sacré roi de Norvège à la cathédrale de Nidaros (Trondheim)

1819 Première édition du *Morgenbladet*, le premier quotidien norvégien

1848 Marcus Thrane fonde le premier syndicat ouvrier de Norvège

1854 La première ligne de chemin de fer transporte des passagers de Christiania à Eidsvoll

La ligne Christiania-Eidsvoll, inaugurée en 1854

Expansion économique

Une courte crise économique survint après 1814. La Norges Bank vit le jour en 1816, la monnaie nationale se stabilisa et le pays fut désendetté avant 1850.

Ouvrière à l'atelier de tissage de Hjula, 1887

Cette période marqua un tournant dans l'économie. L'industrie subit de profonds changements et prospéra rapidement. Les transports maritimes connurent leur âge d'or, notamment de 1850 à 1880 avec le passage de la voile à la vapeur. La première ligne de chemin de fer fut construite en 1854, le télégraphe apparut en 1850 et le téléphone en 1880.

Dans les années 1848-1850, une récession économique provoqua un chômage important. Marcus Thrane créa alors le premier syndicat ouvrier. En 1865, la population avait doublé par rapport à 1800, en passant de 900 000 habitants à 1,7 million, et poursuivait sa croissance. L'émigration vers l'Amérique commença en 1825 et se développa rapidement. Entre 1879 et 1893, 250 000 Norvégiens traversèrent ainsi l'Atlantique.

La fin de l'Union

Vers la fin de l'Union avec la Suède, la vie politique fut très tourmentée dans sa mutation vers la démocratie. Le parlementarisme fut introduit en 1884, puis le suffrage universel en 1898 pour les hommes et en 1913 pour les femmes.

L'éternel conflit à propos du souhait des Norvégiens d'avoir leur propre ministère des Affaires étrangères eut finalement raison de l'Union. En 1905, le gouvernement norvégien de Michelsen démissionna suite au rejet par le roi du projet de loi sur un service consulaire. Le souverain refusa cette démission au motif que la formation d'un nouveau gouvernement était impossible. Michelsen saisit l'occasion pour déclarer la dissolution de l'Union. Le roi étant dans l'incapacité de former un nouveau gouvernement alors qu'il y était contraint par la Constitution, il ne pouvait donc plus régner sur la Norvège. En l'absence d'un monarque commun, l'Union cessait d'exister. Celle-ci fut dissoute le 7 juin par le Storting, mais la Suède exigea un référendum. 368 208 électeurs se prononcèrent pour la dissolution, et 184 contre. Ainsi, l'Union prit fin de manière pacifique.

Carte postale commémorant le « oui » massif au référendum de 1905 qui visait à mettre fin à l'Union

1865 La population norvégienne dépasse 1,7 million d'habitants

1871 Inauguration de la première ligne télégraphique, qui atteint Kirkenes en Norvège du Nord

1875 La marine marchande norvégienne se hisse au troisième rang mondial

1879 Publication d'*Une maison de poupée*, pièce de théâtre d'Henrik Ibsen

1882 L'émigration vers l'Amérique du Nord atteint son point culminant

1884 Le régime parlementaire est instauré après d'âpres querelles

1889 La scolarisation devient obligatoire

1898 Suffrage universel pour les hommes

1899 Création de la Fédération nationale des syndicats ouvriers (LO)

1900 Création de la Confédération patronale norvégienne (NAF)

Christian Michelsen

1905 Sous le Premier ministre Christian Michelsen, l'union avec la Suède prend fin pacifiquement

1860 | 1870 | 1880 | 1890 | 1900

Le Premier ministre Christian Michelsen accueille le prince Carl et son fils Olav le 25 novembre 1905

UNE NOUVELLE FAMILLE ROYALE

Après quatre siècles de domination danoise et suédoise, la famille royale norvégienne s'était éteinte. La nation se tourna alors vers le prince Carl, second fils de l'héritier au trône du Danemark. Celui-ci était marié à la princesse britannique Maud et leur fils Olav avait deux ans. Sous le nom de Håkon VII, Carl fut couronné dans la cathédrale de Nidaros.

Après la dissolution de l'Union, la politique intérieure se concentra sur les réformes sociales. En 1911, l'expédition de Roald Amundsen au pôle Sud accrut grandement la fierté nationale. Suivant l'exemple de l'écrivain et politicien Bjørnstjerne Bjørnson, la Norvège eut une forte influence dans le monde par ses actions en faveur de la paix. Depuis 1901, le Storting avait l'honneur de décerner chaque année le prix Nobel de la paix.

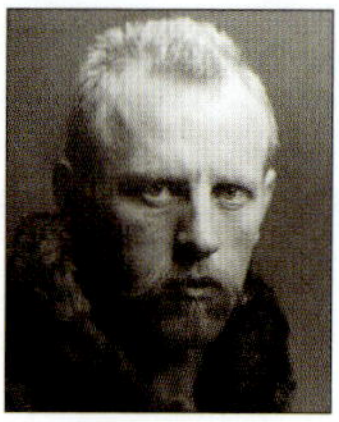

Fridtjof Nansen, explorateur polaire

Restée neutre durant la Première Guerre mondiale, la Norvège perdit néanmoins la moitié de sa flotte marchande. Toutefois, le transport maritime et l'exportation du minerai de fer se révélèrent florissants. Cependant, vers la fin de la guerre, l'approvisionnement devint difficile.

L'ENTRE-DEUX-GUERRES

Après la Première Guerre, les restrictions furent à l'origine de banqueroutes et de mouvements sociaux dans l'industrie. Les agriculteurs et les pêcheurs qui avaient massivement investi dans des équipements modernes firent faillite.

En 1930, la dépression économique mondiale atteignit la Norvège. Les banques et les particuliers furent ruinés. Le chômage toucha quelque 200 000 personnes et les conflits sociaux furent des plus violents. Le transport maritime s'en sortit mieux : la nouvelle flotte marchande norvégienne accéda au troisième rang mondial.

De 1918 à 1935, la Norvège connut neuf gouvernements différents. Puis le parti travailliste de Johan Nygaardsvold arriva au pouvoir et y resta jusqu'en 1945. La Norvège rejoignit la Société des Nations, avec le diplomate et scientifique Fridtjof Nansen à la tête de sa délégation.

En 1931, le conflit entre le Danemark et la Norvège concernant la souveraineté sur le Groenland fut porté devant la Cour internationale de La Haye. La Norvège fut déboutée de sa demande.

L'OCCUPATION

Lorsque la Seconde Guerre mondiale éclata en septembre 1939, la Norvège se déclara neutre. Toutefois, cela n'empêcha pas l'armée allemande d'envahir le pays le 9 avril 1940. Les troupes norvégiennes parvinrent à couler le cuirassé *Blücher* dans le fjord d'Oslo

CHRONOLOGIE

Håkon VII

1905 Håkon VII, la reine Maud et le prince Olav s'installent dans le château d'Oslo

1905-1907 Christian Michelsen est le premier chef de gouvernement de la Norvège indépendante

1911 Roald Amundsen atteint le pôle Sud

1920 La Norvège rejoint la Société des nations

1931 La Norvège se voit refuser la souveraineté sur le Groenland par la Cour de La Haye

1940 L'armée allemande envahit la Norvège

1945 Le 7 juin, le roi regagne la Norvège libérée

1946 Trygve Lie devient le premier secrétaire général de l'ONU

1947 Thor Heyerdahl traverse le Pacifique à bord du *Kon-Tiki*

1949 Adhésion à l'OTAN

1910 | 1920 | 1930 | 1940 | 1950

et continrent l'ennemi pendant 62 jours avant de capituler. Le 7 juin, le roi, le prince héritier et le gouvernement s'exilèrent à Londres.

Soutenu par les Allemands, Vidkun Quisling devint Premier ministre de la Norvège occupée. Cependant, la résistance civile prit de l'ampleur. Une organisation militaire secrète (Milorg) vit le jour. Contrôlée par le gouvernement en exil, elle comptait 47 000 hommes. Elle transmettait des renseignements aux Alliés et menait des opérations contre les forces d'occupation. Leur intervention la plus célèbre fut celle de Rjukan, où les avions de chasse américains détruisirent une usine d'eau lourde *(p. 150-151)*.

La marine marchande norvégienne joua un rôle essentiel dans l'effort de guerre. Plus de la moitié de la flotte fut perdue et 3 000 marins périrent. Pendant l'occupation, environ 35 000 Norvégiens furent arrêtés et 1 400 moururent dans les camps de concentration allemands, dont 738 juifs.

Lorsqu'ils se retirèrent du Finnmark, les Allemands firent évacuer la population et brûlèrent tout derrière eux. L'Allemagne capitula le 7 mai 1945 et la libération eut lieu le lendemain. Un mois plus tard, le roi Håkon regagnait la Norvège.

Les troupes allemandes défilent sur la Karl-Johansgate à Oslo, le 9 avril 1940

Plate-forme pétrolière en construction dans le fjord de Gands, Stavanger

La Norvège moderne

La reconstruction se fit plus vite qu'espéré. Quelques années seulement après la libération, la production retrouva son niveau d'avant-guerre. La situation politique devint plus stable. Lors des élections du Storting en 1945, le parti travailliste fut largement majoritaire et resta au pouvoir jusqu'en 1963, hormis une brève interruption. Le Premier ministre était Einar Gerhardsen, le « père de la Norvège ». Celle-ci rejoignit l'OTAN en 1949 et l'AELE en 1960. Ayant adopté de nombreuses réformes sociales, elle était en passe de devenir un véritable État-providence.

Après la période Gerhardsen, le pouvoir alterna entre les travaillistes et la coalition « non socialiste ». Gro Harlem Brundtland fut le Premier ministre qui resta le plus longtemps en poste *(p. 23)*. À partir des années 1970, l'extraction pétrolière en mer du Nord ainsi que le développement de la pêche favorisèrent les politiques économique et sociale. Concernant l'adhésion à l'Union européenne, les Norvégiens répondirent « non » à deux reprises par référendum.

1957 Håkon VII meurt et Olav V lui succède

1960 La Norvège devient membre de l'AELE

1967 Création de la sécurité sociale

1970 Découverte de réserves pétrolières en mer du Nord au large de la Norvège

1972 Les Norvégiens refusent par référendum d'adhérer à la CEE

1986 Gro Harlem Brundtland devient Premier ministre

1989 Le Sametinget, premier parlement sâme, est créé à Karasjok

1991 Mort d'Olav V. Son fils Harald V lui succède

1994 Jeux olympiques d'hiver à Lillehammer.

2000 La Norvège est élue membre du Conseil de sécurité de l'ONU pour deux ans

2004 Naissance d'Ingrid Alexandra, héritière de la couronne

1960 | 1970 | 1980 | 1990 | 2000

Gro Harlem Brundtland

Oslo quartier par quartier

Oslo d'un coup d'œil

Au cours de son histoire, la capitale norvégienne a changé de nom à plusieurs reprises. Baptisée Oslo à l'origine, elle fut successivement appelée Christiania et Kristiania avant de reprendre son nom initial en 1925. La ville bénéficie d'une situation incomparable. Ses habitants peuvent nager dans l'Oslofjord en été et chausser les skis dès l'arrivée de l'hiver. Le centre abrite de nombreux musées et galeries, un palais royal, des parcs et des édifices publics. Datant du XIVe siècle, son château garde l'entrée du port. La capitale possède une multitude de boutiques. À la belle saison, les cafés s'étalent sur les trottoirs et le front de mer. La plupart des sites sont accessibles à pied, hormis ceux de Bygdøy.

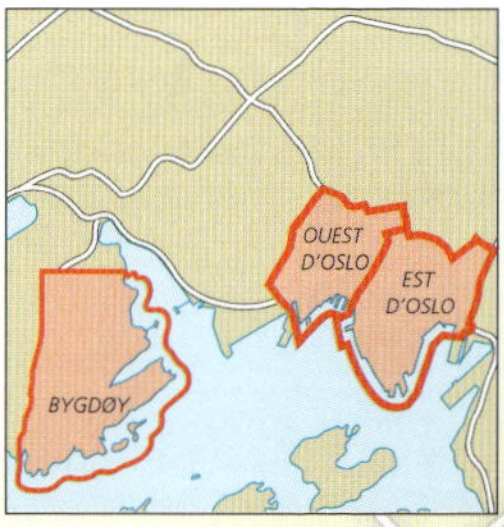

Carte de situation

Aker Brygge, *sur le front de mer, est le lieu favori des habitants d'Oslo qui s'y retrouvent pour boire un verre, manger ou faire les boutiques. Cet ancien chantier naval est des plus animés* (p. 57).

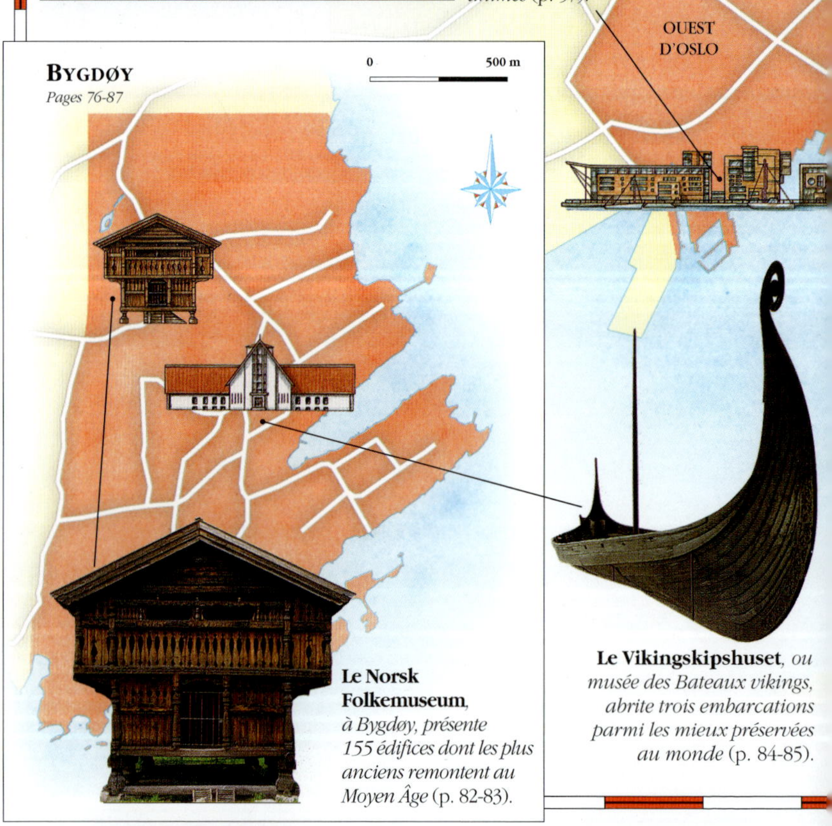

Le Norsk Folkemuseum, *à Bygdøy, présente 155 édifices dont les plus anciens remontent au Moyen Âge* (p. 82-83).

Le Vikingskipshuset, *ou musée des Bateaux vikings, abrite trois embarcations parmi les mieux préservées au monde* (p. 84-85).

◁ **Une foule radieuse défile sur la Karl-Johansgate jusqu'au Slottet (palais royal) le jour de la fête nationale**

Le Slottet *(palais royal) fut érigé dans le style néoclassique durant les règnes de Karl Johan XIV et d'Oscar Ier, de 1825 à 1848* (p. 51).

MODE D'EMPLOI

550 000. Gardermoen à 45 km du centre. Bureau d'information touristique : Fridtjof Nansens Plass 5, 24 14 77 00. 17 mai sur la Karl-Johansgate, Festival de musique contemporaine Ultima (début oct.), Festival de musique sacrée (début mars), Oslo Horse Show (mi-oct.).

La Karl-Johansgate *constitue depuis plus d'un siècle l'artère principale d'Oslo. Sa partie inférieure est piétonnière, tandis que le haut de l'avenue accueille les défilés* (p. 50).

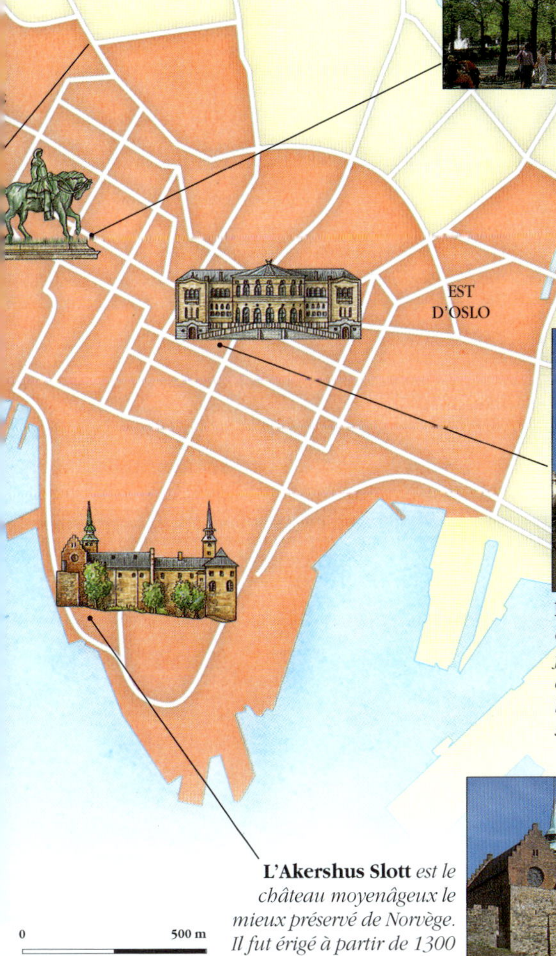

Le Storting *(Parlement) fut construit en 1866, en brique jaune sur un soubassement de granite. Il accueillit l'Assemblée nationale dès son inauguration* (p. 74).

L'Akershus Slott *est le château moyenâgeux le mieux préservé de Norvège. Il fut érigé à partir de 1300 dans le magnifique cadre du port d'Oslo, au bord de l'Oslofjord* (p. 68-69).

L'ouest d'Oslo

Les sites et monuments les plus remarquables se trouvent pour la plupart dans la partie occidentale du centre d'Oslo. D'ailleurs, le visiteur peut facilement se rendre de l'un à l'autre à pied. Sur le plan historique, le quartier est relativement récent. En effet, il n'est devenu le cœur de la capitale qu'à partir de la seconde moitié du XIXe siècle avec l'apparition du palais royal et de la Karl-Johansgate.

Horloge astronomique du Rådhuset

Le quartier ouest abrite les plus beaux espaces verts de la ville, en particulier Studenterlunden, le long de la Karl-Johansgate, et Slottsparken, autour du palais royal. Très bien desservie par les transports en commun, cette partie de la capitale est extrêmement animée durant l'été. Cafés et restaurants installent alors leurs tables à l'extérieur, comme dans les villes du sud de l'Europe. Quant aux quais d'Aker Brygge, anciens docks regorgeant de boutiques, de bars, de galeries et de théâtres, ils attirent une foule de visiteurs.

Le quartier d'un coup d'œil

Châteaux et musées

Historisk Museum p. 54-55 4
Ibsenmuseet 14
Kunstindustrimuseet 15
Nasjonalgalleriet p. 52-53 3
Centre Nobel de la paix 10
Slottet (palais royal) 5
Stenersenmuseet 13

Bâtiments historiques

Nationaltheatret 6
Det Norske Teatret 8
Oslo Konserthus 12
Rådhuset p. 56-57 9

Theatercafeen 7
Universitetet 2

Rues historiques

Aker Brygge 11
Karl-Johansgate 1

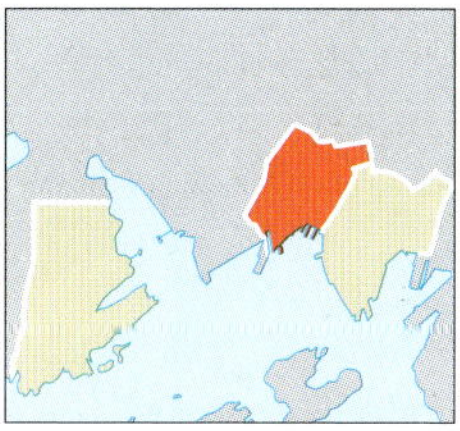

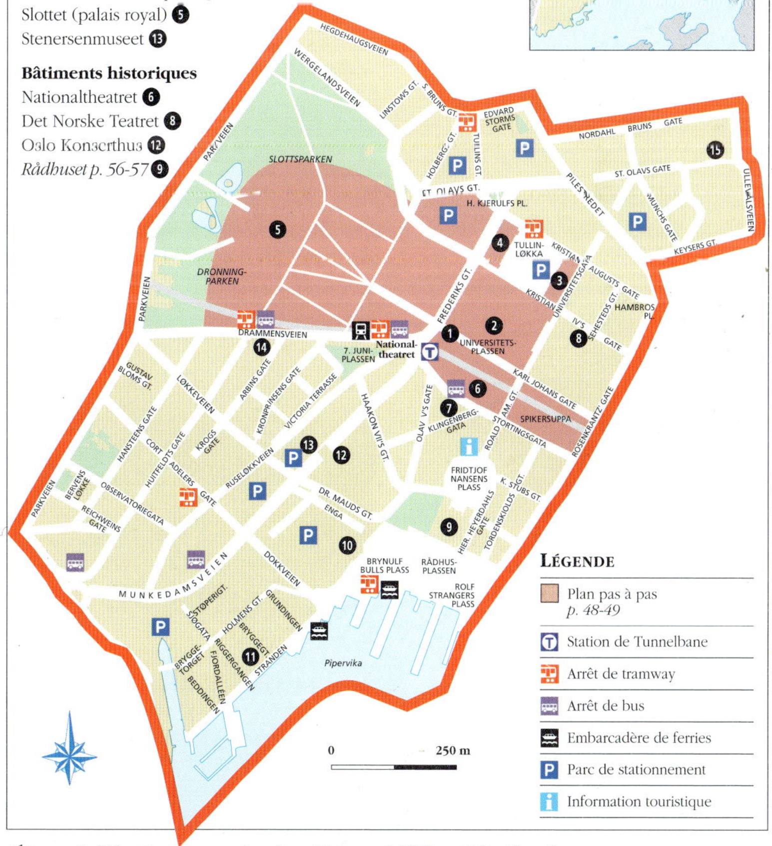

◁ Les quais d'Aker Brygge par un beau jour d'été, avec le Rådhuset à l'arrière-plan

La Karl-Johansgate pas à pas

Au cœur d'Oslo, cette avenue est la plus célèbre et la plus fréquentée de toute la Norvège. Chaque jour, plus de 100 000 passants empruntent la « Karl-Johan ». Les plus grandes institutions nationales s'y trouvent, notamment le Slottet (palais royal), le Storting (Parlement), l'université et le Théâtre national. L'artère est bordée de grands magasins, de boutiques et de restaurants. L'Historisk Museum et la Nasjonalgalleriet ne sont qu'à quelques pas l'un de l'autre. Dans sa partie supérieure, le long du parc Studenterlunden, la Karl-Johan accueille traditionnellement les défilés. En hiver, elle se transforme en patinoire pour la plus grande joie des citadins, jeunes et vieux.

Slottet
Dominant la Karl-Johansgate du sommet de sa butte, le palais royal ferme solennellement la perspective ❺

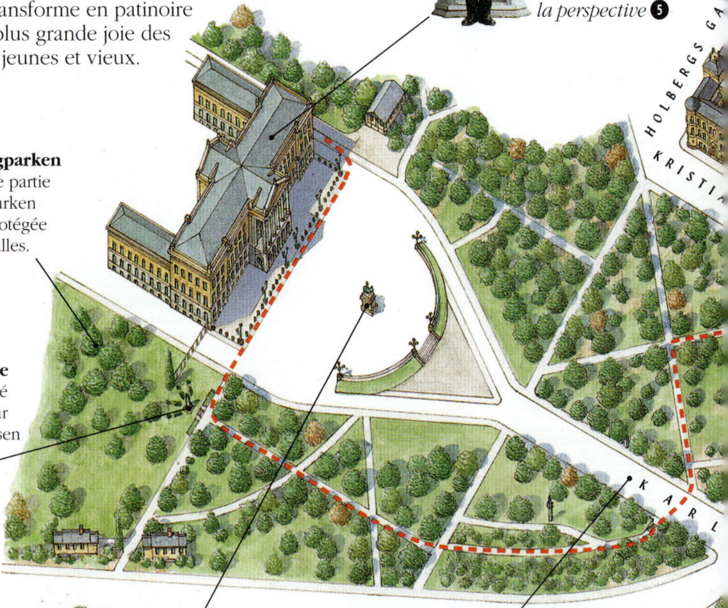

Dronningparken est la seule partie de Slottsparken qui soit protégée par des grilles.

La statue de la reine Maud a été réalisée par Ada Madssen en 1959.

La statue équestre du roi Karl Johan sur la Slottsplassen, réalisée par Brynjulf Bergslien en 1875. Le monarque fit édifier le palais royal.

La Karl-Johansgate
La plus belle avenue d'Oslo attire les foules aussi bien lors des défilés du 17 mai que les jours ordinaires. Dessinée en 1840 par l'architecte du palais, H. D. F. Linstow, elle porte le nom du roi Karl Johan ❶

À NE PAS MANQUER

★ **Historisk Museum**

★ **Nasjonalgalleriet**

LÉGENDE

- - - Itinéraire conseillé

★ Historisk Museum
Installé dans un bâtiment Art nouveau construit en 1902, ce musée comprend trois départements : Etnografiske Museum (ethnographie), Oldsaksamling (antiquités) et Myntkabinett (pièces et médailles) ❹

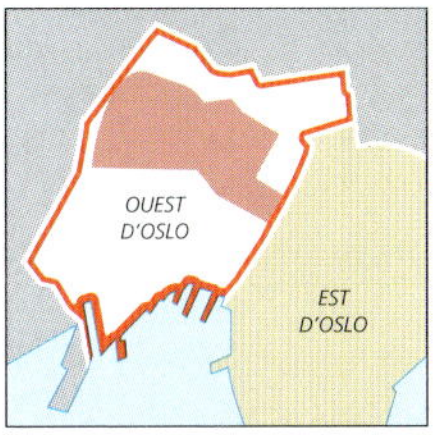

CARTE DE SITUATION
*Voir l'*Atlas des rues, *p. 100-101*

★ Nasjonalgalleriet
Vue de Stalheim, *de J. C. Dahl, est l'une des toiles exposées au musée national des Beaux-Arts, essentiellement consacré à l'art norvégien* ❸

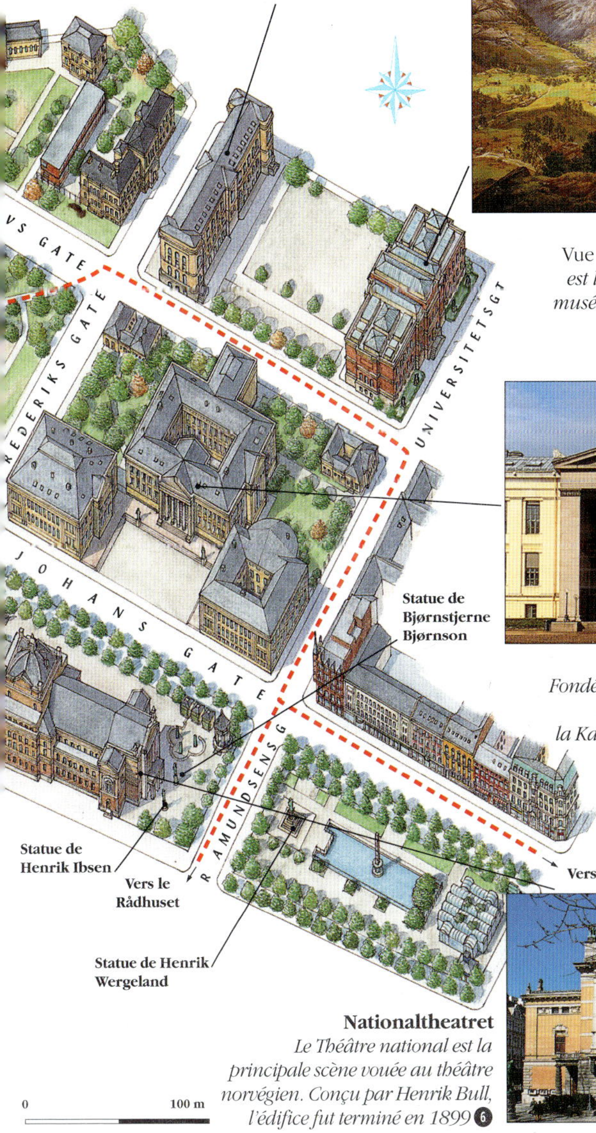

Universitetet
Fondée en 1811, la plus ancienne université de Norvège borde la Karl-Johansgate. Avec le palais royal et le Théâtre national, elle contribue au caractère imposant de l'artère ❷

Nationaltheatret
Le Théâtre national est la principale scène vouée au théâtre norvégien. Conçu par Henrik Bull, l'édifice fut terminé en 1899 ❻

La partie haute de la Karl-Johansgate, la plus célèbre artère du pays

Karl-Johansgate ❶

Plan 3 D3. *Stortinget, Nationaltheatret.* *13, 15, 19.* *30, 31, 32, 33, 45.*

Surnommée la « Karl-Johan » par les habitants d'Oslo, c'est l'avenue la plus célèbre et la plus animée du pays. Bordée de majestueux édifices néoclassiques, elle tient son nom du roi de Suède et de Norvège Karl Johan (1818-1844).

La partie haute de la Karl-Johan est la plus solennelle. Le Storting (Parlement norvégien) s'y dresse, et le Slottet (palais royal) trône à son extrémité occidentale. Entre ces deux édifices se trouvent l'université, le Nationaltheatret, le parc Studenterlunden, ainsi qu'une patinoire en hiver (avec location de patins). La partie basse de l'artère aboutit à la gare centrale. Les Basarhallene (les halles du marché) de Kirkeristen se trouvent aussi dans cette zone.

Les « Champs-Élysées » d'Oslo acquirent leur notoriété avec la construction du palais royal en 1848, dont l'architecte H. D. F. Linstow agença également l'avenue.

Outre les nombreux bâtiments publics, des grands magasins, des boutiques, des cafés et des restaurants agrémentent la Karl-Johan, devenue un lieu de promenade très apprécié à partir du XIXe siècle. Autrefois, les citoyens d'Oslo longeaient le Studenterlunden afin d'y être vus. De nos jours, les jeunes s'y donnent rendez-vous. C'est également le lieu de tous les événements royaux et visites officielles. La plus belle célébration est sans nul doute celle de la fête nationale, le 17 mai, lorsque des milliers d'enfants, de chanteurs et de musiciens défilent jusqu'au palais où la famille royale les salue depuis le balcon.

Depuis l'an 2000, les façades de la Karl-Johansgate s'illuminent dès la tombée de la nuit. Les touristes sont toujours étonnés de trouver une telle activité nocturne sur cette artère et les rues alentour. Jusqu'au petit matin, on y retrouve la vie trépidante des plus grandes capitales européennes.

Universitetet ❷

Karl-Johansgate 47. **Plan** 3 D3. *22 85 50 50.* *National-theatret.* *13, 15, 19.* *30, 31, 32, 45.*

L'université se dresse sur le côté nord-est de la Karl-Johan. Cet édifice néoclassique fut érigé en 1852, quarante ans après le décret de Frédéric VI autorisant la Norvège à avoir sa propre université. Le souverain donna son nom à l'institution, qui le conserva jusqu'en 1939.

Au fil des années, le nombre d'étudiants allant croissant, la plupart des enseignements ont été déplacés à Blindern, à la périphérie d'Oslo. Seules la faculté de droit et une partie de l'administration sont restées ici. Située juste en face du Nationaltheatret, l'université comprend trois corps de bâtiments disposés autour de l'Universitetsplassen. À l'occasion du centenaire de l'université, un nouvel auditorium, l'Aula, a été ajouté en 1911. Celui-ci est connu pour ses fresques réalisées par Edvard Munch *(p. 22)*, installées en 1916. En arrière-plan, le thème de la lumière est symbolisé par un lever de soleil éblouissant au-dessus de la côte. *Alma Mater*, le panneau principal sur la droite, représente une mère allaitant son enfant qui symbolise l'université. Celui de gauche, *L'Histoire*, représente la connaissance et la sagesse. Edvard Munch considérait ces fresques comme sa plus grande œuvre.

Des hommes politiques et d'éminents personnages du monde entier ont été reçus dans cette salle. Elle a accueilli en outre la cérémonie de remise du prix Nobel de la paix jusqu'en 1990, avant que celle-ci ne soit transférée au Rådhuset (hôtel de ville).

Chaque année, à la mi-août, 3 000 étudiants se pressent le même jour sur l'Universitetsplassen pour s'inscrire à l'université.

L'auditorium Aula de l'université, orné de fresques d'Edvard Munch

Nasjonalgalleriet ❸

Voir p. 52-53.

Historisk Museum ❹

Voir p. 54-55.

Le Slottet (palais royal) trône au sommet de la butte à l'extrémité de la Karl-Johansgate

Slottet ❺

Drammensveien 1. **Plan** 2 C2. *22 04 87 00.* *Nationaltheatret.* *13, 15, 19.* *30, 31, 32, 45, 81, 83.* *vis. guidées seul. ; fin-juin à mi-août : 6 h-21 h t.l.j. billets disponibles dans les bureaux de poste.*

Dominant le centre d'Oslo, le palais royal (Det Kongelige Slottet) attire naturellement le regard à l'extrémité de la Karl-Johansgate.

Lorsqu'il monta sur le trône du double royaume suédo-norvégien en 1818, Karl Johan décida d'ériger une résidence royale à Oslo. Il chargea l'architecte H. D. F. Linstow de ce projet.

En 1836, les architectes H. E. Schirmer et J. H. Nebelong entreprirent la décoration intérieure. Peter Frederik Wergmann fut chargé des frises murales de la salle de banquets exécutées dans le style Pompéi. Linstow agença la chapelle et la salle de bal, tandis que le peintre Johannes Flintoe orna la chambre dite « aux oiseaux ».

Le palais ne fut terminé qu'en 1848, après la mort de Karl Johan. Son fils Oscar Ier inaugura l'édifice en grande pompe.

Ce bâtiment grandiose ne devint une résidence permanente qu'en 1905, lorsque la Norvège acquit enfin son indépendance. Le roi Håkon et la reine Maud s'installèrent alors dans un palais qui s'était énormément dégradé. Il fut rénové progressivement et bénéficia d'une restauration complète à la fin du XXe siècle.

Le palais est fait de brique et de plâtre. Il comprend trois ailes qui s'élèvent chacune sur trois niveaux. Entourant l'édifice au sud et à l'est, les jardins de Slottsparken sont ouverts au public. À l'ouest, Dronningsparken forme un parc privé protégé par des grilles.

Le Slottet renferme une magnifique collection d'œuvres d'art. À l'été 2000, le public a pu la découvrir pour la première fois, ainsi qu'une partie du bâtiment, dans le cadre de visites guidées. Ces dernières ont maintenant lieu chaque année de la fin juin à la mi-août.

Devant le palais se dresse la majestueuse statue du roi Karl Johan.

La salle des banquets du palais avec ses frises dans le style Pompéi

Nationaltheatret ❻

Johannes Dybwads Plass 1. **Plan** 3 D3. *22 00 14 00.* *Nationaltheatret.* *13, 15, 19.* *30, 31, 32, 45, 81, 83.* **Billetterie** *9 h 30-18 h 30 lun.-ven., 11 h-17 h sam.* *jours fériés.* *sur rendez-vous.* *ouverte 1 h avant les représentations.*

Ce ne fut nullement un hasard si la première pièce programmée par le Théâtre national, lors de son ouverture en 1899, eut pour auteur le dramaturge norvégien Henrik Ibsen. Il s'agissait d'*Un ennemi du peuple*, une critique de la société. Depuis lors, les œuvres d'Ibsen sont restées au cœur du répertoire du Nationaltheatret et ont inspiré des générations de comédiens.

Conçu par Henrik Bull, l'édifice est considéré comme le témoin le plus significatif du renouveau de la construction en brique au XIXe siècle. Son style baroque est typique de l'architecture des théâtres européens de la fin du siècle. En 1980, un incendie causa d'énormes dégâts qui nécessitèrent cinq années de restauration.

Le billet de spectacle donne également accès à l'une des plus belles collections d'art de Norvège. Dans tout le bâtiment sont répartis des tableaux d'Erik Werenskiold, de Karl Fjell, de Christian Krohg, de P. S. Krøyer, ainsi que des bustes réalisés par Gustav Vigeland, Per Palle Storm et d'autres sculpteurs nationaux. Devant le théâtre se dressent les statues de deux des plus célèbres écrivains norvégiens : Henrik Ibsen et Bjørnstjerne Bjørnson.

Nasjonalgalleriet ❸

Le musée national des Beaux-Arts constitue la plus grande collection publique de Norvège en matière de peintures, sculptures, dessins et gravures. Les beaux-arts y sont très bien représentés jusqu'en 1945, en particulier le romantisme national et l'impressionnisme. La salle Edvard Munch contient certaines des œuvres les plus célèbres de l'artiste. La collection d'icônes russes de l'école de Novgorod datant des XVe et XVIe siècles est également remarquable. Les sculptures d'artistes norvégiens et étrangers occupent plusieurs salles. Enfin, le musée possède la meilleure bibliothèque d'art de Norvège avec ses 50 000 volumes. Conçu par Heinrich et Adolf Schirmer, l'édifice fut terminé en 1882.

Détail de la façade
Le musée fut construit dans le style néo-Renaissance, très prisé dans la capitale à la fin du XIXe siècle.

Barre à bâbord
Christian Krohg peignit la toile Babord Litt *en 1879. Les portraits de la vie quotidienne de cet artiste prolifique constituent des œuvres majeures de l'art norvégien.*

★ Le Cri
Le tableau d'Edvard Munch Skrik *est l'une des œuvres d'art le plus souvent décrites. Ce tableau expressionniste avant l'heure a été volé en 2004.*

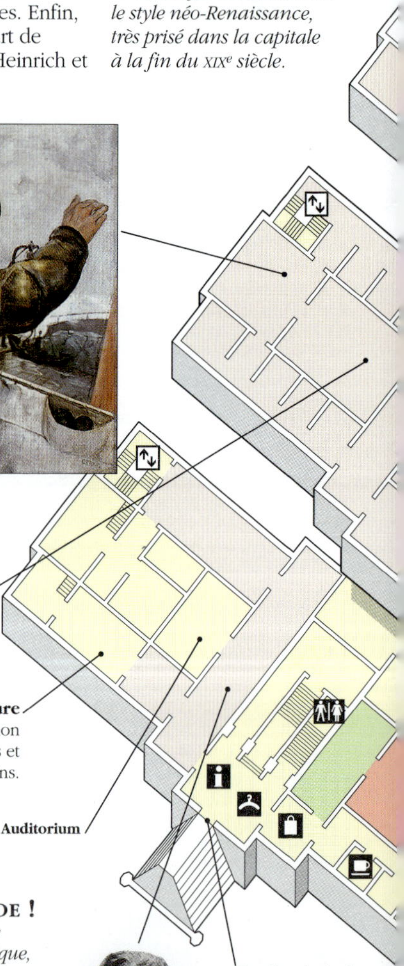

Salle de lecture et collection d'estampes et de dessins.

Auditorium

Entrée principale

SUIVEZ LE GUIDE !

Au rez-de-chaussée se trouvent la boutique, la bibliothèque et les sculptures antiques. Le premier étage est consacré à l'art norvégien, avec un certain nombre d'œuvres européennes. Le deuxième étage abrite les gravures et dessins, ainsi qu'une sélection de pièces scandinaves.

Henrik Ibsen
Ce portrait en marbre du dramaturge Henrik Ibsen est l'œuvre du célèbre sculpteur norvégien Gustav Vigeland.

À NE PAS MANQUER

★ ***Le Cri*** **d'Edvard Munch**

★ ***Une nuit d'hiver*** **de Harald Sohlberg**

Portrait de Mme Zborowska
Amadeo Modigliani réalisa ce tableau en 1918. Il est représentatif du style de l'artiste italien avec ses lignes serpentines et ses aplats de couleurs. Le peintre fut l'un des précurseurs de l'expressionnisme.

MODE D'EMPLOI

Universitetsgaten 13. **Plan** 3 D3. *22 20 04 04.* *Nationaltheatret.* *13, 15, 19.* *30, 31, 32, 45, 81, 83.* *10 h-18 h mar., mer. et ven. ; 10 h-20 h jeu. ; 10 h-17 h sam. et dim.* *jours fériés.* *sur r.-v.* www.nasjonalmuseet.no

Saint Pierre repentant
Le Greco aurait réalisé ce portrait de l'apôtre entre 1610 et 1614. Son intensité et la couleur audacieuse de la cape sont caractéristiques du peintre d'origine crétoise.

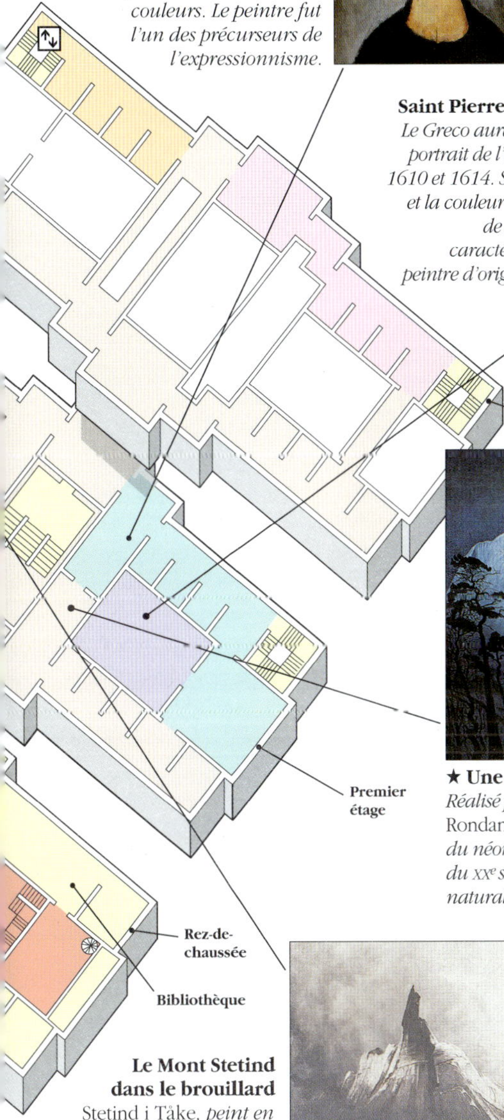

★ Une nuit d'hiver
Réalisé par Harald Sohlberg, Vinternatt i Rondane *(1914) est tout à fait représentatif du néoromantisme qui, en Norvège, au début du XXe siècle, rompit avec la tradition naturaliste des paysagistes nordiques.*

Le Mont Stetind dans le brouillard
Stetind i Tåke, *peint en 1864 par Peder Balke, est l'une des œuvres majeures du courant romantique national. Balke fut l'élève du paysagiste J. C. Dahl (1788-1857).*

LÉGENDE DU PLAN

- Peinture et sculpture norvégiennes
- Sculptures antiques
- Moulages
- Peinture et sculpture scandinaves
- Peinture européenne ancienne
- Peinture et sculpture européennes des XIXe et XXe siècles
- Expositions d'estampes et de dessins
- Circulations et services

Historisk Museum ❹

Les trois musées de l'Université – Oldsaksamling (collection d'antiquités nationales), Etnografiske Museum (ethnographie) et Myntkabinett (collection de monnaies et médailles) – sont regroupés au sein du Musée historique. Ils retracent l'histoire norvégienne et internationale depuis les premiers habitants jusqu'à nos jours. Des objets rares provenant des époques viking et médiévale sont exposés. L'art sacré du Moyen Âge est particulièrement bien représenté. Le musée possède également une riche collection consacrée à la culture inuit de l'Arctique. Conçu par Henrik Bull (1864-1953), l'édifice fut terminé en 1902.

Masque inuit
Provenant de l'est du Groenland, ce masque représente un tupilak. *Animé par des rituels magiques, celui-ci porte malheur à sa victime.*

★ Vierge à l'Enfant d'Hedalen
Datant d'environ 1250, cette statue en bois de la Vierge Marie et de l'Enfant témoigne du savoir-faire des sculpteurs norvégiens du XIIIe siècle. La peinture est restée en grande partie intacte.

★ Portail de l'église d'Ål
Ce portail finement sculpté provenant d'une stavkirke *date de 1150. C'est l'un des rares objets en bois du haut Moyen Âge qui subsistent en Europe. Une partie de la peinture d'origine est conservée.*

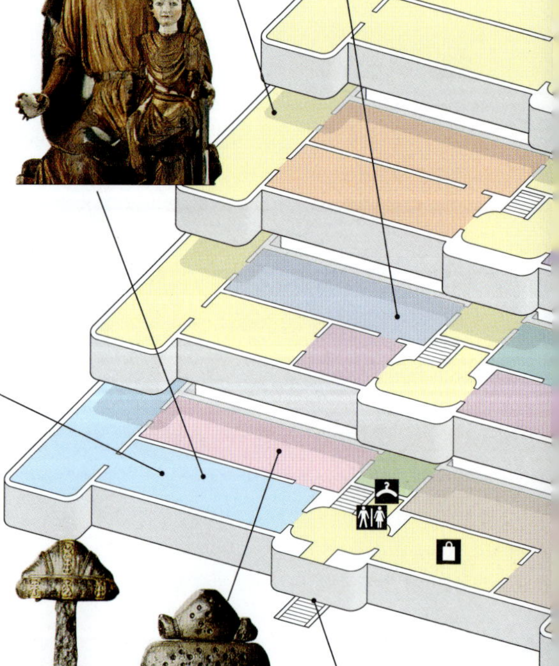

Épées vikings
Les motifs géométriques ornant ces armes sont obtenus par incrustation de fils d'argent et de cuivre. Ces épées proviennent de tumuli vikings.

À NE PAS MANQUER

★ Vierge à l'Enfant d'Hedalen

★ Portail de l'église d'Ål

Roue de la vie
Cette peinture religieuse (tangka) *provenant d'un temple tibétain illustre un démon tenant la vie entre ses mains. La roue tourne sous l'effet des forces du mal.*

Mode d'emploi

Frederiks Gate 2. **Plan** 3 D2. *22 85 99 12.* *Nationaltheatret.* *10, 11, 13, 17, 18, 19.* *30, 31, 32, 45, 81, 83.* *15 mai-14 sept. : 10 h-16 h t.l.j. ; 15 sept.-14 mai : 11 h-16 h t.l.j.* *jours fériés.* www.khm.uio.no

Suivez le guide !

L'Historisk Museum s'étend sur quatre niveaux. Les Antiquités nationales se trouvent au rez-de-chaussée. Le premier étage accueille les monnaies et médailles ainsi qu'une partie du Musée ethnographique. Ce dernier occupe également les deux autres étages. Les collections sont présentées dans des salles spacieuses. La plupart des objets sont accompagnés de descriptifs en norvégien, en anglais et en allemand.

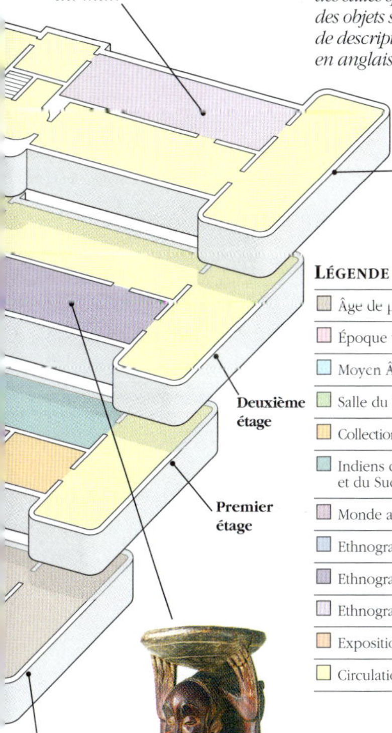

Légende du plan

- Âge de pierre, du bronze et du fer
- Époque viking
- Moyen Âge
- Salle du Trésor
- Collection de monnaies et médailles
- Indiens d'Amérique du Nord et du Sud
- Monde antique
- Ethnographie arctique
- Ethnographie africaine
- Ethnographie asiatique
- Expositions temporaires
- Circulations et services

Siège cariatide du Maître de Buli au Congo
Cette sculpture africaine, qui représente une femme soutenant un siège, date de 1850. La coiffure et les nombreuses scarifications indiquent qu'il s'agissait de la sœur ou de la mère d'un chef.

Theatercafeen ❼

Stortingsgaten 24-26. **Plan** 3 D3. *22 82 40 50.* *Nationaltheatret.* *13, 15, 19.* *30, 31, 32, 45, 81, 83.* *11 h-23 h lun.-sam., 15 h-22 h dim.*

Les habitants d'Oslo viennent parfois dîner entre amis dans ce restaurant huppé, idéalement situé face au Nationaltheatret.

Dès son ouverture en 1901, cet établissement fut fréquenté par les plus grands peintres, auteurs et comédiens norvégiens, parmi lesquels Knut Hamsun, Edvard Munch, Herman Wildenvey et Johanne Dybwad. Leurs portraits ornent les murs de la salle. Bien que ces personnages appartiennent pour la plupart au passé, le Theatercafeen continue à attirer les grands noms d'aujourd'hui.

Le restaurant a son propre orchestre classique qui joue depuis le balcon.

Det Norske Teatret ❽

Kristian IVs Gate 8. **Plan** 3 D3. *22 47 38 00.* *Nationaltheatret.* *30, 31, 32, 45, 81, 83.* *13, 15, 19.* **Billetterie** *9 h-20 h lun.-ven., 9 h-18 h sam.*

Deuxième scène nationale de Norvège, Det Norske Teatret ouvrit ses portes en 1913 mais déménagea ensuite à maintes reprises. En septembre 1985, il accueillit enfin le public dans ses propres locaux ultramodernes.

Ce théâtre possède deux plateaux, Hovedscenen et Biscenen, dotés respectivement de 757 et 200 places. Il comprend en outre des salles de répétition, des foyers magnifiquement décorés et une brasserie. Hovedscenen dispose d'équipements de pointe permettant des changements de décor rapides.

Det Norske Teatret est la principale salle qui produise des œuvres en *nynorsk* *(p. 16)*. Le répertoire comprend essentiellement des drames nordiques ou norvégiens, mais aborde aussi des pièces classiques et modernes.

Rådhuset ❾

En 1918, Arnstein Arneberg et Magnus Poulsson remportèrent le concours pour la construction d'un nouvel hôtel de ville, qui fut inauguré en 1950 à l'occasion du 900e anniversaire de la capitale. Toutefois, ses habitants mirent des années à s'habituer à cette architecture moderniste en brique brun foncé. Le Rådhuset est le centre administratif d'Oslo. Son grand hall richement orné, le Rådhushallen, accueille chaque année la cérémonie de remise du prix Nobel de la paix, en décembre. De grands artistes norvégiens participèrent à sa décoration intérieure, parmi lesquels Henrik Sørensen, dont une peinture recouvre un mur entier.

Le Rådhuset vu du nord, avec son entrée principale et sa cour

★ Rådhushallen

Le grand hall de réception occupe 1 519 m². La paroi du fond expose l'œuvre de Henrik Sørensen, la plus grande peinture à l'huile d'Europe.

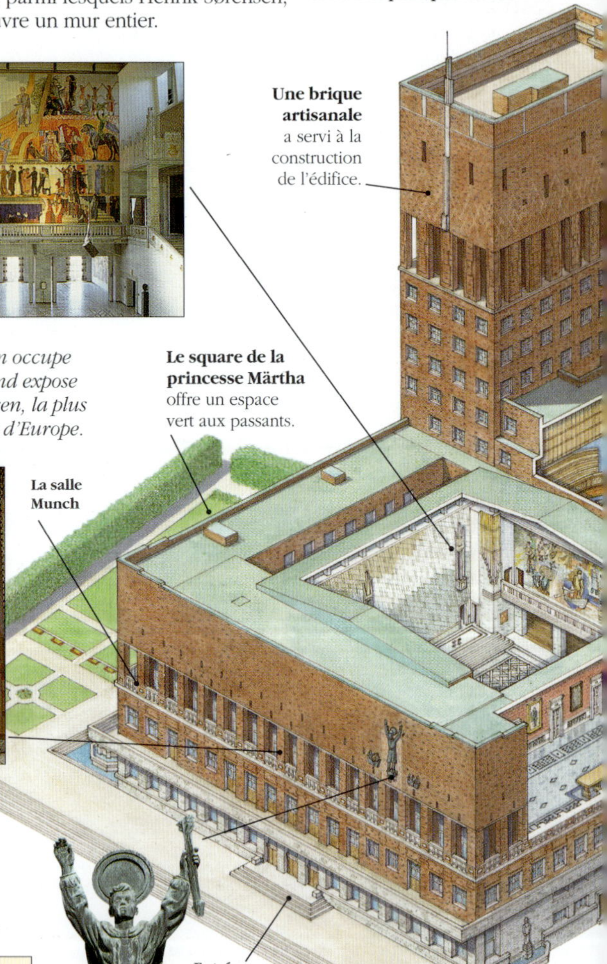

Une brique artisanale a servi à la construction de l'édifice.

Le square de la princesse Märtha offre un espace vert aux passants.

La salle Munch

Entrée

★ Galerie des fêtes

La fresque d'Axel Revold évoque la société des années 1950 avec son agriculture, sa construction navale, sa pêche et son industrie.

À NE PAS MANQUER

- ★ Salle Bystyre
- ★ Galerie des fêtes
- ★ Rådhushallen

Saint Hallvard

C'est le saint patron de la ville. Tué pour avoir protégé une femme accusée de vol, il fut jeté à l'eau avec une meule autour du cou. Son corps étant remonté à la surface avec la pierre, il fut vénéré comme martyr.

★ **Salle Bystyre**
La salle du conseil municipal (Bystyresalen) se trouve au cœur du Rådhuset. Les 59 membres du conseil s'y réunissent régulièrement.

Mode d'emploi

Fridtjof Nansens Plass. **Plan** 3 D3. *23 46 16 00.* *National-theatret, Stortinget.* *10, 12, 13, 15, 19.* *30, 31, 32, 45, 81, 83.* *mai-août : 8 h 30-17 h t.l.j. ; sept.-avr. : 8 h 30-16 h t.l.j.* *jours fériés.* *mai-sept. seul.* *sur r.-v.* *mai-sept. seul.* www.oslokommune.no

La tour est atteint 66 m de haut.

Albertine
Christian Krohg créa le personnage tragique d'Albertine par le biais de ses peintures et de ses écrits. Alfred Seland le reprit dans ce bas-relief, qui orne la façade est du Rådhuset.

Salle des banquets
La salle des banquets (Bankettsalen), où se tiennent les dîners d'apparat, est une salle claire et spacieuse. Richement décorée, elle abrite des portraits royaux.

Centre Nobel de la paix ⑩

Vestbanebygningen, Rådhus Plassen. **Plan** 2 C3. *22 12 93 00.* *Nationaltheatret.* *(Aker Brygge) : 10, 12, 15.* *1er juin-15 sept. : 10 h-19 h t.l.j., 1er janv., 31 mai et 16 sept. : 10 h-18 h mar.-ven., 11 h-18 h sam. et dim.* www.nobelpeacecenter.org

L'ancienne gare d'Oslo, à côté de l'hôtel de ville, accueille le Centre Nobel de la paix. Conçu par l'architecte anglais David Adjaye, le centre n'est pas un musée classique. Il présente le travail des lauréats du prix Nobel de la paix et le fondateur du prix, Alfred Nobel. C'est aussi un forum de discussion sur la paix, la guerre et la résolution des conflits. Le centre propose un grand nombre de conférences, de films, d'expositions, de séminaires et une documentation. Il dispose aussi d'un espace pour prendre des rafraîchissements et d'une boutique.

Aker Brygge ⑪

Plan 2 C4. *Nationaltheatret.* *10, 12.*

Les chantiers navals Akers Mekaniske Verksted fermèrent leurs portes en 1982, libérant une zone portuaire attractive. Le quai Aker Brygge fut alors transformé en un vaste centre culturel et commercial incluant des immeubles résidentiels, ainsi que la plus grande concentration de restaurants de la ville. Nombre des anciens entrepôts ont été restaurés. Aujourd'hui, les bâtiments anciens se mêlent aux créations ultramodernes. Cet exemple de reconversion d'ancien quartier a été salué dans le monde entier.

Aker Brygge offre un cadre pittoresque où il fait bon boire une bière ou un verre de vin sur le front de mer, ou même s'accorder le luxe d'un bon restaurant. Depuis les quais, la vue s'étend jusqu'à la forteresse Akershus *(p. 68-69)* de l'autre côté de la baie.

Sculptures de Turid Eng (1984) devant l'Oslo Konserthus

Oslo Konserthus ⓬

Munkedamsveien 14. **Plan** 2 C3. *23 11 31 00. Nationaltheatret. 13, 15, 19. 30, 31, 32, 45, 81, 83.* **Billetterie** *10 h-17 h lun.-ven. ; 11 h-14 h sam. ; et 2 h avant le concert. juillet.*

Située dans le quartier de Vika, la salle de concerts d'Oslo domine la vie culturelle et musicale norvégienne depuis son ouverture en 1977. Les meilleurs artistes et orchestres internationaux s'y produisent.

Dans les années 1960, l'architecte suédois Gösta Åberg remporta le concours pour la construction de cette salle. L'extérieur du bâtiment est habillé de granite poli. À l'intérieur, les sols et les murs sont recouverts de marbre blanc. Conçu pour accueillir un orchestre, le plateau peut recevoir 120 musiciens et s'adapte aux représentations théâtrales ou autres spectacles. La salle a une capacité de 1 400 places.

L'Oslo-Filharmonien (Orchestre philharmonique d'Oslo) est en résidence permanente au Konserthus. Il joue un rôle primordial dans la vie musicale de la cité. En outre, il est considéré comme l'une des meilleures formations mondiales et ses enregistrements ont un succès international.

Avec plus de 300 représentations, le Konserthus reçoit au moins 200 000 visiteurs par an.

Stenersenmuseet ⓭

Munkedamsveien 15. **Plan** 2 C3. *22 49 36 00. Nationaltheatret. 13, 15, 19. 30, 31, 32, 45, 81, 83. 11 h-19 h mar. et jeu. ; 11 h-17 h mer. et ven.-dim. 14 h 30 dim.*

L'un des musées les plus récents de la capitale, le Stenersenmuseet tient son nom de l'auteur, collectionneur et mécène Rolf Stenersen. En 1936, celui-ci légua sa collection au conseil municipal d'Oslo. Les peintures restèrent stockées jusqu'en 1994, date à laquelle le musée fut terminé. Celui-ci est accessible depuis le parvis du Konserthus.

Le legs Stenersen est l'une des trois collections présentées par le musée. Il comprend des tableaux ainsi qu'un grand nombre de dessins d'Edvard Munch *(p. 22)*, qui fut un ami du mécène, depuis ses premières œuvres comme *L'Enfant malade* jusqu'à des toiles plus tardives comme *La Danse de la vie*. Outre Munch, l'art scandinave est bien représenté avec des tableaux de Kai Fjell, Jakob Weidemann et Per Krohg.

Les deux autres collections comprennent des toiles d'Amaldus Nielsen (1838-1932) et de Ludvig O. Ravensberg (1871-1958).

Nielsen est un paysagiste qui immortalisa le littoral du sud de la Norvège. Ravensberg est connu pour ses représentations naïves des ruines romanes du vieil Oslo. Il fut très influencé par Munch, qui était un parent.

Ibsenmuseet ⓮

Arbins Gate 1. **Plan** 2 C3. *22 12 35 50. Nationaltheatret. 13,15, 19. 30, 31, 32, 45, 81, 83. vis. guidées uniquement. 12 h, 13 h, 14 h mar.-dim. (juil. et août : 11 h et 15 h).*

Henrik Ibsen, le plus célèbre dramaturge norvégien, écrivit la majeure partie de son œuvre lorsqu'il vécut à Munich (1864-1892).

Après être rentré à Oslo en 1895, Ibsen et sa femme s'installèrent dans un appartement à l'angle de l'Arbins Gate et de la Drammensveien, au premier étage. Ibsen y écrivit ses dernières pièces, *John Gabriel Borkman* (1896) et *Quand nous nous réveillerons d'entre les morts* (1899). Victime d'une attaque qui l'empêcha de

***Promenade en automne* par Ludvig O. Ravensberg, Stenersenmuseet**

La tapisserie de Baldishol, l'une des pièces majeures du Kunstindustrimuseet

travailler, il mourut en 1906 à l'âge de 78 ans.

Le vaste appartement du couple a été restauré avec le plus grand soin. Les couleurs mêmes sont identiques à celles que l'auteur a connues, et son bureau contient les meubles d'origine.

Ibsen se rendait chaque jour au Grand Café de la Karl Johansgate où il avait sa cour, jusqu'à ce que la maladie le retienne chez lui.

Le musée ouvre pour les visites guidées et les conférences.

Kunstindustrimuseet ⓯

St Olavs Gate 1. **Plan** 3 E2. *22 03 65 40. Stortinget, Nationaltheatret. 60, et non loin des lignes 30, 31, 32, 45, 81, 83. 11 h-15 h mar.-ven. ; 11 h-19 h jeu. jours fériés.*

Le musée des Arts décoratifs (Kunstindustrimuseet) figure parmi les plus vieux musées d'Europe. Fondé en 1876, il possède une superbe collection d'objets d'artisanat, de costumes et de meubles d'origine norvégienne et étrangère datant du XVIIe siècle à nos jours.

Il détient la plus grande collection de tapisseries des XVIe et XVIIe siècles de toute la Norvège, avec notamment la tapisserie de Baldishol qui remonte au XIIIe siècle. Celle-ci est la seule tapisserie nordique tissée selon la technique des Gobelins du Moyen Âge, et l'une des dernières en Europe à présenter des caractéristiques romanes. Elle fut trouvée en 1879 dans l'église de Baldishol, dans la province du Hedmark.

Le musée expose aussi de l'orfèvrerie, de la verrerie et des céramiques. La galerie des costumes royaux (Kongelig Norsk Dragtgalleri) contient des vêtements ayant appartenu à la monarchie. Le département d'Asie orientale possède un vase impérial Ming du XVe siècle.

Coupe créée par Torolf Prytz (1900)

Depuis 1904, le musée partage les locaux de l'imposante université d'Art et de Design. Leur bibliothèque commune est ouverte au public.

HENRIK IBSEN

Père du drame moderne, Henrik Ibsen (1828-1906) est le plus célèbre écrivain norvégien. Ses œuvres ont révolutionné le théâtre et sont encore jouées dans le monde entier. Les plus connues sont *Peer Gynt* dont Edvard Grieg *(p. 22)* composa la musique, *Une maison de poupée*, *Hedda Gabler*, *Les Revenants*, *Le Canard sauvage* et *Un ennemi du peuple*. Ibsen naquit à Skien (p. 142) dans le sud de la Norvège. Il commença à écrire alors qu'il travaillait comme commis auprès d'un pharmacien. Toutefois, son premier drame, *Catilina*, n'eut aucun succès. Le jeune homme fut ensuite journaliste, puis instructeur et auteur au théâtre Ole Bull de Bergen. De 1857 à 1863, il fut metteur en scène au Théâtre norvégien d'Oslo. Mais ce dernier fit faillite et Ibsen quitta le pays. Pendant trente ans, il écrivit de nombreux drames dans lesquels il dénonça la veulerie de la société norvégienne. Ces pièces lui valurent la gloire, si bien qu'en 1892 il fut accueilli à Oslo en héros.

Portrait du dramaturge Henrik Ibsen

Le port intérieur d'Oslo où s'amarrent les bateaux de croisière, avec Aker Brygge en arrière-plan ▷

L'EST D'OSLO

Ici naquit la cité d'Oslo il y a plus d'un millénaire. Le premier marché s'installa à Bjørvika, qui est aujourd'hui un port de commerce et un nœud de communications. Cette zone connaîtra bientôt un grand réaménagement autour du nouvel opéra en bord de mer.

En 1624, la capitale fut quasiment détruite par un incendie. La nouvelle cité s'étendit pour la première fois à l'ouest de la forteresse Akershus. Sous l'influence de Christian IV, le quartier de Kvadraturen (le quadrilatère) se développa au nord du château. Le roi rebaptisa alors la ville Christiania. De nombreux bâtiments historiques se trouvent dans Kvadraturen même, ainsi que des musées, comme ceux de la Résistance, d'Art moderne et du Théâtre. Dans cette partie est du centre-ville, certaines zones se caractérisent par une population multiculturelle et des restaurants et boutiques des plus cosmopolites.

Canon de la forteresse Akershus

LE QUARTIER D'UN COUP D'ŒIL

Châteaux et musées
Akershus Slott p. 68-69 ❶
Astrup Fearnley Museet ❿
Forsvarsmuseet ❾
Høymagasinet ❸
Museet for Samtidskunst p. 70-71 ❼
Norges Hjemmefrontmuseum ❷
Norsk Arkitekturmuseum ❹
Oslo Reptilpark ⓬
Teatermuseet ❺

Églises et places
Christiania Torv ❻
Oslo Domkirke ⓭
Youngstorget ⓱

Édifices publics
Børsen ⓫
Den Gamle Logen ❽
Regjeringskvartalet ⓰
Stortinget ⓮

Théâtres et opéra
Den Norske Opera ⓲
Oslo Nye Teater ⓯
Oslo Spektrum ⓳

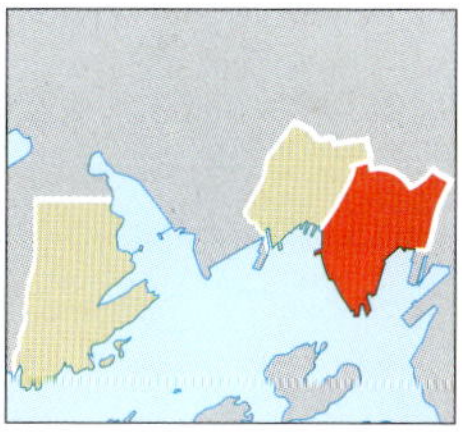

LÉGENDE
- Plan pas à pas *p. 64-65*
- Station de Tunnelbane
- Arrêt de tramway
- Arrêt de bus
- Parc de stationnement
- Gare
- Information touristique

◁ **La robuste enceinte de l'Akershus Slott vue du sud**

Le Kvadraturen pas à pas

Oslo fut à maintes reprises ravagée par le feu. L'incendie le plus terrible détruisit presque entièrement la cité en 1624. Le roi Christian IV décida d'ériger une nouvelle ville, qu'il baptisa Christiania. Les constructions commencèrent au pied de la forteresse Akershus. Ce quartier prit le nom de Kvadraturen (le quadrilatère) du fait de sa structure quadrillée. Bien qu'il subsiste peu d'édifices de cette époque, le quartier se caractérise par son architecture ancienne. Il abrite notamment des vieilles places de marché, d'anciens musées, des vues pittoresques et des restaurants traditionnels. Dominant le port, la forteresse offre un splendide panorama sur le sud d'Oslo et sur le fjord.

Teatermuseet
Occupant l'ancien hôtel de ville construit en 1641, le musée du Théâtre retrace l'histoire de l'art dramatique à Oslo depuis le début du XIXe siècle ❺

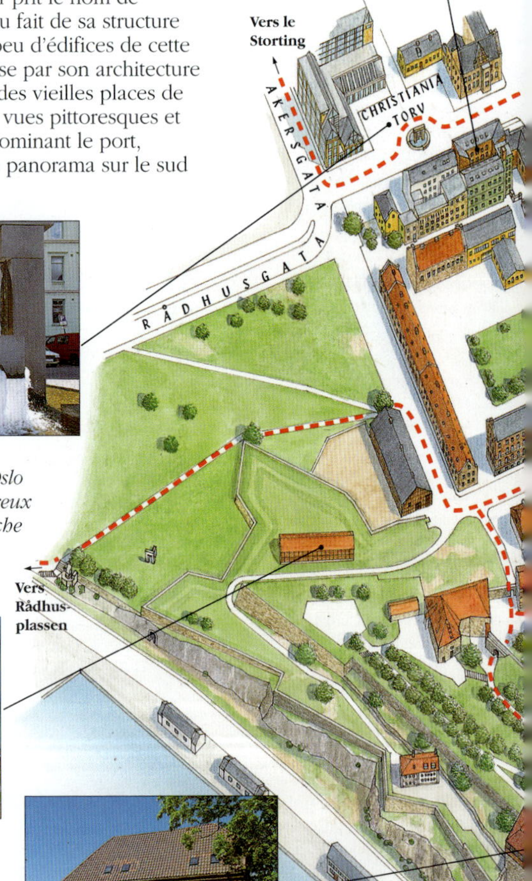

Christiania Torv
La première place de marché d'Oslo est aujourd'hui bordée de nombreux restaurants. La fontaine de Wenche Gulbransen (1997) représente le bras de Christian IV ❻

Høymagasinet
Cette ancienne grange à colombage date de 1845. Elle abrite aujourd'hui des maquettes retraçant l'histoire des bâtiments de la ville ❸

Hjemmefrontmuseum
Le musée norvégien de la Résistance se trouve au sommet de la forteresse Akershus. Il présente une vision exhaustive de l'occupation allemande de 1940 à 1945 ❷

Le *Christian Radich*, construit en 1937, mouille souvent près d'Akershus. Le navire est célèbre pour avoir participé au film *Windjammer* (1957).

À NE PAS MANQUER

- ★ **Akershus Slott**
- ★ **Museet for Samtidskunst**

LÉGENDE

- - - Itinéraire conseillé

CARTE DE SITUATION
*Voir l'*Atlas des rues*, p. 98-101*

Norsk Arkitekturmuseum
Le musée d'Architecture norvégienne présente des maquettes d'édifices anciens et modernes, comme le palais de justice ci-dessus (1994) ❹

L'Engebret Café, fondé en 1857, est le plus vieux restaurant d'Oslo.

★ Museet for Samtidskunst
Installé dans le magnifique édifice Art nouveau de l'ancienne Banque nationale de Norvège, le musée d'Art moderne a ouvert ses portes en 1990 ❼

★ Akershus Slott
Édifiée à partir de 1299, la forteresse Akershus est l'un des plus beaux sites d'Oslo. Ses robustes murailles, comme l'intérieur, portent les marques de maints combats. Stratégiquement située sur un roc, elle offre une vue superbe sur le fjord ❶

Akershus Slott ❶

Voir p. 68-69.

Norges Hjemmefrontmuseum ❷

Forteresse Akershus. **Plan** 3 D4.
23 09 32 80. Stortinget. 10, 12 et non loin des lignes 13, 15, 19. 60 et non loin des lignes 30, 31, 32, 45, 81, 83. 1er oct.-14 avril : 10 h-15 h lun.-ven., 11 h-16 h sam.-dim. ; 15 avril-14 juin : 10 h-16 h lun.-sam., 11 h-16 h dim. ; 15 juin-31 août : 10 h-17 h lun.-sam., 10 h-18 h mar. et jeu., 10 h-16 h sam., 11 h-17 h dim. ; sept. : 10 h-16 h lun.-sam., 11 h-16 h dim.
jours fériés.

Le 9 avril 1940, les troupes allemandes envahirent la Norvège. Bien qu'ayant vaillamment tenté de freiner leur progression, les Norvégiens capitulèrent 62 jours plus tard. Pendant les cinq années qui suivirent, ils luttèrent héroïquement contre l'occupant. Le musée de la Résistance illustre admirablement leurs exploits. Discours enregistrés et extraits de films retracent le conflit, ainsi que de nombreux documents, affiches et objets relatifs à cette période.

Le musée occupe une salle voûtée du XVIIe siècle, longue de 200 m, dans la Bindingsverkshuset (maison à colombage) au sommet de l'Akershus Slott. Il ouvrit ses portes le 8 mai 1970 lors du 25e anniversaire de la Libération. Près du musée, un mémorial est dédié aux Norvégiens tués en ce lieu durant la guerre.

Maquette de l'ancienne Christiania au Høymagasinet

Høymagasinet ❸

Forteresse Akershus. **Plan** 3 D4.
22 33 31 47. Stortinget. 10, 13 (Christiania Torv); 12, 13, 19 (Wessels Plass). 60 (Akershusstranda). juin-août : 12 h-17 h sam. et dim.

Cette ancienne grange de l'Akershus Slott abrite un musée consacré à l'histoire de la ville de Christiania de 1624 à 1840.

En 1624, un énorme incendie réduisit la majeure partie d'Oslo en cendres. Le roi dano-norvégien Christian IV décida de reconstruire la ville un peu plus à l'ouest et la baptisa Christiania. Durant les cent ans qui suivirent, la reconstruction se fit lentement, puis s'accéléra au XVIIIe siècle. L'histoire de la cité est illustrée sur deux siècles, principalement grâce à des maquettes, ainsi qu'avec un programme multimédia de vingt-cinq minutes.

Le musée propose également de courtes visites guidées dans le quartier de Kvadraturen *(p. 64-65)*, qui fut jadis Christiania.

Norsk Arkitekturmuseum ❹

Kongens Gate 2. **Plan** 3 E4.
22 42 40 80. Stortinget. 10, 12, 13, 15, 19. 60 et non loin des lignes 30, 31, 32, 45, 81, 83. 11 h-16 h lun., mar., jeu. et ven., 11 h-18 h mer., 12 h-16 h sam.-dim. jours fériés.

Créé en 1975, le musée d'Architecture norvégienne contient des dessins, photographies et maquettes couvrant une période de mille ans. Au premier étage, une exposition permanente est consacrée à l'histoire des édifices norvégiens. Le musée organise en outre des expositions itinérantes sur des projets architecturaux actuels ou passés.

Situé dans l'ancienne Christiania, le musée occupe un édifice datant du règne de Christian IV. Sa partie la plus ancienne remonte à 1640. L'ensemble a été entièrement rénové en 1993.

Reconstitution des combats d'avril 1940 au musée de la Résistance

Teatermuseet 5

Christiania Torv 1. **Plan** 3 D4.
22 42 65 09. *Stortinget.*
10, 12, 13, 15, 19. *60 et non loin des lignes 30, 31, 32, 45, 81, 83.*
11 h-15 h mer., 12 h-16 h jeu., dim. *jours fériés.*

Le musée du Théâtre est consacré aux arts dramatiques à Oslo à partir du début du XIXe siècle. Le théâtre, le ballet, l'opéra, le music-hall et le cirque sont évoqués à travers de nombreux tableaux, photographies, maquettes, affiches, dessins et costumes.

Une grande partie de la collection provient du théâtre de Christiania, qui fut construit en 1837, puis détruit en 1899. Celui-ci fut pendant de nombreuses années l'unique théâtre de la ville. Les pièces d'auteurs norvégiens comme Henrik Ibsen et Bjørnstjerne Bjørnson y ont été représentées pour la première fois.

Le musée occupe les premier et second étages de l'ancien hôtel de ville, Gamle Rådhus, qui date de 1641. Au rez de chaussée se trouve un restaurant.

Costume wagnérien porté par la cantatrice Kirsten Flagstad

Christiania Torv 6

Plan 3 D4. *Stortinget.* *10, 12, 13, 15, 19.*

La plus vieille place de marché *(torv)* d'Oslo n'a été baptisée ainsi qu'en 1958, d'après l'ancien nom de la ville. Pendant des années, elle fut asphyxiée par la circulation

Christiania Torv compte les bâtiments les mieux préservés d'Oslo

automobile. Dans les années 1990, un tunnel permit de détourner les véhicules et la place fut entièrement rénovée. Réservée aux piétons, Christiania Torv est aujourd'hui un lieu agréable. En 1997, une fontaine de Wenche Gulbransen y prit place. Elle représente la main de Christian IV pointant l'endroit où il décida de reconstruire la cité.

La place est bordée de bâtiments historiques, parmi lesquels l'ancien hôtel de ville (aujourd'hui le musée du Théâtre) et l'hôpital militaire (le plus vieil édifice de la capitale, qui abrite maintenant l'Association des artistes).

Museet for Samtidskunst 7

Voir p. 70-71.

Den Gamle Logen 8

Grev Wedels Plass 2. **Plan** 3 D4.
22 33 44 70. *Jernbanetorget.*
10, 12, 13, 15, 19. *30, 31, 32, 41, 45, 60, 81, 83.*

Si les murs pouvaient parler, ceux de Den Gamle Logen (la vieille maison) auraient des choses passionnantes à raconter sur l'histoire d'Oslo. Le conseil municipal y tint ses séances de la fin du XIXe siècle jusqu'en 1947. Elle servit également de tribunal lors du procès de Vidkun Quisling *(p. 41)*, qui fut condamné à mort pour trahison à la fin de la Seconde Guerre mondiale.

Elle fut construite au XIXe siècle par des francs-maçons, d'après des dessins de Christian H. Malling et Jens S. Seidelin, et ouvrit ses portes en 1839.

L'immense salle de banquets néoclassique est la pièce la plus remarquable. Connue pour son excellente acoustique, elle fut longtemps la meilleure salle de concert de la cité. Transformée en cantine immédiatement après la Seconde Guerre mondiale, la maison devint à nouveau une salle de concert dans les années 1980 lorsqu'elle fut investie par l'Opéra d'été d'Oslo. Depuis, Den Gamle Logen a fait l'objet d'une restauration et ses magnifiques salles servent aux banquets et manifestations musicales. Dans l'entrée se trouve une statue d'Edvard Grieg, réalisée par Marit Wiklund en 1993.

Entrée de la salle de concert de Den Gamle Logen

Akershus Slott ❶

Depuis sept cents ans, la forteresse Akershus monte la garde afin d'empêcher toute invasion de la cité depuis la mer. Dans un cadre spectaculaire, le château se dresse sur son promontoire au fond de l'Oslofjord. Le roi Håkon V commença à l'ériger en 1299. Par la suite, les fortifications connurent de nombreuses améliorations et reconstructions. En 1716, la forteresse résista au siège du roi de Suède Charles XII – un événement mémorable. Au XIXe siècle, le château perdit son rôle défensif et accueillit l'administration des forces armées. Aujourd'hui, l'Akershus Slott comprend divers bâtiments historiques, des musées et des installations de défense. De plus, le gouvernement l'utilise pour les réceptions officielles.

★ Salle Olav
Rénovée en 1976, la salle nord reçut le nom du roi Olav V (1903-1991).

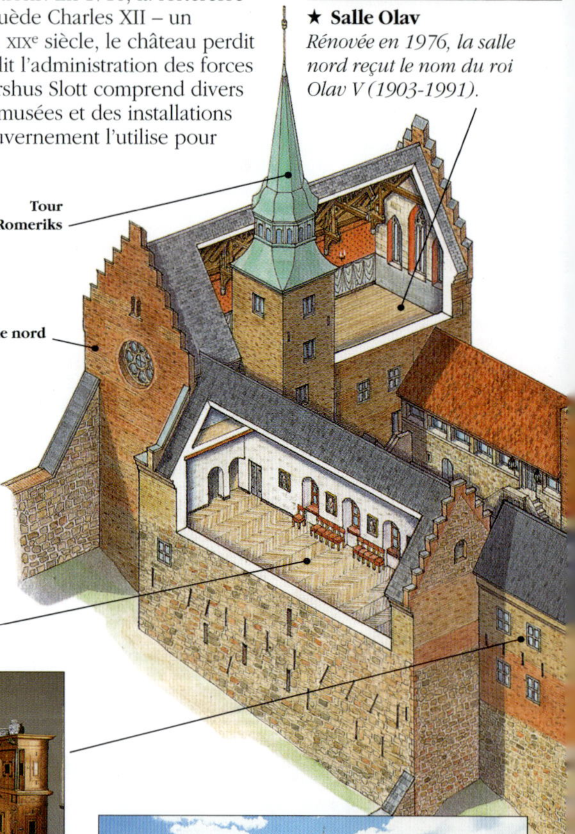

Salle Romeriks
Rapportée en 1900 d'un autre édifice, la cheminée (1634-1642) est ornée des blasons du gouverneur général Christopher Urne et de sa femme.

Salles des scribes
Les Skrivestuene tiennent leur nom d'un édifice à charpente en bois, appelé Maison des scribes, qui se trouvait là jadis. Celle-ci abritait l'administration des tribunaux.

À NE PAS MANQUER

- ★ Salle Christian IV
- ★ Cour intérieure
- ★ Salle Olav

★ Cour intérieure
Au Moyen Âge, la cour (Borggården) était séparée en deux par une grosse tour, Vågehalsen, qui fut détruite par un incendie en 1527. La cour Renaissance qui remplaça l'ancienne comprend deux tours, Romerikstårnet et Blåtårnet.

L'Akershus Slott en 1699
Un tableau de Jacob Croning, peintre attaché à la cour du roi dano-norvégien Christian V. Le monarque commanda à l'artiste des scènes norvégiennes.

MODE D'EMPLOI

Plan 3 D4. *23 09 39 17.*
Stortinget. *10, 12 et non loin des lignes 13, 15, 19.*
60 et non loin des lignes 30, 31, 32, 45, 81, 83.
Château *2 mai-12 sept. : 10 h-16 h lun.-sam., 12 h 30-16 h dim.*
jours fériés.
Forteresse *6 h-21 h t.l.j.*

Vestiges de Vågehalsen, tour médiévale qui séparait jadis la cour en deux.

Tour bleue (Blåtårnet)

La tapisserie, *Rideskolen*, fut réalisée par E. Leyniers vers 1650, d'après un carton de J. Jordaiens.

★ Salle Christian IV
Au XVIIe siècle, cette salle fit partie des appartements du couple royal danois. Au XIXe siècle, elle servit de dépôt d'armes. Après restauration, elle est maintenant utilisée pour les réceptions officielles.

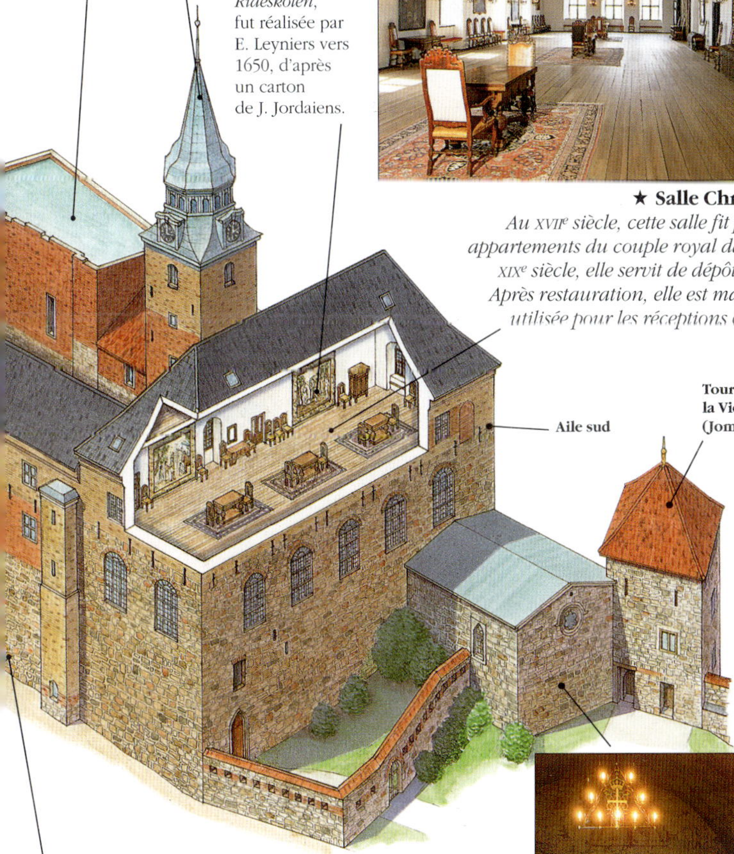

Aile sud

Tour de la Vierge (Jomfrutårnet)

Mausolée royal
Le mausolée contient notamment les sépultures des souverains Sigurd Jorsalfar, Håkon VII et sa femme Maud, Olav V et Märtha.

Les caves servirent de cachots de 1500 à 1700. L'un d'eux fut surnommé le « cachot de la sorcière ». Par la suite, les prisonniers furent enfermés dans la forteresse.

Museet for Samtidskunst ❼

Le musée d'Art contemporain possède la plus grande collection du pays d'art moderne, norvégien et international, depuis la fin de la Seconde Guerre mondiale jusqu'à nos jours. Auparavant simple département du musée national des Beaux-Arts, son ouverture date de 1990. Aujourd'hui bien ancré dans le paysage artistique norvégien, il accueille régulièrement des expositions internationales majeures. Ses collections permanentes sont si importantes qu'elles ne peuvent être exposées intégralement. Le musée occupe un joyau de l'architecture Art nouveau – l'ancienne Banque centrale – construit en 1906 en granite et en marbre du pays. Richement décorée, la salle des transactions offre un étonnant contraste entre l'ancien et le moderne.

Soleil hivernal
Réalisée en 1966, cette toile de Gunnar S. Gundersen peut être interprétée comme l'abstraction d'un paysage.

★ Pièce intérieure V
Cette création de Per Inge Bjørlo, réalisée en 1990, est l'une des deux installations permanentes du musée. Constituée de plaques métalliques, elle invite le public à pénétrer à l'intérieur.

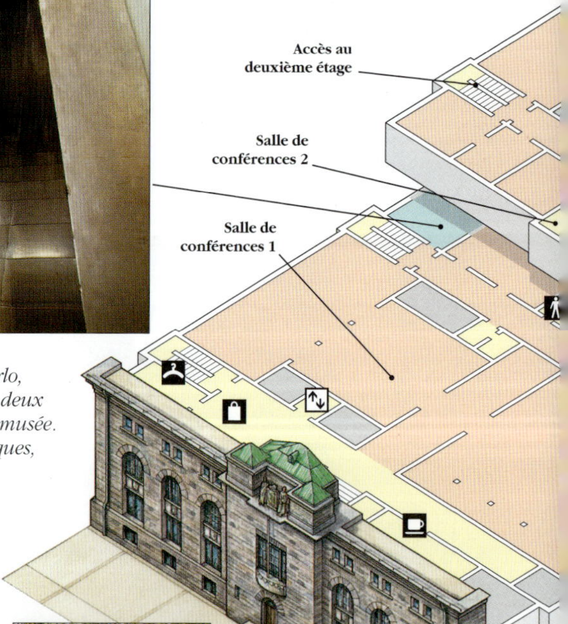

Légende du plan

- Collections permanentes
- Expositions temporaires
- Circulations et services
- Fermé au public

À ne pas manquer

- ★ ***Pièce intérieure V*** **de Per Inge Bjørlo**
- ★ ***Le Collectionneur*** **d'Ilya Kabakov**

Shaft
Indissociable du musée, cette sculpture créée par Richard Serra en 1988 se dresse devant l'entrée, évoquant un puits.

★ Le Collectionneur
Réalisée de 1983 à 1995, cette installation d'Ilya Kabakov, également appelée L'homme qui ne jetait rien, *constitue un « musée » de déchets. En entrant, le visiteur découvre sa manie de l'accumulation et de l'ordre.*

MODE D'EMPLOI

4 Bankplassen. **Plan** 3 D4. *22 86 22 10. Stortinget. 10, 12, 13, 15, 19. 60. 10 h-18 h mar., mer., ven., 10 h-20 h jeu., 10 h-17 h sam. et dim. jours fériés.*

www.nasjonalmuseet.no

Tilted Form No. 3
Peinte en 1987, cette gouache de l'Américain Sol LeWitt fait partie d'une série de six tableaux. Chacun d'eux offre une variante du même thème – le cube.

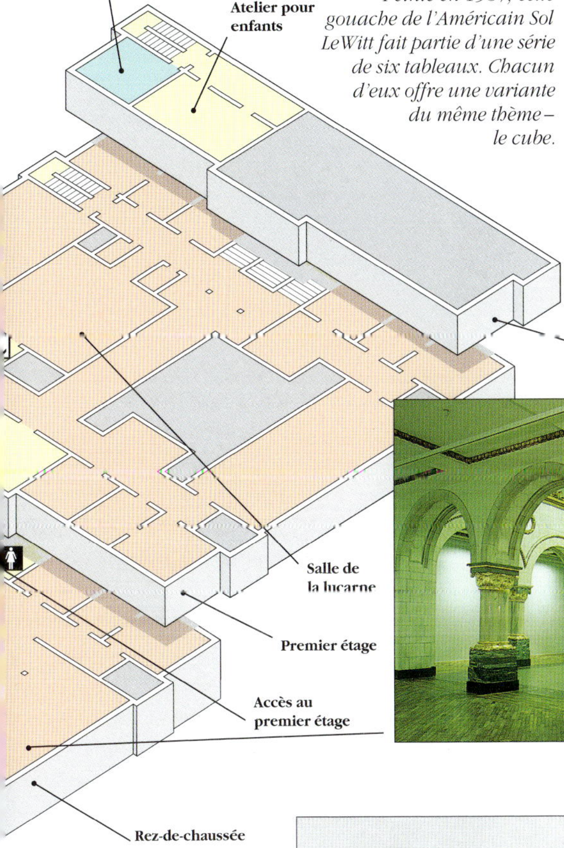

Salle des transactions
Cette magnifique salle (Banksalen) offre un contraste saisissant avec les œuvres contemporaines des autres salles.

SUIVEZ LE GUIDE !
Le musée comprend trois niveaux. Le rez-de-chaussée abrite des expositions temporaires, l'une des deux installations permanentes, une librairie et un café. Le premier étage est réservé aux expositions temporaires. Le second accueille une installation permanente ainsi qu'un atelier pour enfants.

Sans titre
Per Maning est connu pour ses photographies d'animaux – surtout des chiens, des phoques et des singes. Pris en 1990, ce cliché montre une vache aux yeux fermés dans un paysage norvégien.

Reconstitution d'une scène de guerre au Forsvarsmuseet

Forsvarsmuseet ❾

Akershus Slott, bâtiment 62. **Plan** 3 D5. *23 09 35 82.* *10, 12, 13, 15, 19.* *60.* *juin-août : 10 h-18 h lun.-ven., 11 h-16 h sam.-dim. ; sept.-mai : 10 h-15 h lun.-ven., 11 h-16 h sam.-dim.* *jours fériés.*

Au sein de l'Akershus, le musée des Forces armées retrace l'histoire de l'armée norvégienne depuis l'époque viking jusqu'à nos jours. Occupant deux vastes bâtiments en brique des années 1860 qui servaient déjà autrefois de dépôts d'armes, le musée offre un éventail impressionnant de machines à tuer.

L'une des collections débute à l'époque de l'Union avec le Danemark, au XVIe siècle, pour aller jusqu'à la lutte pour l'indépendance contre la Suède, en passant par les guerres nordiques. Regroupées chronologiquement, les pièces comptent un certain nombre de maquettes, parmi lesquelles figurent un tank allemand et une fusée V1 de la Seconde Guerre mondiale.

Astrup Fearnley Museet ❿

Dronningens Gate 4. **Plan** 3 E4. *22 93 60 60.* *Jernbanetorget.* *10, 12, 13, 15, 19.* *30, 31, 32, 45, 60, 81, 83.* *11 h-17 h mar., mer., ven., 11 h-19 h jeu., 12 h-17 h sam.-dim.* *jours fériés.* *13 h sam. et dim.*

Le musée Astrup Fearnley est consacré à l'art norvégien et international depuis la fin de la Seconde Guerre mondiale.

La majorité des œuvres exposées proviennent des collections du musée. Elles comprennent des tableaux de Francis Bacon, de Lucian Freud et de R. B. Kitaj, figures de l'école de Londres. Parmi les peintres étrangers, on trouve également Anselm Kiefer, Gerhard Richter, Cindy Sherman et Damien Hirst. L'art norvégien est représenté par Knut Rose, Bjørn Carlsen, Olav Christopher Jenssen, Kjell Torriset et Odd Nerdrum.

Inauguré en 1993, le bâtiment se distingue par des matériaux et un dessin modernes. Claires, spacieuses et hautes de plafond, les salles d'exposition mettent admirablement en valeur l'art contemporain. Les deux principales salles ont pour nom *Impulsen* (impulsion) et *Skulpturgården* (la cour aux sculptures).

Le musée fut créé grâce à des fonds rassemblés par les familles Astrup et Fearnley, qui occupaient une position importante dans les affaires et la société norvégiennes depuis les années 1800. Hans Rasmus Astrup (1831-1898), politicien et homme d'affaires avisé, avait accumulé une fortune considérable. Thomas Fearnley (1880-1961), armateur féru d'art, créa un fonds auquel il donna son nom.

Outre les grandes expositions, le musée Astrup Fearnley organise des manifestations plus modestes sur des périodes plus courtes.

L'Astrup Fearnley Museet présente ses œuvres dans un cadre moderne

Façade néoclassique de la Bourse (Børsen)

Børsen ⓫

Tollbugata 2. **Plan** 3 E4. *22 34 17 00.* *Jernbanetorget.* *10, 11, 13, 15, 19.* *30, 31, 32, 45, 60, 81, 83.* *sur r.-v.* *sur demande.*

La Bourse figure parmi les institutions les plus anciennes d'Oslo. Bien avant la construction du palais royal et du Parlement, il fut décidé que les échanges commerciaux devaient se faire dans un lieu attitré. Conçu par l'architecte Christian H. Grosch, le premier des grands édifices d'Oslo vit le jour en 1828. Avec sa façade néoclassique et ses colonnes doriques, la

L'intérieur richement orné de l'Oslo Domkirke

Bourse offre un contraste saisissant avec les bâtiments plus modernes qui l'entourent. Les deux ailes latérales, ainsi que l'aile sud, furent ajoutées en 1910.

À l'origine, l'édifice comportait une cour intérieure ornée d'une statue de Mercure. Celle-ci fut transférée à l'extérieur lorsque la construction d'une nouvelle salle fit disparaître la cour en 1988.

Le hall d'entrée est dominé par une peinture murale de Gerhard Munthe, *Handelen og Sjøfarten* (*Commerce et Navigation*, 1912).

La Bourse possède une bibliothèque, une salle de lecture, un musée du commerce et une galerie de portraits.

Oslo Reptilpark ⓬

Storgata 26. **Plan** 3 F2.
Brugata. 41 02 15 22.
10 h-18 h mar.-dim.

Ce petit parc dans le centre d'Oslo est très apprécié par les familles. Il abrite plus de cent animaux dont un boa constrictor, des crocodiles, des geckos, des caméléons, des varans et autres lézards, des tarantules, des veuves noires (la plus dangereuses araignée vénéneuse au monde), des piranhas et des poissons. Le mardi est le jour le plus fréquenté car les visiteurs peuvent assister au repas à 17 h. Il est possible d'obtenir des tarifs de groupe (rabais accordés à partir de cinq personnes) et l'entrée est gratuite pour les enfants de moins de deux ans.

Le parc séduira les amoureux des reptiles et captivera les enfants, sauf les plus sensibles.

Un crocodile

Oslo Domkirke ⓭

Stortorget 1. **Plan** 3 E3.
23 31 46 00. Jernbanetorget, Stortinget. 10, 11, 17, 18. 13, 15, 19. t.l.j. 11 h et 19 h 30 dim., 12 h mer. en français, angl. ou all.

La cathédrale est le sanctuaire le plus important du diocèse d'Oslo. La première pierre fut posée en 1694 et l'église fut érigée en plusieurs phases. Le retable et la chaire en bois doré sculpté d'origine hollandaise datent de 1699. Leurs décors inspirèrent les sculptures dites « en feuilles d'acanthe » que l'on trouve dans le Gudbransdal. La décoration intérieure fut terminée dans les années 1720.

Par la suite, la cathédrale subit de nombreuses reconstructions et restaurations. Au milieu des années 1850, l'intérieur baroque fut réaménagé dans le style néogothique. Un siècle plus tard, les fonts baptismaux, le retable et la chaire retrouvèrent un style antérieur à celui de 1850. Lors de la rénovation de la sacristie, en 1963, de riches ornements du XVIIIe siècle furent mis au jour.

La décoration comprend des vitraux d'Emanuel Vigeland, une sculpture d'argent d'Arrigo Minerbi représentant la Cène, et des portes en bronze sculptées par Dagfin Werenskiold. Entre 1936 et 1950, Hugo Louis Mohr réalisa les fresques du plafond illustrant des scènes bibliques. Les peintures d'origine furent alors détruites, geste qui fut vivement critiqué par la suite.

D'une capacité de 900 places, la cathédrale accueillit en 2001 la cérémonie de mariage du prince héritier Håkon et de Mette-Marit.

Le clocher contient une grosse cloche pesant 1 600 kg, ainsi que trois autres cloches plus petites. La plus grande fut refondue à six reprises.

Une crypte occupe le sous-sol de la cathédrale.

Le Storting, siège du Parlement norvégien, se trouve à l'extrémité de la Karl-Johansgate

Stortinget ⑭

Karl-Johansgate 22. **Plan** 3 D3. *23 31 31 80. Stortinget. 13, 15, 19. 30, 31, 32, 41, 45, 81, 83. vis. guidées seul. sept.-juin., sam. : 10 h, 11 h 30, 13 h norv., ang. ; juil.-août, lun.-ven. : 10 h norv., angl., 11 h 30 norv. et all., 13 h norv., angl. et fr.*

L'Assemblée nationale norvégienne siège dans l'imposant Storting (Parlement). L'architecte suédois Emil Victor Langlet se vit confier sa construction à l'issue de longs débats et de plusieurs propositions. La première pierre fut posée le 10 octobre 1861 et les travaux durèrent cinq ans. En mars 1866, l'Assemblée se réunit pour la première fois dans ses propres locaux.

Le Storting est bâti en brique jaune sur un soubassement de granite rougeâtre. Son style allie les traditions norvégienne et italienne. L'édifice fut agrandi et partiellement reconstruit à plusieurs reprises. L'aile la plus récente, le long de l'Akersgata, date des années 1950.

La salle des séances, qui peut accueillir les 165 membres du Parlement, est en amphithéâtre. Le siège de l'orateur est placé sous le tableau d'Oscar Wergeland représentant l'Assemblée d'Eidsvoll, qui ratifia la Constitution norvégienne en 1814 *(p. 38)*. Réalisée en 1885, la toile dépeint les hommes qui mirent fin à la domination danoise.

L'édifice est orné d'œuvres réalisées par des artistes norvégiens, comme la peintre Else Hagen qui en décora la cage d'escalier. Une tapisserie de Karen Holtsmark, *Solens Gang*, est suspendue dans la salle centrale. Les sculptures du hall sont de Nils Flakstad.

Oslo Nye Teater ⑮

Rosenkrantzgate 10. **Plan** 3 D3. *22 34 86 00. Stortinget. 13, 15, 19. 30, 31, 32, 45, 81, 83.* **Billetterie** *9 h-16 h lun., 9 h-19 h 30 mar.-ven., 10 h-18 h sam.*

Le Nouveau Théâtre d'Oslo comprend en réalité trois institutions : la Hovedscenen (grande scène) sur la Rosenkrantzgate, le Centralteateret sur l'Akersgata et le Dukketeateret (théâtre de marionnettes) sur le Frognerparken.

L'Oslo Nye Teater, un théâtre moderne et dynamique

Fondée en 1920, la Hovedscenen avait initialement pour but de promouvoir la dramaturgie contemporaine, tant nationale qu'étrangère. Toutefois, pendant de nombreuses années, son répertoire se cantonna à la comédie et aux artistes de music-hall en vogue. Dernièrement, les programmateurs se sont orientés vers un théâtre plus audacieux et moderne en favorisant les jeunes talents.

Regjerings-kvartalet ⑯

Akersgata 42. **Plan** 3 E3. *22 24 90 90. Stortinget. 10, 11, 17, 18. 33, 37, 46.*

Sur l'Akersgata, ce vaste complexe surnommé Regjeringskvartalet (le quartier du gouvernement) abrite les différents ministères. Il est dominé par une haute tour de béton au sommet de laquelle se trouvent les bureaux du Premier ministre.

Regjeringskvartalet vit le jour en cinq phases, de 1958 à 1996. L'architecte Erling Viksjø conçut les quatre premières, tandis que Torstein Ramberg fut chargé de la dernière.

Le complexe fit l'objet de grandes polémiques. Afin

de libérer le terrain, l'Empirekvartalet (quartier de l'Empire) fut rasé. Ce qui provoqua un vif débat sur la conservation du patrimoine dans les années 1950. Aujourd'hui, les politiciens n'auraient probablement pas autorisé la démolition d'un tel quartier historique.

La tour de douze étages fut érigée en 1958. En 1990, on lui adjoignit deux étages supplémentaires.

Des œuvres de Kai Fjell, Tore Haaland, Inger Sitter, Odd Tandberg, Erling Viksjø, Carl Nesjar et Pablo Picasso ornent l'édifice. Nesjar collabora avec Picasso pour reproduire trois dessins de ce dernier sur la façade en béton le long de l'Akersgata.

Le Premier ministre E. Gerhardsen (1945-1965), Regjeringskvartalet

Youngstorget ⓱

Plan 3 E3. Ⓣ *Jernbanetorget.* *10, 11, 12, 13, 15, 17.* *30, 31, 32, 34, 38, 56.*

Les principales institutions du mouvement travailliste ont leur siège dans le quartier de Youngstorget, notamment le Parti travailliste norvégien et la Fédération nationale des syndicats ouvriers (Landsorganisationen). D'autres partis comme le Fremskrittspartiet (progressiste) et Venstre (socio-libéral) y ont aussi leurs bureaux.

Créée en 1846, cette place était à l'origine un marché aux bestiaux. Elle tient son nom du marchand Jørgen Young qui possédait alors le terrain. En 1990, le site subit une importante rénovation. Une copie de la fontaine de 1880 y fut

Le Youngstorget avec son marché, son opéra et ses syndicats

installée, et les échoppes du marché datant de 1876 furent restaurées. Le marché comprend aujourd'hui boutiques, ateliers, bars et restaurants.

Den Norske Opera ⓲

Storgaten 23. **Plan** 3 E3. *81 54 44 88.* Ⓣ *Jernbanetorget.* *10, 11, 12, 13, 15, 17.* *30, 31, 32, 34, 38, 56.* **Billetterie** *10 h-18 h lun.-ven., 10 h-14 h sam.* *sur r.-v.*

Le premier opéra d'Oslo ouvrit ses portes en 1959, dans les locaux de l'ancien Folketeatret construit en 1932-1935. Cet édifice n'étant pas véritablement adapté, Den Norske Opera sera transféré dans un splendide nouveau bâtiment en cours de construction sur le front de mer à Bjørvika. Son inauguration est prévue pour 2008.

La plus célèbre artiste d'opéra norvégienne, la soprano Kirsten Flagstad (1895-1962), fut la première directrice de l'Opéra national de Norvège.

Oslo Spektrum ⓳

Sonja Henies Plass 2. **Plan** 3 F3. *22 05 29 00.* Ⓣ *Jernbanetorget.* *10, 12, 13, 15, 18, 19.* *30, 31, 32, 34, 38, 41, 45, 46.* **Billetterie** *9 h-16 h lun.-ven., 10 h-15 h sam.* *sur r.-v.*

Avec ses 10 800 places, l'Oslo Spektrum accueille tous les grands événements sportifs et culturels, ainsi que les foires commerciales. Créé par Lars Haukland, il a été inauguré en 1991.

Des manifestations comme le Norwegian Military Tattoo (septembre), l'Oslo Horse Show (octobre) avec ses présentations de dressage et de saut, et le concert du prix Nobel de la paix (décembre) se tiennent ici. Des stars internationales tels Paul McCartney ou Elton John s'y produisent. Le Spektrum accueille aussi les matchs de handball.

La façade est habillée d'une mosaïque longue de 200 m, conçue par Rolf Nesch et réalisée par Guttorm Guttormsgaard. Constituée de 40 000 tessons émaillés, c'est un ensemble de formes abstraites entremêlées de personnages.

Oslo Spektrum, la plus grande salle dédiée au sport et à la culture

GOKSTADSKIBET

BYGDØY

Au fond du fjord d'Oslo, la presqu'île de Bygdøy se trouve non loin du centre-ville. Son nom signifie « l'île habitée ». Elle resta en effet entourée d'eau jusqu'à la fin du XIXe siècle, lorsque le détroit reliant Frognerkilen et Bestumkilen fut comblé. Très prisé des touristes, c'est l'un des quartiers résidentiels les plus cossus de la cité.

Monument aux marins, Bygdøynes

Bygdøy possède quelques musées splendides reflétant la culture de la Norvège, ses traditions maritimes et ses nombreuses explorations téméraires à travers toute la planète.

Couvrant la moitié de la presqu'île, Kongsgården est aujourd'hui une exploitation agricole privée. Ses relations avec la royauté remontent au XVIe siècle lorsque les monarques dano-norvégiens venaient y chasser. Avec ses forêts, ses prairies et ses parcs, la presqu'île abrite une multitude d'espèces végétales.

Les plages de Bygdøy figurent parmi les plus belles d'Oslo, notamment celles de Huk et Paradisbukta.

LE QUARTIER D'UN COUP D'ŒIL

Musées

Frammuseet 6
Kon-Tiki Museet 4
Norsk Folkemuseum p. 82-83 2
Norsk Sjøfartsmuseum 5
Vikingskipshuset p. 84-85 3

Bâtiments historiques

Bygdøy Kongsgård 9
Dronningen 1
Oscarshall Slott 10

Réserve naturelle

Hukodden 8

Église

Sjømannskirken 7

LÉGENDE

Plan pas à pas *p. 78-79*
Arrêt de bus
Parc de stationnement
Embarcadère de ferries

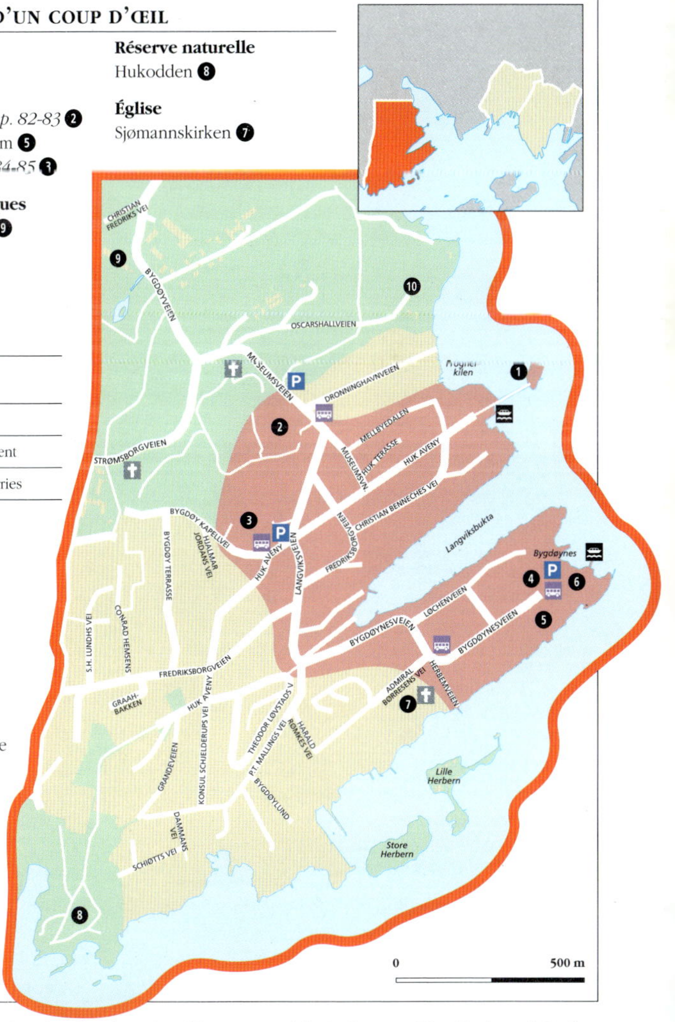

COMMENT Y ALLER ?

Bygdøy est aisément accessible. Plusieurs ferries par heure quittent l'embarcadère situé face au Rådhuset. La traversée ne dure que quelques minutes. Les bus 30 B (oct.-avril) et 30 partent également plusieurs fois par heure du Jernbanetorvet et du Nationaltheatret.

◁ **Gokstadskipet (bateau de Gokstad), embarcation viking ayant servi de sépulture, au Vikingskipshuset de Bygdøy**

Bygdøynes pas à pas

Nichoir, Norsk Folkemuseum

Vous ne pouvez prétendre connaître Oslo sans avoir visité Bygdøy et la péninsule de Bygdøynes. Les Norvégiens comme les touristes apprécient son magnifique cadre naturel ainsi que ses musées, figurant parmi les plus beaux d'Europe. Les vaisseaux vikings, les expéditions polaires et les traversées du Pacifique sur des embarcations comme le *Kon-Tiki* font l'objet de trois collections. Quant au Norsk Folkemuseum, en plein air, il rassemble d'anciennes églises en bois debout *(stavkirker)* et des maisons rurales. Bygdøy est accessible en voiture, en bus et en ferry *(p. 77)*.

★ Norsk Folkemuseum
Le musée rassemble quelque 150 habitations rurales ou urbaines et une église en bois debout. À l'intérieur, des objets d'artisanat et des costumes sont exposés ❷

Gamlebyen, au sein du Norsk Folkemuseum, regroupe de vieilles maisons de ville restaurées.

★ Vikingskipshuset
Le musée des Bateaux vikings possède notamment trois splendides vaisseaux vikings. Il retrace le mode de vie des hommes qui vivaient il y a plus de mille ans ❸

Demeures cossues et ambassades bordent la rue Bydøynesveien et ses environs.

À NE PAS MANQUER

★ Kon-Tiki Museet

★ Norsk Folkemuseum

★ Vikingskipshuset

LÉGENDE

- - - Itinéraire conseillé

Dronningen
Caractéristique de l'architecture fonctionnaliste, l'ancien restaurant Dronningen, aujourd'hui occupé par le club nautique Kongelig Norsk Seilforening, se distingue aisément sur la rive du fjord ❶

CARTE DE SITUATION
*Voir l'*Atlas des rues *p. 99*

★ Kon-Tiki Museet
Les pièces les plus spectaculaires de ce musée sont le radeau en bois de balsa Kon-Tiki *(1947) et l'embarcation en papyrus* Râ II *(1970). Thor Heyerdahl connut le succès en traversant les mers sur ces bateaux* ❹

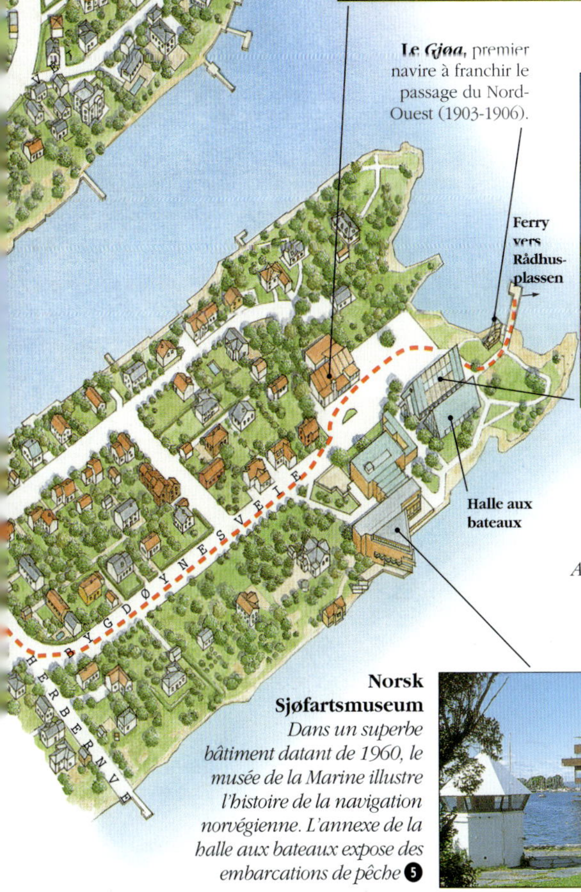

Frammuseet
Abritant le navire polaire Fram *construit en 1892, le musée est consacré aux expéditions héroïques de Fridtjof Nansen et Roald Amundsen en Arctique et en Antarctique* (p. 23) ❻

Norsk Sjøfartsmuseum
Dans un superbe bâtiment datant de 1960, le musée de la Marine illustre l'histoire de la navigation norvégienne. L'annexe de la halle aux bateaux expose des embarcations de pêche ❺

L'architecture fonctionnaliste du Dronningen, au bord du Frognerkilen

Dronningen ❶

Huk Aveny 1. **Plan** 1 C3.
22 43 75 75. 91 (avr.-oct.).
30 (assez proche). 8 h-16 h t.l.j.

Dans l'entre-deux-guerres et après la Seconde Guerre mondiale, Dronningen (« la Reine ») fut l'un des restaurants les plus prisés d'Oslo. Bâti en 1930, il fut parmi les premiers édifices norvégiens à arborer le style fonctionnaliste. Il se trouve sur le Dronningskjæret dans la baie de Frognerkilen. En 1983, il fut transformé en bureaux. Le Club nautique royal et le Club d'aviron étudiant y ont leur siège.

Sur la rive opposée du Frognerkilen se trouvait le restaurant Kongen (« le Roi ») où se produisaient des artistes de variété à la belle saison. En 1986, cet établissement fut lui aussi converti en bureaux.

Frognerkilen est un haut lieu de la voile parsemé de marinas de plaisance.

Norsk Folkemuseum ❷

Voir p. 82-83.

Vikingskipshuset ❸

Voir p. 84-85.

Kon-Tiki Museet ❹

Bygdøynesveien 36. **Plan** 1 C4.
23 08 67 67. 91 (avr.-oct.).
30. avril-mai : 10 h 30-17 h t.l.j. ; juin-août : 9 h 30-17 h 45 ; sept. : 10 h 30-17 h ; oct.-mars : 10 h 30-16 h.
jours fériés.

En 1947, le monde entier suivit avec intérêt l'expédition de Thor Heyerdahl (1914-2002) et de ses cinq compagnons à travers le Pacifique sur un frêle radeau en bois de balsa, le *Kon-Tiki*. En cent un jours, l'embarcation parcourut 8 000 km, du Pérou à la Polynésie. Le navigateur démontra ainsi que les premiers Polynésiens pouvaient être arrivés d'Amérique du Sud par la mer. Le radeau d'Heyerdhal constitue la pièce maîtresse du Kon-Tiki Museet. Il s'agit d'une copie exacte des radeaux utilisés par les pré-Incas.

Des textes et montages en norvégien et en anglais illustrent la vie de l'équipage à bord du radeau. Les hommes étaient si près de l'eau qu'ils auraient pu attraper les requins à mains nues. Le visiteur apprendra ce qu'ils ressentirent lorsqu'un jour un énorme requin-baleine poussa leur embarcation.

En 1970, Heyerdahl entreprit une nouvelle expédition. Il traversa l'Atlantique depuis le Maroc jusqu'à la Barbade à bord du *Râ II*, un bateau en papyrus, afin de prouver que les navigateurs d'Afrique de l'Ouest auraient pu découvrir les Antilles avant Christophe Colomb. Le *Râ I* se brisa en pleine traversée, tandis que le *Râ II*, exposé ici, tint bon.

Sept ans plus tard, le navigateur traversa l'océan Indien à bord du *Tigris*, fait de papyrus, afin de montrer que les civilisations de la vallée de l'Indus et d'Égypte étaient jadis en contact. Le musée contient de nombreuses pièces archéologiques rapportées par Heyerdahl de ses expéditions à l'île de Pâques, au Pérou et dans d'autres contrées. Avec ses 8 000 volumes, la bibliothèque possède la plus grande collection d'ouvrages sur la Polynésie.

Masque polynésien, Kon-Tiki Museet

Le *Kon-Tiki*, radeau en bois de balsa au Kon-Tiki Museet de Bygdøy

Norsk Sjøfarts-museum ❺

Bygdøynesveien 37. **Plan** 1 C4.
22 43 82 40. *91 (avr.-oct.).*
30. *15 mai-31 août :*
10 h-18 h t.l.j. ; 1er sept.-15 mai :
10 h 30-16 h t.l.j. (10 h 30-18 h jeu.).
certains jours fériés.

Le musée de la Marine norvégienne est situé sur la côte sud de la péninsule de Bygdøynes, non loin du Frammuseet et du Kon-Tiki Museet. Il possède son propre quai avec une superbe vue sur le port d'Oslo et ses abords.

Ses collections sont consacrées aux traditions de la navigation norvégienne, notamment l'industrie de la pêche, les transports maritimes, l'archéologie marine et la construction navale. Vieille de 1 500 ans, cette dernière est indissociable de la culture nationale.

Le musée décrit l'évolution des transports maritimes depuis le Moyen Âge jusqu'à nos jours. Le thème commun à toutes les pièces exposées est l'utilisation de la mer par l'homme à travers les âges et la manière dont celui-ci a su dompter cet élément.

En passant la porte du musée, le visiteur pénètre dans un hall contenant la maquette d'une frégate à vapeur de la marine norvégienne, *Kong Sverre*, l'un des trois plus gros et plus puissants navires de guerre jamais construits dans les pays nordiques. La toile de Christian Krohg, *Leiv Eiriksson découvre l'Amérique (p. 34-35)*, orne l'un des murs. Les salles d'exposition contiennent une multitude de maquettes de bateaux ainsi que les témoignages de diverses activités maritimes.

Dans un bâtiment annexe, la halle aux bateaux (Båthallen) contient des bateaux de pêche traditionnels et actuels, illustrant la diversité de la culture côtière. La goélette *Svanen* est souvent amarrée au quai lorsqu'elle n'est pas en mer à former de jeunes pêcheurs. Également à l'extérieur, le Krigseilermonument rend hommage aux marins tués pendant la dernière guerre *(p. 77)*.

Le musée comprend un service d'archéologie marine qui protège toute découverte survenue le long de la côte norvégienne. Une bibliothèque bien fournie possède des dessins, des ouvrages sur la marine, des archives et des photographies.

La halle aux bateaux du Sjøfartsmuseum et le musée du *Fram*

Figure de proue au Sjøfartsmuseum

Frammuseet ❻

Bygdøynesveien 36. **Plan** 1 C4.
23 28 29 50. *91 (avr.-oct.).*
30. *oct.-avr. : t.l.j. 10 h-15 h 45 ; mai-15 juin : t.l.j. 10 h-17 h 45 ; 16 juin-août : t.l.j. 9 h- 18 h 45 ; sept. : t.l.j. 10 h-16 h 45.* *jours fériés.*

Aucun autre bateau n'a été aussi loin au nord comme au sud de notre planète que le *Fram*. Il participa à trois expéditions dans l'Arctique avec les explorateurs Fridtjof Nansen (1893-1896), Otto Sverdrup (1898-1902) et Roald Amundsen (1910-1912). Lors de la dernière, en 1911, Amundsen fut le premier à planter un drapeau au pôle Sud.

Construit par Colin Archer, le navire polaire fut spécialement conçu pour traverser la banquise. Lors de sa première campagne vers le pôle Nord avec Nansen, le *Fram* fut pris par les glaces à 78° 50' de latitude N. Sa forme arrondie permit au vaisseau d'être repoussé à la surface de la glace, où il demeura jusqu'au dégel. Le bateau se révéla en outre d'une excellente navigabilité, qui lui permit d'affronter avec succès les tempêtes de l'océan Antarctique, lors de la célèbre expédition d'Amundsen jusqu'au pôle Sud.

Consacré au navire restauré, le musée ouvrit ses portes en 1936. Il comprend aussi du matériel provenant d'expéditions, des peintures, des bustes et des photos des explorateurs polaires. Dehors se dresse le *Gjøa*, premier vaisseau polaire d'Amundsen.

Le pont du navire polaire *Fram*, au Frammuseet

Norsk Folkemuseum ❷

Stavkirke de Gol

Plus de 150 bâtiments des quatre coins de la Norvège sont réunis dans le plus vaste musée en plein air d'Europe : le musée des Arts et Traditions populaires de Bygdøy. Hans Aall le fonda en 1894, alors que l'engouement nationaliste fleurissait. Des fermes reconstituées illustrent la vie quotidienne des communautés qui vivaient jadis dans les vallées et les fjords. Des maisons urbaines provenant de tout le pays forment Gamlebyen (la vieille ville). Des costumes traditionnels sont également exposés. Enfin, l'artisanat norvégien est bien représenté, notamment avec la sculpture sur bois. En décembre, Julemarkedet (le marché de Noël) est un événement important.

La collection du roi Oscar II *(p. 87)* intégra le Folkemuseum en 1907.

Festplassen
Entourée de maisons en bois provenant de diverses régions du pays, la place située au centre du musée en plein air accueille les démonstrations de danse ainsi que d'autres manifestations comme la fête de la Saint-Jean.

Hardangertunet
Une cour de campagne a été reconstituée à l'aide de maisons provenant du Hardanger (Vestland).

Hallingdalstunet
Cette cour rectangulaire est typique du Hallingdal. Le bâtiment le plus ancien est un entrepôt du village de Hemsedal (1650-1700). Provenant de Hol, l'étable à chèvres date du XVIIIe siècle.

À NE PAS MANQUER

- ★ Gamlebyen
- ★ Stavkirke de Gol
- ★ Setesdaltunet

★ **Stavkirke de Gol**
Cette église en bois debout, l'une des trente stavkirker subsistant en Norvège, fut construite dans le Hallingdal vers l'an 1200.

MODE D'EMPLOI

Museumsveien 10. **Plan** 1 B3. *22 12 37 00.* *91 (mai-sept.).* *30.* *15 mai-14 sept. : 10 h-18 h t.l.j. ; 15 sept.-14 mai : 11 h-15 h lun.-ven., 11 h-16 h sam.-dim.* *24-25 déc., 31 déc., 1er janv., 17 mai.*
www.norskfolke.museum.no

★ **Setesdaltunet**
Les maisons du Setesdal, région du sud de la Norvège, figurent parmi les plus belles du musée. Deux d'entre elles possèdent une pièce dotée d'un foyer central à ciel ouvert.

Costumes traditionnels
Des costumes folkloriques de toutes les régions, destinés à différentes occasions, sont réunis ici.

Station d'essence
Typique des années 1920, cette station en béton a été reconstruite. Les pompes à essence et autres accessoires sont d'origine.

★ **Gamlebyen**
L'un des plus vieux quartiers de Christiania a été reconstitué à l'aide de maisons provenant de l'ancienne capitale ainsi que d'autres, démolies dans les années 1960 à Enerhaugen près d'Oslo.

Vikingskipshuset ❸

Détail du chariot d'Oseberg

Le musée des Bateaux vikings possède deux vaisseaux du IXe siècle figurant parmi les mieux préservés au monde, ainsi que les vestiges d'un troisième. Découverts dans trois vastes tumuli au milieu des champs, ils constituent l'un des plus grands trésors culturels de Norvège. Les bateaux d'Oseberg et de Gokstad ont été exhumés dans le Vestfold, tandis que le troisième provient de Tune dans l'Østfold. Ils servirent jadis à recevoir le corps de grands chefs pour leur dernier voyage vers le royaume des morts. Des bijoux, des armes et des ustensiles se trouvaient également dans les tombes. En 1914, Arnstein Arneberg conçut ce musée clair et spacieux pour abriter ces splendides vaisseaux, que le visiteur peut venir examiner de près.

Façade élancée du Vikingskipshuset

★ Bateau d'Oseberg
En ouvrant la tombe en 1904, les archéologues découvrirent ce vaisseau de 22 m de long contenant les dépouilles de deux femmes accompagnées de nombreux objets. Environ 90 % du bois du bateau exposé est d'origine.

Hall d'entrée

Entrée principale

★ Bateau de Gokstad
Ce vaisseau de 24 m fut mis au jour en 1880. Les archéologues y trouvèrent les restes d'un homme de 60 ans, un traîneau, trois petites embarcations, une échelle de coupée et 64 boucliers. Le navire possède seize lattes sur chaque flanc, alors que celui d'Oseberg en compte douze.

Légende du plan

- Bateau d'Oseberg
- Bateau de Gokstad
- Bateau de Tune
- Trésor d'Oseberg
- Circulations et services

À ne pas manquer

- ★ Bateau de Gokstad
- ★ Bateau d'Oseberg
- ★ Chariot d'Oseberg

Suivez le guide !
Le musée est en forme de croix. Le hall d'entrée débouche sur la salle du bateau d'Oseberg, dont le trésor est exposé dans la même pièce. Le bateau de Gokstad se trouve dans l'aile gauche. Le vaisseau le moins bien conservé, qui provient de Tune, est situé dans l'aile droite. Au-dessus de l'entrée, une galerie contient les reproductions de trois lits en bois. La boutique est à gauche du hall.

★ Chariot d'Oseberg
Ce chariot viking richement sculpté est le seul connu en Norvège. Il était vraisemblablement utilisé par les femmes de haut rang. Des chariots similaires ont été découverts au Danemark et en Allemagne.

Mode d'emploi

Huk Aveny 35. **Plan** 1 A3.
22 43 83 79. 91 (mai-sept.). 30. mai-sept. : 9 h-18 h t.l.j. ; oct.-avril : 11 h-16 h t.l.j. jours fériés.
sur r.-v. auprès des agences touristiques (p. 271).
www.khm.uio.no/info/vskip_huset

Tête d'animal
Ce poteau de bois à tête d'animal fut trouvé avec quatre autres dans le bateau d'Oseberg. Son utilité reste inconnue. Représentant la tête d'un prédateur à la gueule ouverte, celui-ci témoigne des talents de sculpteurs vikings.

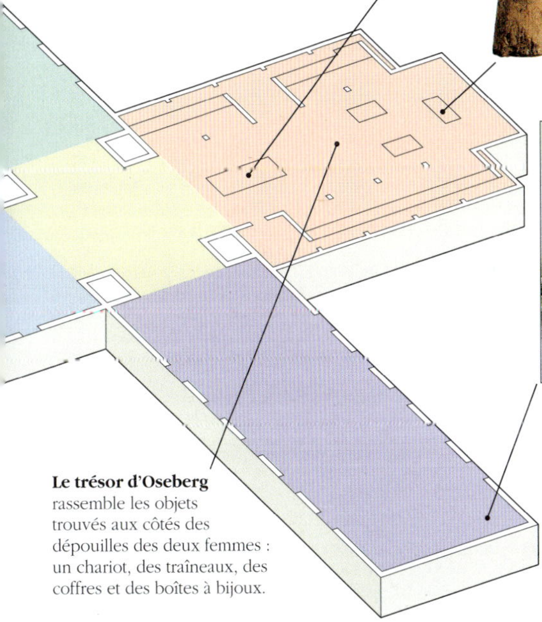

Chambre funéraire
Datant du début du Xe siècle, le bateau de Tune fut découvert sous un tumulus dans une ferme de l'Østfold. Construit en chêne, il comptait dix à douze rames. Au-dessus de la poupe, on trouva les vestiges d'une chambre funéraire.

Le trésor d'Oseberg rassemble les objets trouvés aux côtés des dépouilles des deux femmes : un chariot, des traîneaux, des coffres et des boîtes à bijoux.

L'exhumation des bateaux

Extraire ces bateaux vikings millénaires de leur tertre funéraire se révéla une tâche difficile. Le bateau d'Oseberg était en effet enterré dans l'argile et recouvert d'un monticule de pierres haut de 6 m. La tombe était presque hermétiquement fermée, et les mouvements du sol avaient en partie comprimé et détérioré l'embarcation. Le bateau de Gokstad était lui aussi enseveli dans l'argile. Cependant, les forces terrestres l'avaient laissé en paix, si bien qu'il fut préservé, à l'exception d'une partie du mobilier funéraire qui fut pillé.

Exhumation du bateau d'Oseberg en 1904

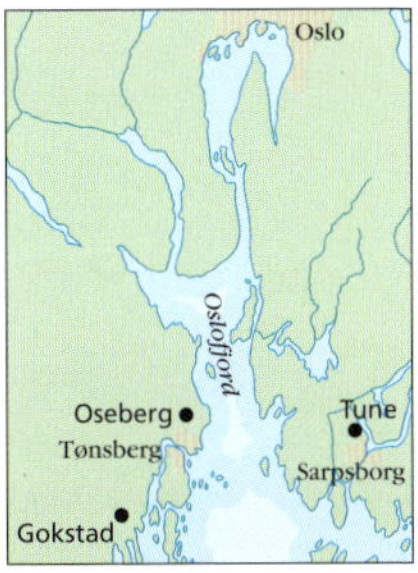

Les sites funéraires au bord de l'Oslofjord

Sjømannskirken, église dédiée à l'aide aux marins

Sjømannskirken ❼

Admiral Børresens Vei 4. **Plan** 1 B4. *22 43 82 90.* *91 jusqu'à Bygdøynes (avr.-oct.).* *30.* *11 h dim.* *ven.-dim. 12 h-17 h.*

En 1954, l'Oslo Sjømannsmisjon (Mission des marins) acquit à Bygdøy une superbe maison, destinée à venir en aide aux marins et aux ouvriers du port d'Oslo. Cette ancienne résidence avait été construite en 1915 par Arnstein Arneberg, l'architecte qui conçut le musée des Bateaux vikings. En 1962, l'édifice fut consacré en tant qu'église. Une vaste salle de culte et une sacristie furent ajoutées. Jusque-là, la mission avait fonctionné dans des conditions rudimentaires, le pasteur délivrant son sermon perché sur des tonneaux de harengs et des caisses à poisson.

En 1985, l'église passa à la Den Indre Sjømannsmisjon (Mission interne des marins). Celle-ci abrite un monument érigé, en 1966, en hommage aux marins morts en mer.

Hukodden ❽

Plan 1 A5. *91 jusqu'à Bygdøynes (avr.-oct.).* *30.*

Face au fjord, la majeure partie de la côte sud de Bygdøy est composée de terrains publics équipés de sentiers le long de la plage et à travers la forêt. À l'extrême sud de la presqu'île, la plage de Huk attire une foule de baigneurs en été. Aisément accessible depuis la ville en bateau ou en bus, la qualité de son eau est néanmoins bonne. Un restaurant est ouvert en saison.

L'extrémité de la plage offre une vue splendide sur le fjord d'Oslo, depuis le phare de Dyna jusqu'à Nesoddlandet, au sud, et aux îles, à l'ouest. Les abords de la côte fourmillent de bateaux et de plaisanciers.

Le parc abrite deux sculptures modernes : *Large Arch* de Henry Moore (1969) et *Ikaros* d'Anne Sofie Døhlen (1965). Au nord de Huk se trouve une petite plage naturiste et, plus loin, Paradisbukta (la baie du Paradis), un lieu de baignade très prisé.

Bygdøy Kongsgård ❾

Plan 1 A2. *22 12 37 00.* *91 jusqu'à Dronningen, puis le bus.* *30.* **Demeure** *au public.* **Sentiers** *pour la marche.* *vis. de la ferme sur r.-v.*

Bygdøy Kongsgård fut la résidence d'été du roi Olav V (1957-1991) pendant de nombreuses années. Le monarque adorait la tranquillité et le cadre idyllique de cette ferme royale du XIVe siècle.

Le roi Håkon V Magnusson l'avait acquise et offerte à la reine Eufemia en 1305. Devenue propriété monastique en 1352, elle fut rendue à la Couronne en 1532. Lors de la Réforme de 1536, elle devint un *ladegård* royal (grange).

En 1837, le roi Karl Johan la racheta à l'État. La propriété incluait alors le bâtiment principal érigé dans les années 1730. C'est dans le jardin d'hiver de ce dernier que le roi Christian Frédéric avait abdiqué le 10 octobre 1814. Bien qu'ayant espéré conserver son titre, il dut céder la place à Karl Johan *(p. 38)*.

Par la suite, Oscar II s'intéressa à la propriété et y créa un musée en plein air, utilisant d'anciennes maisons norvégiennes en bois. Cette collection fut plus tard à

L'extrémité de la plage de Huk offre un magnifique panorama sur le fjord d'Oslo

l'origine du Norsk Folkemuseum *(p. 82-83)*. Le souverain fit en outre construire les Kongvillaene dans le style des chalets suisses pour loger les employés de la Cour. Aujourd'hui, seule la villa Gjøa subsiste.

L'édifice principal du domaine – une riche demeure en bois peinte en blanc – offre un agréable spectacle en été, au milieu de la verdure.

Composé de terres agricoles et de forêts, Bygdøy Kongsgård s'étend sur 200 hectares au nord-ouest de Bygdøy. La zone longeant la mer, appelée Kongeskogen (la forêt du roi), comprend près de 10 km de sentiers ouverts au public. Les terres autour de la maison principale font partie du Norsk Folkemuseum.

La salle à manger d'Oscarshall, ornée d'une frise d'Adolph Tidemand

Bygdøy Kongsgård, ancienne résidence d'été du roi Olav V

Oscarshall Slott ⑩

Oscarshallveien. **Plan** 1 B2. *22 56 15 39.* *30.* *fin mai-mi-sept. : 10 h-16 h mar., jeu. et dim.*

Sur une pointe s'avançant dans la baie de Frognerkilen, le roi Oscar Ier de Suède et de Norvège (1799-1859) fit construire ce château de plaisance de 1847 à 1852, au plus fort du romantisme national, qu'il baptisa Oscarshall. Le palais fut apprécié des rois de la dynastie Bernadotte qui y organisèrent leurs fêtes. En 1863, il fut vendu à l'État tout en restant à la disposition du monarque en place. L'édifice ne fut pas conçu comme une résidence, mais plutôt comme un écrin pour l'architecture, l'artisanat et les beaux-arts, longtemps accessible au public.

Après la dissolution de l'Union en 1905 *(p. 39)*, Oscarshall fut fermé. Une grande partie de ses décorations furent transférées au Norsk Folkemuseum. En 1929 naquit le projet de remettre à neuf le palais pour en faire la résidence du prince héritier, projet qui fut par la suite abandonné. Toutefois, l'édifice fit l'objet d'une importante restauration et fut rouvert au public.

Oscarshall fut construit dans le style néogothique anglais par l'architecte J. H. Nebelong, qui s'inspira des châteaux normands ainsi que des édifices orientaux, avec leurs terrasses blanches et leurs fontaines. L'influence classique est également perceptible dans les proportions du palais et la forme strictement géométrique des pièces.

La salle de réception est la plus grande pièce du château, avec ses élégantes fenêtres et ses portes vitrées donnant sur le parc. Le hall d'entrée s'inspire d'une chapelle moyenâgeuse dont l'une des parois est ornée d'un vitrail circulaire. La salle à manger arbore une frise réalisée par Adolph Tidemand (1814-1876), peintre norvégien réputé pour ses descriptions de la vie quotidienne *(p. 8-9)*. Le roi lui proposa d'orner la salle d'une série de dix toiles intégrées à la frise supérieure faisant le tour de la pièce. L'artiste y représenta la vie des paysans, depuis l'enfance jusqu'à la vieillesse.

Le salon du roi contient des sculptures, moulages et peintures de style gothique qui s'inspirent des anciennes sagas norvégiennes.

Oscarshall Slott, château de plaisance du XIXe siècle

OSLO
ruhrgas

EN DEHORS DU CENTRE

De nombreux sites intéressants se trouvent aux portes d'Oslo, le plus souvent en pleine campagne. Aisément accessibles par les transports en commun, plusieurs d'entre eux sont suffisamment proches pour être visités dans une même journée.

Le Monolithe, Vigelandsparken

Vigelandsparken *(p. 90-91)*, vaste partie du parc Frogner consacrée aux sculptures de Gustav Vigeland, est complété par un musée dédié à son travail. Le Munch-museet présente les peintures d'Edvard Munch. Quant au Barnekunstmuseet, il abrite une collection originale d'œuvres réalisées par des enfants. Enfin, Holmenkollen est célèbre pour sa tour de saut à skis. C'est en découvrant des lieux comme Holmenkollen, Sørkedalen et Kjelsås, avec leurs forêts, leurs lacs et leur faune, que vous comprendrez pourquoi les habitants d'Oslo apprécient tant d'avoir la nature à leur porte. En été, ils peuvent aller nager et, en hiver, ils disposent de nombreuses pistes de ski. Certaines zones sont si tranquilles que l'on peut même y surprendre un élan.

LES SITES D'UN COUP D'ŒIL

Musées et galeries
- Bogstad Herregård 15
- Botanisk Hage et musée 6
- Det Internasjonale Barnekunstmuseet 10
- Emanuel Vigeland Museum 12
- Geologisk Museum 7
- Munch-museet 5
- Norsk Teknisk Museum 11
- Oslo Bymuseum 2
- Vigelandsmuseet 3
- *Vigelandsparken p. 90-91* 1
- Zoologisk Museum 8

Quartiers historiques
- Gamlebyen 4
- Grünerløkka 9

Zones de loisirs
- Frognerseteren 14
- Holmenkollen 13

LÉGENDE
- Centre d'Oslo
- Grand Oslo
- Autoroute
- Route principale
- Route secondaire

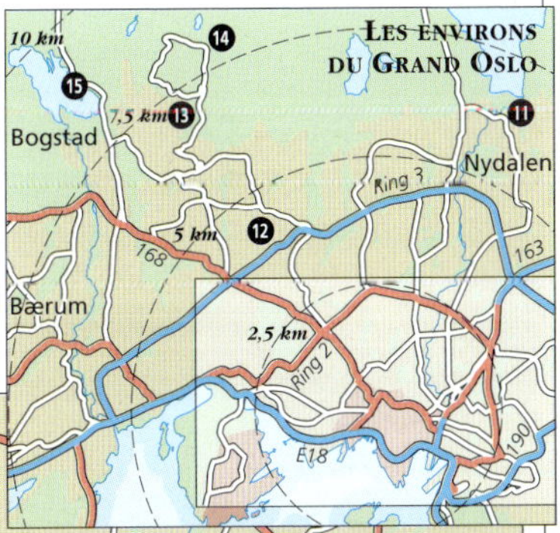

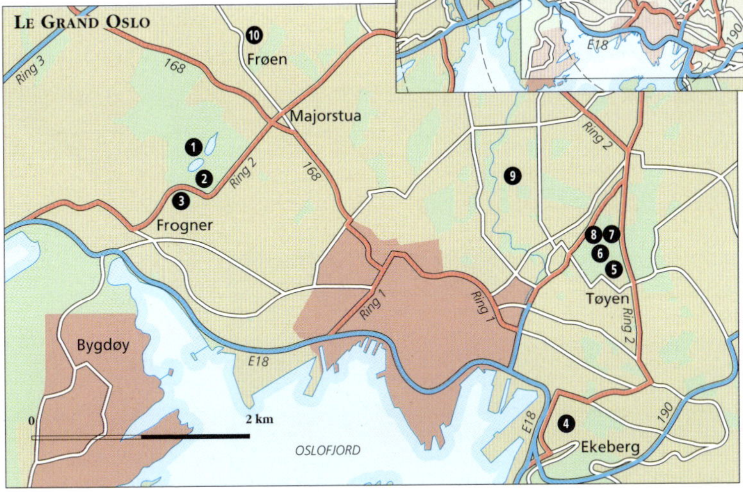

◁ **Tremplin de saut à skis de Holmenkollen, construit en 1892**

Vigelandsparken ❶

Le Petit Garçon coléreux

Le plus grand parc d'Oslo porte le nom de Gustav Vigeland, dont 212 sculptures sont savamment réparties le long des allées. Ses œuvres présentent l'humanité sous tous ses aspects. La plus imposante est le *Monolithe* qui se dresse au sommet d'un socle dont les marches sont ornées de statues. Vigeland commença à concevoir le parc en 1924. En 1950, sept ans après sa mort, la plupart des sculptures étaient en place. L'artiste modela lui-même les pièces en taille réelle avec de l'argile, mais ne se chargea pas de leur réalisation en pierre ou en bronze. L'association des sculptures et de la végétation est spectaculaire.

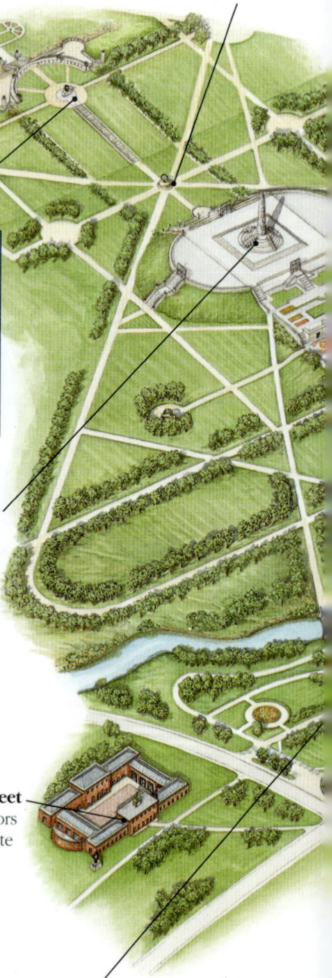

Le cadran solaire (Soluret) est posé sur un socle de granite orné des signes du zodiaque.

La Roue de la vie
Modelée en 1934, La Roue de la vie (Livshjulet) *synthétise le thème général du parc. Symbolisant l'éternité, le cercle est fait d'une guirlande d'hommes, de femmes et d'enfants se tenant les uns aux autres dans un cycle perpétuel.*

★ Le Monolithe
Dressé au point le plus élevé du parc, le Monolithe *mesure 17 m de hauteur. Il comprend 121 personnages enchevêtrés. Sur les marches du socle supportant la colonne, 36 groupes sculptés dans le granite représentent les cycles de la vie et les relations humaines.*

Vigelandsmuseet *(p. 92)*, en dehors du parc, présente l'atelier du sculpteur ainsi que ses œuvres antérieures.

0 100 m

Le Triangle
Ce groupe de personnages fut l'une des dernières sculptures à être placée dans le Vigelandsparken, en 1993.

À NE PAS MANQUER

- ★ Le pont
- ★ La fontaine
- ★ Le Monolithe

Le Clan
Autre sculpture colossale, elle fut enfin installée en 1988 grâce à la société IBM.

MODE D'EMPLOI

Kirkeveien. **Plan** 2 A1.
23 49 37 00. *Majorstuen.*
12, 15. *20, 45.*
Parc *t.l.j. 24 h/24.*
Vigelandsmuseet *juin-août : 11 h-17 h mar.-dim. ; sept.-mai : 12 h-16 h mar.-dim.*
Kafé Vigeland *10 h-18 h t.l.j.*
www.vigeland.museum.no

Statuette en bronze *Pike og øgle (La Jeune Fille au lézard)*, 1938

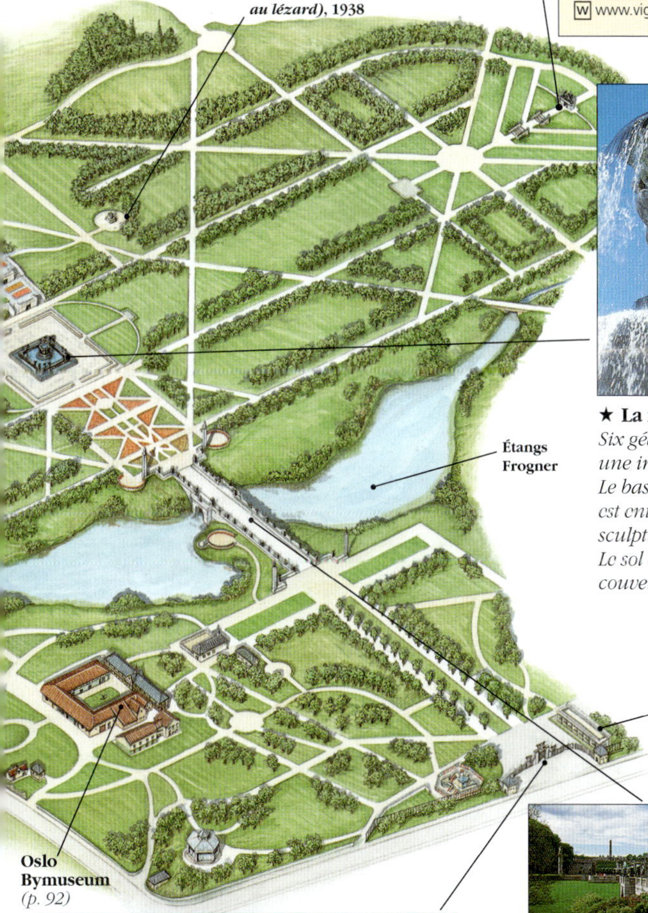

Étangs Frogner

Kafé Vigeland et magasin de souvenirs

Oslo Bymuseum
(p. 92)

★ La fontaine
Six géants soutiennent une immense vasque. Le bassin de la fontaine est entouré de vingt sculptures de groupes. Le sol environnant est couvert de mosaïque.

★ Le pont
Le pont en granite est bordé par 58 sculptures en bronze réalisées entre 1926 et 1933, représentant les différents stades de la vie. À chaque angle, les groupes de lézards symbolisent la lutte de l'humanité contre le mal.

L'entrée principale
Les grilles monumentales en fer forgé, encadrées de deux entrées piétonnes, ont été dessinées par Gustav Vigeland.

Oslo Bymuseum ❷

Frognerveien 67. 23 28 41 70. 12. 20. *mar.-dim. 12 h-16 h (mar. 12 h-19 h).* *certains jours fériés et du 1er au 15 janv.*

Installé dans le Frogner Hovedgård, un riche manoir bien préservé datant du XVIIIe siècle, le Musée municipal est dédié aux mille ans d'histoire de la cité d'Oslo. Sa croissance et son activité culturelle et commerciale sont dépeintes par le biais de maquettes, reconstitutions d'intérieurs, tableaux, sculptures et photographies. Des expositions saisonnières y sont organisées et une attention particulière est donnée aux enfants.

Au premier étage, des salles remontant à 1750 sont ouvertes en été. Ne manquez pas la salle de bal de Bernt Anker datant des années 1790, ni les peintures d'Oslo, puis de Christiania.

D'origine médiévale, l'ancienne ferme est de style traditionnel avec ses trois corps de bâtiments délimitant la cour à l'arrière du musée. Le jardin et les anciens pâturages constituent Frognerparken, au sein duquel a été aménagé le parc Vigeland *(p. 90-91)*.

Vigelandsmuseet expose l'œuvre du sculpteur Gustav Vigeland

Vigelandsmuseet ❸

Nobelsgate 32. 23 49 37 00. 12, 15. 20, 45. *sept.-mai : 12 h-16 h mar.-dim. ; juin-août : 11 h-17 h mar.-dim.* *certains jours fériés.*

Situé tout près de Vigelandsparken *(p. 90-91)*, le musée contient la majeure partie des œuvres de Gustav Vigeland (1869-1943).

Ses collections comprennent 2 700 sculptures en plâtre, bronze, granite et marbre, 12 000 dessins et environ 400 gravures sur bois. Les modèles des sculptures installées dans le parc Vigeland sont exposés, ainsi que les moules des bustes. Des photographies anciennes illustrent l'élaboration du parc. Le musée résulte d'un contrat passé en 1921 entre l'artiste et le conseil municipal d'Oslo. Vigeland fit don à la ville de toutes ses œuvres existantes et à venir. En échange, celle-ci lui fit construire un atelier, qui devait par la suite devenir un musée contenant les créations du sculpteur.

Bâti dans les années 1920, l'atelier-musée est considéré comme l'un des plus beaux exemples du néoclassicisme norvégien. Vigeland choisit lui-même les coloris intérieurs.

En cheminant à travers les salles, le visiteur prend conscience de l'évolution de l'artiste, depuis ses personnages fins et expressifs des années 1890 jusqu'à ses réalisations plus massives de l'entre-deux-guerres. Les appartements se visitent également.

Selon le souhait du sculpteur, ses cendres furent placées dans la tour après sa mort.

Un intérieur bourgeois des années 1900 à l'Oslo Bymuseum

Gamlebyen ❹

2 km à l'est du centre-ville. *18, 19.* *34, 70.*

Au Moyen Âge, la cité d'Oslo se concentrait sur Gamlebyen (vieille ville). Du XIIe siècle jusqu'au grand incendie de 1624, elle se développa principalement entre Ekebergåsen, Bjørvika, Grønland et Galgeberg. De nombreux vestiges médiévaux subsistent, comme les ruines de Mariakirken (église Sainte-Marie), Kongsgården (manoir royal) et Clemenskirken (église Saint-Clément). Un parc médiéval a été recréé près des ruines de la cathédrale Saint-Hallvard. D'autres vestiges proviennent du Moyen Âge, comme Oslo Ladegård og Bispegården (manoir d'Oslo et demeure épiscopale).

Pendant de nombreuses années après la Seconde Guerre mondiale, Gamlebyen fut étouffée par la circulation automobile. Récemment, une nouvelle réglementation a résolu le problème et le quartier revit enfin. Le nouvel opéra participera au renouvellement de Bjørvika. Maisons et commerces sont en cours de restauration. Ce faisant, des vestiges de maisons en bois sont mis au jour, ainsi que toutes sortes d'objets décoratifs et d'ustensiles.

Le parc médiéval de Gamlebyen parmi les ruines de la cathédrale

Le musée Munch possède une immense collection du célèbre artiste

Munch-museet ❺

Tøyengata 53. 23 49 35 00.
Tøyen/Munch-museet. *20, 60.*
juin-août : 10 h-18 h t.l.j. ; sept.-mai : 10 h-16 h mar.-ven., 11 h-17 h sam.-dim. *24-25 déc., 1er janv., 1er mai, 17 mai.*
www.munch.museum.no

La plupart des œuvres d'Edvard Munch (1863-1944) sont rassemblées dans ce musée. Avant de mourir, l'artiste légua à la cité d'Oslo toutes les toiles en sa possession. Le musée Munch ouvrit ses portes pour le centenaire de sa naissance. Conçu par les architectes Gunnar Fougner et Einar Myklebust, l'édifice est situé près du parc de Tøyen à l'est d'Oslo, où l'artiste passa son enfance. En 1994, le musée fut entièrement rénové et agrandi à l'occasion du 50e anniversaire de la mort du peintre.

Avec 1 100 toiles, 4 500 dessins et 17 000 gravures, cette immense collection contient les principales œuvres de chaque période de la carrière de cet artiste prolifique. On trouvera notamment plusieurs versions du *Cri*, l'inquiétante *Angoisse* (1894), la sereine quoique mélancolique *Jeune Femme sur la plage* (1896) et le sensuel et déchirant *Baiser* (1897).

Certaines des œuvres majeures du peintre sont parfois prêtées temporairement à d'autres musées. De plus, toutes ne peuvent être exposées à la fois. Toutefois, les 1 888 m² du musée permettent d'accrocher par roulement une partie de cette abondante collection. Si bien que le Munch-museet n'est jamais à court de matériaux pour illustrer la vie et l'œuvre du peintre sous des angles divers.

D'autres œuvres d'Edvard Munch sont exposées à la Nasjonalgalleriet *(p. 52-53)*, au Henie Onstad Kunstsenter *(p. 114)* et à la Rasmus Meyers Samlinger de Bergen *(p. 167)*.

Edvard Munch

Le plus célèbre des peintres norvégiens, Edvard Munch (1863-1944), fut l'un des précurseurs de l'expressionnisme. Alors qu'il avait à peine 20 ans, il montra ses premières toiles à l'Exposition d'automne d'Oslo. Peu après, le jeune homme réalisa plusieurs de ses chefs-d'œuvre, dont *L'Enfant malade* – inspiré de la mort de sa propre sœur à l'âge de 14 ans. Après avoir étudié en Norvège, il partit pour Paris en 1889, puis pour Berlin où il approfondit son style très personnel autour de thèmes tels que l'amour et la mort, comme dans sa *Frise de la vie*.

Ses expériences spirituelles et son angoisse transparaissent dans son œuvre, ainsi que le montre le personnage désespéré qui hurle dans sa célèbre toile *Le Cri* (1894). Son style tourmenté traduit en effet une vie perturbée. En 1908, Munch fit une dépression et rentra en Norvège un an après. Entre-temps, il était devenu un peintre reconnu. Il reçut des commandes pour différents bâtiments publics comme l'Aula – l'auditorium de l'université d'Oslo *(p. 50)*.

Autoportrait de l'artiste, *Errance nocturne*

Des fleurs par milliers au Botanisk Hage de Tøyen

Botanisk Hage et Musée 6

Sars Gate 1. 22 85 17 00. Tøyen/Munch-museet. 20, 31, 32, 60. **Musée** *11 h-16 h mar-dim.* **Jardin botanique** *avril-sept. : 7 h-20 h lun.-ven., 10 h-20 h sam.-dim. et jours fériés ; oct.-mars : 7 h-17 h lun.-ven., 10 h-17 h sam.-dim. et jours fériés. certains jours fériés.*

Juste en face du musée Munch se trouve le Botanisk Hage, le plus vaste jardin botanique de Norvège. Les habitants d'Oslo aiment venir s'y promener, autant pour admirer les milliers de plantes locales et étrangères que pour échapper au tumulte de la ville.

Le Jardin alpin figure parmi les plus belles sections avec sa cascade et ses 1 450 espèces de plantes de montagne originaires de Norvège et d'ailleurs. Le Jardin taxinomique classe les végétaux par famille et par genre. Le Jardin des plantes médicinales et des herbes contient des simples, des épices et des cultures de rapport. Le Jardin aromatique conviendra particulièrement aux personnes handicapées ou malvoyantes, car les plantes sont surélevées et accompagnées de descriptifs en braille. Dans le pavillon Victoria et la palmeraie, la flore des régions tropicales et tempérées comprend orchidées, plantes carnivores, cactus, cacaoyers, figuiers et palmiers.

Faisant partie du Muséum d'histoire naturelle, le Botanisk Hage constitue la base de la recherche et de l'enseignement de la botanique à l'université d'Oslo.

Tøyen Hovedgård, un manoir datant de 1780, est situé au milieu du Jardin botanique. Il est entouré par des serres anciennes, ainsi que par les trois bâtiments du musée.

Avec 1,7 million de spécimens, l'arboretum constitue une ressource essentielle pour la documentation et la recherche sur la flore norvégienne.

Geologisk Museum 7

Sars Gate 1. 22 85 17 00. Tøyen/Munch-museet. 20, 31, 32, 60. 11 h-16 h mar.-dim. certains jours fériés.

En pénétrant dans le musée de Minéralogie et Géologie, le visiteur aperçoit aussitôt une vitrine circulaire contenant de nombreuses pierres précieuses. La plupart sont d'origine nationale. Le rez-de-chaussée du musée est consacré à la présentation de phénomènes géologiques comme les éruptions volcaniques et les tremblements de terre.

Une exposition distincte présente la Norvège en tant que producteur de pétrole.

De magnifiques roches fossilifères y sont exposées. Provenant d'Oslofeltet (le champ pétrolifère d'Oslo), elles étaient profondément enfouies sous la croûte terrestre ou sous le plateau continental de la mer du Nord. Sont également présentés des fossiles d'étranges trilobites, de brachiopodes, de seiches et de diverses créatures microscopiques.

Zoologisk Museum 8

Sars Gate 1. 22 85 17 00. Tøyen/Munch-museet. 20, 31, 32, 60. 11 h-16 h mar.-dim. certains jours fériés.

La salle norvégienne du musée de Zoologie contient des animaux empaillés replacés dans leur environnement naturel : poissons, animaux marins et d'eau douce, mammifères et oiseaux. Le lagopède et le renne sont exposés sur fond de montagnes, ainsi que la grue et le tétras-lyre. La parade nuptiale du coq de bruyère est également présentée. Le visiteur découvrira en outre des barrages de castors ainsi que des colonies d'oiseaux nichant dans les falaises.

La salle du Spitzberg contient des animaux de l'Arctique comme l'ours polaire et le

Mammifères arctiques naturalisés au Zoologisk Museum

phoque. La salle de répartition géographique présente les créatures de diverses contrées du monde, tels que les manchots de l'Antarctique ou les lions et les crocodiles des régions tropicales. Enfin, plusieurs montages exposent des papillons.

La salle de systématique décrit la faune norvégienne, depuis les amibes unicellulaires jusqu'aux plus gros mammifères. Un « bar à sons » propose des enregistrements d'animaux sauvages.

Grünerløkka, ancien quartier populaire récemment restauré

Grünerløkka ❾

1 km au nord du centre-ville.
30, 58. 11, 12, 13.

Depuis quelques années, cet ancien quartier ouvrier renaît de ses cendres. Il est principalement composé d'immeubles de rapport datant de la fin du XIXe siècle, qui furent un temps menacés de démolition. Cependant, les nombreux projets qui visaient à raser pour reconstruire à neuf finirent par être abandonnés au profit de la restauration de ce patrimoine. Les appartements exigus et inadaptés ont été regroupés, réduisant ainsi leur nombre tout en conservant le caractère du vieil Oslo. Si bien que des gens de milieux très divers se sont installés à Grünerløkka. Le quartier attire aujourd'hui plus particulièrement les jeunes.

Avec l'arrivée de cette nouvelle communauté dynamique, de nombreux cafés, restaurants et boutiques sont apparus, tel le Sult *(p. 234)*, un restaurant en vogue.

Le Norsk Teknisk Museum plaira aux petits comme aux grands

Det Internasjonale Barnekunst-museet ❿

Lille Frøens Vei 4. *22 46 85 73.*
Frøen. 46. 25 juin-8 août : 11 h-16 h mar.-jeu. et dim. ; 14 sept.-24 juin : 9 h 30-14 h mar.-jeu., 11 h-16 h dim. Pâques, 9 août-14 sept. et jours fériés.

Le musée international de l'Art enfantin rassemble les créations d'enfants provenant de 150 pays différents. Celles-ci comprennent des peintures, des sculptures, des céramiques, des collages et des tissages.

Le musée fut fondé en 1968 en collaboration avec SOS Children's Villages, une association œuvrant en faveur des enfants dans le besoin.

Si l'objectif est de permettre aux enfants de s'exprimer et de faire partager ce qui leur est cher, les travaux n'en sont pas moins sélectionnés sur des critères de qualité, comme pour un musée traditionnel.

Les jeunes visiteurs peuvent s'exprimer dans la salle de musique et de danse, la salle des poupées et l'atelier de peinture et de dessin. Des projections leur sont proposées, ainsi que des ateliers.

Le Barnekunstmuseet, un lieu animé consacré à l'art enfantin

Norsk Teknisk Museum ⓫

Kjelsåsveien 143. *22 79 60 00.*
12, 15. 22, 25, 54. jusqu'à Kjelsås. 20 juin-20 août : 10 h-18 h t.l.j. ; 21 août-19 juin : 10 h-16 h mar.-ven., 10 h-17 h sam.-dim. certains jours fériés.

Fondé en 1914 à Kjelsås, le musée des Sciences et des Techniques est dédié à la technologie actuelle et passée. Il présente, entre autres, la première machine à vapeur de Norvège, sa première voiture importée en 1895 et son premier avion, sans parler des anciennes machines à coudre, aspirateurs et autres objets de tous les jours.

Le rez-de-chaussée est consacré à l'industrie. Le premier étage couvre les transports, les télécommunications et les technologies de l'information. Le visiteur y découvrira l'évolution de la machine à vapeur et le passage à la production de masse. Il saura tout sur les télécommunications, depuis les premiers signaux lumineux jusqu'au téléphone mobile et à Internet en passant par le télégraphe.

Une exposition décrit l'exploitation du pétrole et du gaz en mer du Nord, expliquant comment le produit brut est pompé jusqu'à la surface, transporté puis raffiné. Enfin, une présentation originale intitulée *Les Ressources de la forêt* souligne l'importance de la cellulose dans la production du papier il y a cent cinquante ans.

Le pôle scientifique Teknoteket propose des installations pédagogiques interactives. Le week-end, des animations sont destinées à toute la famille.

Le musée Emanuel Vigeland présente l'œuvre de l'artiste

Emanuel Vigeland Museum ⓬

Grimelundsveien à 4 km au N-O du centre-ville. *22 14 57 88.* *Slemdal.* *46.* *12 h-16 h dim.*

Situé au nord-ouest d'Oslo, ce musée figure parmi les plus originaux de Norvège. Il est consacré à l'artiste Emanuel Vigeland, frère cadet de Gustav, le sculpteur qui créa Vigelandsparken *(p. 90-91).*

Emanuel Vigeland (1875-1948) introduisit la peinture de fresques en Norvège. Il améliora également les techniques du vitrail médiéval.

Le bâtiment était à l'origine l'atelier de Vigeland. À sa mort, il devint le mausolée de l'artiste, puis ouvrit au public en 1959. On y trouve l'œuvre de sa vie, *Vita* – une série de fresques réalisées de 1927 à 1947 –, ainsi que des portraits, des dessins et des sculptures. Les fresques sont présentées avec une lumière tamisée. En effet, les thèmes de cette œuvre paraissaient trop osés pour le public des années 1940. La douceur de l'éclairage visait à les rendre moins provocants. De nos jours, cependant, ils ne choquent plus grand monde.

Une autre particularité de ce musée réside dans son entrée au plafond extrêmement bas. L'artiste aurait ainsi souhaité susciter l'humilité devant une œuvre d'art.

Le visiteur pourra découvrir certains vitraux de Vigeland à l'Oslo Domkirke *(p. 73).*

Holmenkollen ⓭

À 7 km au N-O du centre-ville. *22 92 32 00.* *Holmenkollen.* **Skimuseet et tremplin** *oct.-avril : 10 h-16 h t.l.j. ; mai et sept. : 10 h-17 h t.l.j. ; juin-août : 8 h 30-20 h 30 t.l.j.* *sur r.-v.*

En Norvège, le saut à skis attire immanquablement les foules et le gigantesque tremplin de Holmenkollen ne fait nullement exception. Chaque année, depuis 1892, ce site accueille des compétitions de ski et de saut qui constituent la plus grande manifestation touristique du pays, en attirant plus d'un million de visiteurs. En 1923 et 1924, le prince Olav participa lui-même aux épreuves de saut à skis.

Connu dans le monde entier, le tremplin de Holmenkollen a été modernisé à quatorze reprises. C'est là que se déroulent les compétitions annuelles de saut (« le dimanche de Holmenkollen »). Le site a accueilli trois fois la coupe du monde de saut à skis, ainsi que la plupart des épreuves de ski des Jeux olympiques d'hiver de 1952. À cette occasion, 150 000 spectateurs ont assisté aux épreuves de saut. Depuis quelques années, Holmenkollen accueille également le Biathlon.

Le tremplin et la tour de saut se visitent tout au long de l'année. La tour offre notamment une vue magnifique sur Oslo et son fjord.

Au pied du tremplin, le musée du Ski, créé en 1923, retrace l'histoire de celui-ci sur plus de quatre mille ans *(p. 26-27).* Les divers types de skis provenant de toutes les régions de Norvège sont présentés, ainsi que l'évolution de chacune des disciplines de ce sport. Les Jeux olympiques d'Oslo en 1952 et ceux de Lillehammer en 1994 sont également abordés. Le musée accorde une attention particulière au rôle de la Norvège dans l'exploration des pôles, en présentant les équipements utilisés par Nansen et Amundsen.

En 1999, le musée fut agrandi afin d'accueillir des peintures norvégiennes consacrées aux thèmes de la neige et du ski.

L'impressionnant tremplin de Holmenkollen

Frognerseteren en hiver, d'où l'on a un magnifique panorama sur Oslo

Frognerseteren ⓮

À 8 km au N-O du centre-ville.
Restaurant *22 92 40 40.*
Frognerseteren.

Situé à une demi-heure de marche de la colline de Holmenkollen, Frognerseteren est un lieu d'excursion très apprécié qui fut habité pour la première fois dans les années 1790.

Construit par la municipalité à la fin du XIXe siècle, un chalet traditionnel en bois abrite un restaurant fameux. Depuis sa terrasse, le visiteur bénéficie d'une vue imprenable sur Oslo, le fjord et les alentours. En contrebas, un monument en pierre commémore l'Assemblée constituante de 1814.

La route de Holmenkollen à Frognerseteren fut inaugurée en 1890 en présence d'Oscar II et de l'empereur d'Allemagne Guillaume II. Nommée Keiser Wilhelms Vei en l'honneur de ce dernier, elle fut rebaptisée Holmenkollveien après la Seconde Guerre mondiale.

Frognerseteren est la dernière station de la ligne du Tunnelbane. C'est le point de départ rêvé pour aller randonner dans la forêt de Nordmarka. Quelle que soit la saison, des panneaux signalent les nombreux sentiers ou pistes de ski.

À 15 minutes du centre-ville, le Frognerseteren Restaurant est fréquenté par les touristes ou les gens de la région après une promenade dans les bois voisins. Ils y dégustent une cuisine traditionnelle norvégienne en admirant la vue sur le fjord d'Oslo à 435 m d'altitude.

Le restaurant a été aménagé dans l'un des bâtiments les plus surprenants d'Oslo. Conçu par l'architecte Holm Munthe et achevé en 1892, le bâtiment est construit dans le style traditionnel scandinave « dragon » ; des têtes de dragon ornent les pignons.

Le Premier ministre Peder Anker (1749-1824) et sa famille

Bogstad Herregård ⓯

Sørkedalen 826, à 9 km au N-O du centre-ville. *22 06 52 00.*
41. *mi-mai à fin sept., vis. guidées seulement.*
13 h et 14 h mar.-sam. ; 12 h 30, 13 h 30, 14 h 30 et 15 h 30 dim.
(café et boutique ouverts 12 h-16 h mar.-dim. toute l'année)

Jadis ferme médiévale, Bogstad Herregård se dresse au sommet d'une butte sur la rive orientale du lac de Bogstad à Søkerdalen.

Initialement, Bogstad appartenait au monastère cistercien de Hovedøya, une île située au fond de l'Oslofjord. Le domaine fut ensuite la propriété de la Couronne avant d'être racheté par un magistrat municipal, Morten Lauritzen.

L'édifice actuel fut érigé à la fin du XVIIIe siècle par Peder Anker (1749-1824), qui fut par la suite Premier ministre. Le mobilier et la collection d'œuvres d'art datent principalement de cette époque. La propriété fut ensuite rachetée par le baron Herman Wedel Jarlsberg. En 1954, la municipalité d'Oslo prit possession des forêts et des terres arables, tandis que le manoir, son contenu et le parc revenaient au Norsk Folkemuseum.

Le manoir est ouvert au public à la belle saison et, en décembre, il accueille diverses manifestations à l'occasion de Noël.

En 1978, la remise et le bûcher situés près du chemin venant de Sørkedalsveien brûlèrent. Ils furent remplacés plus tard par des copies. Une restauration importante eut lieu en 1999, afin de transformer la grange en salle de banquets.

Le parc qui entoure Bogstad Herregård fut créé vers 1785 par le paysagiste Johan Grauer. Son commanditaire, Peder Anker, l'avait envoyé en Grande-Bretagne pour étudier l'art du jardin anglais. Celui qu'il agença à Bogstad fut l'un des premiers jardins à l'anglaise réalisés en Norvège.

Bogstad Herregård, érigé sur le site d'une ferme médiévale

ATLAS DES RUES D'OSLO

La carte ci-dessous représente les zones couvertes par les trois plans de l'*Atlas*. Les références données dans le guide pour chaque site, restaurant, hôtel ou magasin se rapportent à ces plans. Le premier chiffre renvoie au numéro du plan. La lettre et le chiffre qui suivent correspondent aux coordonnées définies par le quadrillage. Les

sites principaux sont indiqués pour vous permettre de les repérer facilement. Les symboles énumérés dans la légende signalent d'autres lieux importants, comme les stations de bus et de Tunnelbane, les embarcadères de ferries ou les parcs de stationnement. Une carte plus générale des environs d'Oslo figure à la page 89.

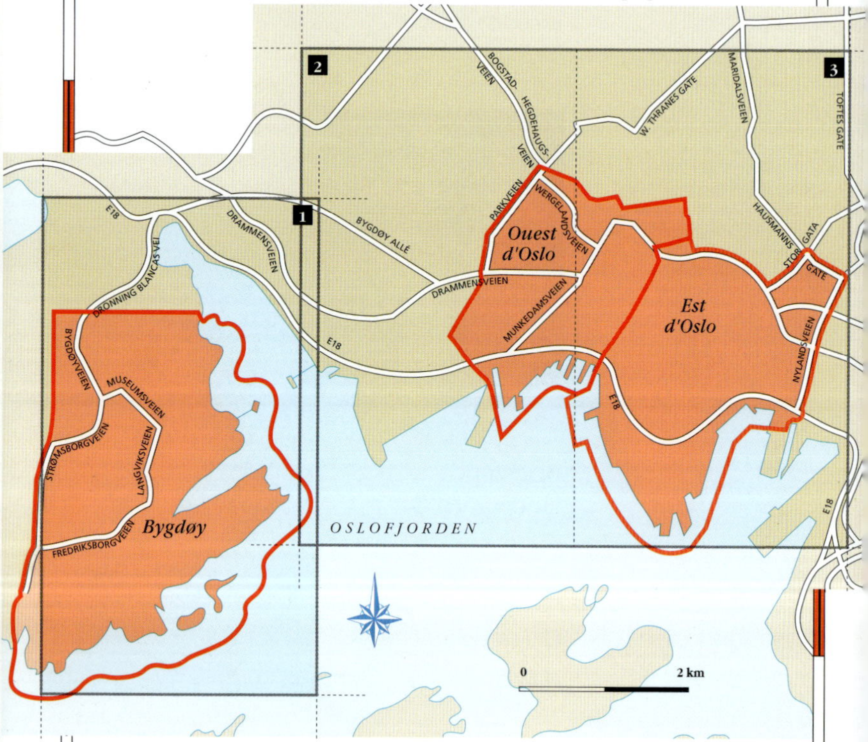

LÉGENDE DE L'ATLAS DES RUES

- Site exceptionnel
- Site intéressant
- Autre édifice intéressant
- Gare ferroviaire
- Station de Tunnelbane
- Arrêt de bus
- Gare routière
- Embarcadère de ferries
- Terminus des ferries
- Parc de stationnement
- Information touristique
- Hôpital
- Poste de police
- Église
- Synagogue
- Bureau de poste
- Point de vue
- Voie ferrée
- Rue à sens unique
- Rue piétonnière
- Tunnel

ÉCHELLE DES PLANS 1-3

0 250 m

A
B
C
1
BYGDØY ALLÉ
INGEGJERDS VEI
OLAV KYRRES GATE
MAGNUS BARFOTS GATE
FRØYAS GATE
HAFRSFJORDGATA
NOBELS GATE
ERLING SKJALGSSONS GATE
ELISENBERGVEIEN
TOSTRUPS GATE
HJØRUNGA-VÅGGATA
C.A.PIHLS GATE
THOMAS HEFTYES GATE
GANGE-ROLVS GATE
DRAMMENSVEIEN
FRØYAS HAVE
FROGNERSTRANDA
SKARPSNO-PARKEN
TOSTRUP TERR.
BYGDØYVEIEN
HENGSENGVEIEN
DRONNING BLANCAS VEI
WEDELS VEI
Frognerkilen
CHRISTIAN FREDERIKS VEI
Bygdøy kongsgård
Oscarshall slott
BYGDØY
OSCARSHALLVEIEN
MUSEUMSVEIEN
DRONNINGENAVNVEIEN
Dronningen
Norsk Folke-museum
STRØMSBORGVEIEN
MELLBYEDALEN
MUSEUMSVN.
HUK TERRASSE
HUK AVENY
LANGVIKSVEIEN
Vikingskips-huset
CHRISTIAN BENNECHES VEI
FREDRIKSBORGVEIEN
Langviksbukta
BYGDØY KAPELLVEI
BYGDØY TERRASSE
HALMAR JORDANS VEI
Bygdøynes
Kon-Tiki Museet
Frammuseet
Norsk Sjøfartsmuseum
LØCHENVEIEN
BYGDØYNESVEIEN
S.H. LUNDHS VEI
CONRAD HEMSENS VEI
GRAAH-BAKKEN
ADMIRAL BØRRESENS VEI
HERBERNVEIEN
Sjømanns-kirken
THEODOR LØVSTADS VEI
P.T. MALLINGS VEI
HARALD ROMKES VEI
KONSUL SCHJELDERUPS VEI
GRANDEVEIEN
BYGDØYLUND
Lille Herbern
Store Herbern
DAMMANS VEI
SCHIØTTS VEI
Oslofjorden
Hukodden
2
3
4
5

2
A
B
C
1
2
3
4
5
1
FROGNER-PARKEN
KIRKEVEIEN
MAJORSTUEN
BOGSTADVN.
HEGDEHAUGSVN.
HOMANSBYEN
BISLETT
INDUSTRIGATA
MAJORSTUVEIEN
PROF. DAHLS GATE
PROF. DAHLS GT.
FUGLEHAUGGATA
MUNTHES GATE
AMALDUS NIELSENS PLASS
LANGÅRDS-LØKKEN
BRISKEBYVEIEN
FEARNLEYS GT.
OLE FLADAGERS GATE
NEUBERGGATA
ELSTERS GT.
HOLMBOES GATE
ULFSTENS GT.
HJELMS GT.
EILERT SUNDTS GATE
URANIENBORG TERRASSE
ROSENBORGGATA
SPORVEISGATA
UNDERHAUGSVEIEN
PILESTREDET
HOMANNSBAKKEN
GUSTAVS GT.
JOSEFINES GATE
OSCARS GATE
GRØNNEGATA
PARKVEIEN
WERGELANDSVEIEN
HEGDEHAUGSVEIEN
WELHAVENS GATE
DAAS GT.
JØRGEN MOES GATE
HOLTEGATA
URANIENBORG-PARKEN
URANIENBORGVEIEN
NORDAHL ROLFSENS PLASS
SKOVVEIEN
CAMILLA COLLETTS VEI
HARELABBVEIEN
LALLA-KROKEN
PRESIDENT HARBITZ' GATE
GYLDENLØVES GATE
LØVENSKIOLDS GATE
EILERT SUNDTS GATE
BRISKEBY
INKOGNITOGATA
RIDDERVOLDS PLASS
RIDDERVOLDS GATE
NIELS JUELS GATE
MELTZERS GATE
SLOTTSPARKEN
Slottet
DRONNING-PARKEN
FROGNER PLASS
SIGYNS GATE
NORDRAAKS GATE
GYLDENLØVES GATE
TIDEMANDS GATE
ECKERSBERGS GATE
LANGAARDS GATE
FROGNERVEIEN
THOMAS HEFTYES GATE
M. BERGS GT.
ECKERSBERGS GATE
ODINS GATE
GIMLEVN.
TORS GATE
ODINS GATE
ELISENBERGVEIEN
BALDERS GATE
LILLE FROGNER ALLÉ
KRUSES GATE
HAXTHAUSENS GATE
VESTHEIMGATA
COLBJØRNSENS GATE
BEHRENS' GATE
OSCARS GATE
INKOGNITO TERRASSE
PARKVEIEN
GIMLE TERRASSE
FRITZNERS GT.
SOPHUS LIES GATE
FREDERIK STANGS GATE
BYGDØY ALLÉ
LAMBRECHTS GATE
MOGENS THORSENS GATE
THOMAS HEFTYES GATE
Røde Kors klinikk
CATO GULDBERGS VEI
GABELS GATE
NIELS JUELS GATE
LAPSETORVET
SOMMERROGT.
DRAMMENSVEIEN
DRAMMENSVEIEN
Ibsen-museet
7. JUNI-PLASSEN
SOLLIGATA
GUSTAV BLOMS GT.
LØKKEVEIEN
ARBINS GATE
KRONPRINSENS GATE
VICTORIA TERRASSE
Stenersen-museet
HAAKON VII'S GT.
THOMLES GT.
RUSELØKKA
HANSTEENS GATE
CORT ADELERS GATE
HUITFELDTS GATE
KROGS GATE
RUSELØKKVEIEN
MUNKEDAMSVEIEN
DR. MAUDS GT.
ENGA
Oslo Konserthus
DRAMMENSVEIEN
SKILLEBEKK
L. EIRIKSSONS GT.
BJØRN FARMANNS GATE
SVOLDERGATA
SKILLE-BEKK
TERNING-BEKK
FRAMNESVEIEN
FRAMNES TERRASSE
TINKER'N
OBSERVATORIE TERRASSE
PARKVEIEN
BERVENS LØKKE
OBSERVATORIEGATA
REICHWEINS GATE
MUNKEDAMSVEIEN
Turist-informasjonen
DOKKVEIEN
BRYNJULF BULLS PL.
MUNKEDAMSVEIEN
STOPERIGT.
HOLMENS GT.
GRUNDINGEN
BRYGGEGT.
SJØGT.
BRYGGETORGET
RIGGERGANGEN
FJORDALLEEN
BEDDINGEN
STRANDEN
Aker brygge
Pipervika
Oslofjorden
P

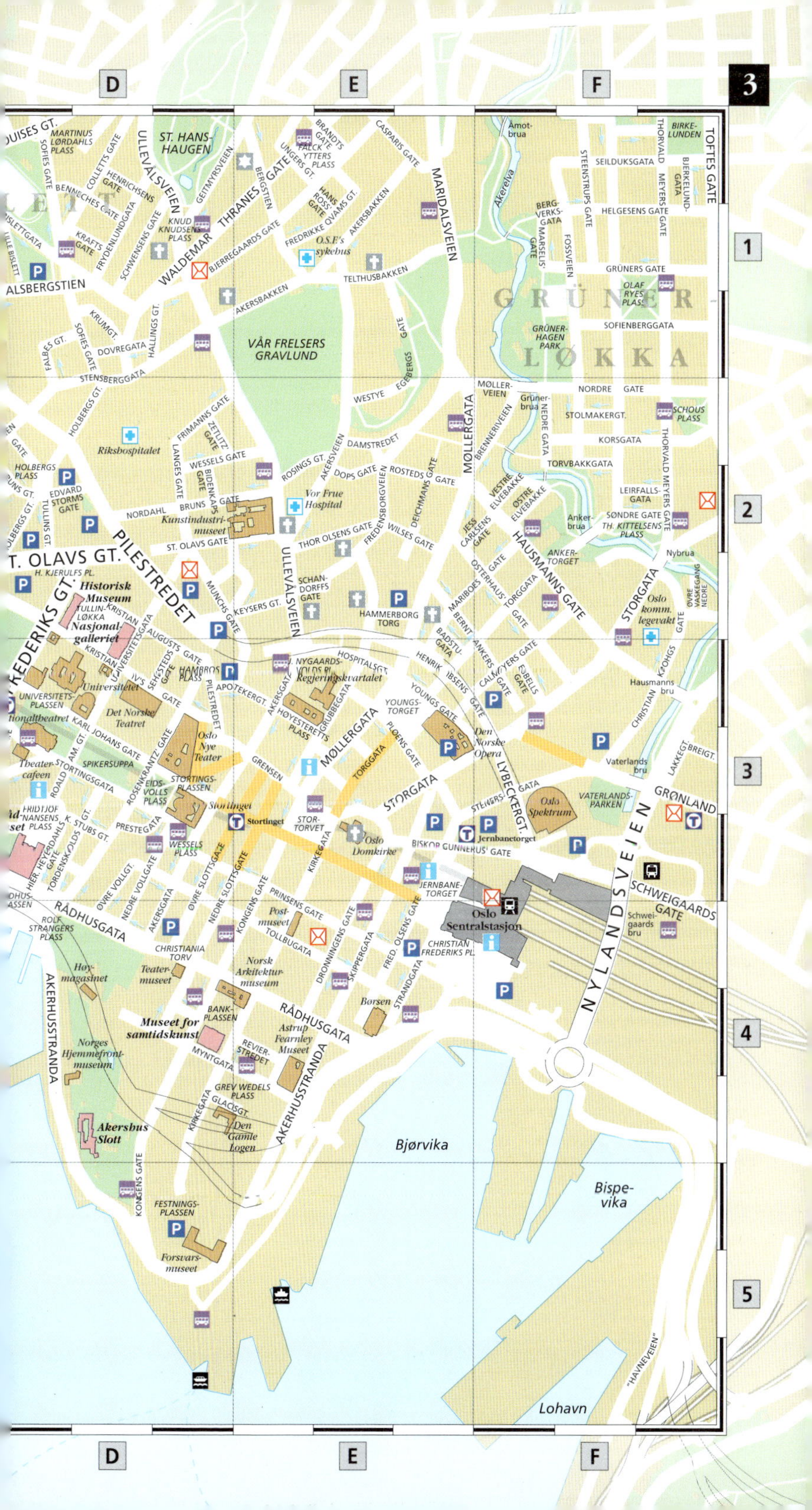
3
D
E
F
1
2
3
4
5
ST. HANS-HAUGEN
MARTINUS LØRDAHLS PLASS
ULLEVÅLSVEIEN
THRANES GATE
WALDEMAR
BERGSTIEN
FALCK YTTERS PLASS
CASPARIS GATE
MARIDALSVEIEN
AKERSBAKKEN
O.S.E's sykehus
TELTHUSBAKKEN
ALSBERGSTIEN
VÅR FRELSERS GRAVLUND
DOVREGATA
STENSBERGGATA
Riksbospitalet
Åmot-brua
Akerelva
SEILDUKSGATA
HELGESENS GATE
GRÜNERS GATE
OLAF RYES PLASS
GRÜNER
LØKKA
SOFIENBERGGATA
GRÜNER-HAGEN PARK
MØLLERGATA
NORDRE GATE
STOLMAKERGT.
KORSGATA
TORVBAKKGATA
SCHOUS PLASS
DAMSTREDET
WESTYE EGEBERGS GATE
DOPS GATE
ROSTEDS GATE
Vor Frue Hospital
Kunstindustri-museet
ST. OLAVS GATE
ST. OLAVS GT.
PILESTREDET
THOR OLSENS GATE
FREDENSBORGVEIEN
HAUSMANNS GATE
ANKER-TORGET
Anker-brua
SØNDRE GATE
TH. KITTELSENS PLASS
Nybrua
STORGATA
Oslo komm. legevakt
Historisk Museum
Nasjonal-galleriet
KEYSERS GT.
HAMMERBORG TORG
Regjeringskvartalet
Universitetet
Det Norske Teatret
KARL JOHANS GATE
Oslo Nye Teater
SPIKERSUPPA
STORTINGSGATA
Theater-cafeen
STORTINGS-PLASSEN
EIDSVOLLS PLASS
Stortinget
GRENSEN
MØLLERGATA
TORGGATA
STORGATA
Den Norske Opera
LYBECKERGT.
Oslo Spektrum
VATERLANDS-PARKEN
Vaterlands bru
Hausmanns bru
GRØNLAND
NYLANDSVEIEN
Jernbanetorget
BISKOP GUNNERUS' GATE
Oslo Domkirke
STOR-TORVET
PRESTEGATA
JERNBANE-TORGET
Oslo Sentralstasjon
SCHWEIGAARDS GATE
Schwei-gaards bru
RÅDHUSGATA
ROLF STRANGERS PLASS
CHRISTIANIA TORV
Post-museet
TOLLBUGATA
PRINSENS GATE
KONGENS GATE
DRONNINGENS GATE
SKIPPERGATA
CHRISTIAN FREDERIKS PL.
Norsk Arkitektur-museum
Høy-magasinet
Teater-museet
Museet for samtidskunst
BANK-PLASSEN
Børsen
STRANDGATA
Astrup Fearnley Museet
Norges Hjemmefront-museum
MYNTGATA
GREV WEDELS PLASS
AKERSHUSSTRANDA
Akershus Slott
Den Gamle Logen
Bjørvika
Bispe-vika
FESTNINGS-PLASSEN
Forsvars-museet
Lohavn
"HAVNEVEIEN"

Répertoire des noms de rues

Avec leurs côtes sauvages et leurs falaises abruptes, les Lofoten illustrent bien la beauté des paysages norvégiens ▷

La Norvège région par région

AUTOUR DE L'OSLOFJORD

Les premiers hommes qui s'installèrent sur les rives de l'Oslofjord vivaient à l'âge de pierre et du bronze. Plusieurs siècles après, c'est là que les embarcations vikings les mieux préservées furent exhumées. Si les environs d'Oslo sont urbanisés, plus au sud, de paisibles villages aux maisons en bois bénéficient d'une vue magnifique sur les îles sauvages et les myriades de bateaux.

Fourmillant de ferries, de bateaux de croisière et de yachts, l'Oslofjord offre, en plein été, un spectacle fascinant. Depuis le Skagerrak jusqu'à Oslo, le fjord pénètre sur 100 km à l'intérieur des terres. Il se resserre avant Drøbak, puis s'élargit à l'approche de la capitale. Les provinces d'Akershus et d'Østfold s'étendent à l'est, tandis que le Buskerud et le Vestfold se trouvent à l'ouest.

Plus d'un million de Norvégiens vivent autour de l'Oslofjord, dans des villes ou villages figurant parmi les plus anciens du pays. Nombre de ces localités sont dotées d'une longue tradition commerciale et maritime. La proximité de la capitale se reflète cependant dans toute la région. Les infrastructures sont nombreuses, le réseau routier est très développé et le plus grand tunnel routier sous-marin d'Europe, long de 7,2 km, relie Frogn à Hurum, d'est en ouest. Chaque jour, de nombreux habitants de l'Oslofjord se rendent à la capitale pour travailler.

La région de l'Oslofjord allie un patrimoine culturel ancien avec la modernité liée à l'industrie et au commerce. Loin des zones industrielles, la côte est parsemée d'îles, de criques, de marinas et de plages. Le visiteur pourra ainsi visiter ses châteaux et ses tumuli vikings ou se reposer dans ses villages aux maisons de bois colorées, tout en explorant ses musées et ses galeries. Il n'aura que l'embarras du choix parmi les nombreuses autres activités possibles dans la région : bateau, pêche, baignade, randonnée, etc.

En été, la température est généralement agréable. Stavern *(p. 119)* détient le record de l'ensoleillement avec 200 journées par an. De même, l'hiver est rarement très rude. L'enneigement varie en fonction de l'altitude et de la proximité du littoral.

À Drøbak, Badeparken est l'une des plages les plus fréquentées de la rive orientale

◁ **Figure de proue ornant une maison de la pittoresque station balnéaire de Drøbak**

À la découverte de l'Oslofjord

Depuis ses bras les plus reculés jusqu'aux récifs longeant le phare de Færder, le fjord d'Oslo est bordé d'admirables villes et hameaux. De robustes forteresses gardent ses ports animés, tandis que le parc national de Borre renferme les tertres funéraires d'anciens rois. L'idéal est de découvrir l'Oslofjord en bateau. Il suffit pour cela de se joindre à une croisière touristique, ou tout simplement de traverser le fjord en ferry. Ceux qui disposent d'une voiture s'aventureront sur les routes secondaires qui mènent aux plages, aux petits ports et aux hameaux côtiers.

Ancienne base navale, Stavern possède de nombreux bâtiments du XVIIIe siècle

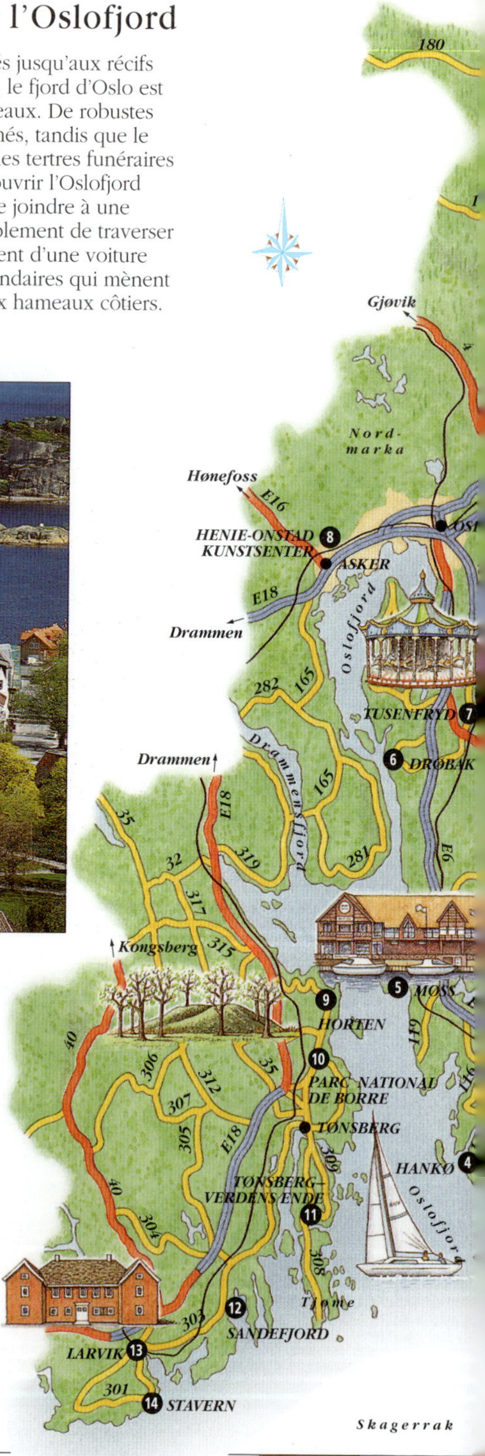

LÉGENDE

- Autoroute
- Route principale
- Route secondaire
- Voie ferrée

VOIR AUSSI

- ***Hébergement*** p. 223
- ***Restaurants et cafés*** p. 235-236

La région d'un coup d'œil

La ville portuaire de Tønsberg permet d'accéder aux nombreuses îles sauvages du fjord

Circuler

L'Oslofjord est accessible depuis les aéroports internationaux de Gardermoen et de Torp, par bateau ou par ferry à destination d'Oslo et de Kristiansand, ou encore en train ou en car depuis le continent en passant par la Suède. L'autoroute E6 longe la rive orientale du fjord depuis la frontière suédoise au sud. Sur la côte ouest, l'E18 descend jusqu'à Kristiansand. L'Oslofjord se traverse en voiture grâce au tunnel sous-marin qui part de Hurum à l'ouest pour déboucher à Drøbak à l'est. Enfin, des ferries rallient Moss depuis Horten.

Des îles de granite forment l'archipel de Hvaler à l'entrée du fjord

Halden ❶

Province d'Østfold. 26 000. Torgetz 69 19 09 80. *Festival des bateaux de bois et de la gastronomie (4e w.e. juin).* www.visithalden.com

Blottie au fond de l'Iddefjord entre un magnifique archipel et un arrière-pays de forêts et de lacs, Halden marque l'entrée de la Norvège pour les visiteurs qui pénètrent dans le sud du pays par la Suède. Aux XVIe et XVIIe siècles, elle prit son essor comme ville de garnison à proximité de la frontière suédoise. Elle recèle de nombreux édifices anciens ainsi que des demeures néoclassiques.

Frederiksten Festning est la plus grande fierté de la ville. Dominant Halden du haut de son éperon rocheux, l'imposante forteresse possède remparts, poudrières et dédales de corridors. Ses premières fortifications furent érigées vers 1643-1645. C'est à ses pieds que mourut le roi de Suède Charles XII en 1718, lors de sa seconde offensive.

La citadelle même est encadrée par Borgerskansen et trois fortins orientés vers le sud et l'est : Gyldenløve, Stortårnet et Overberget. Ses musées possèdent des collections très complètes consacrées à l'histoire militaire et à la culture régionale. Une pharmacie des années 1870, une ancienne boulangerie et une brasserie sont préservées.

Reliant une série de lacs et de rivières, le canal de Halden (Haldenkanalen) suit le cours de la Haldenvassdrag. Les bateaux peuvent ainsi parcourir 75 km de Tistedal à Skulerud en traversant trois écluses. Composée de quatre sas, l'écluse de Brekke est la plus haute d'Europe du Nord avec ses 26,60 m de dénivelé.

En été, le navire *Turisten* assure des croisières de Tistedal à Strømsfoss et de Strømsfoss à Ørje.

Rue commerçante dans le centre historique de Sarpsborg

Fredriksten Festning

1 km au sud du centre-ville. 69 19 09 80. **Forteresse** *toute l'année.* **Musée** *18 mai-31 août : t.l.j. ; sept. : dim.*

Sarpsborg ❷

Province d'Østfold. *49 500.* *Glengsgata, 69 15 65 35.* *Gleng Musikkfestival (mai-juin), Festival Saint-Olav (juil.-août).*

En 1016, le roi Olav Haraldsson fonda la troisième ville de Norvège, Sarpsborg. Le site avait déjà été habité sept mille ans auparavant, comme en témoignent les tumuli, les fortifications primitives, les monuments de pierre et les gravures rupestres qui subsistent. Non loin fut découvert le bateau viking de Tune, datant du Xe siècle avant J.-C *(p. 85).*

La Glomma et sa cascade, Sarpsfossen, contribuèrent à l'essor commercial de la ville. En effet, la rivière permettait alors de transporter le bois jusqu'aux scieries. Au XIXe siècle, Sarpsborg devint le deuxième port de Norvège pour le transport du bois. De nos jours encore, l'industrie du bois prédomine.

Le **Borgarsyssel Museum** ouvrit ses portes en 1929, non loin des ruines du château édifié par Olav le Saint. Des vestiges de l'église Nikolaskirken remontant à 1115 subsistent également. La salle Steinhogger présente des maçonneries médiévales. Dans le bâtiment principal, l'Østfoldgalleriet expose des objets d'art populaire ainsi que des produits manufacturés, telles les poteries de style rococo de Herrebøe. À l'extérieur se trouve un jardin monastique.

La partie en plein air du musée expose des maisons anciennes. Parmi celles-ci, St Olavs Vold, datant des années 1840, abritait jadis des ouvriers. Elle contenait vingt appartements composés d'une chambre et d'une cuisine.

Borgarsyssel Museum

Gamlebygaten 8. *69 15 50 11.* *mai-août : t.l.j. ; sept.-avr. : mar.-ven.* *jours fériés.*

Fredriksten Festning domine majestueusement le centre de Halden

Fredrikstad ❸

Voir p. 112-113.

Hankø ❹

Province d'Østfold. *302 de Fredrikstad à Vikane.* *Turistinformasjonen, Fredrikstad, 69 30 46 00.*

Située à l'ouest de Fredrikstad, vers la sortie de l'Oslofjord, l'île de Hankø fut un lieu de villégiature particulièrement prisé dans les années 1950 et 1960. À l'époque, le roi Olav y avait sa résidence d'été, Bloksberg.

Côté fjord, Hankø présente une paroi rocheuse nue, tandis que, dans sa partie orientale, l'île est boisée et offre un lieu de mouillage parfaitement abrité. C'est ici que, en 1882, l'Association norvégienne de navigation de plaisance vit le jour. Depuis lors, l'île accueille de nombreuses régates nationales et des compétitions internationales.

L'aviron a lui aussi un long passé à Hankø. Le Club d'aviron de Fredrikstad y fut fondé vers 1870.

La Galleri 15 occupe le manoir d'Alby sur l'île de Jeløy, près de Moss

Moss ❺

Province d'Østfold. *28 000.* *Skogaten 52, 69 24 15 20.* *Festival d'art contemporain Momentum (mai-août).* www.visitmoss.no

Important centre industriel et commercial de la province, Moss est aussi renommée pour ses galeries d'art et ses rues ponctuées de sculptures. Son port a longtemps constitué une plaque tournante du trafic maritime sur le fjord. De nos jours, les ferries rallient Horten en permanence.

Le musée de la Ville et de l'Industrie, **Moss by- og Industrimuseum**, retrace l'histoire industrielle de la cité. Construit en 1778, **Konventionsgården** était le bâtiment principal de l'usine sidérurgique Moss Jernverk. L'accord de Moss y fut signé en août 1814, ratifiant l'union de la Norvège avec la Suède au détriment du Danemark.

À l'ouest, Moss est protégée par l'île de Jeløy, ancienne péninsule reliée à la terre au sud-est. Un canal vint séparer Jeløy de la terre ferme entre Mossesundet et Værlebukta, ce qui n'empêcha nullement le développement immobilier dans les années 1960. Le manoir de la propriété d'Alby Gård accueille une galerie d'art contemporain, **Galleri 15**. Quant à l'élégant Refsnes Gods, il abrite aujourd'hui un hôtel *(p. 223)*.

Au nord de Moss, le charmant village côtier de **Son** est un lieu d'excursion apprécié. Les bâtiments du centre ramènent le visiteur au XVIIIe siècle, lorsque le commerce du bois, les transports maritimes, la filature et la production d'alcool étaient florissants. Son possède des ruelles pittoresques, un écomusée, un port transformé en musée, des activités culturelles liées au littoral et des restaurants chaleureux.

Moss by- og Industrimuseum

Fossen 21-23. *69 24 83 60.* *mar.-ven. et dim.* *jours fériés.*

Galleri 15

Alby Gård à 4 km à l'ouest de Moss. *69 27 10 33.* *mar.-dim.* *certains jours fériés.*

Hankø, le site favori des passionnés de voile

Fredrikstad pas à pas ❸

Frédéric II, fondateur de Fredrikstad

Après l'incendie de Sarpsborg en 1567, lors de la guerre nordique de Sept Ans, Frédéric II autorisa les habitants sinistrés à s'installer plus près de l'embouchure de la Glomma, dans un lieu propice au commerce, aux échanges maritimes et à la pêche. Ainsi fut fondée Fredrikstad. La ville fut fortifiée en 1663. Gamlebyen (« la vieille ville ») se développa à l'intérieur des remparts. Ses rues pavées, ses galeries d'art, son centre artisanal réputé, ses boutiques et ses restaurants en font une cité attrayante. Un pont érigé en 1957 mène à la ville moderne industrielle et commerciale avec son centre animé.

Ancien hôtel de ville
Les premiers échevins siégèrent dans l'ancien hôtel de ville (Gamle Rådhus), édifié en 1784. En 1797, le prêcheur laïque Hans Nielsen Hauge y fut emprisonné cinq semaines.

★ Grenier à provisions
Édifié entre 1674 et 1696, ce grenier (Provianthus) possède des murs de 4 m d'épaisseur. C'est le plus vieux bâtiment de Fredrikstad. Au rez-de-chaussée, deux salles voûtées accueillent aujourd'hui des banquets.

Vieux pénitencier
Le Gamle Slaveri vit le jour en 1731 comme lieu de détention. L'une des salles pouvait contenir 27 prisonniers. L'édifice fait aujourd'hui partie du Fredrikstad Museum.

À NE PAS MANQUER

★ **Kongens Torv**

★ **Grenier à provisions**

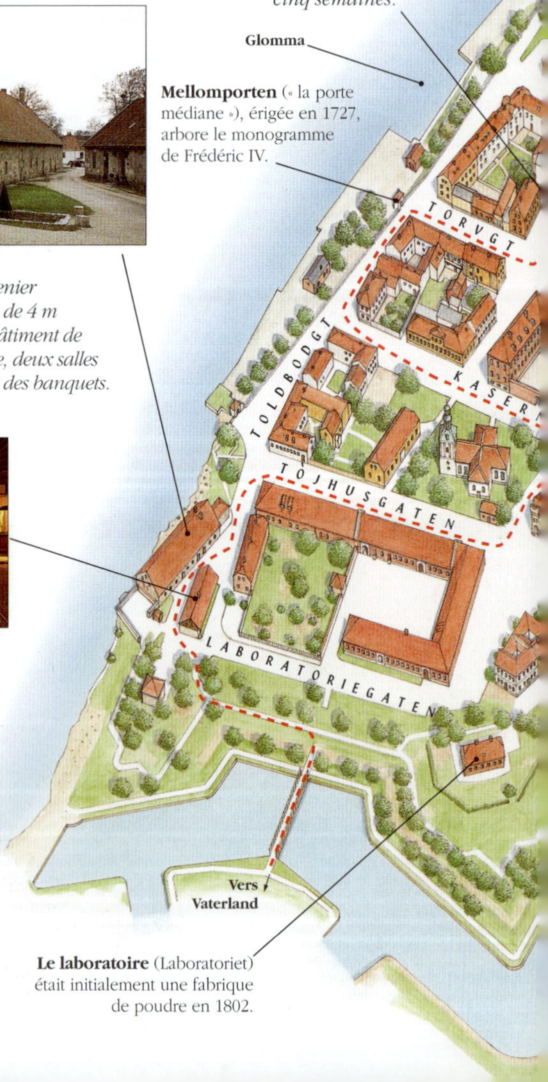

Mellomporten (« la porte médiane »), érigée en 1727, arbore le monogramme de Frédéric IV.

Le laboratoire (Laboratoriet) était initialement une fabrique de poudre en 1802.

★ Kongens Torv
La place du Roi est ornée d'une statue de Frédéric II, qui fonda Fredrikstad en 1567. Elle marque le centre de la ville, où les criminels étaient mis au pilori.

MODE D'EMPLOI

Province d'Østfold. 70 000. St Olavsgate 2. Torvbyen. Tollbodbrygga Fredrikstad. Tøihusgate 41, Gamlebyen, 69 30 46 00. Marché d'été (sam.). Festival d'hiver, vieille ville (janv.-fév.), Festival d'animation (mai), Festival de la Glomma (juil.), Essens Musikk-festival (fin août), Festival de musique et de danse folkloriques (oct.).

LÉGENDE

- - - Itinéraire conseillé

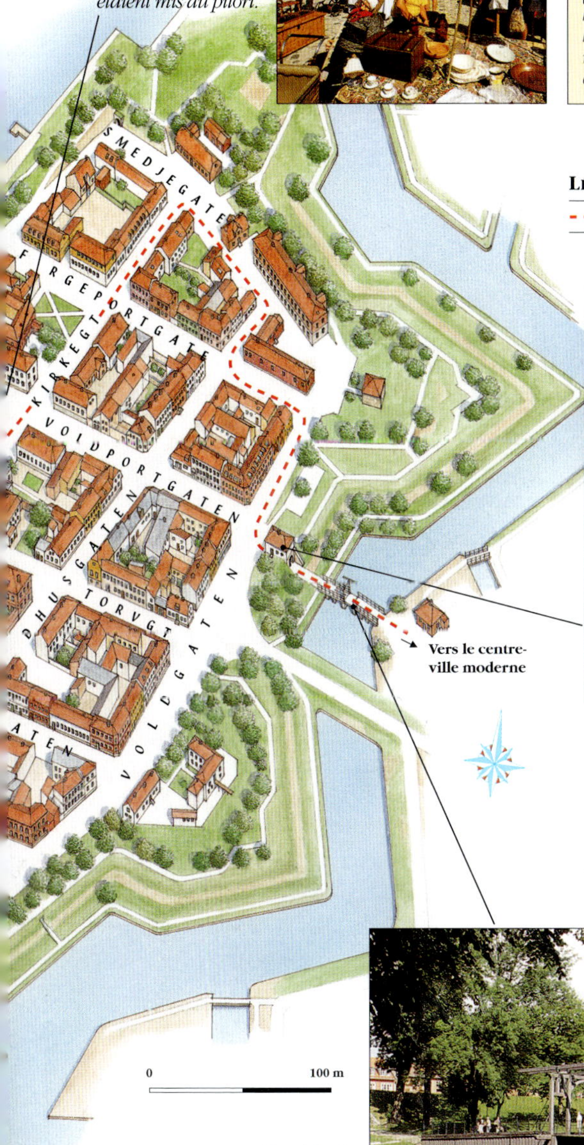

Porte du rempart
La porte du rempart (Voldporten) date de 1695. Le fronton porte le monogramme de Christian IV ainsi que sa devise, Pietate et justitia *(Piété et justice).*

Pont-levis
Jadis, le pont était relevé de la dernière ronde jusqu'au réveil. Si un messager arrivait une fois le pont levé, il faisait passer son sac à l'aide d'une corde.

Au sud d'Oslo, Drøbak est situé au point le plus étroit de l'Oslofjord

Drøbak ❻

Province d'Akershus. *14 000.* *en été.* *Havnegaten 4, 64 93 50 87.* *Théâtre à Oscarsborg (juil.).*

Situé à une demi-heure d'Oslo en voiture, Drøbak, sur la rive orientale de l'Oslofjord, est un joli village aux vieilles maisons de bois. À l'origine, il remplaçait le port d'Oslo en hiver lorsque le fond du fjord était pris par les glaces. De nos jours, le village est une station balnéaire très prisée avec ses ruelles étroites datant des XVIIIe et XIXe siècles. Le tunnel de l'Oslofjord, long de 7,2 km, part d'ici pour s'enfoncer sous le fjord. Ouvert en l'an 2000, il relie Drøbak à la rive ouest du fjord.

Julehus, le plus grand magasin d'articles de Noël de Norvège, se trouve à Drøbak. Dans son bureau de poste Julenissens Postkontor, le père Noël appose son propre cachet postal. La place principale, Torget, et les rues alentour regorgent de boutiques, de galeries d'art et de restaurants. Non loin, le parc Badeparken est bordé d'une plage.

Sur le petit port, l'aquarium **Saltvannsakvariet** présente les espèces locales de poissons et autres animaux marins. Juste à côté, le **Drøbak Båtforenings Maritime Samlinger** (musée marin) est consacré au patrimoine côtier de la région.

À Seiersten, à 3 km du centre, le **Follo Museum** expose des édifices vieux de deux à trois siècles.

Oscarsborg Festning domine une île à l'ouest de Drøbak. Depuis cette forteresse, les Norvégiens détruisirent le cuirassé allemand *Blücher* le 9 avril 1940. Celui-ci se dirigeait vers Oslo, transportant les premières forces d'occupation. Ce coup d'éclat de la Résistance norvégienne laissa le temps au roi de s'enfuir. En été, la forteresse accueille des représentations théâtrales.

Drøbak Båtforenings Maritime Samlinger
Kroketønna 4. *64 93 50 87.*
mai-sept. t.l.j.

Follo Museum
Belsjøveien 17. *64 93 99 90.*
504. *fin mai à mi-sept. : mar.-ven.* *certains jours fériés.*

Oscarsborg Festning
Kaholmene. *81 55 19 00*
de Sjøtorget à Drøbak.
juin-août : t.l.j.

Tusenfryd ❼

Province d'Akershus. *64 97 64 97.* *car spécial quittant le Bussterminal d'Oslo toutes les 30 mn, 10 h-13 h.* *mai-sept. : t.l.j.*

Le plus grand parc d'attractions de Norvège, Tusenfryd, est situé à 20 km au sud d'Oslo, à l'intersection des autoroutes E6 et E18.

Le parc possède notamment les plus grandes montagnes russes de toute l'Europe du Nord. Ouverte en 2001, cette attraction offre des creux de 32 m de dénivelé.

Tusenfryd propose en outre des restaurants, des boutiques et des spectacles, ainsi qu'une zone de loisirs nautiques. Chaque année, près d'un million de visiteurs viennent s'y divertir.

L'un des manèges du parc d'attractions Tusenfryd

Henie Onstad Kunstsenter ❽

Province d'Akershus. *67 80 48 80.* *151, 152 depuis Oslo.* *11 h-19 h mar.-jeu., 11 h-18 h ven.-dim.*

Remarquable centre d'art contemporain, le Henie Onstad Kunstsenter abrite la donation de la patineuse

Henie Onstad Kunstsenter, superbe musée d'art contemporain

Sonja Henie, médaille d'or aux Jeux olympiques de 1928, 1932 et 1936, et de son mari Niels Onstad. Il comprenait initialement leur collection privée, avec des artistes comme Matisse, Bonnard, Picasso et Miró, ainsi que des expressionnistes et des peintres abstraits d'après-guerre tels Estève et Soulages.

Les trophées accumulés par l'étoile du patinage sont également exposés. Le visiteur pourra ainsi admirer les médailles et les coupes qu'elle reçut lors de trois Jeux olympiques successifs et pas moins de dix championnats du monde.

Le musée comprend une bibliothèque, un auditorium, un atelier pour enfants, une boutique, un café et un excellent restaurant.

Tertre funéraire remontant à l'époque viking dans le parc de Borre

Maquette d'un trois-mâts au Marinemuseet de Horten

Horten ⑨

Province de Vestfold. 17 000. vers Skoppum à 10 km à l'ouest. Tollbugata 1 A, 33 03 17 08. www.visithorten.com

Une statue de bronze baptisée Hortenspiken (« la jeune fille de Horten ») accueille les visiteurs arrivant du nord. Le bateau entre ses mains rappelle que Horten est une ville côtière appréciée des plaisanciers. La ville prit son essor vers le XIXe siècle autour de la base navale de Karljohansvern, ses chantiers navals et son port. Le **Marinemuseet** occupe les anciens bâtiments de garnison. Fondé en 1853, c'est le plus vieux musée de la Marine au monde. Il contient une vaste collection de maquettes de bateaux et d'autres objets liés à l'histoire de la marine. Le *Rap*, premier torpilleur mondial (1872), est exposé à l'extérieur. Le sous-marin *Utstein* (1965), acquis récemment, est accessible au public.

À deux pas, le **Norsk Museum for Fotografi** (musée Preus de la Photographie) présente des appareils, une exposition de tirages et la reconstitution d'un studio du début du siècle.

Avec ses maisons en bois, le centre de Horten évoque l'atmosphère du XIXe siècle. En été, les rues sont remplies de fleurs, et les limitations de vitesse obligent les automobilistes à ralentir. Les terrasses de café ajoutent encore au charme du quartier. Enfin, Storgaten est réputée être la plus longue rue commerçante de Norvège.

Marinemuseet
Karljohansvern, à 1 km à l'est du centre. *33 03 35 46.*
mai-sept. : t.l.j. ; oct.-avr. : dim. jours fériés.

Norsk Museum for Fotografi
Karljohansvern, à 1 km à l'est du centre. *33 03 16 30.*
mar.-dim. 12 h-17 h.

Parc national de Borre ⑩

Province de Vestfold. 33 07 18 50. 01 depuis Horten. **Parc** *toute l'année.* **Centre historique de Midgard** *11 h-18 h t.l.j. lun. sept.-mai, jours fériés.*

Avec sept grands tertres funéraires et vingt et un plus petits, le parc de Borre contient l'un des plus vastes cimetières royaux de Scandinavie. À la fin des années 1980, les fouilles révélèrent que le plus vieux tumulus remontait au VIIe siècle, c'est-à-dire avant l'époque viking. Certaines sépultures auraient appartenu à des rois de la dynastie des Ynglings, qui s'installèrent dans le Vestfold après avoir fui la Suède. Le cimetière fut utilisé pendant les trois siècles qui suivirent. De remarquables objets d'artisanat, nommés Borrestilen, y furent découverts. Finement ornés de motifs animaux et de nœuds, ils décoraient les harnais. Les recherches ont confirmé en outre que les tumuli avaient pu contenir des bateaux semblables à ceux de Gokstad et d'Oseberg *(p. 84-85)*.

Figure de proue, Marinemuseet

Borre fut le premier parc national de Norvège. Ses tertres recouverts d'herbe sont disséminés dans une belle forêt qui longe le littoral. Tout au long de l'année, des manifestations en plein air sont organisées sur un thème historique. Le Centre historique présente le fruit des fouilles.

Ferry traversant le Drøbaksundet, point le plus étroit du fjord d'Oslo ▷

Color Line

Excursion de Tønsberg à Verdens Ende ⓫

Le trajet le plus direct de Tønsberg à Verdens Ende (« le bout du monde ») dépasse à peine 20 km. Cependant, il vous faudra de longues heures pour explorer cet archipel étonnant, en particulier sur la rive orientale. Le circuit passe par de charmantes stations balnéaires, de splendides criques, d'étroits bras de mer, d'anciennes maisons de marins et de vieux hangars à bateaux. Des ponts relient les îles importantes, et la mer n'est jamais loin s'il vous prend l'envie de faire un plongeon.

Maison de vacances en bord de mer à Tjøme

Tønsberg ①
Fondée en 871, Tønsberg fut un carrefour commercial prospère au Moyen Âge. Datant du XIXe siècle, la tour Slottsfjelltarnet fut érigée sur les ruines d'un ancien château.

Nøtterøy ②
De Tønsberg à Tjøme, l'archipel de Nøtterøy comprend 175 îles. Il abrite un certain nombre de monuments anciens, parmi lesquels figure une église du XIIe siècle.

Tjøme ③
Cette zone de villégiature prisée comprend 478 îles. La plus grande d'entre elles possède un grand nombre de belles maisons anciennes.

Légende

- Circuit recommandé
- Autres routes

Verdens Ende ④
À l'extrême sud de l'île de Tjøme, le phare de Verdens Ende se distingue par son brasero à balancier.

Carnet de route

Point de départ : *il faut partir de Tønsberg pour accéder aux îles de Nøtterøy et Tjøme.*
Itinéraire : *environ 30 km.*
Où faire une pause ? *Vous trouverez des restaurants en chemin, ainsi qu'à Verdens Ende.*

Le monument aux baleiniers de Sandefjord, par Knut Steen (1969)

Sandefjord ⓬

Province de Vestfold. *40 000.*
cortège de bateaux de la Saint-Jean (23 juin), Festival d'été de la Rika (juil.), Musique classique par une nuit d'été (1re et 2e sem. juil.). Marché de Noël (der. sem. de nov.)

La ville de Sandefjord semble relativement récente. Cependant, les archéologues y ont mis au jour des vestiges de l'âge du bronze et de l'époque des Vikings, tel le bateau exhumé à Gokstadhaugen en 1880 *(p. 84-85)*, témoignant d'une longue tradition du commerce et de la navigation. En 1800, Sandefjord fut entièrement brûlée puis reconstruite.

Jusqu'au début du XXe siècle, l'établissement thermal, **Kurbadet**, construit en 1837 fut renommé pour ses bains de boue. Après avoir été restauré, cet édifice est aujourd'hui protégé.

La pêche à la baleine fut longtemps l'une des principales activités de la ville, jusqu'à ce qu'elle prenne fin en 1968. Le **Hvalfangstmuseet** (musée de la Pêche à la baleine) retrace son évolution depuis l'origine jusqu'à l'introduction des navires-usines. Une section est consacrée aux animaux de l'Arctique et de l'Antarctique.

Sur la Strandpromenaden, Knut Steen a sculpté *La Chasse à la baleine.*

Kurbadet
Thor Dahls Gate. *33 46 58 57.*
seul. pour manif. culturelles et vis. guidées. sur rendez-vous.

Hvalfangstmuseet
Museumsgate 39. *33 48 46 50.*
t.l.j. certains jours fériés.

Larvik ⓭

Province de Vestfold. *40 000.*
Storgata 48, 33 13 91 00. Herregårdsspille (théâtre, mi-juil.), concerts de jazz (ven. en été).
www.visitlarvik.no

Larvik prit son essor au XVIIe siècle lorsque Ulrik Frederik Gyldenløve reçut le titre de comte de Larvik et de Laurvigen. En 1671, Larvik accéda au rang de bourg.

Bâtie en 1677, la résidence de l'aristocrate, **Herregården**, est l'un des plus beaux édifices baroques séculiers de toute la Norvège. En 1835, la propriété fut acquise par la famille Treschow qui joua dès lors un rôle majeur dans la vie économique de la ville aux côtés des Fritzøe, principalement dans l'industrie du bois. Dans un manoir au sud de Larvik, le **Larvik Museum** retrace l'histoire de leurs activités depuis 1600.

Le **Sjøfartsmuseum** (musée de la Marine) est consacré à l'histoire navale de Larvik, notamment l'époque des grands voiliers. Des maquettes du célèbre constructeur Colin Archer sont proposées, ainsi qu'une exposition sur Thor Heyerdahl *(p. 23)*, natif de Larvik. La ville est enfin connue pour posséder la seule source d'eau minérale de Norvège.

Herregården
Herregårdssletta 6. *33 17 12 90.*
fin juin-mi-août : mar.-dim. ; mi-août-sept. et mai-fin juin : dim.
jours fériés.

Larvik Museum
Nedre Fritzøe Gate 2. *33 17 12 90.*
fin juin-mi-août : mar.-dim. ; mi-août-fin juin : dim. jours fériés.

Larvik Sjøfartsmuseum
Kirkestredet 5. *33 17 12 90.*
fin juin-mi-août : mar.-dim. ; mi-août-sept. et mai-fin juin : dim.
jours fériés.

Stavern ⓮

Province de Vestfold. *2 000.*
jusqu'à Larvik. été : Skippergaten 6, 33 19 73 00 ; hiver : Larvik. Festival de Stavern (juin-juil.).
www.visitlarvik.no

Singulier mélange d'ancien et de moderne, Stavern est un lieu agréable, très apprécié des vacanciers. Sa population double en été, d'autant plus que la ville détient le record d'ensoleillement avec 200 jours par an.

Depuis le milieu du XVIIIe siècle jusqu'en 1864, Stavern fut la principale base navale du pays avec son chantier Fredriksvern. Une poudrière et la demeure du commandant subsistent à Citadelløya (« l'île de la citadelle »), qui accueille aujourd'hui des artistes. Dans le bourg, la plupart des maisons en bois sont peintes en jaune vif, connu sous le nom de « jaune Stavern ». Un énorme monument, Minnehallen, mentionne les noms des marins tués au cours des deux guerres mondiales.

À Larvik, Herregården illustre le style baroque norvégien

LA NORVÈGE DE L'EST

À elles seules, les provinces du Hedmark, de l'Oppland et du Buskerud représentent un cinquième de la surface de la Norvège. Les paysages sont principalement constitués de montagnes, de vallées et de lacs, excepté le littoral qui borde le Buskerud. Cette région a de tout temps attiré les artistes et inspiré les écrivains, parmi lesquels Bjørnstjerne Bjørnson et Henrik Ibsen.

Tels les cinq doigts de la main, les longues vallées étroites d'Østerdalen, Gudbrandsdal, Valdres, Hallingdal et Numedal marquent l'est de la Norvège. De majestueuses rivières s'écoulent entre les montagnes. Ainsi, la Glomma, le plus long cours d'eau de Norvège, s'étend sur 601 km, traversant la vallée d'Østerdalen, depuis Riasten dans le Sør-Trøndelag jusqu'à Fredrikstad. D'immenses lacs ponctuent le paysage, comme celui de Mjøsa qui atteint 107 km de son extrémité nord, près de Lillehammer, à Vorma, au sud. De jolis villages perchés s'accrochent aux flancs abrupts des vallées que dominent de hauts plateaux.

Les vallées sont surplombées par de vastes massifs montagneux, particulièrement élevés au nord et à l'ouest. Les pâturages d'altitude et les forêts clairsemées cèdent peu à peu la place au rocher nu, aux plateaux et aux sommets couverts de neiges éternelles. Les vallées connaissent des hivers froids et des étés chauds, avec de gros écarts de température entre le jour et la nuit.

Plus au sud, dans les zones rurales de Solør-Odal, Romerike, Ringerike et Hedemarken, les terres agricoles figurent parmi les plus fertiles du pays. De vastes forêts de moyenne altitude dominent le paysage.

Les possibilités de loisirs en plein air sont légion. Les sentiers de randonnées sont bien balisés, tout comme les pistes cyclables. Le canoë et autres sports nautiques se pratiquent aisément, et les refuges de montagne ne manquent pas.

À la fin de l'été, les champignons et les baies abondent en forêt. Puis, à l'automne, les montagnes se parent de couleurs magnifiques avant que l'hiver n'apporte la neige et les joies du ski.

Vaches paissant dans un pré de Ringebu, dans le Gudbrandsdal

◁ **Un épais manteau de neige recouvre un chalet en bois de la forêt de Trysil**

À la découverte de la Norvège de l'Est

Les montagnes de la région offrent un cadre exceptionnel pour pratiquer l'alpinisme, depuis les paisibles pâturages d'Alvdal jusqu'aux pics rocheux des parcs nationaux du nord-ouest. Afin d'explorer les majestueuses forêts qui caractérisent la partie la plus orientale de la Norvège, l'idéal est d'emprunter le Finnskogleden, un sentier de 240 km traversant la Finnskogene (« forêt finlandaise ») le long de la frontière suédoise. Toutefois, la Norvège de l'Est ne se résume pas à ses montagnes et à ses forêts. Ses vallées, ses plaines et ses villes ont également leur charme, sans parler des lieux propices à la pêche.

Mémorial de Peer Gynt, ancien cimetière de Sødorp, Vinstra

LA RÉGION D'UN COUP D'ŒIL

Les majestueuses montagnes de l'Ottadal se reflètent dans le lac Vågåvatnet

Stavkirke de Ringebu (XIIIe siècle), dans la vallée du Gudbrandsdal

Circuler

Les vallées elles-mêmes forment de larges artères. Celles de l'Østerdalen et du Gudbrandsdal sont dotées de routes (RV3 et E6) et de voies ferrées orientées du nord au sud. Dans le Hallingdal, la RV7 va d'est en ouest. Il est généralement passionnant d'explorer les routes secondaires et les nombreux cols qui relient les vallées entre elles. Les aéroports les plus proches sont Gardermoen sur l'E6 au sud, et Røros pour accéder au nord de la région.

Voir aussi

- ***Hébergement*** p. 223-224
- ***Restaurants et cafés*** p. 236

Kongsvinger ❶

Province du Hedmark. 17 500. *Gernbaneplassen 3, 62 81 94 59.* *marché de Kongsvinger (1re sem. de mai et der. sem. de sept.).*

Située au bord de la Glomma, Kongsvinger prit naissance lors des batailles menées par Hannibal Sehested, en 1644. Par la suite, les remparts initiaux furent transformés en une véritable forteresse. Øvrebyen (« la ville haute ») se trouvait près de l'enceinte du château.

Avec l'arrivée du chemin de fer dans les années 1860, Kongsvinger devint un bourg et les constructions nouvelles se concentrèrent autour de la gare. Plus tard, le quartier compris entre Øvrebyen et la gare devint le centre-ville. Un pont et un hôtel de ville furent édifiés. À partir de 1965, l'expansion industrielle s'empara de la ville.

En forme d'étoile, **Kongsvinger Festning** (forteresse) possède 16 batteries, de superbes édifices anciens et un musée des Forces armées. Les remparts du château offrent une vue magnifique sur la ville et la rivière en direction de la Suède.

Au XVIIe siècle, des Finnois s'installèrent entre la Glomma et la frontière suédoise. À Svullrya, le **Finnetunet**, musée de la culture finnoise, comprend 13 bâtiments dont le plus ancien remonte au XVIIIe siècle. Ce musée illustre les traditions agricoles et la vie quotidienne des habitants de la Finnskogene (« forêt finlandaise »). Un sentier de randonnée, le Finnskogleden, quitte le Finnetunet vers le nord à travers bois.

Les maisons du Glomdalsmuseet à Elverum rappellent les temps anciens

Kongsvinger Festning

1 km au nord du centre-ville. *62 88 65 00.* **Château** *t.l.j.* **Musée** *juin-août : t.l.j.*

Finnetunet

Svullrya, Grue Finnskog, à 40 km au N-E de Kongsvinger. *62 94 73 15.* *juin-août : t.l.j.*

Elverum ❷

Province du Hedmark. 18 500. *Storgata 24, 62 41 31 16.* *Grundsetmart'n (mars), Tournoi de football d'Elverum (juin). Festival de la culture (août), Journées de la chasse et de la pêche nordiques (août).*

Le 9 avril 1940, alors que l'armée allemande envahissait la Norvège, le Storting réuni à Elverum investit le gouvernement en fuite des pleins pouvoirs pour toute la durée de la Seconde Guerre mondiale. Le lendemain, le roi Håkon rejeta la demande de l'Allemagne de créer un nouveau gouvernement norvégien. Le 11 avril, le centre d'Elverum fut bombardé, et 54 personnes furent tuées. Devant l'école, un monument d'Ørnulf Bast commémore le refus royal.

Une fois la guerre terminée, Elverum se releva rapidement et devint une ville administrative, commerciale, universitaire et militaire.

Sur la rive orientale de la Glomma, le quartier de Leiret se développa à partir de l'ancien Christiansfjell situé sous les vieilles fortifications. Le marché d'hiver Grundsetmart'n, le plus grand marché de Scandinavie de 1740 à 1900, se tient encore là.

Par sa taille, le **Glomdalsmuseet** est le troisième musée en plein air de Norvège. Il rassemble 88 maisons provenant de villages de montagne et des plaines, et présente quelque 30 000 objets.

De l'autre côté du pont enjambant la Glomma, le **Norsk Skogbruksmuseum** (musée norvégien du Bois) fut fondé en 1954. C'est le seul musée du pays consacré à la sylviculture, à la chasse et à la pêche. La partie en plein air comprend divers bâtiments : cabanes de bûcheron, hangars à bateaux, etc.

Kongsvinger Festning se dresse face à la Suède

Glomdalsmuseet

Museumsveien 15. *62 42 91 00.* *juin-août : t.l.j. mai-sept. : dim.*

Norsk Skogsbruksmuseum

Solørveien 151. *62 40 90 00.* *t.l.j.* *certains jours fériés.*

Trysil ❸

Province du Hedmark. 7 000. *Storveien 3, 62 45 10 00.* *clôture de la saison de ski (fin avr.), Festival de blues, jazz et rock (fin juin), marché de Sund (sept.).* www.trysil.com

Autrefois, les onze kilomètres à travers bois qui séparaient Elverum de Trysil paraissaient très longs pour les voitures lourdement chargées. Les routes sont aujourd'hui bien meilleures. Entourée de montagnes, Trysil occupe une vallée typique avec ses forêts de pins et d'épicéas et ses marécages.

La vallée suit le cours de la Trysilelva depuis le lac Femunden jusqu'à la frontière suédoise en passant par Engerdal. S'étendant sur 60 km vers le nord, le Femunden est le troisième lac de Norvège. Des croisières en ferry y sont proposées tout au long de l'été.

Un adepte du snowboard au Trysilfjellet

Le **Trysilfjellet** (1 137 m) abrite la plus grande station de ski alpin de toute la Norvège. La pêche est également pratiquée sur la Trysilelva et la « petite » Ljøra.

Le **parc national de Femundsmarka** offre des paysages sauvages évoquant la Laponie, tandis que les forêts du **parc national de Gutulia** remontent à trois ou quatre siècles.

Østerdalen et Rendalen ❹

Province du Hedmark. 28 000. *office de tourisme d'Alvdal, Aukrustsentret 2560, 62 48 89 99.*

L'Østerdalen et le Rendalen sont deux vallées parallèles orientées nord-sud. Traversant l'Østerdalen en suivant la Glomma, la plus longue rivière de Norvège, la RV3 dessert plusieurs sites intéressants. **Rena**, première ville au nord d'Elverum, possédait déjà un bac au Moyen Âge. Elle accueillait alors les pèlerins se rendant à la cathédrale de Nidaros *(p. 193)*. Aujourd'hui, Rena est surtout une station de sports d'hiver, et le point de départ de la course des Birkebeiner *(p. 130)*. À 55 km en amont, **Koppang** possède un musée populaire exposant des maisons traditionnelles de la région. Au nord d'Atna, la route traverse une forêt inhabitée et longe une gorge abrupte, **Jutulhogget**.

Plus au nord, dans la petite ville d'**Alvdal**, Husantunet est un musée populaire doté de 17 maisons remontant aux années 1600. Quant à l'**Aukrustsenteret**, il expose les peintures et dessins tirés des livres de l'auteur et illustrateur Kjell Aukrust. D'Alvdal partent de nombreux sentiers de promenade

Skieurs se reposant contre le mur d'une ancienne ferme

Jutulhogget, une gorge de plus de 100 m de profondeur

familiaux, ainsi que le *turistvei* (« voie touristique »), second chemin de Norvège par son altitude, qui atteint le sommet du **Tronfjellet** (1 666 m).

De Tynset, la RV30 se dirige au nord-est vers l'ancienne ville minière de **Tolga** et le village d'**Os**, près de la limite du Trøndelag.

La vallée de Rendalen est accessible en empruntant la RV30 vers le sud à partir de Tynset. La route traverse **Tylldalen**, où la fête d'Olsok (la Saint-Olav) célèbre les moissons le 29 juillet. La route de Hanestad, au sud d'Alvdal, mène également à la vallée de Rendalen en passant les cols. Elle débouche sur l'église d'**Øvre Rendal** (1759), à Bergset. Le presbytère contient un musée consacré au poète et folkloriste Jacob Breda Bull. De là, une route de montagne mène au village de pêcheurs de **Fiskevollen**, au bord du lac Sølensjøen, ainsi qu'au mont Rendalsølen (1 755 m).

Depuis Bergset, la RV30 longe la vallée en direction du sud. Elle passe à **Otnes** près du **Lomnessjøen**, l'un des plus beaux sites du Rendalen. Jaillissant au sud du lac, l'Åkrestrømmen est connue pour regorger de corégones *(Coregonus lavaretus)*, des salmonidés. De là, la RV217 rejoint deux autres sites renommés pour la pêche – **Galten** et **Isterfossen** –, à 45 km au nord-est.

L'Åkrestrømmen se jette dans le Storsjøen (« grand lac »), d'où part la Rena avant de rejoindre la Glomma à Rena.

Aukrustsenteret

Centre d'Alvdal. *62 48 78 77.* *mai-mi-oct. : t.l.j. ; oct.-avr. : sur r.-v.*

Mjøsa ❺

Provinces du Hedmark et de l'Oppland. *Hamar, 62 51 75 00 ; Lillehammer, 61 28 98 00.*

Le lac Mjøsa, le plus grand de Norvège, s'étend sur 100 km au milieu de terres agricoles. De nombreuses fermes de Hedemarken, Helgøya et Totenlandet étaient déjà habitées du temps des Vikings. Elles sont bordées de forêts et de montagnes, dont le Skreiafjellene (700 m). Les villes de Lillehammer *(p. 130-131)*, Hamar et Gjøvik entourent le lac.

Avant l'invention de l'automobile et du train, Mjøsa fut un important nœud de communications, y compris en hiver lorsque le lac était gelé, grâce aux chevaux et aux traîneaux. En 1854, l'arrivée du chemin de fer jusqu'à Eidsvoll permit de faire venir le bateau à aubes *Skibladner*, également surnommé « le cygne du Mjøsa ». Construit en Suède, il fut démonté et transporté jusqu'au lac. Il dessert aujourd'hui encore les villes bordant le Mjøsa.

Helgøya, l'« île sacrée » située à l'endroit où le lac est le plus large, abrita au Moyen Âge les demeures des évêques et de l'aristocratie, ainsi que le trône du roi. Les domaines comprennent notamment Hovinsholm et Baldishol, où la tapisserie dite de Baldishol (1200) fut découverte *(p. 59)*. Plus loin vers le nord, entre Brumunddal et Moelv, se trouve Rudshøgda où grandit l'écrivain et chanteur Alf Prøysen.

La cathédrale en ruines de Hamar, protégée par un dôme de verre

Hamar ❻

Province du Hedmark. *28 000.* *été : Akersvikaveien 1, 62 51 75 03.* *marché de Hamar (août-sept.).*

La plus grande ville du lac Mjøsa a connu deux vies. Elle fut d'abord un bourg norrois à partir de 1049, jusqu'à ce qu'un incendie détruise sa cathédrale en 1567. Puis elle naquit à nouveau en 1849 lorsqu'elle acquit le statut de ville, devenant un centre culturel, commercial et industriel.

Les vestiges de la cathédrale, **Domkirkeruinerna**, sont protégés par une structure en verre. Érigé en 1100, l'édifice se distinguait par sa triple nef. Ayant été incendié puis pillé, seules quelques arches donnent une idée de son aspect initial.

Le **Hedmarksmuseet** est un musée de culture populaire composé de 50 bâtiments traditionnels et d'un jardin de plantes médicinales inspiré du Moyen Âge. Une section est consacrée à l'émigration, avec des maisons provenant d'Amérique du Nord.

Le musée des Chemins de fer, **Jernbanemuseet**, possède notamment un train à vapeur (le *Tertitten*) et des gares reconstituées.

Le **Nordlyshallen**, semblable à un bateau retourné, était au départ une patinoire, construite à l'occasion des Jeux olympiques de 1994. À Åkersvika, au sud de la ville, se trouve une réserve ornithologique.

Domkirkeruinerna
Strandveien 100. *62 54 27 00.*
mi-mai-août : t.l.j. ; sept.-mi-mai : sur rendez-vous.

Hedmarksmuseet
Strandveien 100. *62 54 27 00.*
mi-mai-août : t.l.j. ; sept.-mi-mai : sur rendez-vous.

Jernbanemuseet
Strandveien 132. *62 51 31 60.*
t.l.j. *jours fériés ; sept.-mai lun.*

Lillehammer ❼

Voir p. 130-131.

Aulestad, propriété de Bjørnstjerne Bjørnson à Østre Gausdal

Aulestad ❽

Province de l'Oppland. *400.*
Lillehammer, 61 28 98 00.
Festival d'Aulestad (mai).

En 1874, Bjørnstjerne Bjørnson (1832-1910) acquit le domaine d'Aulestad situé à Østre Gausdal, à 18 km au nord-ouest de Lillehammer. Il y emménagea l'année suivante avec sa femme Karoline.

Outre ses talents d'écrivain, Bjørnson fut un brillant orateur et un politicien de premier plan. Il reçut le premier prix Nobel de littérature en 1903.

Connue sous le nom de **Dikterhjemmet på Aulestad**, la maison de

Le *Skibladner*, vapeur à aubes sillonnant le lac Mjøsa depuis 1856

Vue sur le cours de la Lågen, aux alentours de Ringebu

Bjørnson est restée telle qu'elle était de son vivant. Elle contient divers souvenirs concernant l'auteur, ainsi que les sculptures, peintures, photographies et manuscrits ayant appartenu au couple. L'État acquit la propriété en 1922.

Dikterhjemmet på Aulestad
Follebu, à 18 km au N-O de Lillehammer. *61 22 41 10.*
mi-mai-sept. : t.l.j.

Ringebu 9

Province de l'Oppland. *4 600.*
Ringebu Skysstasjon (gare), 61 28 47 00. *Coupe du monde de ski alpin (1re sem. mars).*

Situé sur les rives de la Gudbrandsdalslågen, le village de Ringebu est connu pour son église en bois debout, **Ringebu Stavkirke**, qui date du XIIIe siècle. Elle fut agrandie en 1630-1631 par Werner Olsen, qui reconstruisit ainsi plusieurs *stavkirker* dans la vallée du Gudbrandsdal. La grande nef et le portail avec ses entrelacs de dragons appartiennent à l'église primitive, tandis que l'autel et la chaire sont baroques.

Aux environs : s'étendant du nord de Lillehammer jusqu'au-delà du Dovrefjell *(p. 132)*, la longue vallée du **Gudbrandsdal** offre de somptueux paysages. De là, de nombreuses routes pénètrent dans les montagnes. Sa partie la plus large, près de **Fron**, a été comparée à la vallée de la Moselle allemande. De style Louis XVI, l'église octogonale de Sør-Fron date du XVIIIe siècle. La région est également connue pour son fromage de chèvre caractéristique, de couleur brune.

Ringebu Stavkirke
1 km au sud du centre-ville. *61 28 43 50.* *mai-août : t.l.j. ; sept.-avr. : sur rendez-vous.* *mai-août.*

Vinstra 10

Province de l'Oppland. *6 000.*
Vinstra Skysstasjon (gare), 61 29 47 70. *Festival Titano (juil.), Festival Peer Gynt (août).*

La **Peer Gynt-samlingen** contient une quantité d'objets relatifs à Peer Gynt, qu'il s'agisse du personnage légendaire ou littéraire.

Sur une distance de 65 km, le Peer Gyntveien (« chemin de Peer Gynt ») est une route de montagne à péage qui relie Tretten à Vinstra, en quittant la vallée du Gudbrandsdal vers l'ouest. Traversant des paysages splendides, elle passe par un certain nombre d'hôtels de montagne, dont ceux de Skeikampen, Gausdal, Gålå, Wadahl et Fefor. Le point culminant de l'itinéraire se trouve à 1 053 m d'altitude. Chaque année au début du mois d'août, le théâtre en plein air de Gålå présente le *Peer Gynt* d'Ibsen.

Peer Gynt-samlingen
Dans le centre de Vinstra au sud.
61 29 20 04. *fin juin-mi-août : t.l.j.*

Peer Gynt

Écrit en 1867, le drame poétique d'Henrik Ibsen, *Peer Gynt*, est considéré comme la plus grande œuvre de la littérature norvégienne. Au XVIIe siècle, dans la ferme Hågå vécut Peder Lauritsen, chasseur et menteur impénitent qui aurait inspiré le personnage de Peer Gynt. Située près du Peer Gyntveien, sur le versant nord-est de la vallée, cette propriété vaut à elle seule la visite. Au début de la pièce, Peer raconte à sa mère Åse sa chevauchée à dos de renne sur la crête de Gjendineggen. Celle-ci reproche à son fils de courir la montagne au lieu de courtiser l'héritière de la ferme de Hægstad. Peer suit les conseils de sa mère, mais rencontre Solveig. Attendant l'aventurier, printemps comme hiver, celle-ci devient la rédemptrice du héros.

La ferme dite de Peer Gynt à Hågå, au nord-est de Vinstra

Lillehammer ❼

Le skieur figurant sur les armoiries de la ville témoigne d'une pratique très ancienne de ce sport. En 1994, Lillehammer attira l'attention du monde entier lors des 17e Jeux olympiques d'hiver. Cependant, la tradition du ski remonte au moins à 1206, lorsque le jeune prince Håkon Håkonsson fut mis en sûreté par des skieurs *(p. 26-27)*. Chaque année, la course des Birkebeiner, de Rena à Lillehammer, commémore ce sauvetage périlleux. En outre, la beauté du paysage et la qualité de la lumière attirent depuis longtemps dans cette ville les touristes comme les peintres. Enfin, le musée en plein air de Maihaugen constitue la fierté de la cité. Il fut légué par Anders Sandvig, un dentiste passionné par les bâtiments et les objets anciens qui s'installa ici en 1885.

Le musée de Maihaugen illustre la vie des communautés rurales

Maihaugen

Maihaugveien 1. *61 28 89 00.* *18 mai-30 sept. : t.l.j. ; 1er oct.-16 mai : mar.-dim.* *jours fériés.*

En 1887, Anders Sandvig créa à Maihaugen (« colline de mai ») l'un des plus grands musées de culture populaire de Norvège, De Sandvigske Samlinger.

Dentiste de profession, Sandvig commença à collectionner objets et maisons lors de ses voyages dans le Gudbrandsdal. Il accumula ainsi 175 édifices reflétant les techniques de construction et la vie quotidienne de la région. Il fit reconstituer les bâtiments afin de créer une exploitation agricole, une ferme de montagne et un hameau de pâturages d'été. La vie s'y écoule comme à la fin du XIXe siècle. Maihaugen abrite aussi *stavkirke* de Garmo, la plus vieille église en bois debout de Norvège et le Postmuseet qui retrace, grâce à diférents objets, l'histoire de la poste à travers les siècles.

Lillehammer Kunstmuseum

Stortorget 2. *61 05 44 60.* *juil.-août : t.l.j. ; sept.-juin : mar.-dim.* *certains jours fériés.*

Au XIXe siècle, Fredrik Collett fut le premier artiste à exprimer sa fascination pour la lumière et les paysages de Lillehammer. Erik Werenskiold, Frits Thaulow et Henrik Sørensen suivirent ensuite son exemple.

Leurs œuvres sont à l'origine de cette magnifique collection de peintures, sculptures et dessins norvégiens. Le musée possède en outre des toiles d'Edvard Munch, de Christian Krohg et d'Adolph Tidemand.

D'un modernisme surprenant, l'édifice est précédé d'un jardin de pierre et d'eau à la beauté austère.

Norsk Kjøretøyhistorisk Museum

Lilletorget 1. *61 25 61 65.* *t.l.j.*

Le musée historique du Véhicule possède environ 100 pièces, parmi lesquelles des voitures électriques et à

Voiture ancienne au Norsk Kjøretøyhistorisk Museum

vapeur, des motos, des voitures tirées par des chevaux et de vieux cycles comme le vélocipède (le « Veltepetter »).

Les amoureux du train admireront une locomotive électrique de 1909.

Bjerkebæk

Nordseterveien 23. *61 25 22 57.* *pour rénovation.*

La plus célèbre résidente de Lillehammer fut le prix Nobel de littérature Sigrid Undset *(p. 22)*, qui s'y installa en 1921. Avec ses livres pour seule compagnie, elle vécut dans cette maison au magnifique jardin entouré d'une haie. Initialement construit dans le Gudbrandsdal, le bâtiment avait été transféré et reconstitué à Bjerkebæk.

Lorsqu'elle arriva à Lillehammer, la romancière venait d'écrire sa célèbre trilogie consacrée à l'héroïne médiévale Kristin Lavransdatter. Son œuvre historique *Olav Audunssøn* restait à venir.

Norges Olympiske Museum

Håkonshall, Olympiaparken. *61 25 21 00.* *juin-août : t.l.j. ; sept.-mai : mar.-dim.* *certains jours fériés.* *textes en français.*

Le Musée olympique norvégien plonge le visiteur dans l'ambiance des Jeux olympiques d'hiver de 1994, lorsque Lillehammer accueillit 1 737 sportifs de 67 pays différents.

Des techniques originales sont employées pour retracer l'histoire des Jeux olympiques, en remontant aux jeux grecs de l'an 776 av. J.-C., et pour évoquer les sociétés au sein desquelles ils se déroulèrent.

Le musée illustre la réintroduction des Jeux par Pierre de Coubertin en 1886 à Athènes, et les premiers Jeux d'hiver à Chamonix en 1924.

◁ **Le massif des Rondane avec les sommets du Høgronden (2 114 m) et du Digerronden (2 020 m)**

Olympiaparken

1 km au N-E du centre-ville. 61 05 42 00. *t.l.j. toute l'année.*

Les Jeux olympiques d'hiver de 1994 ont fourni à Lillehammer de magnifiques installations sportives, dont le site de saut à skis, Lysgårdsbakkene. En hiver, un téléphérique mène au sommet des tremplins, offrant un splendide panorama. La patinoire Håkons Hall accueille également d'autres sports comme le handball ou le golf et possède un mur d'escalade de 20 m. Du Birkebeineren Skistadion part une piste de ski illuminée et des pistes de fond.

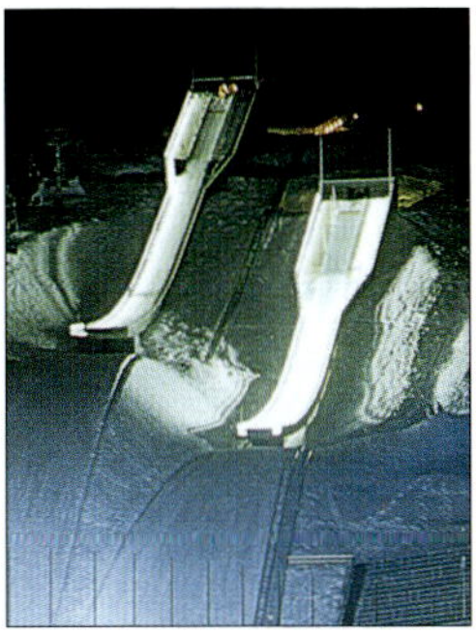

Les tremplins d'Olympiaparken, Jeux olympiques de 1994

Lilleputthammer

14 km au nord du centre-ville. *61 28 55 50. juin-août : t.l.j.*

La ville miniature de Lilleputthammer représente Storgata, le quartier piétonnier de Lillehammer, tel qu'il était dans les années 1900. C'est un lieu idéal pour les enfants.

Hunderfossen Familiepark

Fåberg, 13 km au nord du centre-ville. *61 27 72 22. mi-mai-août : t.l.j.*

Le plus grand troll au monde et un château fabuleux évoquant les légendes norvégiennes accueillent les visiteurs à Hunderfossen. Le parc comprend une quarantaine d'attractions pour tous âges, ainsi qu'une piscine.

Non loin, la station de **Hafjell** offre le plus grand domaine skiable de la région. La piste artificielle de bobsleigh, d'une longueur de 710 m, possède 16 virages. Quand la glace vient à manquer, les patins qui équipent les bobs sont remplacés par des roulettes.

MODE D'EMPLOI

Province de l'Oppland.

25 000.
Jernbanetorget, 61 28 98 00.
Festival d'hiver (fév.), course des Birkebeiner (mars), Festival de blues (avr.), Festival de littérature (mai), Festival de Lillehammer (juin), Dølajazz (sept.).

Attraction nautique au parc de Hunderfossen

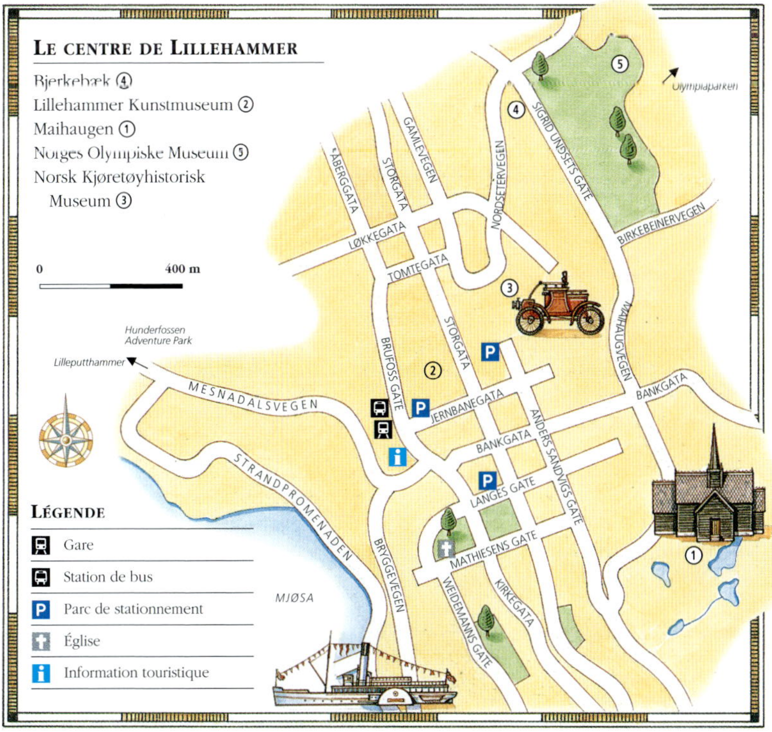

Le parc national des Rondane, un lieu à découvrir en toute saison

Otta ⓫

Province de l'Oppland. 4 000. Ola Dahls Gate 1, 61 23 66 50. Festival de danse (mi-juil.), Festival Kristin Lavransdatter (1re sem. juil.), Festival de kayak de la Sjoa (3e sem. juil.), marché d'Otta (1re sem. oct.).

Depuis l'arrivée du chemin de fer en 1896, Otta est un nœud touristique important du fait de la proximité des parcs nationaux des Rondane, du Dovrefjell et du Jotunheimen. Au confluent de l'Otta et de la Lågen, la ville constitue le centre régional du nord du Gudbrandsdal. Provenant des vallées voisines, les lignes de cars y convergent. Sur le plan historique, Otta fut le théâtre de la bataille de Kringen en 1612. Les fermiers locaux défirent une armée de mercenaires écossais en route pour la guerre de Kalmar.

À Selsverket, une route à péage permet d'atteindre Mysuseter et Rondane en été.

Parc national des Rondane ⓬

Province de l'Oppland. office de tourisme d'Otta, 61 23 66 50.

Créé en 1962, Rondane fut le premier parc national de Norvège. Il comprend de nombreux itinéraires et plusieurs chalets pour touristes, dont ceux de Rondvassbu et de Bjørnhollia. En montagne, les visiteurs randonnent d'un refuge à l'autre.

Le relief est ponctué de gorges profondes : celle d'Ilmanndalen d'est en ouest, et celles de Rondvatnet/Rondvassdalen et de Langglupdalen du sud au nord. Dix sommets dépassent 2 000 m d'altitude. Le Rondeslottet (« château rond ») culmine à 2 178 m. Les montagnes les plus basses oscillent autour de 900 m.

Le parc possède des massifs aux sommets arrondis et des zones quasi inaccessibles, ponctuées de cirques glaciaires orientés au nord. D'étranges surcreusements proviennent des culots de glace morte qui n'ont pas fondu avec le reste du glacier. De nombreux rennes sauvages peuplent la montagne.

La communauté rurale de **Folldal** se développa au XVIIIe siècle autour de l'extraction de pyrite de cuivre. L'exploitation se déplaça ensuite à Hjerkinn, près de Dovre. Des maisons provenant de Folldal et Dovre ont été regroupées en un musée.

S'étirant au nord de Folldal, la vallée d'Einunndalen sert de pâturage en été.

Dovrefjell ⓭

Province de l'Oppland. à Dombås, 61 24 14 44.

Dans l'esprit des Norvégiens, le plateau du Dovrefjell marque la limite entre la Norvège « au nord des montagnes » et celle du sud. En 1814, le Dovrefjell symbolisa l'unité de la nation lorsque l'assemblée d'Eidsvoll *(p. 38)* entonna le chant *Enige og tro til Dovre faller* (« Unis et confiants jusqu'à ce que Dovre tombe »).

Kongeveien (« chaussée royale ») traversait le plateau du sud vers le nord. Les refuges de montagne, construits il y a près de neuf

L'imposant Snøhetta domine le plateau du Dovrefjell

cents ans, ont sauvé la vie à plus d'un voyageur. Le chemin de fer Dovrebane date de 1921.

Le renne sauvage et le bœuf musqué vivent sur le plateau, ainsi que des oiseaux rares. Le hibou des marais, le coucou et le busard Saint-Martin peuplent la lande de Fokstumyrene.

Créé en 1974, le **parc national du Dovrefjell** entoure le quatrième sommet de Norvège, le Snøhetta (« calotte de neige »). Hjerkinn est le point culminant de la route et de la voie ferrée. L'église Eystein y fut consacrée en 1969 en mémoire du roi Eystein (v. 1100) à qui l'on doit les refuges. De là part en outre la Vårstigen, route célèbre pour son dénivelé qui mène à Kongsvoll dans la province du Trøndelag *(p. 186)*.

La *stavkirke* de Lom remonte au début du Moyen Âge

Lom ⓮

Province de l'Oppland. *2 600.* *jusqu'à Otta.* Norsk Fjellmuseum, *61 21 29 90.* *Grand Prix Flåklypa (mai).* www.visitlom.com

Sur les rives de l'Ottavatn, la petite ville de Lom est située aux portes de la vallée de Bøverdalen, du massif du Jotunheimen et du mont Sognefjellet. Remontant à l'an 1000, son église en bois debout, **Lom Stavkirke**, conserve ses fondations d'origine. Elle acquit sa structure en croix vers 1600. Certains détails, comme les têtes de dragon ornant les pignons, rappellent les églises qui entourent le Sognefjord *(p. 174-175)*. Créé en 1994, le

Le Fossheim Steinsenter possède une pierre précieuse haute de 8 m

Norsk Fjellmuseum (musée de la Montagne) constitue une mine d'informations sur la flore et la faune d'altitude et sur les rapports entre l'homme et la montagne au fil des siècles. L'hôtel Fossheim, monument historique, abrite le **Fossheim Steinsenter** (musée de Minéralogie). Installé dans une grange du XVIIIe siècle, celui-ci comprend un atelier d'orfèvrerie.

À l'est de Lom se trouve Vågå, un village renommé pour son église en bois debout datant de 1130. Il abrite également la sépulture du chasseur de rennes Jo Gjende. On y trouve en outre la Jutulporten, sorte de porte géante creusée dans la montagne qui figure dans les légendes.

Lom Stavkirke
Lom. 61 21 73 38. *mi-mai-mi-sept. : t.l.j.*

Norsk Fjellmuseum
Lom. 61 21 16 00. *mai-sept. : t.l.j. ; oct.-avril : lun.-ven.*

Fossheim Steinsenter
Lom. 61 21 14 60. *t.l.j.* *certains jours fériés.*

Jotunheimen ⓯

Voir p. 134-135.

Elveseter ⓰

Bøverdalen, à 25 km au sud-ouest de Lom. *61 21 90 00.* *1er juin-mi-sept.* www.elveseter.no

À l'ombre du Galdhøpiggen (2 469 m), le plus haut sommet norvégien, s'étendent les terres d'Elveseter dont la tradition touristique remonte à 1880. Plus récemment, la propriété a été transformée en hôtel à part entière *(p. 223)*, en respectant le style architectural de la vallée. La plus vieille demeure, Midgard, date de 1640. Non loin se dresse Sagasøylen, un monument de 33 m de haut, orné de scènes historiques et couronné par une statue équestre de Harald aux Beaux Cheveux.

De là, la route panoramique RV55, Sognefjellsveien, se dirige vers Skjolden dans la région de Sogn. À partir de 1400, elle fut entretenue par les paysans de Lom et de Sogn, afin que les habitants du nord du Gudbrandsdal puissent atteindre Bergen et vendre leurs marchandises. Au cours de l'année 1878, 16 525 hommes et 2 658 chevaux l'empruntèrent.

Construite en 1938, la route actuelle atteint 1 440 m d'altitude. Avant de rejoindre Skjolden le long du Sognefjord, elle passe par le refuge Sognefjellhytta et par Turtagrø, école d'alpinisme remontant à 1888.

Elveseter, une ferme convertie en hôtel au cœur du Jotunheimen

Jotunheimen ⓯

Jusqu'en 1820, seuls les chasseurs, les pêcheurs et les bergers du pays connaissaient le massif du Jotunheimen. Ce fut seulement à la fin du XIXe siècle que les touristes commencèrent à découvrir ces montagnes majestueuses et sauvages au cœur de l'Oppland. Le parc national vit le jour en 1980. Le Jotunheimen comprend les plus hauts sommets de Norvège – culminant à plus de 2 400 m – que séparent de vastes glaciers, lacs et vallées. Un beau réseau de sentiers pédestres relie trente chalets de montagne. Certains de ces refuges sont gérés par le Den Norske Turistforening (DNT), tandis que d'autres appartiennent à des particuliers.

Bøverdalen
Depuis la vallée de Bøverdalen, une route à péage grimpe au refuge Juvasshytta (1 841 m). De là, le sommet du Galdhøpiggen est accessible à pied.

Galdhøpiggen
Été comme hiver, les passionnés peuvent skier autour du Galdhøpiggen (2 469 m), point culminant de la Norvège. La neige ne manque jamais sur le glacier.

Leirvassbu
À 1 400 m d'altitude, au fond de la vallée de Leirdalen, le refuge offre une vue splendide sur les glaciers et les sommets.

0 10 km

Légende

- Route principale
- Route secondaire
- Limite du parc national
- Sentier de randonnée
- Refuge de montagne

Store Skagastølstind
Le « Storen » (2 403 m), troisième sommet norvégien, est le grand rêve des alpinistes. William C. Slingsby ouvrit la voie en 1876.

Pêche

La pêche à la truite se pratique dans les lacs et rivières du Jotunheimen. De nombreux marcheurs emportent leur propre matériel. Les refuges et les hôtels vous renseigneront sur les licences et les bons coins.

MODE D'EMPLOI

Province de l'Oppland. RV55 depuis Fossbergom près de la RV15. *Jotunheimen Reiseliv, 61 21 29 90.* *jusqu'à Lom, puis prendre un bus local (seul. en été).* *randonnées avec guides sur r.-v.* www.visitlom.com

Svellnosbreen

Situé au-dessus de Spiterstulen, le glacier présente de profondes crevasses et d'impressionnants tunnels. Guide et cordes sont indispensables.

Besseggen

La randonnée longeant la crête de Besseggen depuis Gjendesheim jusqu'à Memurubu est l'une des plus prisées du Jotunheimen. Le sentier domine les eaux turquoise du lac Gjende et celles d'un bleu profond du Bessvatnet.

Gjende

Avec ses eaux turquoise, le légendaire lac glaciaire symbolise l'âme du Jotunheimen. Il s'étend sur 18 km, de Gjendesheim à Gjendebu, deux des chalets les plus renommés de la région.

Valdres et Fagernes ⓱

Province de l'Oppland. 2 000 *(Fagernes).* *Jernbaneveien 7, Fagernes, 61 35 94 10.* *Festival de Valdres (juil.).* www.visitvaldres.no

Au nord-ouest d'Aurdal, Valdres attire de nombreux visiteurs toute l'année. Il y a 150 ans, ce bourg n'était guère qu'une communauté paysanne. Tout changea en 1906 avec l'arrivée du chemin de fer. Puis les cars de tourisme firent leur apparition. En 1987, Leirin fut doté de l'aéroport le plus haut de Norvège, à 820 m d'altitude. Malgré la fermeture de la voie ferrée en 1988, le site reste aisément accessible.

La vallée principale de Valdres suit le cours de la Begna jusqu'à Aurdal et Fagernes, puis se divise en deux : Vestre Slidre et Østre Slidre. Dans cette dernière, la station de **Beitostølen** possède un centre sportif destiné aux handicapés.

Les deux vallées comptent plusieurs églises en bois debout, notamment celles de Hegge, Lomen, Høre et Øye. La région se caractérise par des lacs longs et étroits.

Sur la péninsule de Fagernes, le **Valdres Folkemuseum** présente 70 bâtiments, quelque 20 000 objets, une section consacrée à la haute montagne et une exposition de costumes régionaux.

Valdres Folkemuseum
Tyinvegen 27. *61 35 99 00.* *juin-août : t.l.j. ; sept.-mai : lun.-ven.*

Maison du Hallingdal Folkemuseum ornée de peintures « à la rose »

Geilo ⓲

Province du Buskerud. *2 500.* *Vesleslåttveien 13, 32 09 59 00.* *fin de la saison de ski (4e sem. avr.). Festival de gastronomie (1er sam. d'oct.)*

De par sa proximité avec le Hardangervidda *(p. 152-153)* et le mont Hallingskarvet (1 933 m), Geilo figure parmi les destinations les plus populaires de Norvège, d'autant plus que le bourg se trouve à mi-chemin entre Oslo et Bergen. Les visiteurs trouveront aisément à se loger, depuis le chalet en bois jusqu'à l'hôtel montagnard de standing.

Dernièrement, Geilo s'est fait connaître comme station de sports d'hiver avec 33 pistes de ski alpin, 17 remontées mécaniques, 3 parcs de snowboard et 500 km de pistes de fond. La plus haute piste de ski alpin atteint 1 178 m d'altitude. L'enneigement est bon de novembre à mai.

Vallée d'Østre Slidre, en direction de Beitostølen et du Jotunheimen

Hallingdal ⓳

Province du Buskerud. *4 200.* *Stasjonsgata 7, Nesbyen 32 07 01 70.*

Coincée entre deux flancs de montagne abrupts, la longue vallée étroite de Hallingdal s'élargit au-delà de Gol en une plaine agricole.

L'une des zones les plus peuplées de la vallée, **Nesbyen**, est connue pour ses températures extrêmes, de – 38 °C à + 35,6 °C (un record de chaleur pour la Norvège). Le **Hallingdal Folkemuseum** contient 20 maisons anciennes, dont certaines remontent au début du XIVe siècle et d'autres sont ornées de peintures « à la rose ».

Les montagnes du Hallingdal, comme le Norefjell et le Hallingskarvet, sont très appréciées des amateurs de grand air. En direction de Lærdal, la vallée de Hemsedal possède l'une des plus belles stations de ski de Scandinavie.

Hallingdal Folkemuseum
Møllevegen 18, Nesbyen. *32 07 14 85.* *avr.-mai : sam. ; sept.-oct. : dim. juin-août : t.l.j.* *jours fériés.*

Numedal ⓴

Province du Buskerud. *7 500.* *Stormogen à Uvdal, 32 74 39 00.* www.visitnumedal.com

Le paysage de la vallée du Numedal est dominé par le Norefjord, long de 18 km. À Rødberg, une imposante centrale hydroélectrique est alimentée par la

Numedalslågen, qui s'écoule du plateau de Hardangervidda *(p. 152-153)* jusqu'au barrage du Tunhovdfjord. Un parc animalier, **Langedrag Naturpark**, abrite des espèces adaptées au milieu montagnard – renard polaire, loup ou cheval des fjords.

De Rødberg, la vallée mène à Uvdal et au col de **Vasstulan** (1 100 m), qui permet d'accéder aux refuges de montagne du Hardangervidda. Richement ornée, l'**Uvdal Stavkirke**, église en bois debout, remonte à 1175.

Sur la rive orientale du Norefjord, la route longe de vieilles maisons et une *stavkirke* datant de 1600.

Langedrag Naturpark
30 km au nord-ouest de Nesbyen. 32 74 25 50. *t.l.j.* *certains jours fériés.*

Uvdal Stavkirke
Kirkebygda, Uvdal. 32 74 39 00
mi-juin-août : t.l.j.

Uvdal Stavkirke (XIIe s.) sur le site d'une église encore plus ancienne

Kongsberg 21

Province du Buskerud. *23 000.* *Karches Gate 3, 32 29 90 50.* *Festival de jazz de Kongsberg (1re sem. juil.), marché de Kongsberg (4e sem. fév.), Fête de l'argent (août).*
www.visitkonsberg.no

Pendant 335 ans, l'exploitation des mines d'argent fut la principale activité de Kongsberg, jusqu'à la fermeture de la Sølvverket (fonderie d'argent) en 1957.

Fondée par Christian IV en 1624, la ville se développa rapidement. L'immense église baroque, **Kongsberg Kirke**, fut édifiée en 1761. L'intérieur

Wagonnet à minerai au Bergverksmuseum de Kongsberg

somptueux comprend des panneaux de bois sculptés ainsi qu'un retable orné de motifs bibliques. L'orgue de Gottfried Heinrich Gloger (1760-1765) est un chef-d'œuvre. Les superbes lustres proviennent de Nøstetangen.

Le **Norsk Bergverksmuseum** (musée norvégien de la Mine) abrite le musée de la Monnaie royale et les collections de la Sølvverket. L'ancienne école des mines, **Bergseminaret**, occupe un magnifique édifice en bois datant de 1783. À quelques kilomètres à l'ouest, à Saggrenda, la **Kongens Gruve** (« mine du roi ») se visite à bord d'un petit train.

Norsk Bergverks-museum
Hyttegata 3. *32 72 32 00.* *t.l.j.* *jours fériés.* *sur rendez-vous.*

Kongens Gruve
8 km à l'ouest du centre-ville. *32 72 32 00.* *18 mai-août : t.l.j. sept. : dim. ; sur r.-v. en dehors de cette période.*

Drammen 22

Province du Buskerud. *57 000.* *Engene 1, 03008.* *Festival au bord de l'eau (août).*
www.drammen.kommune.no

Le port fluvial de Drammen est le plus grand du pays pour l'importation de voitures. Son emplacement au bord de la Drammenselva, navigable, est à l'origine de sa prospérité. La ville fut mentionnée dès le XIIIe siècle comme lieu de chargement du bois. À l'ouverture des mines d'argent, le port servit à la fonderie.

Initialement, deux villes se trouvaient de part et d'autre de l'estuaire, Bragernes et Strømsø, lesquelles fusionnèrent en 1811.

Au manoir de Marienlyst Herregård, le **Drammens Museum** retrace les cultures paysanne et citadine.

La galerie d'art **Drammens Kunstforening** expose des toiles norvégiennes des XIXe et XXe siècles ainsi qu'une vaste collection italienne des XVIIe et XVIIIe siècles.

La Drammenselva est idéale pour la pêche au saumon. Enfin, en empruntant le Spiraltunellen qui mène au sommet du Bragernesåsen, vous découvrirez un superbe panorama.

Drammens Museum
Konnerudgatan 7. *32 20 09 30.* *mar.-dim.* *partiel.*

Drammens Kunst-forening
Konnerudgatan 7. *32 29 09 30.* *mar.-dim.* *jours fériés.*

Le vieux manoir de Marienlyst abrite le Drammens Museum

1915

LE SØRLAND ET LE TELEMARK

Le Telemark et le Sørland (la « terre méridionale ») font la transition entre les parties occidentale et orientale de la Norvège du Sud. De hauts plateaux offrent une toile de fond spectaculaire aux forêts et pâturages des plaines, avec leurs vallées serties de rivières et de lacs. Les maisons peintes, les plages de sable et les minuscules îles font le bonheur des vacanciers.

La province du Telemark est dominée par le plateau de Hardangervidda *(p. 152-153)*, que surplombe le sommet du Gaustadtoppen (1 883 m) au nord-est. De nombreuses vallées sillonnent le paysage et une multitude de lacs – souvent riches en poissons – miroitent tels des joyaux. Des rivières comme la Bjoreia jaillissent du plateau et viennent alimenter les centrales hydroélectriques. La Skienvassdraget a été aménagée au XIXe siècle pour former le canal du Telemark *(p. 142)*. Jadis voie navigable importante, celui-ci est aujourd'hui voué aux loisirs.

Par leur beauté et leur variété, les paysages de la région ont influé sur la culture et le tempérament de ses habitants. Dans toute la Norvège, peu d'endroits possèdent un folklore aussi riche. Nombre de contes et de chants populaires y furent écrits. Les anciennes techniques de construction ayant été conservées, vous sentirez le parfum du bois bitumé des chalets et des granges vieux de plusieurs siècles. Véritable cathédrale en bois, la *stavkirke* de Heddal remonte au XIIIe siècle *(p. 151)*.

Regroupant les provinces de l'Aust-Agder et du Vest-Agder, le Sørland possède un littoral totalisant 250 km à vol d'oiseau, depuis le Langesundsfjord à l'est jusqu'à Flekkefjord à l'ouest. Cependant, les fjords, îles et récifs accroissent considérablement la longueur des côtes. Avec ses villes peintes en blanc, ses bateaux et ses quais animés, c'est une région prisée des touristes. L'archipel est un havre de paix propice à la nage et à la pêche. Bien qu'un peu désuets parfois, les jolis villages du Sørland font de cette région le paradis des vacanciers. Enfin, à l'extrême sud de la Norvège se dresse le phare de Lindesnes *(p. 145)*.

La randonnée à cheval est idéale pour explorer le plateau de Hardangervidda

◁ Le phare de Lindesnes se dresse au point le plus méridional de la Norvège

À la découverte du Sørland et du Telemark

Sørlandskysten (« la côte sud ») est la zone la plus ensoleillée du pays. Les villes aux bâtiments peints en blanc sont relativement proches les unes des autres. Tout le long du littoral, les ports rappellent l'âge d'or de la navigation. Des bateaux font découvrir aux visiteurs le Skjærgårdsparken (littéralement, « parc de l'archipel »). S'étendant de Risør au nord-est jusqu'à Lindesnes au sud-ouest, celui-ci est idéal pour pêcher ou pique-niquer au bord de la mer. Dans les terres, le Telemark et le Sørland regorgent de montagnes, de vallées encaissées et d'églises anciennes. Le plateau de Hardangervidda appartient en majorité au Telemark. À l'est de la province, les bateaux empruntent le canal du Telemark en direction des cols qui bordent la côte ouest, dans le Vestland.

Grimstad, l'une des nombreuses « villes blanches » du Sørland qui attirent les vacanciers tout au long de l'été

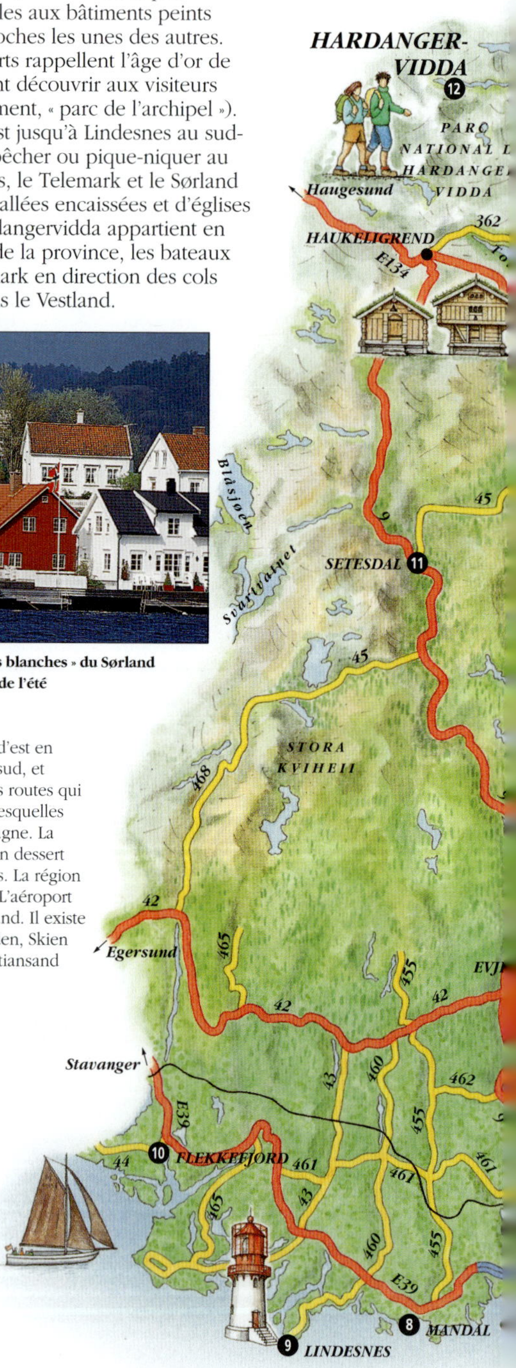

Circuler

Les grands axes traversant la région d'est en ouest sont l'E18, l'E39 et la RV42 au sud, et l'E134 au nord. Ils rejoignent d'autres routes qui longent les vallées du nord au sud, lesquelles débouchent sur des routes de campagne. La ligne de chemin de fer Sørlandsbanen dessert l'arrière-pays en traversant les vallées. La région est aussi bien desservie par les cars. L'aéroport se trouve à Kjevik, près de Kristiansand. Il existe également des aérodromes à Notodden, Skien et Lista. Enfin, des ferries relient Kristiansand à la Suède et au Danemark.

Voir aussi

- ***Hébergement*** p. 224-225
- ***Restaurants et cafés*** p. 237

Légende

- Autoroute
- Route principale
- Route secondaire
- Voie ferrée

Le lac Halnefjorden au milieu du haut-plateau de Hardangervidda (1 130 m)

Bateau de tourisme sillonnant le canal du Telemark

La région d'un coup d'œil

- Arendal 5
- Bø Sommarland 16
- Flekkefjord 10
- Grimstad 6
- *Hardangervidda p. 152-153* 12
- Heddal 15
- Kragerø 2
- *Kristiansand p. 146-147* 7
- Lindesnes 9
- Lyngør 4
- Mandal 8
- Rauland 13
- Risør 3
- Rjukan 14
- Setesdal 11

Excursion

- Canal du Telemark 1

Excursion le long du canal du Telemark ❶

En 1861, à la grande époque du transport fluvial, la Skienvassdraget – la plus grande rivière du Telemark – fut aménagée pour créer le canal Skien-Nordsjø. Trente ans plus tard, le canal Nordsjø-Bandak atteignit Dalen. Ainsi naquit le canal du Telemark, long de 105 km, avec huit écluses permettant d'élever les bateaux jusqu'à 72 m d'altitude. Il fut surnommé la « huitième merveille du monde ». En 1994, sa restauration fut couronnée par la médaille d'or Europa Nostra. De nos jours, il constitue la plus grande attraction touristique de la province.

Bateau de croisière naviguant sur le canal du Telemark

Dalen ⑤
Au bord du splendide lac Bandak, Dalen marque la fin du canal. Le Dalen Hotel *(p. 224)* est un véritable château de contes de fées.

Vrangfoss ④
L'ancienne chute de 23 m alimente aujourd'hui une centrale électrique. Avec ses six sas, l'écluse est la plus grande du canal. Sa porte est actionnée de la même manière qu'il y a un siècle.

Ulefoss ②
L'écluse d'Ulefoss permet aux bateaux de franchir un dénivelé de 11 m. Le manoir d'Ulefoss constitue le plus bel exemple d'architecture néoclassique du pays.

Akkerhaugen ③
Le *Telemarken* navigue sur le canal, entre Akkerhaugen et Lunde. En été, le canal du Telemark fourmille de bateaux de plaisance et de canoës qui se pressent aux écluses.

Légende

- Itinéraire conseillé en voiture
- Autres routes

Skien ①
Une statue de Henrik Ibsen est érigée à Skien. À 5 km du centre-ville, la maison d'enfance du dramaturge, Venstøp, appartient au musée du Telemark.

Carnet de route

***En bateau :** le* Victoria *et le* Henrik Ibsen *assurent la navette entre Skien et Dalen, tandis que le* Telemarken *relie Akkerhaugen et Lunde* (p. 267).
***En voiture :** la route 106 suit paisiblement le canal en longeant la rive du lac Flåvatnet.*

Kragerø ❷

Province du Telemark. *11 000.*
jusqu'à Neslandsvatn.
Torvgata 1, 35 98 23 88.
Festival du ski d'été (4e sem. juin), Bain de Pâques (veille de Pâques), Festival de Kragerø (3e sem. juin).
www.visitkragero.no

Station balnéaire renommée depuis les années 1920, Kragerø est cernée d'un magnifique archipel de petites îles séparées par d'étroites voies navigables. Dans cette petite ville pittoresque vécut Theodor Kittelsen (1857-1914), célèbre pour ses illustrations des contes populaires norvégiens publiés par Asbjørnsen et Moe. Certaines d'entre elles sont exposées dans sa maison-musée.

Accessible en ferry, l'île morainique de **Jomfruland**, la dernière de l'archipel, abrite une flore et une faune aviaire spécifiques. Elle possède un vieux phare en brique de 1839 et un phare bâti en 1939.

Risør ❸

Province de l'Aust-Agder. *7 000.*
jusqu'à Gjerstad, puis en bus.
Kragsgate 3, 37 15 22 70.
Festival de musique de chambre (4e sem. juin), marché d'artisanat (2e sem. juil.), Festival des bateaux de bois (1re sem. août). www.infosor.no

Abritée par quelques îlots, Risør est surnommée la « ville blanche du Skagerrak ». En effet, la rangée de maisons ayant appartenu aux marchands et aux armateurs sur le Solsiden (« côté ensoleillé »), près du port, ainsi que les habitations nichées sur l'Innsiden (« l'intérieur ») justifient cette appellation. Malgré plusieurs incendies, la ville a conservé son aspect du XIXe siècle.

Risør connut son heure de gloire à partir de 1870, vers la fin de la grande époque de la navigation. Cependant, les traditions perdurent, comme le prouve chaque année le Festival des bateaux de bois. Les anciens vaisseaux emplissent alors le port.

Datant de 1647, l'église baroque en bois, **Den Hellige Ånds Kirke**, arbore un intérieur des XVIIe et XVIIIe siècles. En été, le phare Stangholmen Fyr, construit en 1885, abrite un restaurant et un bar offrant un panorama somptueux. Sa lanterne accueille des expositions temporaires.

Den Hellige Ånds Kirke

Prestegata 6. *37 15 00 12.*
juil. : t.l.j. ; sur r.-v. en dehors de cette période. *sur r.-v.*

Lyngør, la Venise de la côte norvégienne avec ses voies d'eau étroites

Lyngør ❹

Province de l'Aust-Agder. *130.*
jusqu'à Vegårshei, puis en bus. *jusqu'à Gjeving, puis en bateau.*
Fritz Smiths Gate 1 (Tvedestrand) 37 16 11 01. *Semaine de la culture côtière (mi-juil.), Tvedestrand Regatta (mi-juil.), Skjærgårds Music & Mission Festival (1re sem. juil.).*

Élu « village le mieux préservé d'Europe » en 1991, Lyngør occupe l'une des îles paradisiaques du Skjærgårdsparken (« parc de l'archipel ») qui couvre la majeure partie du littoral de l'Aust-Agder. Accessible uniquement par bateau depuis Gjerving, l'île ne possède aucune route carossable. C'est un véritable havre de paix.

Près de l'ancien bâtiment des pilotes et des douanes se trouvent de beaux vieux édifices. Des sentiers étroits serpentent entre les maisons peintes, leurs palissades blanches et leurs jardins parfumés. Les forêts d'autrefois n'existent plus, mais l'île regorge de fleurs apportées sous forme de graines avec le lest des navires.

En 1812, Lyngør fut le théâtre d'une bataille navale sanglante lorsque le vaisseau anglais *Dictator* coula la frégate dano-norvégienne *Najaden*. La population se réfugia dans une grotte près de la mer, Krigerhola. Un musée historique est attenant au restaurant *Den Blå Grotte*.

Les îles partagent une église du XIIIe siècle, à Dybvåg sur le continent.

Les maisons blanches des marchands sur le port de Risør

Hôtel de ville d'Arendal, l'un des plus grands édifices en bois du pays

Arendal ❺

Province de l'Aust-Agder. 39 000. Kristiansand. Peder Thomassons Gate 1, 37 00 55 44. Marché international (1re sem. juil.), APL Race Week (4e sem. juil.). Festival de jazz et de blues d'Arendal (1re sem. d'août.).

Arendal, la cité la plus ancienne du Sørland, remonte à 1723. À l'origine, elle fut construite sur sept îlots. Près de Pollen, où se trouvent les pontons animés des visiteurs, les édifices situés sur la péninsule de Tyholmen échappèrent à l'incendie vers 1800. Préservés, ils ont reçu le prix Europa Nostra en 1992.

L'hôtel de ville, **Rådhuset**, est un beau bâtiment érigé au début du XIXe siècle dans le style Empire. À cette époque, la flotte marchande d'Arendal, la plus importante du pays, excédait celle du Danemark.

L'**Aust-Agder Museet** possède des pièces archéologiques et maritimes. Sur le port de Merdøy, à une demi-heure en bateau de Langbrygga, une ancienne maison de capitaine se visite.

Depuis Tvedestrand, le *Søgne* rallie les îles alentour.

Rådhuset
Rådhusgaten 10. *37 01 30 00.*
groupes seulement.
sur r.-v.

Aust-Agder Museet
Parkveien 16. *37 07 35 00.*
lun.-ven. et dim. jours fériés.

Grimstad ❻

Province de l'Aust-Agder. 18 000. Kristiansand. Smith Petersens Gate 3, 37 04 40 41. Festival du court métrage (mi-juin), fête de la Saint-Jean (21-24 juin). www.grimstad.net

Avec ses ruelles serpentant entre les collines, la vieille ville remonte au temps des grands voiliers. Consacré aux arts et à l'artisanat, le **Grimstad Bymuseum** possède aussi une section maritime. Il est situé dans le centre, tout comme la pharmacie de 1837 où Henrik Ibsen travailla tout en écrivant ses premières pièces.

Au nord-est se trouve **Fjære Kirke**, une église dont le cimetière recèle une stèle en mémoire de Terje Vigen. Henrik Ibsen mentionna ce courageux marin qui rapporta du Danemark, à la rame, deux tonnes d'orge pendant la famine de 1809.

Au sud-ouest à l'extérieur de la ville, Nørholm fut la demeure du prix Nobel de littérature Knut Hamsun. En direction de Kristiansand, la côte est renommée pour ses stations balnéaires.

Buste de Henrik Ibsen devant le Grimstad Bymuseum

Lillesand est une petite ville agréable dotée d'un élégant hôtel de ville et de maisons en bois peintes en blanc. De là des bateaux touristiques rallient **Blindleia**, une série d'anses se succédant sur 12 km, fourmillant de bateaux en été.

L'île de **Justøy** n'est pas loin, tout comme **Gamle Hellesund** à **Høvåg**. Cette dernière localité abrite un site datant de l'âge du bronze. Un ferry côtier dessert tous ces sites idylliques l'un après l'autre, parmi lesquels **Brekkstø**, sur Justøy, qui abrite une communauté d'artistes.

Grimstad Bymuseum
Henrik Ibsens Gate 14.
37 04 04 90. mai-mi-sept. : t.l.j. ; mi-sept.-avr. : sur r.-v.
sur r.-v.

Kristiansand ❼

Voir p. 146-147.

Mandal avec ses rues étroites et ses maisons en bois

Mandal ❽

Province du Vest-Agder. 13 500. Kristiansand. jusqu'à Marnardal ou Kristiansand, puis en bus. Bryggegata 10, 38 27 83 00. Festival des fruits de mer et des crustacés (2e sem. août). www.visitregionmandal.com

Mandal fit fortune au XVIIIe siècle grâce au commerce du bois, mais son heure de gloire fut de courte durée. Avec le passage de la voile à la vapeur vers 1900, un habitant sur quatre dut partir pour l'Amérique. Malgré l'émigration, les inondations et les incendies, Mandal est l'une des villes du Sørland la mieux préservée. Installé dans une ancienne maison de marchands, le **Mandal Bymuseum** contient de nombreuses œuvres d'art, une collection maritime et un musée de la pêche. Datant de 1821, l'église est l'une des plus vastes du pays.

La route côtière menant à Mandal passe près du port de Ny-Hellesund où vécut l'écrivain Vilhelm Krag (1871-1933). C'est là aussi qu'Amaldus Nielsen peignit son fameux tableau *Matin à Ny-Hellesund* (1885, Nasjonalgalleriet, Oslo).

Non loin se trouve la plus belle plage de sable du pays, **Sjøsanden**, où aboutit la rivière à saumon Mandalselven.

Mandal Bymuseum
Store Elvegata 5. *38 27 31 25.*
fin juin-mi-août : t.l.j. ; mi-août-fin juin : dim.

Lindesnes 9

Province du Vest-Agder, à 35 km à l'ouest de Mandal. *Lindesnes Informasjonssenter, 38 26 19 02.*
Phare *38 25 88 51. mai-sept. : t.l.j. ; oct.-avr. : sam. et dim.*

À l'extrême sud de la Norvège continentale, la péninsule de Lindesnes est séparée du cap Nord par une distance de 2 518 km. Le phare actuel de Lindesnes fut érigé en 1915 à l'emplacement du premier phare norvégien, allumé en 1655.

La péninsule marque la transition entre deux types de paysages. À l'est, les fjords sont peu profonds et les îles arborent des formes douces, tandis que, à l'ouest, les fjords sont plus longs, les îlots désolés et les montagnes plus sauvages.

Le Skagerrak et la mer du Nord se rencontrent ici, parfois avec fracas. Cet endroit peut se montrer le plus tumultueux de la côte sud, comme il peut se révéler calme et engageant peu de temps après.

Le long de la côte sud-est de la péninsule deux petits ports, **Lillehavn** et **Vågehavn**, permettent aux marins de se protéger des pires tempêtes.

Bateau traditionnel amarré dans le Hollenderbyen de Flekkefjord

Flekkefjord 10

Province du Vest-Agder. *8 500.*
jusqu'à Sira, à 20 km au nord du centre-ville. *Elvegaten 15, 38 32 21 31.* *Fête du saumon (4e sem. juil.), Grand Prix Gyland (1re sem. août).*
www.visitsydwest.no

Flekkefjord est la plus grande ville de pêche et de pisciculture le long du Skagerrak. Les Hollandais furent parmi les premiers partenaires, d'où la présence du quartier Hollenderbyen qui date de 1700. Le Musée municipal, **Flekkefjord Bymuseum**, occupe une maison patricienne des années 1720.

À l'embouchure du fjord se trouve l'île de **Hidra**, accessible en ferry. Elle est renommée pour ses ports pittoresques – Kirkehan, Rasvåg et Eie – et pour sa communauté pleine de vitalité qui a su préserver le charme de l'époque où l'île vivait de la pêche et de la navigation.

À l'ouest de Flekkefjord, le village de pêcheurs d'Åna-Sira marque la limite entre le Sørland et le Vestland. Non loin, la société **Sira-Kvina Kraftselskap** fait visiter l'une des sept centrales hydroélectriques qui jalonnent la Sira-Kvina.

Flekkefjord Bymuseum
Dr Krafts Gate 15. *38 32 26 59.*
juin-août : t.l.j. ; sur r.-v. en dehors de cette période. *partiel.*

Sira-Kvina Kraftselskap
60 km au nord de Flekkefjord.
38 37 80 00. fin juin-mi-août : t.l.j. (vis. guidée seul.)

Le phare de Lindesnes, à la pointe sud de la Norvège

Kristiansand 7

Capitale du Sørland, Kristiansand fut fondée en 1641 par Christian IV. Elle acquit aussitôt le statut de bourg, assorti de certains privilèges commerciaux. Le centre de la ville fut bâti selon un plan strictement orthogonal, ce qui lui valut le nom de Kvadraturen (« quadrilatère »). Kristiansand étendit son territoire vers 1922, puis à nouveau en 1965. Aujourd'hui au cinquième rang norvégien, la ville allie admirablement l'ancien et le moderne. Outre la cité même, Kristiansand englobe la campagne environnante ainsi qu'une partie du littoral.

Maison restaurée dans le quartier prisé de Posebyen

Posebyen

Quartier nord-est du centre-ville.
juin-août : sam.

Lorsque Kristiansand était une ville de garnison, les soldats occupaient des maisons individuelles qui forment aujourd'hui le quartier le mieux préservé de la vieille ville. Son nom, Posebyen, vient du français « reposer ». À l'époque, le français était la langue de l'armée.

Avec leurs anciennes cours, écuries, granges, lavoirs et autres dépendances, ces jolies petites maisons ont survécu à plusieurs incendies comme aux menaces de démolition. Posebyen est aujourd'hui un quartier recherché, dont les habitants entretiennent soigneusement les bâtiments historiques.

Christiansholm Festning

Østre Strandgate. *38 07 51 50.*
juin-juil. : t.l.j. ; sept.-mai : sur r.-v.
sur r.-v.

Lorsqu'il implanta cette ville sur la côte sud, le principal objectif de Christian IV était de protéger l'union dano-norvégienne lors des guerres qui l'opposaient fréquemment aux pays voisins. En 1628, une casemate gardait l'entrée du fjord. Vers 1640, des fortifications permanentes furent érigées.

Dominant l'Østre Havn (« port oriental »), la robuste Christiansholm Festning fut construite à partir de 1667. La forteresse fut longtemps considérée comme la plus importante du pays après Akershus et Bergenhus. Elle fut le théâtre d'une bataille en 1807, lorsqu'elle permit de refouler le vaisseau de guerre anglais *Spencer*. Aujourd'hui, le lieu est accessible au public.

Domkirken

38 10 77 50. *juin-août : lun.-ven. et lors des offices ; juil. : sam. également.* *dim.*

En 1682, Kristiansand s'éleva au rang d'évêché. Jusque-là, le diocèse dépendait de Stavanger. La cathédrale néogothique, Domkirken, fut la quatrième à être construite sur ce site. Elle fut terminée en 1885, cinq ans après l'incendie de l'édifice précédent. Elle peut accueillir 2 000 fidèles. La galerie abrite un orgue de 1967, et le retable est orné d'une peinture d'Eilif Peterssen.

Gimle Gård

Gimleveien 23. *38 10 26 80.*
20 juin-20 août : t.l.j. ; 21 août-19 juin : dim. *jours fériés.*

Le manoir de Gimle Gård fut édifié par le riche armateur Bernt Holm, vers 1800, dans le style néoclassique qui était prisé à l'époque. Il est orné d'une loggia à colonnade. Quant à l'intérieur, il recèle un beau mobilier de style Empire ainsi que des pièces datant de la fin du XIXe siècle.

Aux murs sont accrochées des peintures danoises, allemandes, italiennes et flamandes des XVIIe et XVIIIe siècles provenant essentiellement de la collection de Holm.

Transformée en musée en 1985, la demeure donne une idée parfaite de la vie que menait la bourgeoisie norvégienne à l'époque napoléonienne, depuis les somptueux salons jusqu'aux cuisines.

Gimle Gård, manoir du XIXe siècle, se distingue par sa colonnade

Vest-Agder Fylkesmuseum

Vigeveien 22. *38 10 26 80.*
20 juin-20 août : t.l.j. ; 21 août-19 juin : dim. *certains jours fériés.*

Créé en 1903, le musée en plein air expose des habitations en bois provenant des différentes régions du Vest-Agder. Les sections d'Agdertunet et de Setesdalstunet présentent des fermes, des entrepôts sur pilotis et des bains, tandis que Bygaden comprend des maisons de ville, boutiques et ateliers du XIXe siècle provenant de Kristiansand.

Le bâtiment principal du musée propose une exposition de costumes traditionnels ainsi que des exemples de peinture « à la rose » *(rosemaling)* réalisés sur les poteries, les outils, les meubles et les murs.

Non loin, l'**Oddernes Kirke**, l'une des plus vieilles églises de Norvège, date de 1040.

Les animaux font le succès du Kristiansand Dyrepark

Kristiansand Dyrepark

10 km à l'est du centre-ville.
38 04 97 00. *t.l.j.*
certains jours fériés.

Le plus grand zoo de Norvège recèle des espèces nordiques comme le loup, le lynx, l'élan, le grand tétras et le grand-duc, ainsi que des animaux plus exotiques tels que girafes et alligators. Le parc comprend aussi une piste de bobsleigh et une piscine à vagues.

Mode d'emploi

Province du Vest-Agder.
75 000. *32 Vestre Strandgate, 38 12 13 14.*
Festival international de musique sacrée (mi-juin), Festival de l'eau (2e sem. juin), Festival Quart (1re sem. juil.). Festival de la saison sombre (1er w.e. de nov. www.sorlandet.com

Setesdalsbanen Museumsjernbane

Grovane Stasjon, Vennesla, à 17 km au nord du centre-ville.
38 15 64 82. *16 juin-1er sept. : départs 11 h 30 et 14 h dim. ; juil. : départs aussi à 11 h 30, 14 h et 18 h mar.-ven. et 12 h jeu.*

Le train à vapeur roule à nouveau sur une section de la ligne à voie étroite du Setesdalsbanen, entre Grovane et Røyknes. La voie initiale qui partait de Kristiansand avait ouvert en 1896, puis fermé en 1962. Les hangars et les ateliers se visitent.

Intérieur typique d'une ferme de montagne de Rauland

Setesdal ⓫

Province de l'Aust-Agder, commune de Valle. *1 500.* *Valle Sentrum, 37 93 75 00.*

Le Setesdal occupe la plus grande vallée de l'Agder. Culminant à 1 000 m, le massif du Setesdalsheiene se dresse sur le plateau de Hardangervidda. Ses versants abrupts surplombent l'Otra qui s'écoule des monts Bykleheiene.

La vallée du Setesdal a su conserver ses traditions rurales avec la musique folklorique, l'orfèvrerie, les costumes et l'architecture. À Valle, le **Setesdalsmuseet** présente une maison moyenâgeuse à foyer ouvert, ainsi que Rygnestadloftet – une petite grange datant des années 1590. Non loin du musée se dressait jadis la *stavkirke* de Hylestad. Les objets provenant de cette église (détruite en 1668) sont parfois exposés au musée, hormis son portail illustrant la *Saga des Volsungs* qui se trouve au Historisk Museum d'Oslo.

À Hornnes, le **Setesdal Mineralpark** présente des minéraux rares, comme le béryl, l'aigue-marine et l'amazonite, dans de vastes salles creusées dans la montagne.

Setesdalsmuseet
Rysstad sur la RV9. *37 93 63 03.* *20 juin-1er sept. : t.l.j. ; sept.-19 juin : lun.-ven.* *jours fériés.* *sur r.-v.*

Setesdal Mineralpark
10 km au sud d'Evje. *38 00 30 70* *juin-sept. : t.l.j.*

Hardangervidda ⓬

Voir p. 152-153.

Rauland ⓭

Province du Telemark. *1 300.* *Raulandshuset, 35 06 26 30.* *concours de musique folklorique (fév.), Journées de l'artisanat (2e sem. juin).* www.rauland.org

Le pourtour du magnifique lac de Totakvatnet est renommé pour ses maisons anciennes et sa culture. De nombreux artistes ont entretenu des liens étroits avec le village de Rauland. Leurs sculptures et peintures, dont les œuvres de Dyre Vaa (1903-1980), sont exposées au **Rauland Kunstmuseum**. Non loin, à l'est, se trouvent de nombreux édifices historiques, en particulier les vieilles fermes près de **Krossen** et celles d'**Austbøgrenda** qui portent des sculptures sur bois du début du XIXe siècle. Au bord du lac Lognvikvatnet, Lognvik possède entre autres une scierie datant des années 1820.

À l'ouest du Totakvatnet, à Arabygdi se trouve la demeure **Myllarheimen** où vécut le virtuose du violon Tarjei Agundson (1801-1872). En été, on y joue parfois de la musique folklorique.

Rauland Kunstmuseum
1 km à l'ouest de Rauland. *35 07 32 66.* *20 juin-sept. : t.l.j. ; sur r.-v. en dehors de cette période.*

Rjukan ⓮

Province du Telemark. *4 000.* *Torget 2, 35 09 12 90.* *Rjukan Rockfestival (fin mai), randonnée féminine en montagne (1re sem. sept.).* www.visitrjukan

Rjukan est connue pour son usine de production d'hydrogène, qui fut détruite en 1943 grâce à l'héroïsme de la Résistance norvégienne *(voir encadré)*. Auparavant, le village avait joué un rôle important dans le développement industriel de la Norvège avec la

LES HÉROS DE RJUKAN

La nuit du 27 au 28 février 1943, pendant la Seconde Guerre mondiale, une violente explosion survint dans l'usine d'hydrogène de Rjukan. Les Alliés savaient que l'eau lourde, produit dérivé de l'hydrogène, était un élément important pour la recherche nucléaire, et que l'Allemagne l'utilisait pour mettre au point la bombe atomique.

L'opération de sabotage fut méticuleusement préparée avec l'aide des parachutistes alliés. Neuf Norvégiens de la « Kompani Linge » descendirent du plateau de Hardangervidda à travers la neige, escaladèrent la gorge abrupte et parvinrent à mettre en place les explosifs. Cette mission héroïque, connue sous le nom de code « Gunnerside », fut l'une des plus belles réussites de la Résistance.

Kirk Douglas dans *Les Héros de Telemark*, 1965

◁ **Troupeau de moutons paissant dans un pré ensoleillé du Vest-Agder**

construction d'une centrale électrique en 1911. Celle-ci était alimentée par une chute d'eau, Rjukanfossen, haute de 105 m, à l'instar de l'usine d'hydrogène et d'une autre usine chimique. La compagnie Norsk Hydro transforma ainsi le village en une communauté industrielle exemplaire.

En 1971, une nouvelle centrale vit le jour. L'ancienne abrite aujourd'hui le **Norsk Industriarbeidermuseum**, qui retrace le sabotage mémorable ainsi que le passé industriel du pays.

Sur le versant opposé de la vallée, **Krossobanen**, le funiculaire de Krosso, fut construit en 1928 par la Norsk Hydro pour permettre aux habitants du village encaissé d'accéder au soleil en hiver. Culminant à 886 m, c'est le point de départ idéal pour randonner sur le Hardangervidda. Près de la Rjukanfossen, le refuge de **Krokan** ouvrit en 1868 alors que la cascade, indomptée, attirait touristes et peintres. De nos jours, les chutes ont perdu leur puissance.

Le sommet du **Gaustadtoppen** (1 883 m) est accessible par un sentier bien balisé qui part du parking de Stavro. L'ascension prend environ deux heures.

Norsk Industriarbeidermuseum
7 km à l'ouest du centre-ville. *35 09 90 00. nov.-mars : mar.-ven. ; avr.-oct. : mar.-sam. ; mai-sept. : t.l.j.*

Krossobanen
1 km à l'ouest du centre-ville.
35 09 12 90 (réservations).
t.l.j.

L'ancienne centrale de Rjukan, sabotée en 1943 par la Résistance

La demeure Rambergstugo peinte « à la rose », au Heddal Bygdetun

Heddal 15

Province du Telemark, commune de Notodden. *12 000 (Notodden). Teatergaten 3, 35 01 50 00. Festival international de blues de Notodden (1re sem. d'août).* www.notodden.kommune.no

Heddal Stavkirke, construite en 1242, est l'édifice le plus remarquable de la ville. Avec ses trois flèches et son toit à 64 pans, la « cathédrale » des églises en bois debout est le plus vaste sanctuaire médiéval subsistant en Norvège. Elle compte trois nefs et une abside. L'intérieur comprend notamment un siège épiscopal richement sculpté, un retable et des peintures murales de la fin du XVIIe siècle.

Aujourd'hui encore, Heddal Stavkirke est la principale église des environs. La grange du presbytère abrite des expositions et un restaurant.

Parmi les demeures exposées au **Heddal Bygdetun** figure Rambergstugo, une maison décorée en 1784 avec de splendides peintures « à la rose » réalisées par le célèbre Olav Hansson.

Norsk Hydro s'implanta à Notodden en 1905. Le musée **Bedriftshistorisk Samling** évoque les premières années de la compagnie et les terrassiers des chemins de fer.

Heddal Stavkirke
Heddalsvegen 412. *35 02 04 00. fin mai-début sept. : t.l.j. ; sur r.-v. en dehors de cette période.*

Heddal Bygdetun
6 km à l'ouest de Notodden.
35 02 08 40. mi-juin-mi-août : t.l.j.

Bedriftshistorisk Samling
Centre de Notodden.
35 09 39 99. 15 juin-18 août : t.l.j. ; janv.-14 juin et 19 août-31 déc. : sur r.-v.

Bø Sommarland, paradis des passionnés d'eau, petits et grands

Bø Sommarland 16

Province du Telemark.
35 06 16 00.
juin-août : t.l.j.

Au nord de la petite ville de Bø, le plus grand parc aquatique de Norvège propose une centaine d'attractions pour tous les âges. Une pataugeoire et des activités nautiques sont destinées aux plus jeunes, tandis que toboggans, rafting, manège aquatique et piscine à vagues sont offerts aux plus grands.

Pour les amateurs de sensations fortes, le parc comprend une tour de plongeon, des montagnes russes aquatiques et un toboggan en chute libre.

Enfin, des attractions à pied sec sont proposées.

Hardangervidda ⓬

Entre 1 100 et 1 400 m d'altitude, le plus vaste haut plateau d'Europe est situé bien au-dessus de la limite des arbres. Des sommets comme le Hårteigen ou des glaciers tels que le Hardangerjøkulen s'élèvent plus haut encore. Près de la moitié du plateau appartient au parc national. De nombreuses rivières prennent leur source dans les lacs de montagne. Les plus connues sont la Numedalslågen et la Telemarksvassdraget à l'est, la Bjoreia et ses chutes de Vøringsfossen *(p. 163)* à l'ouest. Les vieux sentiers témoignent d'une fréquentation très ancienne par l'homme. Jadis, les chasseurs traquaient le renne. De nos jours, les pêcheurs viennent pour la truite, tandis que la majorité des visiteurs pratique la randonnée.

Vøringsfossen
La Bjoreia se jette du plateau dans la vallée de Måbødalen en formant une cascade de 145 m de haut.

Pêche à la truite
Le Hardangervidda est l'un des meilleurs sites de Norvège pour la pêche à la truite. Pour les licences, renseignez-vous auprès des offices de tourisme et des refuges.

Hårteigen
Vestige d'une ancienne montagne, cet affleurement gneissique confère au Hårteigen un étrange profil émergeant du plateau.

LÉGENDE

- Route principale
- Route secondaire
- Limite du parc national
- Sentier de randonnée
- Refuge de montagne

Renoncule des glaciers
Le plateau recèle une grande variété de fleurs, parmi lesquelles la renoncule des glaciers, Ranunculus glacialis.

Hardangerjøkulen
Sixième glacier de Norvège par son étendue, le Hardangerjøkulen est en outre le plus accessible. Il attire des touristes tout au long de l'année, notamment en mai lorsque ceux-ci peuvent allier ski de printemps et découverte du Hardangerfjord en fleurs.

Mode d'emploi

Provinces du Telemark, du Buskerud et du Hordaland.
Hardangervidda Natursenter à Eidfjord, 53 66 59 00.
avr.-oct. : t.l.j., sinon sur r.-v.
www.hardangervidda.org

Refuges de montagne
Certains refuges se trouvent non loin d'une route, comme celui-ci, près d'Ustetind, tandis que d'autres nécessitent plusieurs heures de marche.

Randonnée pédestre
Aisément praticable, le plateau de Hardangervidda offre de magnifiques itinéraires aux randonneurs de tous niveaux.

Rennes sauvages
Estimée à 17 000 têtes, la population de rennes sauvages du Hardangervidda est la plus importante d'Europe. Les vestiges animaux et les traces de chasse indiquent que leur présence remonte à plusieurs millénaires.

LE VESTLAND

Formant une longue bande étroite, le Vestland ou « pays de l'Ouest » borde la mer du Nord depuis Stavanger jusqu'à Kristiansund. Tels de longs doigts de couleur bleue ou émeraude, les fjords pénètrent loin dans les terres en se frayant un passage parmi les imposantes montagnes. Le long de la côte, les villages sont reliés par des ferries, des tunnels et des routes aux lacets vertigineux.

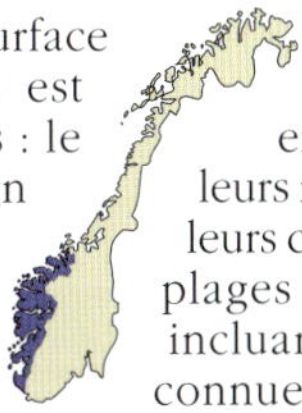

Totalisant environ 15 % de la surface de la Norvège, le Vestland est composé de quatre provinces : le Rogaland, le Hordaland, le Sogn og Fjordane et le Møre og Romsdal. Au sud, le Rogaland comprend les plaines agricoles du Jæren et les villes d'Egersund, de Sandnes et de Stavanger. Avec ses plages de galets et ses baies bordées de sable, le littoral du Jæren convient à la baignade comme à d'autres activités nautiques.

Dans les terres, la lande rocailleuse de Høg-Jæren précède les contreforts abrupts des spectaculaires monts Ryfylkefjellene.

Au nord de Stavanger se trouve le Boknafjord, le quatrième fjord du Vestland par sa longueur. Le célèbre promontoire de Prekestolen surplombe l'un de ses bras, le Lysefjord.

Bergen, deuxième ville de Norvège, est un bon point de départ pour visiter le Sunnfjord et le Nordfjord, tout comme Stavanger et Ålesund. Ces deux fjords enchanteurs sont réputés pour leurs montagnes impressionnantes, leurs cascades, leurs glaciers et leurs plages idylliques. Cette région incluant Hardanger et Sogn est connue pour ses églises en bois debout, ses sites historiques et ses musées. Quant à la péninsule de Stad, elle marque la limite entre la mer du Nord et la mer de Norvège.

La province du Møre og Romsdal offre elle aussi un fascinant paysage de fjords et de montagnes. En particulier, le Geirangerfjord et le Romsdalsfjord sont bordés de pics rocheux spectaculaires.

Le Vestland est le paradis des randonneurs en montagne, quel que soit leur niveau. L'amateur de pêche trouvera également son bonheur au bord de la mer, des lacs et des rivières. Enfin, l'île de Runde possède une riche faune aviaire.

Bryggen, célèbre quartier du vieux port de Bergen remontant au Moyen Âge

◁ **L'église en bois debout de Borgund est un joyau de l'architecture en bois traditionnelle**

À la découverte du Vestland

Le Vestland est réputé pour ses fjords. D'ailleurs, chaque ville chante les louanges de sa propre vallée. Bergen se targue d'être « la porte des fjords », tandis que Molde vante son panorama sur le Romsdalsfjord et les pics environnants. Stavanger, elle, offre « le plus court chemin vers le Lysefjord ». De taille plus modeste, le Sunnfjord, le Nordfjord, le Geirangerfjord et le Sunndalsfjord sont néanmoins tout aussi somptueux, et leurs rives abritent des villages fort intéressants. Les localités les plus importantes possèdent bâtiments anciens, musées et galeries d'art. Le pourtour du Sognefjord recèle de beaux exemples d'églises en bois debout *(stavkirker)*, comme celles d'Urnes et de Borgund. Typiquement norvégiennes, ces églises reposent sur des poteaux en bois *(stav)*.

Le fjording ou cheval des fjords, typique du Vestland

LÉGENDE

- Autoroute
- Route principale
- Route secondaire
- Voie ferrée

VOIR AUSSI

- ***Hébergement*** p. 225-226
- ***Restaurants et cafés*** p. 237-238

Le port de Bergen, au pied du mont Fløyfjellet

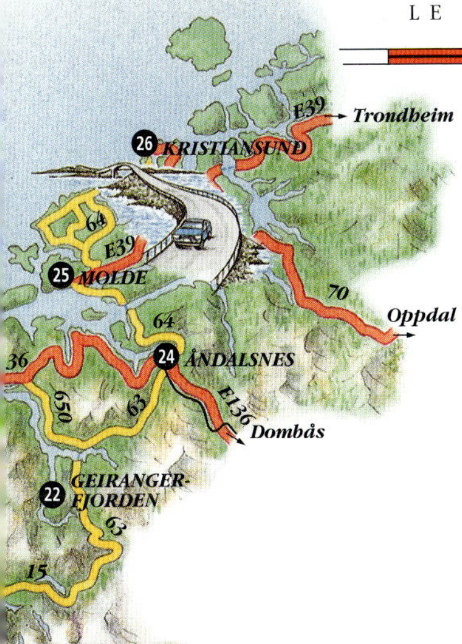

Au sud d'Odda, dans le Hardanger, Låtefoss est la chute la plus spectaculaire du Vestland

Circuler

Le Vestland est aisément accessible. Les grandes villes sont desservies par les vols internationaux, et les autres par les vols intérieurs. Des ferries provenant des Pays-Bas, du Danemark et de la Suède rallient régulièrement Bergen et Stavanger. En été, des bateaux de croisière sillonnent les fjords. Le train d'Oslo passe par Stavanger, Bergen et Åndalsnes. Depuis la Norvège de l'Est, plusieurs routes franchissent les montagnes. Équipé de ponts et de tunnels spectaculaires, le reseau routier du Vestland et de ses îles est bien développé. Lorsqu'il n'existe aucun pont, un ferry est généralement disponible. Des bateaux relient la plupart des villes et villages, et de nombreux ferries traversent les fjords ou desservent les îles qui longent la côte. Enfin, l'Express côtier Hurtigruten *(p. 205)*, partant du nord du pays, fait sa dernière escale à Bergen.

À l'extrémité d'un bras du Nordfjord, Stryn est entourée de glaciers

La région d'un coup d'œil

Kristiansand

Stavanger ❶

La sardine, puis le pétrole, furent successivement les piliers du développement économique de la ville. Avant la construction de sa cathédrale en 1125, Stavanger n'était guère plus qu'un village de pêcheurs. Elle n'obtint le statut de bourg qu'en 1425. Au XIXe siècle, un afflux de harengs au large de Stavanger favorisa l'émergence de l'industrie lucrative de la pêche et de la conserve. Puis, dans les années 1960, la découverte du pétrole en mer du Nord assura la prospérité de Stavanger. Quatrième ville de Norvège avec ses 110 000 habitants, elle est bordée au sud par les plates étendues du Jæren et au nord par le Boknafjord, le plus méridional des fjords de la côte ouest.

Gamle Stavanger et ses ruelles sinueuses bordées de maisons de bois anciennes

Gamle Stavanger

Centre-ville. *juin-août, réserver auprès de l'office de tourisme.*

Occupant l'ouest et le sud-ouest du port intérieur de Vågen, Gamle Stavanger (« le vieux Stavanger ») est un quartier résidentiel et commercial qui se caractérise par ses maisons en bois et ses étroites rues pavées. Entre l'Øvre Strandgate et la Nedre Strandgate, les maisons du XIXe siècle peintes en blanc se succèdent avec leurs terrasses et jardinets cernés de palissades. Jadis occupées par les marins et les ouvriers, ces 156 habitations classées sont aujourd'hui soigneusement entretenues.

Norsk Hermetikkmuseum

Øvre Strandgate 88A. *51 84 27 00.* *mi-juin-mi-août : t.l.j.* *déc.*

Le musée de la Conserve, Norsk Hermetikkmuseum, est situé dans le quartier pittoresque du vieux Stavanger. Occupant une ancienne conserverie, il évoque une industrie qui, en son temps, eut sur la ville un impact plus important encore que l'exploitation pétrolière, toutes proportions gardées. Dans les années 1920, Stavanger comptait plus de 70 conserveries. Le musée retrace les débuts de la boîte de conserve métallique vers 1850, suivis par les innovations technologiques et le lancement de la sardine en boîte sur le marché mondial au début du XXe siècle.

Stavanger Sjøfartsmuseum

Nedre Strandgate 17–19. *51 84 27 00.* *mi-juin-mi-août : t.l.j. ; mi-août-mi-sept. : lun.-jeu. ; mi-sept.-mi-mai : dim. ; mi-mai-mi-juin : lun.-ven. et dim.* *jours fériés.*

Datant de 1848, l'*Anna of Sand* est le plus vieux navire norvégien naviguant encore. Entre deux voyages, il reste amarré au Sjøfartsmuseum (musée de la Marine), qui possède également le yacht *Wyvern*, construit en 1897 par Colin Archer – lequel conçut le vaisseau polaire *Fram* pour l'explorateur Fridtjof Nansen. Occupant deux anciens entrepôts situés près du port, le musée retrace l'histoire maritime du sud-ouest de la Norvège.

Valbergtårnet

Valberget 2. *51 89 55 01.* *lun.-sam.* *jours fériés.* *sur r.-v.*

Au sommet d'une petite éminence, la tour Valberg fut érigée en 1852 par C. H. Grosch pour guetter les incendies et les navires ennemis. En effet, Stavanger subit plusieurs gros incendies. Celui de 1684 fut si destructeur que l'on envisagea même d'abandonner la ville. De nos jours, la tour offre un superbe panorama sur la ville, le port et le Boknafjord.

Norsk Oljemuseum

Kjerringholmen. *51 93 93 00.* *t.l.j.* *certains jours fériés.* *dim.*

L'extraction pétrolière en mer du Nord a relancé l'économie de Stavanger, si bien que la ville est maintenant la plus cosmopolite du pays. Conçu par les architectes Lunde et Løvseth, l'ultramoderne Oljemuseum (musée du Pétrole) a ouvert ses portes en 1999. Il décrit de façon très imagée la vie sur une plate-forme de forage en mer.

Les équipements utilisés sont présentés sous forme de maquettes : trépans, cloches de plongée, capsule de survie d'une capacité de 28 personnes, etc. Des panneaux illustrent l'histoire de l'industrie pétrolière, ainsi que ses perspectives.

Le Norsk Oljemuseum retrace l'histoire de l'industrie pétrolière

La cathédrale de Stavanger remonte aux environs de l'an 1100

Domkirken

Haakon VII's Gate 7. *51 53 96 50.* *juin-août : t.l.j. ; sept.-mai : mar., jeu. et sam. Dim. pour les offices.*

Le premier évêque de Stavanger, Reinald, était un Anglais originaire de Winchester, ville qui avait eu pour évêque saint Svithun au IXe siècle. Sous le règne de Sigurd Jorsalfar, Reinald eut la possibilité d'ériger une cathédrale. L'imposant édifice roman à trois nefs fut terminé vers l'an 1100 et dédié à saint Svithun, qui devint le saint patron de Stavanger.

Suite à un incendie en 1272, le magnifique chœur fut reconstruit dans le style gothique qu'il arbore encore aujourd'hui. À la même époque furent ajoutées la chapelle épiscopale et la façade orientale. En 1746, cette dernière fut flanquée de deux tours pyramidales. La légende veut que la chaire baroque aux motifs bibliques ait été créée en 1658 par l'immigrant écossais Anders Smith. Derrière l'autel, les vitraux de Victor Sparre furent installés en 1957.

À l'instar de Nidarosdomen à Trondheim *(p. 193)*, Stavanger Domkirke constitue un remarquable exemple de cathédrale médiévale. Près de celle-ci, l'école Kongsgård fut jadis la demeure de l'évêque, puis la résidence du gouverneur.

Stavanger Museum

Muségaten 16. *51 84 27 00.* *15 juin-15 août : t.l.j. ; 16 août-15 sept. : lun.-jeu. ; 16 sept.-15 mai : dim. ; 16 mai-14 juin : lun.-ven. et dim.* *déc. certains jours fériés.*

Le musée de Stavanger fut fondé en 1877. Il contient une vaste collection préhistorique provenant du Rogaland, avec notamment des pièces trouvées à Viste – habitée dès l'âge de pierre –, ainsi que deux lurs en bronze de 1,50 m, vieux de trois mille ans. Ces instruments à vent furent découverts à Hafrsfjord où se déroula en 890 la bataille qui entraîna l'unification de la Norvège.

Lur en bronze de Hafrsfjord

L'établissement possède également des sections consacrées à la zoologie, à l'artisanat et à l'art religieux. En 1936, il acquit le manoir de Ledaal, édifice du début du XIXe siècle qui fait à la fois office de musée et de résidence royale. La demeure aurait inspiré le romancier Alexander Kielland pour sa description de Sandsgaard.

> **MODE D'EMPLOI**
>
> Province du Rogaland. *110 000.* *12 km au sud-ouest du centre-ville.* *Jernbaneveien 3.* *Østre Havn.* *1 Rosenkildetorget, 51 85 92 00.* *MaiJazz (mai), Festival de musique de chambre (août), Festival gastronomique Glamat (fin juil.), Festival de la pêche (début juin).* www.stavanger-web.com

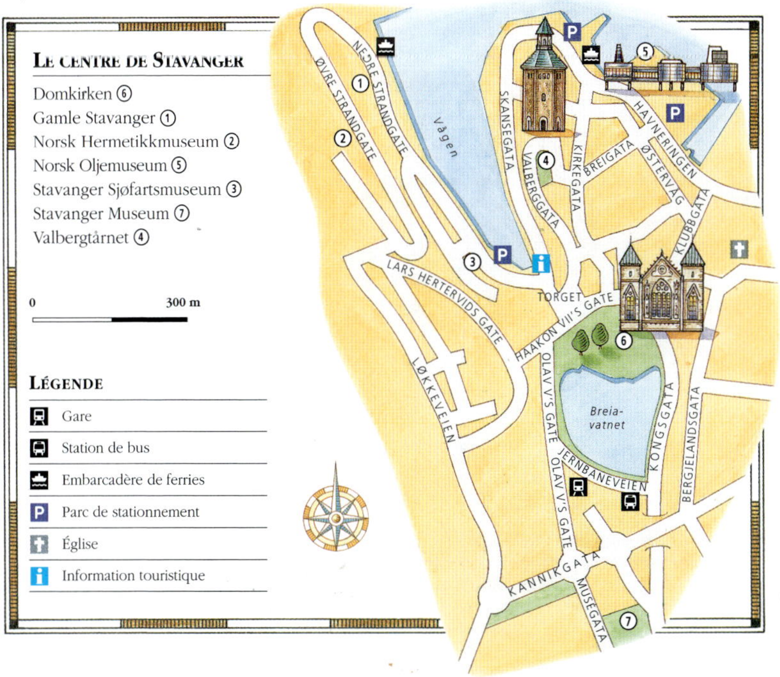

Petit sanctuaire sur l'une des vastes plaines du Jæren

Egersund ❷

Province du Rogaland. *13 000.* *Jernbaneveien 18, 51 49 27 44.* *Festival du phare (début mai), Festival du début de l'été (début juin), Festival d'Egersund (1re sem. juil.).* www.reisemal-sydwest.no

Lorsque la mer est mauvaise, Egersund est le seul port naturel où les bateaux puissent s'abriter le long de la côte du Jæren. Bien qu'étant le plus grand port de pêche de Norvège, des maisons pittoresques en bois blanc surplombent ses quais. L'église à plan cruciforme date de 1620.

Situé à Slettebø, ancienne résidence d'un haut fonctionnaire, le **Dalane Folkemuseum** (musée de culture populaire) présente des objets d'artisanat et de vieux outils agricoles et industriels.

Aux environs : À Eide, une ancienne fabrique appartenant au Dalane Folkemuseum expose des faïences, activité importante autrefois. Au nord-ouest d'Egersund se trouvent les chutes de **Fotlands**.

La région agricole et industrielle de **Jæren** est étrangement plate pour la Norvège. Elle possède quelques plages de sable, mais aucun archipel ne protège ses côtes. Le phare de l'île d'Eigerøy domine le littoral.

Dalane Folkemuseum
2 km au nord du centre-ville. *51 46 14 10.* *mi-juin-mi-août : t.l.j. ; sur r.-v. en dehors de cette période.*

Lysefjord ❸

Province du Rogaland. *ferry Stavanger-Lysebotn, 4 h.* *office de tourisme de Stavanger, 51 85 92 00.*

Ce fjord spectaculaire semble avoir été taillé dans la montagne d'un coup de hache. Seules quelques fermes solitaires entourées de verdure animent ses versants austères. À une douzaine de kilomètres de l'embouchure, l'étonnant **Prekestolen** (« la chaire ») surplombe la vallée. À 597 m au-dessus du fjord, c'est le lieu idéal pour pratiquer le base-jump (saut en parachute depuis un point fixe). En accédant au sommet par le sentier, les moins téméraires auront une vue suffisamment vertigineuse.

Au fond du fjord, la route **Lyseveien** comprend 27 épingles à cheveux. Elle offre une vue superbe sur le pic Kjerag, à 1 000 m d'altitude. Au sud du Lysefjord se trouvent le Frafjord et la cascade de **Måna** (92 m).

L'impressionnant Prekestolen surplombe le Lysefjord

Suldal ❹

Province du Rogaland. *4 000.* *office de tourisme de Sand, 52 79 05 60.* *Festival du Ryfylke (mai-juin), Saint-Olav (4e sem. août).* www.suldal-turistkontor.no

La fameuse rivière à saumon, Suldalslågen, se jette dans le Sandsford à la hauteur de la ville de Sand. Près d'une chute se trouve le **Laksestudio** (Studio du saumon), où le visiteur peut, à travers une vitre, observer les saumons et les truites franchir la cascade pour remonter la rivière. Une exposition retrace l'histoire de la pêche au saumon. Tout au long de la vallée de Suldal, les vastes manoirs de la fin du XIXe siècle rappellent la présence des anciens « lords du saumon » britanniques. Plus en amont, le **Kolbeinstveit Museum** rassemble d'anciennes maisons en bois, des fumoirs, des moulins, des greniers sur pilotis et la grange de Guggendal qui remonte à 1250. De là, une route conduit à **Kvilldal Kraftstasjon**, la plus grosse centrale électrique de Norvège.

Studio du saumon de Suldal

À l'extrémité est de la rivière, de part et d'autre du cours d'eau, des montagnes abruptes forment la **Suldalsporten** (« porte de Suldal »). Celle-ci constitue un chenal communiquant avec le lac Suldalsvattnet, où naît la rivière.

Laksestudioet
Centre de Sand. *52 79 05 60.* *15 juin-20 août : t.l.j. ; sur r.-v. en dehors de cette période.*

Kolbeinstveit Museum
17 km à l'est de Sand. *52 79 29 50.* *fin juin-mi-août : mar.-sam.*

Kvilldal Kraftstasjon
Soldalsosen. *sur r.-v.* *appeler l'office de tourisme de Suldal, 52 79 05 60.*

Utstein Kloster ❺

Province du Rogaland. ☎ *51 72 47 05.* ○ *mai-mi-sept. : mar.-dim. (juil. : t.l.j.).* ● *certains jours fériés.*

Au nord-ouest de Stavanger, sur l'île de Mosterøy se trouve le monastère Utstein Kloster datant du XIIe siècle, sur un domaine qui appartenait initialement au roi Harald Hårfagre. Vers 1265, il fut offert aux Augustins, qui le conservèrent jusqu'à la Réforme. L'édifice passa alors aux mains d'aristocrates norvégiens et danois.

Entouré de vastes terres où se répartissaient 139 fermes, le monastère résista aux incendies et aux batailles. En 1935, l'État reprit les bâtiments, les restaura et en fit un monument national.

Karmøy ❻

Province du Rogaland. *37 500.* *office de tourisme d'Avaldsnes, 52 83 84 00.* *Festival viking (juin), Festival de Skude (1re sem. juil.), Festival des pêcheries (4e sem. juil.).* www.visithaugalandet.no

Tel un bouclier faisant face à la mer, l'île de Karmøy s'étend sur trente kilomètres. En vieux norrois, le mot *karmr* signifie « protection ». Du côté du continent, l'île est bordée par le Karmsundet, un chenal qui appartenait jadis au Nordvegen (« passage du Nord »), dont est dérivé le nom du pays (Norge). À l'extrémité du pont qui mène sur l'île, des mégalithes surnommés les « cinq vierges folles » gardent le détroit. Ces pierres auraient été dressées pour les cinq fils d'un monarque qui combattait le roi d'Avaldsnes. Les nombreux tertres funéraires prouvent que ce royaume fut un site préhistorique important.

L'**Olavskirken** (l'église Saint-Olav) fut érigée à Avaldsnes par le roi Håkon vers 1250. Près du mur se dresse l'aiguille de la Vierge – une pierre inclinée mesurant 7,50 m. Non loin, l'île de **Bukkøya** abrite la reconstitution d'un domaine viking. À Åkrahavn, sur la rive ouest de Karmøy, des colonnes de pierre remontent à l'âge du fer.

La pointe sud de Karmøy abrite le port de Skudeneshavn et son musée, situé à **Mælandsgården**. La ville principale de l'île est Kopervik.

Haugesund borde le détroit de Karmsundet

Mælandsgården

Skudeneshavn. ☎ 52 84 54 60. ○ *20 mai-20 août : lun.-ven. et dim. ; sur r.-v. en dehors de cette période.*

Skudeneshavn, joli port au sud de l'île de Karmøy

Haugesund ❼

Province du Rogaland. *31 000.* *Karmøy, à 13 km au sud du centre-ville.* *Hurtigbåtterminalen.* *Kaigaten 1, 52 74 33 53.* *Sildajazz (août), Festival du cinéma norvégien (août), Festival du port (août).*

Les trois mouettes figurant sur les armoiries de la ville symbolisent sa situation en bord de mer, ainsi que la pêche au hareng et les transports maritimes – activités indissociables du développement de Haugesund. La ville est récente, mais ses environs sont chargés d'histoire. Au nord se trouve le tumulus de **Haraldshaugen**, où aurait été inhumé le roi Harald Hårfagre vers 940. Le Monument national (Norges Riksmonument) y fut érigé en 1872 à l'occasion du premier millénaire de la Norvège unifiée.

Haugesund abrite plusieurs musées, une galerie d'art et un hôtel de ville orné d'œuvres d'art. Elle accueille de nombreux congrès et festivals.

Au large de Haugesund, à l'ouest, l'île d'**Utsira** est renommée pour la richesse de sa faune aviaire.

Haraldshaugen

3 km au nord du centre-ville.

Utsira

À 1 h 20 en bateau à l'ouest de Haugesund. *Commune d'Utsira, 52 75 01 00.* *230.* *horaires, 52 73 33 53 (office de tourisme de Haugesund).*

Le domaine de Rosendal est l'unique baronnie de Norvège

Baroniet Rosendal 8

Province du Hordaland. 53 48 29 99. *depuis Bergen, Haugesund et Odda.* *vis. guidées mai-août : t.l.j. ; sept.-mai : sur r.-v.*

À Kvinherad en 1658, Karen Mowatt, l'une des plus riches héritières norvégiennes de l'époque, épousa en grande pompe l'aristocrate danois Ludvig Rosenkrantz. Le marié était un haut administrateur du fief de Stavanger ainsi qu'un diplomate. Parmi les nombreux cadeaux de mariage, le couple se vit offrir la propriété de Hatteberg, où il édifia en 1665 un petit palais Renaissance, Rosendal.

En 1678, le domaine devint une baronnie. En 1745, celle-ci fut cédée à Edvard Londeman de Rosencrone, et resta dans la famille jusqu'à ce que les héritiers la lèguent à l'université d'Oslo en 1927.

Remontant aux années 1660, le splendide jardin se vit adjoindre au XIXe siècle un parc paysager agrémenté de tours gothiques et de maisons de contes de fées. Simultanément, l'intérieur du palais fut modernisé. Il contient aujourd'hui des œuvres d'art, dont des porcelaines de Meissen, un Gobelin de 1660 et des toiles dans le style romantique national.

La bibliothèque du palais des barons de Rosendal

Non loin, **Kvinherad Kirke**, église gothique de 1250, possède un intérieur baroque.

Hardangerfjord 9

Province du Hordaland. *office de tourisme d'Ulvik, 56 52 63 60.*

Le fjord du Hardanger s'étend sur 180 km, depuis l'île de Bømlo en mer du Nord jusqu'à Odda. À Utne, à l'extrémité de la péninsule de Folgefonn, le fjord principal se sépare en plusieurs bras. Les plus importants sont le Sørfjord, l'Eidfjord et l'Ulvikfjord.

Culminant à 1 600 m au-dessus du fjord, le glacier **Folgefonna** descend jusqu'à 500 m. Bondhusbreen, l'une de ses branches, fait penser à une cascade gelée, quasiment verticale, descendant vers Mauranger. Non loin se trouve la chute de Furebergsfossen. Jondal et Utne occupent la côte occidentale de la péninsule de Folgefonn. Outre un embarcadère de ferry, Jondal possède un musée, **Det Gamle Lensmannshuset** (l'ancienne gendarmerie). Utne abrite un musée de culture populaire, **Hardanger Folkemuseum**, qui donne une idée de la vie dans cette région aux XVIIIe et XIXe siècles.

Nichées dans une baie de la rive nord-ouest du fjord, les stations touristiques de **Nordheimsund** et **Øystese** sont situées près du pont suspendu qui enjambe le Fyksesundet. À Øystese, un musée présente l'œuvre du sculpteur Ingebrigt Vik.

Det Gamle Lensmannshuset
Viketunet, Jondal. RV550. *53 66 95 00.* *sur r.-v.*

Hardanger Folkemuseum
Utne. *53 67 00 40.* *t.l.j.*

Le spectacle fascinant des méandres du Hardangerfjord

Sørfjord 10

Province du Hordaland. *office de tourisme d'Odda, 53 65 40 05.*

Le plus long bras du Hardangerfjord est le Sørfjord, qui s'écoule le long de la côte est de la péninsule de Folgefonn. Sur sa rive ouest, au-dessous du pic Aganuten (1 510 m), le site d'**Agatunet** comprend 32 maisons moyenâgeuses en bois, ainsi que **Lagmannsstova**, un tribunal avec sa prison en sous-sol datant de l'an 1300.

C'est aux alentours des villages d'**Ullensvang**, de Lofthus et de Kinsarvik que le Sørfjord est le plus beau, en particulier au printemps, lorsque plus de 200 000 arbres fruitiers sont en fleurs. Près d'un cinquième des arbres fruitiers de Norvège poussent ici. D'ailleurs, ce lieu a toujours été prospère. Au Moyen Âge, les moines du Lysekloster, situé près de Bergen, y cultivaient leurs fruits et éduquaient les fermiers.

L'église gothique d'Ullensvang, dont les murs en pierre ont une épaisseur de 1,40 m, remonte au début du Moyen Âge. Le jardin de l'Hotel Ullensvang abrite la cabane où Edvard Grieg composa *Printemps* et une partie de *Peer Gynt*.

Autour de la ville industrielle d'**Odda** se trouvent de splendides cascades, dont celle de Låtefoss, avec 165 m de dénivelé, et celle de Langfoss, dont la hauteur atteint 612 m.

Agatunet

25 km au nord d'Odda. *53 66 22 14.* *mi-mai-mi-août : t.l.j. ; sur r.-v. en dehors de cette période.*

Eidfjord 11

Province du Hordaland. *1 000.* *Riksveien 27A, 53 67 34 00.* www.eidfjordinfo.com

Autour d'Eidfjord, le paysage est fascinant avec ses vallées verticales façonnées par les glaciers et les rivières. La Bjoreia s'écoule dans la vallée de Måbødalen jusqu'à la chute de **Vøringsfossen**. Sur 145 m, cette dernière se jette dans une gorge grandiose qui s'étend jusqu'au haut de l'Eidfjord.

La route principale qui traverse la vallée emprunte des tunnels sans intérêt, tandis que l'ancienne route, accessible à pied ou à vélo, suit le fond de la gorge. Le chemin qui grimpe à **Måbøgaldane** compte 1 500 marches et 125 virages. Un autre sentier mène à Vøringsfossen.

À Sæbø, le **Hardangervidda Natursenter** fournit de nombreuses informations sur le haut plateau.

Hardangervidda Natursenter

7 km à l'est d'Eidfjord. *53 66 59 00.* *avr.-oct. : t.l.j. ; sur r.-v. en dehors de cette période.*

Un hôtel dans le cadre luxuriant du fjord d'Ulvik

Ulvik 12

Province du Hordaland. *1 200.* *été seul.* *centre d'Ulvik, 56 52 63 60.* *Festival de la pêche (juil.), Festival de poésie (sept.), Traditions culturelles norvégiennes (mi-sept.), Festival d'accordéon (oct.).* www.visitulvik.com

Le village d'Ulvik se niche dans une courbe au fond d'un petit fjord. Les fermes en terrasses se succèdent sur les flancs du fjord avec leurs champs luxuriants et leurs vergers abondants. Une église du XIXe siècle se dresse à l'emplacement d'une ancienne *stavkirke* du XIIIe siècle.

La région se prête à la randonnée et aux sports d'hiver. L'impressionnante cascade de **Røykjafossen** se trouve à Osa, à environ 10 km d'Ulvik.

Voss 13

Province du Hordaland. *14 000.* *Uttrågata 9, 56 52 08 00.* *Vossajazz (w.-e. avant Pâques), Semaine de l'extrême (4e sem. juin), Festival de gastronomie (1re sem. oct.), Festival d'Osa (mi-oct.).* www.visitvoss.no

Restée isolée jusqu'à l'arrivée du chemin de fer en 1883, Voss est aujourd'hui la plus grande station de sports d'hiver de la Norvège de l'Ouest. Depuis le centre-ville, le téléphérique, **Hangursbanen**, s'élève à 660 m. Les paysages sont magnifiques toute l'année.

Le musée de culture populaire, **Voss Folkemuseum**, a ouvert ses portes en 1928. Il se consacre plus particulièrement aux objets trouvés dans Finnesloftet, un bâtiment remontant environ à 1250. Le musée inclut en outre la ferme de Mølstertunet, composée de seize édifices vieux de quatre siècles.

L'église de style gothique **Voss Kirke** (1270) possède un bel intérieur.

Voss Folkemuseum

Mølsterveien 143. *56 51 15 11.* *mai-sept. : t.l.j. ; oct.-avr. : lun.-ven. et dim.* *jours fériés.*

Fermes traditionnelles dans la région de Voss

Bergen ⓮

En 1070, le roi Olav Kyrre octroya à Bergen le titre de ville. Celle-ci était alors la plus grande cité du pays et la capitale du Norgesveldet qui englobait l'Islande, le Groenland et certaines parties de l'Écosse. Après qu'Oslo devint la capitale, en 1299, Bergen poursuivit son expansion comme plaque tournante commerciale, notamment avec l'exportation du poisson séché durant la domination de la Ligue hanséatique. Après une période de déclin au XVe siècle, la ville se redressa grâce au transport maritime. Pour l'an 2000, Bergen fut déclarée « capitale européenne de la culture ». En dépit de sa taille, elle possède le charme d'une petite ville.

Le port intérieur de Vågen, bordé à droite par le quartier de Bryggen

À la découverte de Bryggen

Le quartier situé au nord du vieux port, entre le quai de Bryggen et Øvregaten – une rue bordée d'édifices datant de l'époque de la Hanse –, abrite les plus beaux bâtiments de Bergen. Son architecture ancienne et moderne offre une superbe toile de fond à l'agitation des rues et des quais, au gré des chargements et déchargements des navires.

Norges Fiskerimuseum

Bontelabo 2. *55 32 12 49.*
t.l.j.

Situé sur le front de mer à l'extrémité du quai nord du port intérieur Vågen, le Norges Fiskerimuseum (musée de la Pêche) retrace de manière très complète l'histoire des méthodes de pêche à travers les âges.

Le musée présente les bateaux et le matériel utilisés pour la pêche au fil des siècles. Il illustre divers types de pêche comme la pêche au hareng et à la morue, la pisciculture, la chasse à la baleine et au phoque.

Håkonshallen et Rosenkrantztårnet

Bergenhus Festning. *55 31 60 67.*
Håkonshallen *t.l.j.*
Rosenkrantztårnet *15 mai-août : t.l.j. ; sept.-14 mai : dim.*
jours fériés.

La salle de cérémonie Håkonshallen fut construite en 1261 par le roi Håkon Håkonsson pour le couronnement et le mariage de son fils Magnus Lagabøter. Elle est aujourd'hui considérée comme le plus grand édifice médiéval séculier subsistant en Norvège. Elle fut construite en pierre locale avec des ornements en stéatite. À l'origine, la salle de réception se trouvait au dernier étage. Celui du milieu contenait des appartements, tandis que la cave servait à stocker les denrées. En 1683, la conception de l'édifice fut modifiée afin de conserver du blé. Plus tard, il fut restauré et décoré avec des peintures de Gerhard Munthe. Il subit de sérieux dommages au cours de la Seconde Guerre mondiale, puis fut remis en état.

Rosenkrantztårnet, résidence fortifiée datant de 1560

La tour Rosenkrantz, comme le Håkonshallen, fait partie des anciennes fortifications de Bergenhus (la citadelle de Bergen). L'édifice actuel fut construit en 1560 par le gouverneur de la citadelle, Erik Rosenkrantz, pour servir de poste de défense et de résidence.

Mariakirken

Dreggen. *55 31 59 60.*
juin-août : lun.-ven. ; sept.-mai : mar.-ven.

Une partie du chœur de Mariakirken (église Sainte-Marie) remonte au XIe siècle, à l'époque où le roi Olav Kyrre conféra à Bergen le titre de ville. Cela en fait le plus vieux sanctuaire de la cité.

Au temps de la Hanse, les marchands allemands utilisèrent cette église et l'embellirent. Ainsi, la splendide chaire baroque, datant de 1677, est ornée de constellations et des vertus chrétiennes telles que la Foi, l'Espoir, l'Amour, la Chasteté, la Vérité et la Tempérance.

Bryggens Museum

Dreggsalmenning 3. *55 58 80 10.*
t.l.j. *certains jours fériés.*
sur r.-v.

À la suite d'un terrible incendie survenu dans Bryggen en 1955, les plus grandes fouilles d'Europe du Nord furent entreprises. En se basant sur ces découvertes archéologiques, le Bryggens Museum illustre la vie quotidienne de l'ancienne ville médiévale. Il comprend une multitude d'objets merveilleusement bien présentés, dont des inscriptions runiques du XIVe siècle.

Le quai de Bryggen avec le Hanseatiske Museum sur la droite

Mode d'emploi

Province du Hordaland. 235 000. 20 km au sud de la ville. Strømgaten 8. Frieleneskaien (Express côtier), Strandkaiterminalen (régional). Vågsallmenningen 1, 55 55 20 00 marché au poisson (lun.-sam.) ; t.l.j. en été. Festival de bateaux-dragon (mai), Festival international (mai-juin), Nattjazz (mai-juin). www.visitbergen.com

Bryggen

Nord du vieux port de Vågen.
juin-août, 55 55 20 00.

Les anciens entrepôts en bois qui longent la rive nord du port intérieur étaient jadis surnommés Tyskebryggen (« quai allemand »). En effet, pendant quatre siècles, jusqu'en 1754, ce quartier fut la plaque tournante du commerce hanséatique en Norvège. Longtemps auparavant, cette partie de la ville était déjà consacrée au commerce du poisson

À de nombreuses reprises, au fil des siècles, les maisons à hauts pignons furent ravagées par le feu. En 1955, le dernier incendie ne laissa que dix édifices indemnes. De nos jours fréquenté par les artistes, Bryggen fourmille de restaurants.

Hanseatiske Museum

Finnegårdsgaten 1A. *55 31 41 89.*
t.l.j. 24, 25 et 31 déc., 1er janv., 17 mai. en été.

Fondé en 1872, le musée de la Hanse occupe l'une des vastes maisons des marchands allemands, qui remonte à la fin de la période hanséatique. Les logements étaient situés à l'étage, tandis que le rez-de-chaussée comprenait les entrepôts où séchait le poisson et les bureaux. Les intérieurs du début du XVIIIe siècle illustrent la vie de l'époque.

Une section distincte du musée présente quatre salles utilisées jadis pour les repas, les loisirs, l'enseignement, et pour se réchauffer en hiver.

Le centre de Bergen

Akvariet ⑩
Bergen Kunstmuseum ⑭
Bergen Museum: De Kulturhistoriske Samlinger ⑰
Bergen Museum: De Naturhistoriske Samlinger ⑱
Bergens Kunsthall ⑮
Bergens Sjøfartsmuseum ⑲
Bryggen ⑤
Bryggens Museum ④
Buekorpsmuseet ⑨
Den Nationale Scene ⑫
Domkirken ⑧
Grieghallen ⑯
Hanseatiske Museum ⑥
Håkonshallen et Rosenkrantztårnet ②
Korskirken ⑦
Kulturhuset USF ⑪
Mariakirken ③
Norges Fiskerimuseum ①
Vestlandske Kunstindustrimuseum ⑬

Légende

- Gare
- Station de bus
- Embarcadère de ferries
- Parc de stationnement
- Église
- Information touristique

0 400 m

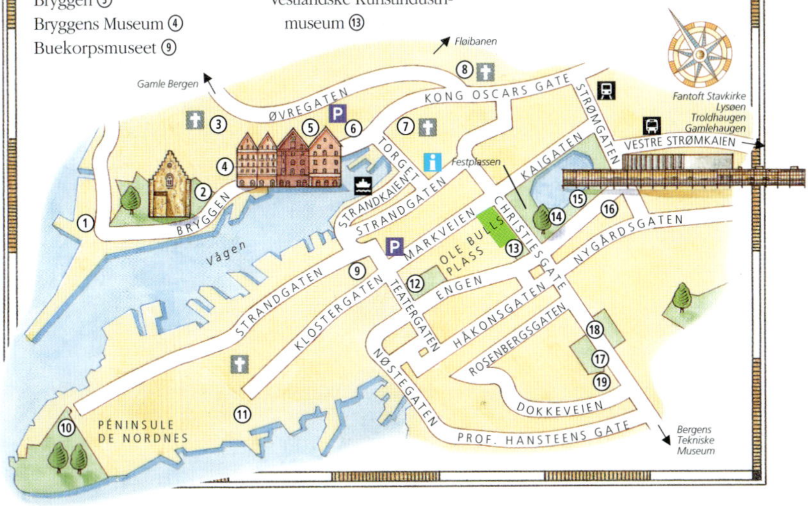

À la découverte du centre de Bergen

Le cœur de Bergen abrite Lille Lungegårdsvann, un lac entouré de pelouses, d'arbres et de rhododendrons aux couleurs chatoyantes – un véritable havre de paix. Sur sa rive ouest se situe Festplassen, la place des fêtes avec son kiosque à musique. De là part le boulevard Ole Bulls Plass, au bout duquel se dresse Den Nationale Scene (Théâtre national). À quelques rues au nord de Festplassen se trouve Fisketorget (marché au poisson). Les principales galeries d'art se situent le long de la rive sud du lac.

Les jeunes garçons du Buekorps défilant dans le centre de Bergen

Korskirken

Korskirkealmenningen.
55 31 71 68. *lun.-sam.*
12 h mer.

À l'est du Torget (« marché »), qui borde le fond du vieux port, se dresse Korskirken (l'église de la Croix). Érigée vers 1100, elle possédait à l'origine trois longues nefs romanes. L'aile sud fut ajoutée en 1615 et l'aile nord en 1623, conférant au sanctuaire son plan cruciforme caractéristique. Au nord, son magnifique portail Renaissance arbore le monogramme de Christian IV.

Domkirken

Kong Oscars Gate 22. *55 59 32 70.*
t.l.j. *11 h dim. ; juin-août : 9 h 30 dim. en anglais.*

La cathédrale de Bergen était à l'origine une église paroissiale, Olavskirken, érigée durant la seconde moitié du XIIe siècle. Lorsqu'un monastère franciscain s'établit dans la ville vers 1250, celui-ci reprit l'église. Comme tant d'édifices à Bergen, Olavskirken fut plus tard ravagée par un incendie. Elle fut restaurée par Geble Pederssøn, qui devint le premier évêque luthérien de Norvège en 1537. Au-dessus de l'entrée occidentale, il éleva une nouvelle tour agrémentée d'une horloge. Le chœur gothique à pans multiples, avec ses hautes ouvertures, resta tel quel. La cathédrale possède un orgue Rieger à 61 jeux.

Père de la littérature norvégienne moderne, l'écrivain et philosophe Ludvig Holberg, natif de Bergen, étudia dans l'école située non loin.

Buekorpsmuseet

Murhvelvingen. *55 23 15 20.*
sam. et dim. *mi-juil.-mi-août.*

Muren, qui fut initialement la demeure du haut fonctionnaire Erik Rosenkrantz, il y a quatre cents ans, abrite aujourd'hui le Buekorpsmuseet. Le Buekorps (littéralement le « corps des archers ») regroupe des brigades de garçons. Créé à Bergen dans les années 1850,

Le marché au poisson se tient sur le Torget, du lundi au samedi

ce corps fait partie des traditions de la ville.

Il fut un temps où des rivalités séparaient les différents Buekorps, mais de nos jours leurs manœuvres sont bien plus paisibles. Le musée présente leurs arcs et leurs bannières.

Akvariet

Nordnesbakken 4. *55 55 71 71.*
t.l.j. *24, 25 déc., 17 mai.*

L'aquarium est l'un des sites les plus populaires de Bergen. Il contient la plus grande collection européenne de poissons et d'invertébrés d'eau de mer et d'eau douce avec une cinquantaine d'aquariums. À l'extérieur se trouvent deux bassins abritant des phoques et des manchots, ainsi qu'un rocher aux oiseaux.

Chaque jour, trois millions de litres d'eau de mer sont pompés au fond du Byfjord et apportés par l'intermédiaire de 8 000 m de tuyaux.

Un enfant photographie les manchots de l'Akvariet

Kulturhuset USF

Georgernes Verft 12. *55 31 55 70.*
t.l.j.

L'ancienne conserverie United Sardines Factories (USF) a été convertie en un vaste centre culturel accueillant l'art sous toutes ses formes : musique, cinéma, théâtre, danse, arts

Den Nationale Scene (Théâtre national), imposant édifice situé au cœur de Bergen

visuels et artisanat. Il est rare en Norvège de trouver une telle variété artistique sous un même toit.

Den Nationale Scene

Engen 1. 55 60 70 80.
Billetterie *lun.-sam.*

Le premier Théâtre national de Norvège, Det Norske Theater, fut fondé à Bergen en 1850 par le violoniste Ole Bull. Henrik Ibsen en assura la direction pendant six ans à partir de 1851, suivi par Bjørnstjerne Bjørnson de 1857 à 1859.

Depuis 1909, le théâtre occupe un admirable édifice Art nouveau. Le bâtiment d'origine, le « théâtre d'Engen », fut bombardé en 1944. Den Nationale Scene a joué un rôle important dans l'histoire du théâtre norvégien, tant sur le plan du répertoire que de la mise en scène.

Vestlandske Kunstindustrimuseum

Nordahl Bruns Gate 9. *55 33 66 33.*
15 mai-15 sept. : t.l.j. ; 16 sept.-14 mai : mar.-dim. *jours fériés.*

Également connu sous le nom de Permanentum, le musée des Arts décoratifs de la Norvège de l'Ouest contient des trésors d'origine locale et étrangère. On y trouve de l'orfèvrerie norvégienne ainsi que des œuvres d'art chinoises provenant des dynasties Song, Ning et Qing. Le musée possède un violon fabriqué en 1562 par Gaspar de Salo, ayant appartenu à Ole Bull *(p. 171)* et des œuvres d'art contemporaines. Les collections se trouvent en partie dans la demeure de Damsgård Hovedgård et dans l'ancienne papeterie Alvøen, situées respectivement à 5 km et 20 km de Bergen. Entièrement préservée, la papeterie comprend encore ses maisons d'ouvriers et la demeure du propriétaire.

Bergen Kunstmuseum

Rasmus Meyers Allé 3 & 7, Lars Hilles Gate 10. *55 56 80 00.*
mi-mai-mi-sept. : t.l.j. ; mi-sept.-mi-mai : mar.-dim. *jours fériés.*

Les trois principales collections du musée des Beaux-Arts de Bergen occupent deux bâtiments le long du Lille Lungegårdsvann. Créée en 1878, la Bergens Billedgalleri (collection municipale) se vit adjoindre en l'an 2000 un nouvel édifice sur la Lars Hilles Gate. Celui-ci abrite la Vestlandets Nasjonalgalleri (Galerie nationale du Vestland), consacrée à l'art européen des XIXe et XXe siècles. Réalisées par J. F. L. Dreier, les toiles du vieux Bergen des années 1830 sont d'un grand intérêt historique.

Dans le même édifice se trouve la collection Stenersen, avec notamment des œuvres de Munch, Picasso, Miró, Klee et Utrillo, léguées par Rolf Stenersen *(p. 58)*.

Enfin, la Rasmus Meyers Samlinger contient des toiles datant de 1760 à 1915, avec des artistes comme Edvard Munch, J. C. Dahl, Adolph Tidemand, Harriet Backer et Christian Krohg. Cette collection provient du collectionneur Rasmus Meyer, décédé en 1916.

Notez l'intérieur rococo, avec des plafonds décorés par Mathias Blumenthal.

***Vue du port intérieur de Bergen*, J. C. Dahl (1834), Bergen Kunstmuseum**

Bergens Kunsthall

Rasmus Meyers Allé 5. *55 55 93 10.* *mar.-dim.* *certains jours fériés.*

L'Association des beaux-arts vit le jour en 1838. Chaque année, elle organise neuf à dix expositions d'art contemporain dans la Bergens Kunstforening. La plus prestigieuse de ces manifestations est la Festspillutstilling (mai-août). L'édifice est l'œuvre de l'architecte Ole Landmark (1885-1970).

Grieghallen

Edvard Griegs Plass 1. *55 21 61 00.* **Billetterie** *lun.-sam. et avant les représentations.*

Grieghallen, la salle de concert de Bergen, ouvrit ses portes en 1978. Conçue par l'architecte danois Knud Munk, c'est la plus vaste salle du pays avec ses 1 500 places. Un second auditorium peut accueillir 600 personnes. Grieghallen est également utilisée pour l'opéra, le ballet, le théâtre, ainsi que pour des congrès. C'est le principal lieu où se déroulent les manifestations du Festival international (Festspillene). Depuis 1953, celui-ci attire chaque année des artistes du monde entier.

De septembre à mai, le Bergen Filharmoniske Orkester (Orchestre philharmonique de Bergen) joue chaque jeudi au Grieghallen. Également connu sous le nom de Harmonien, cet orchestre fut fondé en 1765.

Squelettes de baleines au musée d'Histoire naturelle de Bergen

Bergen Museum : De Naturhistoriske Samlinger

Muséplass 3. *55 58 29 20.* *mar.-sam.* *jours fériés.*

Appartenant au musée de Bergen, De Naturhistoriske Samlinger (musée d'Histoire naturelle) est composé de plusieurs sections – botanique, géologie et zoologie –, sans compter son jardin botanique et ses serres. Créée en 1825 par le président du Parlement, W. F. K. Christie, la collection d'histoire naturelle occupe un imposant édifice sur les hauteurs de Nygårdshøyden, qui date de 1866 et 1898. On le doit aux architectes J. H. Nebelong et H. J. Sparre.

La section zoologique présente des animaux, oiseaux et poissons naturalisés provenant des quatre coins de la terre, et comprend une exposition intitulée « Les animaux sauvages d'Afrique ».

La section géologique abrite une fabuleuse collection de minéraux trouvés dans la région de Bergen et dans d'autres provinces. La vie de nos lointains ancêtres est illustrée dans « L'évolution de l'homme ». D'autres thèmes sont abordés, comme la géologie du pétrole ou l'évolution écologique de notre planète.

Portant le nom de Muséhagen, le jardin botanique regorge de fleurs

Grieghallen accueille chaque année le Festival international de Bergen

en été. Dans les serres, les plantes tropicales s'épanouissent tout au long de l'année. Créé en 1897, le jardin s'est enrichi de 3 000 espèces différentes au fil des ans, couvrant une variété exceptionnelle de plantes. Lorsque le site initial devint trop petit, de nouveaux jardins et un arboretum furent installés à Milde, à une vingtaine de kilomètres au sud du centre-ville.

Les recherches qui furent menées dans le cadre du musée d'Histoire naturelle débouchèrent sur la création de l'université de Bergen. Accueillant aujourd'hui 17 000 étudiants, celle-ci comprend sept facultés et 90 instituts.

Banc roman de l'église de Rennebu, De Kulturhistoriske Samlinger

Le cheval des Lofoten a existé de l'âge de pierre à 1900

Bergen Museum : De Kulturhistoriske Samlinger

Håkon Sheteligs Plass 10. 55 58 31 40 mar-dim jours fériés

De Kulturhistoriske Samlinger (musée de la Culture populaire) se trouve face au musée d'Histoire naturelle, de l'autre côté du Muséhagen. Il occupe un vaste bâtiment conçu par Egill Reimers en 1927. De manière novatrice, il illustre les traditions et l'art populaire norvégiens ainsi que certaines cultures étrangères. Une collection archéologique originale comprend des objets découverts dans le Hordaland, le Sogn og Fjordane et le Sunnmøre dans l'ouest de la Norvège. Ceux-ci sont regroupés par thèmes tels que « L'âge de pierre » ou « L'époque viking ». Enfin, la section « Héritage européen » retrace les échanges culturels entre la Norvège et le reste de l'Europe.

Les motifs chatoyants de l'artisanat norvégien font l'objet de l'exposition « Roses et héros », tandis que la section « Textiles ruraux » présente de superbes costumes traditionnels *(p. 24-25).*

L'exposition « Ibsen à Bergen » rend compte du travail de Henrik Ibsen lorsqu'il était à la tête du Théâtre national, de 1851 à 1857.

Parmi les expositions anthropologiques figurent « Du récif corallien à la forêt tropicale », « Indiens, Inuits et Aléoutes : les premiers Américains » et « Les momies égyptiennes ».

Enfin, le musée est réputé pour son art religieux, et notamment pour ses icônes russes.

Bergens Sjøfartsmuseum à gauche, et De Kulturhistoriske Samlinger

Bergens Sjøfartsmuseum

Håkon Shetelígs Plass 15.

55 54 96 00. *juin-août : t.l.j. ; sept.-mai : lun.-ven. et dim.*

Le Bergens Sjøfartsmuseum (musée de la Marine) retrace l'histoire de la navigation norvégienne, en mettant l'accent sur la région du Vestland. Le rez-de-chaussée traite des origines à 1900, tandis que le premier étage est consacré au XXe siècle, des premiers bateaux à vapeur aux bateaux modernes.

Une vaste collection de maquettes comprend des vaisseaux vikings et d'autres bateaux, dont le rouf du navire-école *Statsraad Lemkuhl.* La section « Bateaux des fjords et des côtes » illustre la vie à bord pour l'équipage et les passagers des embarcations qui sillonnaient le littoral.

Fondé en 1921, le musée de la Marine occupe aujourd'hui un étonnant édifice en pierre. Conçu par Per Grieg en 1962, celui-ci s'agence autour d'un atrium.

En été, les enfants jouent dans l'atrium avec leurs bateaux télécommandés. Sur le « pont promenade », les visiteurs peuvent s'étendre sur les chaises longues et contempler l'un des ports les plus animés de la ville.

Autour de Bergen

Lorsqu'en 1972, pour des raisons administratives, Bergen se vit adjoindre plusieurs quartiers environnants, la surface de la ville décupla. Elle englobe dorénavant des fjords, des montagnes, des lacs, des plateaux, des forêts et des champs, sans compter de nombreux trésors architecturaux.

Le funiculaire Fløybanen offre une superbe vue sur Bergen

Gamle Bergen

Elsesro, à 5 km au nord du centre-ville.
Musée *55 39 43 00.* *12 mai-1er sept. : t.l.j.*

Le musée en plein air de Gamle Bergen (« le vieux Bergen ») fut créé en 1949 sur l'ancien domaine patricien d'Elsesro à Sandviken. Les bâtiments, les meubles, les vêtements et les objets de la vie quotidienne illustrent la vie des habitants de Bergen aux XVIIIe et XIXe siècles. Les demeures, les ateliers et les boutiques permettent de découvrir les conditions de vie des différentes classes sociales, de l'ouvrier au notable. Les rues, les allées et les places contribuent à restituer l'atmosphère de l'époque.

Fløyen

Vestrelidsalmenningen 23.
Funiculaire *55 33 68 00.* *t.l.j.*

La colline de Fløyfjellet, surnommée Fløyen, tient son nom de la girouette placée à son sommet. Depuis des siècles, celle-ci indique la force et la direction du vent aux marins qui pénètrent dans le port en contrebas, ou le quittent. Maintes fois emportée par la tempête ou détruite par le feu, la girouette a chaque fois été reconstruite.

Créé en 1918, le funiculaire part du centre-ville, près de Fisketorget, pour atteindre le sommet de Fløyen à 320 m d'altitude. Ce dernier offre une vue magnifique et, de là, partent de nombreux sentiers de randonnée.

Fløyen est l'un des sept sommets qui entourent la ville. Quant à l'Ulrikken (642 m), il est loué dans l'hymne de Bergen, créé par Johan Nordahl Brun.

Gamle Bergen, musée en plein air illustrant le vieux Bergen

L'église de Fantoft, reconstruite après un incendie en 1992

Fantoft Stavkirke

Fantoftveien 46, à 5 km au sud du centre-ville. *55 28 07 10.* *mi-mai-mi-sept. : t.l.j.*

Fantoft Stavkirke fut initialement érigée à Fortun, dans la province de Sogn, vers 1150. En 1882, l'église en bois debout fut transférée à Fantoft et agrémentée de toits pointus et d'épis à tête de dragon. Détruite par un incendie en juin 1992, elle fut reconstruite en trois ans.

Jadis, en Norvège, il n'était pas rare de déplacer une *stavkirke*. On la transportait généralement par bateau, ce qui était plus aisé que par la route. Ainsi, la Vang Stavkirke de Valdres fut cédée au roi de Prusse. En 1842, l'église traversa le massif de Filefjell jusqu'à Sogn, avant de poursuivre son voyage par la mer.

Gamlehaugen

Gamlehaugveien 10, à 5 km au sud du centre-ville. *55 92 51 20.* *juin-août : lun.-ven.* *lors des séjours du roi.*

Située à Fjøsanger, Gamlehaugen est la résidence officielle du roi lorsqu'il séjourne à Bergen. Construite en 1901 par Jens Zetlitz Kielland pour le riche armateur Christian Michelsen, la demeure se dresse sur une colline qui domine le fjord intérieur de Nordåsvannet.

Christian Michelsen fut le premier chef de gouvernement après la dissolution de l'Union avec la Suède en 1905. À sa mort, l'État acquit sa propriété. Entourée de jardins anglais, la demeure renferme des sculptures en bois rappelant les chalets suisses, et des peintures norvégiennes de la fin des années 1800.

Troldhaugen

Troldhaugveien 65, à 8 km au sud du centre-ville. 55 92 29 92. *avr.-nov. t.l.j. ; janv.-mars lun.-ven.* *déc.*

Magnifiquement située sur un promontoire bordant le lac Nordåsvannet, cette demeure, conçue par Schak Bull en 1885, appartint au compositeur Edvard Grieg et à sa femme Nina. Selon une légende locale, le lieu était occupé par les trolls, d'où le nom de Troldhaugen qui signifie la « colline des trolls ».

Le couple y vécut vingt-deux ans, jusqu'à la mort de Grieg en 1907. Les murs intérieurs en bois brut reprennent la tradition architecturale norvégienne. L'aménagement n'a pas changé depuis 1907, avec notamment le piano Steinway que le couple se vit offrir pour ses noces d'argent en 1892.

Construit en 1892, le petit chalet du compositeur vit naître quelques-unes des plus grandes œuvres du musicien. La propriété comprend également un musée, ainsi qu'une salle de concerts de 200 places, Troldsalen. Face au lac, les tombes de Grieg et de sa femme sont dissimulées dans une grotte.

Troldhaugen, la demeure d'Edvard et Nina Grieg à Fana

Lysøen

25 km au sud du centre-ville. 56 30 90 77. *mi-mai-août : t.l.j. ; sept. : dim., groupes sur r.-v.*

L'un des plus grands virtuoses du violon de son temps, Ole Bull est considéré comme un héros national. Né en 1810 à Bergen, il mourut en 1880 sur l'île de Lysøen, dans sa retraite estivale. Cette villa extraordinaire, sa « petite Alhambra », fut construite en 1872 et agrandie en 1905.

Bull conçut sa résidence d'été avec l'aide de l'architecte C. F. von der Lippe, en s'inspirant de divers styles classiques et médiévaux. Construite en pin norvégien, la demeure comprend une tour couronnée d'un dôme orthodoxe et ornée d'une porte mauresque. L'intérieur est décoré de manière tout aussi exotique.

La villa de Lysøen est à l'image de son créateur fantasque. En 1973, son arrière-petite-fille Sylvia Bull Curtis, en fit don à la Société pour la préservation du patrimoine norvégien.

L'île offre en outre de nombreux sentiers de promenade.

À Lysøen, l'extravagante résidence estivale du violoniste Ole Bull

Bergens Tekniske Museum

Thormøhlens Gate 23. 55 96 11 60. *dim., et lun.-ven. sur r.-v.*

À Møhlenpris, l'ancien Trikkehallen (« hall du tram ») abrite le Bergens Tekniske Museum (musée des Techniques), consacré à l'énergie, à l'industrie, aux communications et aux sciences.

Les machines exposées vont de l'automobile à la machine à laver en passant par les armes à feu. Le visiteur pourra voir des voitures, motos et autobus anciens, une forge en fonctionnement, une presse d'imprimerie et des machines à vapeur. Le musée présente aussi des maquettes de bateaux et de chemins de fer.

EDVARD GRIEG

Edvard Grieg (1843-1907) fut le plus célèbre compositeur, pianiste et chef d'orchestre de Norvège. Né à Bergen, il entra à 15 ans au conservatoire de Leipzig sur les conseils du violoniste Ole Bull. Par la suite, il rencontra à Copenhague les grands compositeurs de son temps, comme Niels Gade. Cherchant à créer un style typiquement norvégien, Grieg puisa son inspiration dans la musique populaire. Parmi ses œuvres les plus célèbres figure *Peer Gynt*, la musique de scène du drame d'Ibsen. En 1867, Grieg épousa la soprano Nina Hagerup, sa cousine.

Edvard Grieg (1843-1907)

Le Sognefjord ⓯

Le plus long fjord de Norvège, le Sognefjord s'étend sur 206 km depuis l'archipel à l'ouest jusqu'à Skjolden à l'est, en contrebas du Jotunheimen. Sa profondeur maximale est de 1 308 m. Depuis son embouchure jusqu'à la petite ville de Balestrand il est relativement rectiligne, pour se ramifier ensuite en tous sens. Ses cinq bras principaux se subdivisent à leur tour en branches plus petites, particulièrement renommées pour leur beauté. On trouve notamment au nord le Fjærlandsfjord, le Sogndalsfjord et le Lustrafjord, à l'est l'Årdalsfjord, et au sud le Lærdalsfjord, l'Aurlandsfjord et le Nærøyfjord. Ces vallées figurent parmi les plus beaux paysages naturels au monde.

Kvinnefossen
La Kvinna se jette dans le Sognefjord, formant une chute de 120 m, splendide en période de hautes eaux.

Balestrand
Dans cette station touristique aux paysages variant de la douceur à l'austérité, le Kvikne's Hotel de Balholm est un remarquable édifice en bois datant de 1877 (p. 176).

Vik
Près du village de Vik se trouvent la stavkirke *de Hopperstad (1130) et une église romane en pierre. Sur l'embarcadère du ferry se dresse une statue de 26,50 m représentant le héros mythique Fridtjov, un présent de l'empereur allemand Guillaume II.*

Légende

- Route principale
- Route secondaire
- Itinéraire de ferry
- Tunnel

◁ **Prekestolen (« la chaire ») offre un point de vue spectaculaire sur le Lysefjord**

Sogndal
Le Sogndalsfjord est bordé de vergers qui offrent un spectacle fabuleux au printemps. Le village de Sogndalsfjøra constitue le carrefour du commerce local. Sa rue principale, Gravensteinsgata, porte le nom d'une pomme (p. 176).

> **Mode d'emploi**
>
> Province du Sogn og Fjordane. 6 600. Kulturhuset, Sogndal, 57 67 30 83. Balejazz (2e sem. mai), Fête du fromage de Vík (mi-juin), course cycliste du Jotunheimen (mi-juil.). www.sognefjorden.no

La *stavkirke* d'Urnes est inscrite au Patrimoine mondial de l'humanité *(p. 178)*.

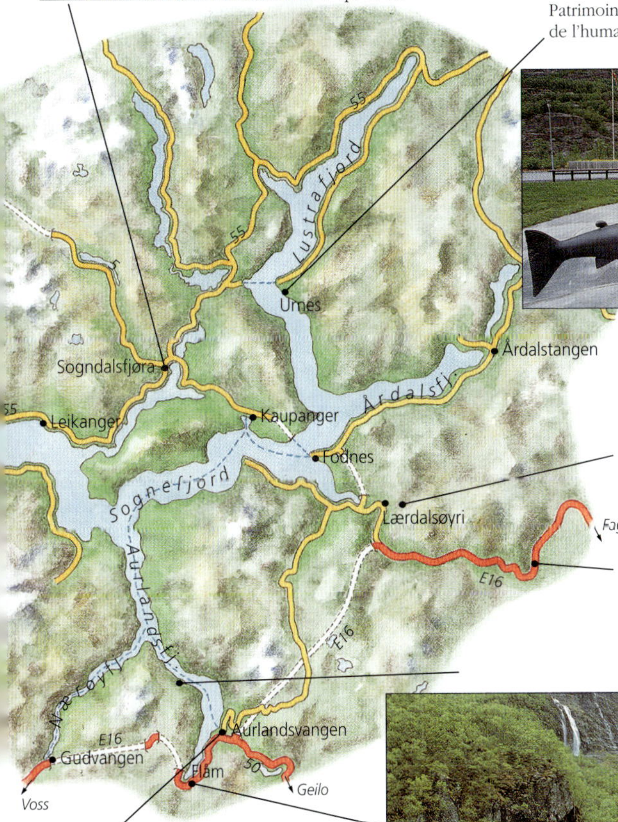

Norsk Villakssenter
Le Centre norvégien du saumon sauvage borde la Lærdalselva, célèbre rivière à saumon (p. 176).

Borgund (1150) possède l'unique église en bois debout qui n'ait pas été modifiée depuis le Moyen Âge *(p. 177)*.

Flåmsbanen
Le Flåmsbanen, un train à voie étroite, offre un spectacle grandiose en passant près de cascades, de hameaux pittoresques et d'étranges formations rocheuses. Le trajet est court mais abrupt de Flåm à Myrdal (p. 176).

Aurland et Aurlandsdalen
Aurlandsvangen est le point de départ de nombreuses excursions à travers le fjord, en voiture, en bateau, en train ou à pied (p. 176).

À la découverte du Sognefjord

Les premiers touristes découvrirent le Sognefjord il y a plus de cent cinquante ans. À l'époque, le fjord n'était accessible qu'en bateau. De nos jours, les ferries, l'Express côtier Hurtigruten *(p. 267)*, les bus locaux et les routes E16 et 55 permettent à de nombreux visiteurs de découvrir la région.

Vassbygdvatnet, superbe lac de la vallée d'Aurland

Balestrand

C'est avant tout le cadre qui fait de Balestrand l'une des destinations les plus prisées du Sognefjord. Les larges bandes fertiles qui longent la rive sont dominées par d'imposants sommets.

Depuis Balholm, au centre de la ville, le visiteur embrasse la totalité du fjord. Le magnifique panorama a sans nul doute attiré des touristes du monde entier, favorisant ainsi le développement de l'hôtellerie et des communications. Construit en 1877, le Kvikne's Hotel *(p. 225)* contient des sculptures de dragons et de nombreuses œuvres d'art.

Balholm abrite en outre deux tertres funéraires du IXe siècle. L'un d'entre eux comporte une statue de Bele, roi de la mythologie nordique qui était le père d'Ingeborg, bien-aimée de Fridtjof.

Sogndal

Au milieu des vergers de la région de Sogndal, le village de **Kaupanger** abrite une église en bois debout du XIIe siècle. Non loin se trouve le musée en plein air Sogn Folkemuseum et ses 32 édifices anciens.

À l'extrémité du fjord s'écoule le torrent **Årøyelva**, réputé pour la pêche au saumon des plus sportives qu'on y pratique (prise record : un poisson de 34 kg). La remontée des saumons étant bloquée par la Helvetesfossen (chute du Diable), les coins de pêche situés en aval sont surnommés les « bassins du désespoir ».

Lærdal

Le centre de **Lærdalsøyri** comprend de magnifiques maisons en bois des XVIIIe et XIXe siècles. Sur la rive de la Lærdalselva, le **Norsk Villakssenter** (Centre norvégien du saumon sauvage) permet d'observer ces poissons. Autrefois, pour rejoindre Aurland depuis Lærdal, il fallait soit faire le tour par le fjord, soit emprunter le Snøveien (« chemin des neiges ») à travers la montagne. Praticable uniquement en été, ce dernier est en effet enneigé toute l'année, y compris à la belle saison. Cependant, depuis novembre 2000, un tunnel de 24,5 km traverse le massif, reliant l'E16, près de Lærdalsøyri, à Aurlandsvangen.

Norsk Villakssenter
Lærdal. 57 66 67 71.
mai-sept. : t.l.j.

Aurland

La charmante petite ville d'**Aurlandsvangen** a conservé quelques édifices anciens, dont la pension Åbelheim (1770). Datant du XIIIe siècle, l'église en pierre possède des vitraux d'Emanuel Vigeland. Aurlandsvangen est un bon point de départ pour randonner dans la vallée d'Aurland. La route 601 mène à la plus petite *stavkirke* du pays, à **Undredal**, de l'autre côté du fjord.

Plus à l'ouest sur l'E16 se trouve **Gudvangen**, d'où part le ferry qui longe l'étroit Naerøyfjord avant de rejoindre Kaupanger sur la rive opposée du Sognefjord.

Flåmsbanen

Le Flåmsbanen offre l'un des trajets ferroviaires les plus grandioses au monde. Il ne parcourt guère plus de 20 km, mais franchit un dénivelé impressionnant de 864 m entre Myrdal, sur le plateau, et Flåm, sur la rive de l'Aurlandsfjord.

Ce train existe depuis 1942. Il traverse 20 tunnels et s'arrête à neuf reprises devant un panorama chaque fois différent, telle l'extraordinaire cascade de Kjofossen. Ce voyage de cinquante minutes est intégré au circuit « Norway in a Nutshell » *(p. 266-267)*.

Les maisons du port de Lærdalsøyri au bord du Sognefjord

Borgund Stavkirke ⓰

Près de Lærdalsøyri, l'église en bois debout de Borgund est l'unique *stavkirke* qui n'ait subi aucune modification depuis le Moyen Âge. Dédiée à l'apôtre saint André, elle remonte aux environs de 1150. Sans aucun siège ni ornement, l'intérieur est très sobre et l'éclairage se limite à quelques petites ouvertures en hauteur. En revanche, l'extérieur de cette église exclusivement bâtie en bois est richement décoré de sculptures, de dragons se battant entre eux, de têtes de dragons et d'inscriptions runiques. Le beffroi sans contrefort abrite une cloche médiévale.

MODE D'EMPLOI

Province du Sogn og Fjordane, à 30 km à l'est de Lærdalsøyri. *depuis Lærdal.* 57 66 81 09. *2 mai-16 juin : 10 h-17 h t.l.j. ; 17 juin-12 août : 8 h-20 h t.l.j. ; 13 août-30 sept. : 10 h-17 h t.l.j.* oct.-avr. www.alr.no

Nef
Au centre de la nef, douze poteaux (« stav ») soutiennent le toit. Semblant disparaître dans l'obscurité de la toiture, ceux-ci accentuent l'impression de hauteur.

Têtes de dragons
La toiture du clocher s'étage sur trois niveaux. Le premier est orné de têtes de dragons, que l'on retrouve sur le toit principal.

Les fenêtres n'étaient à l'origine que de simples lucarnes circulaires pratiquées dans le mur.

Les toits sont recouverts de lamelles de pin, semblables à des écailles.

Des croix ornent les pignons au-dessus des portes et de la tour de l'abside.

Le retable de l'autel date de 1654.

Des croix de Saint-André étayent les poutres de la nef centrale.

Porte ouest
À l'extérieur, la porte romane est richement ornée d'entrelacs de sarments et de dragons se livrant bataille.

Charpente
Vue de dessous, la charpente est constituée de multiples chevrons et solives qui s'entrecroisent.

La *stavkirke* d'Urnes, perchée au-dessus du Lustrafjord

Urnes Stavkirke ⓱

Province du Sogn og Fjordane. 17 km au nord-est de Sogndal. 57 68 39 45. 15 mn à pied depuis le ferry. juin-août : t.l.j.

La *stavkirke* d'Urnes est la plus ancienne de Norvège. Elle est inscrite au Patrimoine mondial de l'Unesco, tout comme Røros, les gravures rupestres d'Alta et le quartier Bryggen de Bergen. Érigée vers 1130-1150, elle possède des poutres du XIe siècle provenant d'une église antérieure.

L'élément le plus remarquable est son portail nord, repris lui aussi sur un ancien édifice. Ses sculptures illustrent la lutte entre le bien et le mal sous la forme d'animaux se battant contre des serpents. Ces ornementations animales caractérisent le « style d'Urnes ».

Sur l'autel se trouvent deux chandeliers en métal émaillé, fabriqués en France, à Limoges, au XIIe siècle.

Également aux environs de Luster, la splendide église en pierre de Sogn, Dale Kirke, remonte à 1250.

Jostedalsbreen ⓲

Province du Sogn og Fjordane. office de tourisme de Jostedalen, 57 68 32 50 ; Centre du parc national de Jostedalsbreen, Oppstryn, 57 87 72 00. www.jostedal.com

Jostedalsbreen, le plus grand glacier d'Europe continentale, mesure 100 km de long sur 15 km de large. Avec le Jostefonn auquel il fut jadis accolé, sa surface atteint 486 km². Son point culminant est Lodalskåpa, à 2 083 m d'altitude.

La calotte glaciaire étend ses cinq bras dans les vallées en contrebas. Au XVIIIe siècle, ceux-ci descendirent tellement bas qu'ils détruisirent les champs cultivés. Ils ont cependant reculé depuis.

Les excursions partent notamment de Jostedalen (pour les glaciers Nigardsbreen et Bergsethbreen), Stryn (pour le Briksdalsbreen) et Fjærland (Bøyabreen et Supphellebreen).

Au fond du Fjærlandsfjord aux eaux émeraude se trouve le **Norsk Bremuseum** (musée norvégien des Glaciers), dédié à la neige, à la glace, à la randonnée et à l'escalade glaciaires. Réputé pour ses expériences interactives, il emmène le visiteur au cœur d'un glacier virtuel sur écran panoramique.

Norsk Bremuseum
Fjærland. 57 69 32 88. avr.-oct. : t.l.j. ; sur r.-v. en dehors de cette période.

Førde og Jølster ⓳

Province du Sogn og Fjordane. 10 800. Langebruveien 20, 57 82 22 50. Festival international de musique folklorique (1re sem. juil.).

La ville de Førde se situe au cœur de la province du Sogn og Fjordane. On y trouve une maison de la culture, **Førdehuset**, qui abrite un centre artistique, une bibliothèque, un cinéma et un théâtre. Avec 25 édifices datant du milieu du XIXe siècle, le **Sunnfjord Museum** se trouve près de Førde.

À l'est, Vassenden possède un autre musée du patrimoine, **Jølstramuseet**, avec des bâtiments remontant au XVIIe siècle. Non loin se trouve le paisible musée rural **Astruptunet**, où vécut le peintre Nikolai Astrup (1880-1928).

Les environs sont renommés pour la pêche. La Jølstra est équipée d'une échelle à saumon datant de 1871. La rivière est issue du lac Jølstravatnet et des truites de plus de 12 kg y ont été capturées. Le cours de la Gularvassdraget est aussi prisé.

Sunnfjord Museum
9 km à l'est de Førde. 57 72 12 20. juin-août : t.l.j. ; sept.-mai : lun.-ven. jours fériés.

Jølstramuseet
20 km à l'est de Førde. 57 72 71 85. 15 juin-15 août : sam. et dim. ; sur r.-v. les autres périodes.

Astruptunet
26 km à l'est de Førde. 57 72 67 82. mi-mai-mi-août : t.l.j. ; mi-août-sept. : sam. et dim.

Nordfjord ⓴

Province du Sogn og Fjordane. Sandane. office de tourisme de Stryn, 57 87 40 40. Festival du ski d'été (juin), Festival du poisson (juil.).

Le fjord le plus septentrional du Sogn og Fjordane est le Nordfjord. Mesurant 110 km si l'on tient compte de son

Astruptunet, demeure du peintre et graphiste Nikolai Astrup

Le hameau d'Ervik sur la presqu'île de Stad

affluent, il s'étend depuis Måløy à l'ouest jusqu'à Stryn près de la frontière avec l'Oppland.

La région de Stryn devint très prisée à partir de 1850 avec l'arrivée des amateurs de sport britanniques. En effet, les activités de plein air ne manquent pas : alpinisme, randonnée dans les glaciers, ski et pêche.

Plusieurs excursions sur les glaciers partent du Jostedalsbreen. Le glacier de Briksdal est accessible à cheval et en calèche depuis cette localité (billets à l'office de tourisme de Stryn). Pour atteindre celui du Strynfjell, un télésiège part du Centre de ski d'été de Stryn.

Au bord du lac Lovatnet, Loen fut détruit en 1905 lorsque un éboulement du mont Ramnefjellet provoqua une énorme vague qui tua 63 personnes et projeta un bateau à 400 m d'altitude.

À partir de Stryn, deux routes suivent le Nordfjord. Au nord, la RV15 longe Hornindalsvatnet, le lac le plus profond d'Europe, jusqu'à **Nordfjordeid**, spécialisé dans l'élevage du cheval des fjords. Au sud, la RV60 et l'E39 traversent Innvik, Utvik et Byrkjelo pour aboutir à Sandane, où le **Nordfjord Folkemuseum** expose 40 maisons datant des XVIIIe et XIXe siècles.

Nordfjord Folkemuseum

Sandane. 57 86 61 22. *15 mai-30 juin : lun.-ven. ; 1er juil.-15 août : t.l.j. ; 16 août-15 sept. : lun.-ven. ; 16 sept.-14 mai : sur r.-v.* *jours fériés.* *été seul.*

Selje et Stad ㉑

Province du Sogn og Fjordane.
3 100. *office de tourisme de Selje, 57 85 66 06.*

Non loin de Måløy, à l'embouchure du Nordfjord, se trouvent la presqu'île de Stad et le **Vestkapp**, l'un des caps les plus occidentaux du pays. Là se dresse la Kjerringa, une falaise abrupte de 460 m plongeant dans l'eau. Son sommet offre une vue panoramique sur la mer. En bas, **Ervik** abrite une chapelle dédiée aux passagers du ferry *Sanct Svithun* qui périrent durant la Seconde Guerre mondiale.

Sur l'île de Selje subsistent les ruines d'un monastère bénédictin du XIIe siècle. Il était voué à sainte Sunniva, la fille d'un roi irlandais qui s'enfuit jadis afin d'échapper à ses fiançailles avec un chef païen. Son équipage débarqua à Selje et se réfugia dans une grotte.

Geirangerfjord ㉒

Province du Møre og Romsdal.
Geiranger, 70 26 30 99.
www.geiranger.no

Le Storfjord se divise en deux branches figurant parmi les fjords les plus connus de Norvège : le Tafjord au nord et le Geirangerfjord au sud.

Long de 16 km, le Geirangerfjord est l'un des fjords les plus étroits du pays. Typique, il serpente jusqu'au village de Geiranger, dominé par une immense paroi rocheuse d'où se précipitent de magnifiques cascades.

Suivant le trajet Grotli-Geiranger-Åndalsnes, la RV63 est surnommée la « Voie dorée ». Se dirigeant vers le sud en quittant Geiranger, la route passe par Flydalsjuvet, une falaise surplombante qui offre une vue imprenable sur le fjord et les montagnes. Elle atteint ensuite le refuge Djupvasshytta, d'où l'on peut accéder au sommet du Dalsnibba (1 476 m).

Au nord de Geiranger, la Voie dorée se dirige vers le Norddalfjord. Surnommée Ørnveien (« route de l'aigle ») sur cette partie, elle offre une vue spectaculaire. L'automobiliste doit ensuite traverser le fjord en ferry pour atteindre Valldal où la dernière section, connue sous le nom de Trollstigveien (« route des trolls ») mène à Åndalsnes *(p. 180)*.

En 1934, un énorme rocher du Langhammaren s'écrasa dans l'eau, causant la mort de 40 personnes.

Le Geirangerfjord, perle des fjords norvégiens

Ålesund 23

Province du Møre og Romsdal.
40 000. Keiser Wilhelms Gate 11, 70 15 76 00.
Festival de théâtre (mars), Festival de bateaux-dragon (mi-juin), Festival historique (1re sem. juil.), Festival des bateaux (2e sem. juil.), Festival gastronomique (4e sem. août).

En 1904, le centre d'Ålesund fut détruit par un gigantesque incendie. Grâce à l'intervention rapide d'autres pays d'Europe et à leurs dons, la ville fut sur pied en trois ans, reconstruite en grande partie dans le style Art nouveau. Aussi Ålesund occupe-t-elle une place très particulière dans l'histoire de l'architecture européenne. La ville s'étend sur plusieurs îles reliées par des ponts. Elle est aujourd'hui un port de pêche important, même si elle n'a reçu le statut de ville qu'en 1848.

Ornement Art nouveau, Ålesund

Aujourd'hui partie d'Ålesund, Borgund fut dès le XIIIe siècle un bourg qui rayonna sur toute la région du Sunnmøre. Le chalet de montagne **Fjellstua** bénéficie d'une vue magnifique sur la ville.

L'**Ålesund Museum** est consacré à la fois à la ville et à l'Arctique. Le **Sunnmøre Museum** possède 40 bâtiments anciens ainsi que 30 sortes de bateaux de pêche différents.

Au sud-ouest d'Ålesund se trouve l'île de **Runde**, renommée pour ses falaises où nichent près d'un million d'oiseaux de mer. On y trouve quelque 100 000 macareux, autant de mouettes tridactyles, et le rare fou de Bassan.

En 1725, le vaisseau hollandais *Akerendam* sombra au large de Runde. En 1972, des plongeurs retrouvèrent son épave qui contenait des coffres entiers de pièces d'or et d'argent.

Le légendaire « cortège nuptial » formé par les Trolltindane (« pics des trolls »)

Ålesund Museum
Rønnebergs Gate 16. *70 12 31 70.*
t.l.j. certains jours fériés.

Sunnmøre Museum
5 km à l'est du centre-ville.
70 17 40 00. mi-mai-23 juin : lun.-ven. et dim. ; 24 juin-août : t.l.j. ; sept.-mi-mai : lun., mar., ven., dim. en été.

Runde
30 km au sud-ouest du centre-ville. *jusqu'à Fosnavåg. 70 01 37 90.*

Vue d'Ålesund depuis la colline de Fjellstua

Åndalsnes 24

Province du Møre og Romsdal.
7 700. Molde.
Jernbanegt 1, 71 22 16 22.
Festival de la montagne (mi-juil.), Festival Sinclair (mi-août).
www.visitandalsnes.com

Au terminus du chemin de fer Raumabanen, la station touristique d'Åndalsnes se trouve au débouché de la Rauma dans le Romsdalsfjord. Sur le flanc est de la vallée se dresse le Romsdalshorn (1 554 m), tandis que l'autre rive abrite les versants abrupts des **Trolltindane** (1 795 m). Le site est très prisé des alpinistes.

Trollstigveien (la « route de l'échelle des trolls ») relie Åndalsnes et Valldalen *via* onze épingles à cheveux stupéfiantes. Elle offre une vue superbe sur les chutes de Stigfossen et Tverrdalsfossen. Chaque été, la course à ski Trollstigrennet a lieu au col du Trollstigheimen.

Molde 25

Province du Møre og Romsdal.
24 000. jusqu'à Åndalsnes, puis en bus. Storgata 31, 71 25 71 33. Festival international de jazz (mi-juil.), Festival Bjørnson (début août). www.visitmolde.com

Surnommée la « ville des roses » du fait de ses roseraies et de sa végétation luxuriante, Molde est une ville agréable bordant le fjord. Elle offre un panorama unique. Depuis Varden, 87 sommets enneigés sont visibles par temps clair. En juillet, Molde accueille un excellent festival de jazz qui attire les meilleurs musiciens étrangers.

Le musée en plein air **Romsdalsmuseet** présente d'anciennes maisons en bois, ainsi qu'une superbe collection de costumes.

Sur l'île de Hjertøya, le **Fiskerimuseet** (musée de la Pêche) évoque la vie des pêcheurs depuis le milieu du XIXe siècle.

Sur la péninsule de Molde, le village de pêcheurs de **Bud** vaut la visite, face au détroit de Hustadvika, célèbre pour ses récifs et brisants. À 30 km au nord, ne manquez pas non plus la grotte de marbre de **Trollkyrkja** (« église des trolls »).

Dans l'Eresfjord se jette la cascade **Mardalsfossen**, la plus haute chute directe d'Europe du Nord avec ses 297 m. La période la plus spectaculaire se situe du 20 juin au 20 août.

Partant de l'île d'Averøy en direction de Kristiansund, **Atlanterhavsveien**, la route de l'Atlantique, est grandiose. Enjambant îlots et récifs, elle traverse douze ponts bas construits dans la mer.

Romsdalsmuseet
Per Adams Vei 4. 71 20 24 60.
juin-mi-août : t.l.j.

Fiskerimuseet
Hjertøya (bateau depuis Molde en été). *71 20 24 60. fin juin-mi-août : t.l.j.*

Kristiansund 26

Province du Møre og Romsdal.
17 000.
Kongens Plass 1, 71 58 54 54.
Semaine de l'opéra (fév.), Festival des enfants (avr.), Festival du littoral (juin-juil.).

Le cairn situé sur l'île de Kirkelandet offre une vue splendide sur celle-ci et les deux autres îles qui composent la ville de Kristiansund.

Fourmillant de bateaux, son port abrité attira jadis les hommes, qui s'installèrent à Lille-Fossen, ou Fosna. Lorsqu'elle acquit sa charte municipale en 1742, cette

La route de l'Atlantique se faufile entre les îles et les détroits

dernière prit le nom de Kristiansund. Entre 1830 et 1872, la ville devint le plus grand exportateur de *klippfisk* (morue salée et séchée) du pays. En avril 1940, Kristiansund disparut presque entièrement sous les bombes. Sa reconstruction lui conféra une image nouvelle, avec des bâtiments modernes aux multiples couleurs.

Le **Nordmøre Museum** présente le fruit des fouilles archéologiques de Fosna, ainsi qu'une exposition sur les pêcheries.

Au nord de Kristiansund, la petite île de **Grip** est habitée uniquement en été. Le seul vestige de l'ancienne communauté de pêcheurs est son église en bois debout du XVe siècle, dans laquelle se réfugiaient les habitants lors des tempêtes les plus terribles.

Jadis accessible uniquement en bateau, Kristiansund est aujourd'hui reliée au continent par plusieurs routes et possède un aéroport. Quittant la ville en direction du sud-est, la RV70 traverse un certain nombre de tunnels et de ponts à mesure que le paysage se fait de plus en plus montagneux. **Tingvoll Kirke**, église fortifiée surnommée la « cathédrale du Nordmøre », remonte au début du XIIIe siècle.

Le long du Tingvollfjord, la route traverse Ålvundeid d'où part une voie secondaire menant à la **vallée de l'Innerdal**, avec le pic Dalatårnet et les sommets du Trollheimen. À l'extrémité du fjord se trouve **Sunndalsøra**, où débouche la Driva, fameuse rivière à saumon et à truite.

Nordmøre Museum
2 km au nord du centre-ville.
71 58 70 00. mars-nov. : mar.-ven. et dim. ; autres périodes : mar.-ven. partiel.

Grip
14 km au nord de Kristiansund.
depuis Kristiansund. office de tourisme de Kristiansund, 71 58 54 54.

Tingvoll Kirke
55 km au sud-est de Kristiansund.
71 53 03 03. mai-sept. : t.l.j. (concert à 17 h sam.).

Kristiansund, ses maisons colorées et son imposante église

LE TRØNDELAG

Jadis, traverser le plateau du Dovrefjell pour atteindre le Trøndelag représentait une véritable aventure. Empruntée par les rois et les pèlerins d'antan, la route qui reliait la Norvège du Nord à celle du Sud à travers les montagnes était des plus ardues. Après avoir franchi le fameux Vårstigen (« chemin de printemps »), le voyageur se savait enfin sorti d'affaire. De nos jours, le voyage est bien plus aisé.

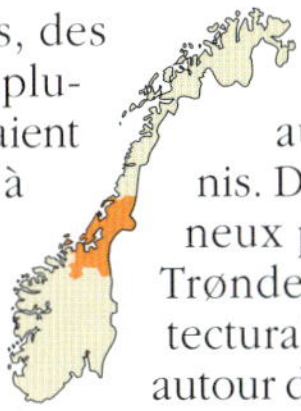

Qu'ils aient été des souverains, des pèlerins ou des marchands, la plupart des voyageurs qui franchissaient le Dovrefjell se rendaient à Trondheim (appelée Nidaros à l'origine). « Tous les chemins mènent à Trondheim », disait-on alors. Au cours de l'histoire, la cité fut la capitale de la Norvège centrale, ainsi que la première capitale du royaume.

En 997, le roi Olav Tryggvason fonda Trondheim, à l'embouchure de la Nidelva, où il érigea sa résidence. Cependant, ce fut la mort du roi Olav Haraldsson, lors de la célèbre bataille de Stiklestad, en 1030, qui motiva la construction de Kristkirken (église du Christ). Celle-ci fut ensuite remplacée par la cathédrale de Nidaros, lieu de pèlerinage vénéré dans toute la Scandinavie.

Le sud du Trøndelag est une région essentiellement agricole, où les forêts de conifères et de feuillus cèdent peu à peu la place aux flancs montagneux dégarnis. Dans le nord, les forêts de résineux prédominent. Les fermes du Trøndelag arborent un style architectural caractéristique, notamment autour du Trondheimsfjord. Leur bâtiment principal, nommé *trønderlån*, consiste en un édifice long et étroit, sur deux niveaux, peint en blanc et placé en hauteur.

Les régions montagneuses du Børgefjell, du Sylene, du Rørosvidda, du Dovrefjell et du splendide Trollheimen offrent de nombreuses activités de plein air, parmi lesquelles la chasse et la pêche. Les saumons en effet abondent dans de nombreuses rivières.

Les îles qui bordent la côte sont aisément accessibles, tel l'archipel de Vikna où l'on peut observer les oiseaux ou pêcher en mer.

Statues ornant la façade ouest de la cathédrale de Nidaros à Trondheim, avec saint Olav au centre

◁ **Hyttklokka, une cloche ancienne symbolisant le passé minier de la ville de Røros**

À la découverte du Trøndelag

Constitué de deux provinces, le Nord-Trøndelag et le Sør-Trøndelag, le Trøndelag représente 12,7 % de la Norvège. À l'ouest, le continent et les fjords sont protégés par un vaste archipel d'îles rocheuses. Autour du Trondheimsfjord, le paysage plat dans son ensemble abrite des terres agricoles fertiles. À l'est, vers Kjølen et la frontière suédoise, de vastes plateaux sont entourés de hauts sommets comme le massif des Sylene. Le centre de la région, lui, est couvert d'immenses étendues boisées. Des siècles durant, des foules de pèlerins se rendirent à la cathédrale de Trondheim ainsi qu'à Stiklestad, où périt saint Olav en 1030.

La cathédrale de Nidaros, érigée sur la tombe de saint Olav

Légende

- Route principale
- Route secondaire
- Voie ferrée
- Itinéraire de ferry

La région d'un coup d'œil

- Levanger 6
- Namsos 9
- Oppdal 1
- Røros 2
- Rørvik 10
- Steinkjer 8
- Stiklestad 7
- *Trondheim p. 190-193* 4
- Trondheimsfjord amont 5
- Trondheimsfjord aval 3

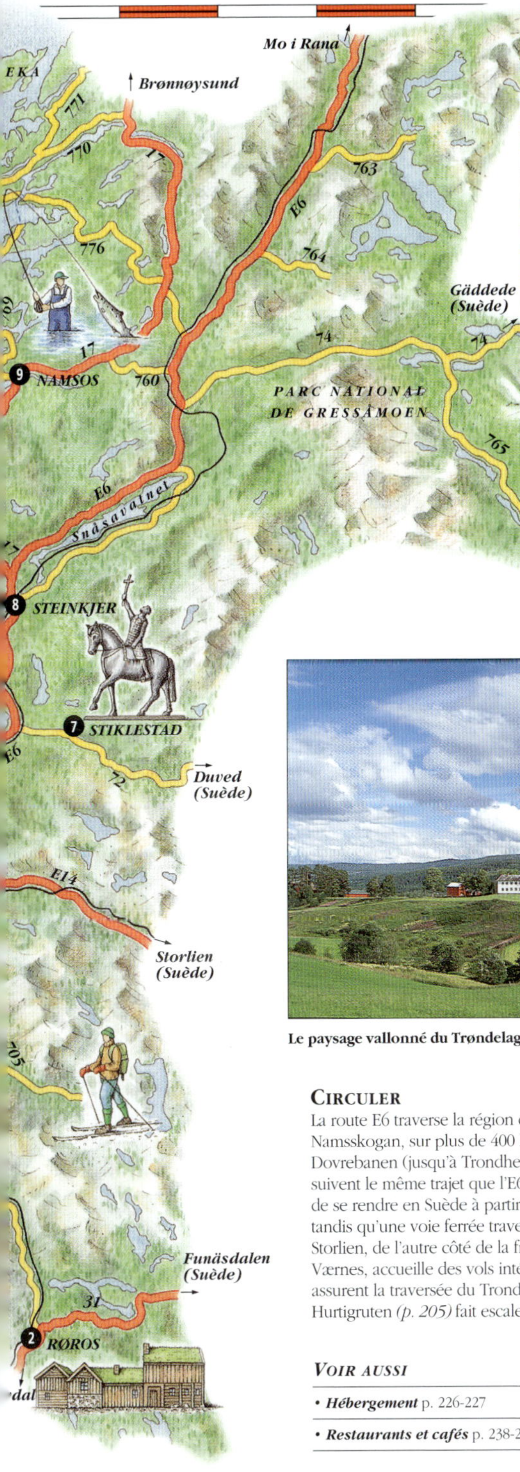

L'archipel de Vikna compte environ 6 000 îles et îlots

Le paysage vallonné du Trøndelag renferme des terres fertiles

Circuler

La route E6 traverse la région du sud au nord, de Dovre à Namsskogan, sur plus de 400 km. Les deux lignes de chemin de fer, Dovrebanen (jusqu'à Trondheim) et Nordlandsbanen (vers le nord) suivent le même trajet que l'E6. Des routes transversales permettent de se rendre en Suède à partir de Stjørdal, Verdalsøra et Formfoss, tandis qu'une voie ferrée traverse la vallée de Stjørdal jusqu'à Storlien, de l'autre côté de la frontière. L'aéroport de Trondheim, Værnes, accueille des vols intérieurs et internationaux. Des ferries assurent la traversée du Trondheimsfjord, et l'Express côtier Hurtigruten *(p. 205)* fait escale à Trondheim et à Rørvik.

Voir aussi

- ***Hébergement*** p. 226-227
- ***Restaurants et cafés*** p. 238-239

Oppdal ❶

Province du Sør-Trøndelag. 6 300. O. Skasliens Vei 15, 72 40 04 70. marché montagnard (sept.), Vintersleppet (1re sem. déc.), challenge hors piste (Pâques). www.oppdal.com

Oppdal est un centre touristique très animé, notamment en hiver. Son infrastructure comprend 200 km de pistes de ski, un téléphérique et des remonte-pentes, des refuges, des cafés et des restaurants. La saison de ski commence avec le festival Vintersleppet, tandis que la compétition hors piste se déroule aux alentours de Pâques.

Située dans un splendide écrin montagneux, la ville est bien desservie par la route. Elle est en outre un carrefour ferroviaire important.

Le musée en plein air **Oppdal Bygdemuseum** possède une superbe collection de maisons anciennes. À 3 km d'Oppdal, **Vang** abrite un vaste cimetière viking.

D'Oppdal part vers le nord le Vårstigen, le « chemin de printemps » *(p. 183)* que les pèlerins empruntaient à la fonte des neiges. Il traverse la vallée de Drivdalen et le parc national du Dovrefjell *(p. 132-133)*.

Depuis le pont de Festa, la route à péage mène à **Gjevilvasshytta**, élégant refuge incluant Tingstua, l'ancien tribunal de Meldal.

Oppdal Bygdemuseum
Museumsveien. *72 40 15 10.*
fin juin-mi-août : mar.-dim.

Røros, ville minière du XVIIe siècle admirablement préservée

Røros ❷

Province du Sør-Trøndelag. 5 500. Peder Hiorts Gate 2, 72 41 11 65. marché de Røros (3e sem. fév.), Festival d'hiver (mars), Garpvukku, spectacle historique (2e sem. août).

La vie de Røros était jadis centrée sur les mines de cuivre, dont l'exploitation commença en 1644 sur un plateau désolé, à 600 m d'altitude. Épargnée par les incendies, la ville minière avec ses maisons de bois, son église et ses fonderies, est classée au patrimoine de l'humanité par l'Unesco.

L'édifice le plus remarquable de Røros est son église baroque Bergstadens Ziir, construite en pierre en 1780. Elle renferme un superbe orgue baroque ainsi que des bancs sur lesquels les fidèles devaient se répartir selon un ordre hiérarchique strict.

Bergskrivergården, la demeure du directeur de la société minière, se trouve dans la rue Bergmannsgata où vivaient les familles aisées. Le musée de la Mine, **Rørosmuseet**, occupe l'ancienne fonderie reconstituée, Smeltehytte. De magnifiques maquettes illustrent les techniques minières et de fonderie.

À 13 km à l'est de Røros, on peut visiter **Olavsgruva**, la « mine d'Olav », aujourd'hui désaffectée. Bergmannshallen (hall des mineurs) est une salle de concert et de théâtre.

Né dans la région, l'écrivain Johann Falkeberget (1879-1967) immortalisa Røros. Son récit qui met en scène une jeune paysanne travaillant à la mine fut porté à l'écran dans *An-Magritt*, avec Liv Ullmann dans le rôle principal.

Rørosmuseet
Malmplassen. *72 40 61 70.*
t.l.j. *certains jours fériés.*

Olavsgruva
13 km à l'est du centre-ville. *72 41 44 50.* *vis. guidées seul.* *sam.*

Dans une région agricole montagneuse, Oppdal est réputée pour le ski

Trondheimsfjord aval ❸

Province du Sør-Trøndelag.
Trødelagreiselin, 73 84 24 40.
www.trondelag.com

Approchant le Trondheimsfjord par l'ouest, le chenal longe Hitra, la plus grande île du sud de la Norvège. L'embouchure du fjord se situe au niveau du promontoire d'Agdenes.

Au nord de l'entrée du fjord s'étend la région plate et fertile du Ørland, où se trouve le château d'**Austrått**. Jadis, le domaine appartenait à la puissante famille Rømer. Inger Ottesdatter Rømer, décédée en 1555, inspira à Ibsen la pièce *Dame Inger d'Østråt*. Puis la propriété fut transmise par mariage à la famille Bjelke. De 1654 à 1656, le chancelier Ove Bjelke érigea le château de style Renaissance. En 1658, son frère Jørgen reprit la province de Trondheim à l'armée suédoise.

De l'extérieur, le château d'Austrått semble plutôt austère avec son porche en stéatite orné d'armoiries. À l'intérieur, en revanche, une cour aux couleurs vives est agrémentée de cariatides en bois sculpté représentant les « vierges sages et idiotes ».

À l'ouest de Trondheim, un bras du fjord mène à Orkanger près de la voie ferrée Thamshavnsjenbanen. Ici sont exposés les premières locomotives électriques et leurs wagons de 1908. De plus, l'**Orkla Industrimuseum** (musée de l'Industrie d'Orkla) s'enorgueillit de posséder le somptueux wagon du roi. Il comprend en outre un musée de la Mine ainsi que les anciens puits de Gammelgruva.

Austrått
Opphaug. *72 51 40 36.*
juin-mi-août : t.l.j.

Orkla Industrimuseum
Løkken Verk (mine de Løkken).
72 49 91 00. juin-août : t.l.j. ; sept.-mai : lun.-ven. jours fériés.

Face à Trondheim, l'île de Munkholmen fut jadis une prison

Trondheim ❹

Voir p. 190-193.

Trondheimsfjord amont ❺

Province du Nord Trøndelag.
Trøndelag Reiseliv, 73 84 24 40.
www.trondelag.com

Dans la partie amont du Trondheimsfjord, la péninsule de Byneset, à l'ouest de Trondheim, abrite Gråkallen, l'une des principales zones de loisirs de la ville. Face au quai Fosen de Trondheim, **Munkholmen** (« île aux moines ») fut tour à tour un monastère, une forteresse et une prison.

C'est à l'est de Trondheim que le fjord est le plus large. Près de l'aéroport de Værnes se jette la Størdalselva, rivière à saumon réputée. En amont se dresse la forteresse **Hegra Festning**. En 1940, le général Holtermann et son unité y résistèrent 23 jours aux Allemands. À **Reinå**, l'Engelskstuggu (« cabane anglaise ») évoque les premiers pêcheurs britanniques.

La petite île de **Steinvikholm** abrite un château édifié en 1525 par l'archevêque Olav Engelbrektsson. Durant la Réforme, il s'y réfugia avec le cercueil de saint Olav *(p. 194)*. La péninsule de **Frosta** recèle des tumuli vikings.

Hegra Festning
15 km à l'est de Stjørdal. *office de tourisme de Stjørdal, 74 83 45 80. mi-mai-sept. : t.l.j. ; sur r.-v. en dehors de cette période.*

Levanger ❻

Province du Nord-Trøndelag. *17 500. Værnes, à 50 km au sud-ouest. Levanger, 74 05 25 00. marché de Levanger (début août).* www.levanger.kommune.no

Levanger abrite une nécropole remontant à l'âge du fer. Au sud, près d'Ekne se trouve **Falstad Fangeleir**, un camp de concentration de la Seconde Guerre mondiale.

L'île d'Ytterøy fait face à la péninsule d'**Indreøy**, qui obstrue quasiment le fjord avant qu'il ne se termine à Steinkjer *(p. 194)*. Sur cette dernière, le hameau de Strauma est tout à fait idyllique.

Falstad Fangeleir
20 km au sud de Levanger.
74 02 28 26. mi-mai-mi-août : mer.-dim. ; sur r.-v. en dehors de cette période.

La cour intérieure d'Austrått avec ses cariatides en bois

Trondheim ❹

Ornement, Stiftsgården

Selon l'auteur de sagas Snorri Sturluson, le roi Olav Tryggvason décida en 997 d'établir une ville à l'embouchure de la Nidelva. La cité de Trondheim, nommée jadis Nidaros, devint rapidement le centre du Trøndelag, et même un temps la capitale de la Norvège. Suite à la canonisation du roi Olav Haraldsson en 1031, des foules de pèlerins se rendirent sur son tombeau dans la cathédrale de Nidaros. Au XVIIe siècle, incendies et batailles eurent raison d'une grande partie de la ville médiévale. Trondheim fut alors reconstruite selon un plan orthogonal.

Vue sur Trondheim avec la cathédrale de Nidaros à l'arrière-plan

À la découverte de Trondheim

Les sites les plus intéressants de Trondheim sont pour la plupart accessibles à pied. Le centre, Midtbyen, est presque entièrement cerné par le fjord et la Nidelva. Sa rue principale, Munkegata, traverse le cœur de la cité depuis la cathédrale de Nidaros, au sud, jusqu'au célèbre marché au poisson de Ravnkloa, au nord.

Suite au terrible incendie de 1681, l'ingénieur militaire Johan Caspar de Cicignon conçut le tracé orthogonal de la nouvelle ville, qui subsiste encore aujourd'hui. Cependant, au détour des rues secondaires, il semble que certains propriétaires aient réussi à ajouter leur propre touche.

Erkebispegården

Kongsgårdsgaten 1B. *73 53 91 60.* *juin-août : t.l.j. ; sept.-mai : mar.-dim.* *certains jours fériés.* *partiel.*

Erkesbispegården (palais de l'archevêque) devint le siège du pouvoir politique et religieux norvégien peu après l'introduction du christianisme. Une partie de l'aile nord du bâtiment principal, qui fut conçu comme un palais fortifié, date des XIIe et XIIIe siècles. Le reste de l'édifice fut réalisé entre 1430 et 1530. Après la Réforme, le palais devint la résidence privée du gouverneur danois. Par la suite, il servit de base militaire. Au XIXe siècle, le château abrita les joyaux de la Couronne norvégienne (aujourd'hui conservés dans la cathédrale de Nidaros).

Le musée, situé dans l'aile sud restaurée, contient entre autres des sculptures provenant de la cathédrale et l'atelier où l'archevêque frappait sa monnaie.

Le cabinet des armures, Rustkammeret, propose une grande collection d'armes à feu ainsi qu'une section consacrée à la Résistance durant la dernière guerre.

Trondheim Kunstmuseum

Bispegaten 7. *73 53 81 80.* *juin-août : t.l.j. ; sept.-mai : mar.-dim.*

Le musée des Beaux-Arts est situé non loin de la cathédrale et de la résidence de l'archevêque. Il possède une belle collection de peintures provenant de l'Association artistique de Trondheim fondée en 1845.

Les œuvres majeures de ce musée sont les tableaux norvégiens datant du début du XIXe siècle à nos jours, depuis l'école de Düsseldorf jusqu'aux artistes contemporains. Il y a également une collection de peintures danoises sans égale hors du Danemark, et des lithographies d'artistes européens du XXe siècle.

Nordenfjeldske Kunstindustrimuseum

Munkegaten 5. *73 80 89 50.* *juin-août : t.l.j. ; sept.-mai : mar.-dim.* *certains jours fériés.*

Les édifices en brique rouge de la Katedralskolen (école de la cathédrale) et du Kunstindustrimuseum (musée des Arts appliqués) se font face près de la cathédrale. Le musée renferme des meubles, de l'orfèvrerie et des vêtements. Une section intitulée « Trois femmes, trois artistes » présente les tapisseries de Hannah Ryggen et Synnøve Anker et les créations en verre de Benny Motzfeld.

Trøndelag Teater

Prinsens Gate 22. *73 80 50 00.* **Billetterie** *lun.-sam.* *pendant les représentations.*

Le splendide Trøndelag Teater vit le jour en 1997. Il comprend cinq scènes avec des salles pouvant accueillir entre 50 et 500 spectateurs, et propose un répertoire très étendu.

Le plateau principal de l'ancien théâtre, érigé en 1816, a été incorporé dans le bâtiment moderne. Avant cette date, les amateurs d'art dramatique organisaient des représentations chez eux. L'intérieur du café Art nouveau provient lui aussi du théâtre d'origine.

Le Trøndelag Teater rassemble cinq plateaux en un seul bâtiment

◁ **Les entrepôts de Trondheim se reflétant dans l'eau près de l'embouchure de la Nidelva**

Vitenskapsmuseet

Erling Skakkes Gate 47. *73 59 21 45.* *t.l.j.*

Les collections du musée d'Histoire naturelle et d'archéologie sont exposées dans trois édifices baptisés d'après les fondateurs de la Société royale norvégienne des sciences (1706).

Le bâtiment Gerhard Schøning est consacré à l'histoire religieuse de la Norvège, tandis que la section Peter Frederik Suhms est dédiée plus particulièrement au Moyen Âge.

Le bâtiment Johan Ernst Gunnerus comprend les départements de zoologie et de minéralogie. Certaines sections abordent des thèmes comme « La culture des Samis du Sud » ou « De l'âge de pierre aux Vikings ».

Vår Frue Kirke

Kongens Gate 2. *73 53 84 80.* *juin-août : mer. ; autres périodes : sam*

L'inscription « Sainte Marie, je suis à vous » apparaît en vieux norrois sur les murs de Vår Frue Kirke (église Notre-Dame). Édifiée à la fin du

Vår Frue Kirke, église du XIIe siècle située au cœur de la ville

XIIe siècle, elle fut la seule de Trondheim à survivre à la Réforme. Appelée Mariakirken (église de Marie) à l'origine, elle connut plusieurs extensions. La tour, par exemple, fut ajoutée en 1739. Quant à l'autel, il fut apporté de la cathédrale de Nidaros en 1837.

Bryggen

Øvre Elvehavn.

Les quais situés à l'embouchure de la Nidelva furent très tôt consacrés au commerce. À de nombreuses reprises, les entrepôts qui s'y trouvent furent ravagés par le feu.

Aujourd'hui restaurés, les bâtiments colorés longent les deux berges de la rivière. Du côté du centre-ville, le long de

Mode d'emploi

Province du Sør-Trøndelag. *152 000.* *Værnes, à 50 km à l'est du centre-ville.* *Brattøra.* *Brattøra.* *Pier 2.* *Munkegata 19, 73 80 76 60.* *Saint-Olav (4e sem. juil.), Nor-Fishing (2e sem. août).* www.trondheim.com

Kjøpmannsgata, les maisons disposées en terrasse permettaient d'attaquer au canon l'ennemi arrivant par la rivière. Du côté de Bakklandet, les entrepôts bordent les rues Fjordgata et Sandgata. Les plus vieux d'entre eux remontent à environ 1700.

Entrepôts restaurés bordant la Nidelva

Le centre de Trondheim

Bryggen ⑧
Erkebispegården ①
Nidarosdomen *(p. 193)* ③
Nordenfjeldske Kunstindustrimuseum ④
Sjøfartsmuseum ⑩
Stiftsgården ⑨
Trondheim Kunstmuseum ②
Trøndelag Teater ⑤
Vitenskapsmuseet ⑥
Vår Frue Kirke ⑦

0 300 m

Légende

- Gare
- Station de bus
- Parc de stationnement
- Église
- Information touristique

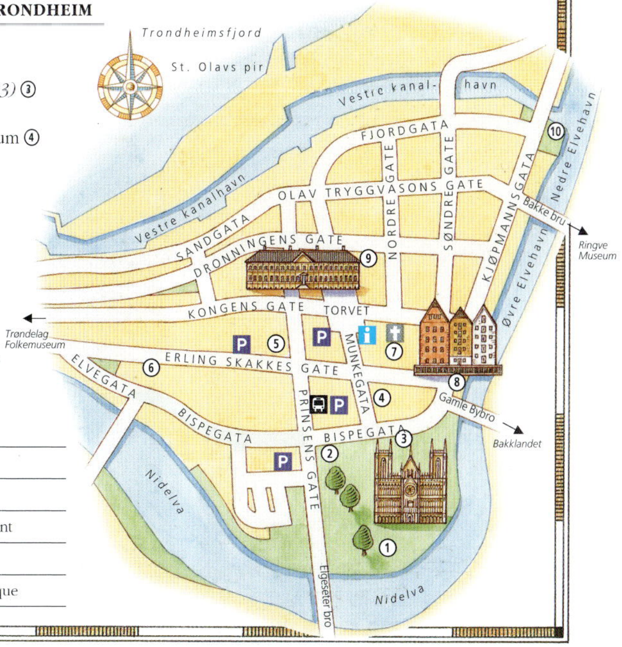

Une salle de Stiftsgården, la plus vaste demeure en bois de Scandinavie

Stiftsgården

Munkegaten 23. 73 80 89 50.
juin-août : t.l.j. ; vis. guidées seul.
séjours royaux.

De style rococo avec des ornements baroques, la résidence royale de Stiftsgården figure parmi les vieilles demeures les plus imposantes de Trondheim. Représentative de l'architecture de bois norvégienne, elle fut conçue par le général G. F. von Krogh et terminée en 1778.

Sa propriétaire initiale fut Cecilie Christine de Schøller, veuve du conseiller privé du roi. En relation avec la cour de Copenhague et influencée par les idées venant de l'étranger, elle tint à se faire construire une vaste demeure, digne de ses ambitions.

Long de 58 m, l'édifice comprend 64 pièces. Il prit le nom de Stiftsgården lorsqu'en 1800 le gouvernement l'acquit pour en faire la résidence du préfet *(stiftsamtmannen)*. En 1906, le palais devint une résidence royale. La salle à manger, ornée de tableaux de J. C. C. Michaelsen représentant Londres et Venise, est particulièrement intéressante.

Trondheims Sjøfartsmuseum

Fjordgata 6A. 73 89 01 10.
juin-août : 10 h-16 h t.l.j. ; sur r.-v. en dehors de cette période.

Le musée de la Marine occupe une ancienne prison remontant à 1725. Il possède une importante collection de maquettes de bateaux, de figures de proues et d'objets liés à la vie maritime du Trøndelag, des origines au XVIe siècle. Parmi ceux-ci, les restes de la frégate *Perlen*, qui sombra en 1781.

Bakklandet

1 km à l'est du centre-ville.

À l'est de la Nidelva se trouve Bakklandet, un agréable quartier composé de rues sinueuses et étroites datant de 1650. Occupée à l'origine par un couvent, la zone devint, à partir de 1691, propriété de Jan Wessel, le père du grand amiral Tordenskiold, qui y tenait un débit de boissons. Le domaine de Bakke fut brûlé par les Suédois en 1658, puis à nouveau en 1718 lorsque le général Armfeldt tenta d'anéantir la ville. Le quartier fut rapidement reconstruit avec des maisons de marins, de pêcheurs et d'artisans.

Détail d'une balustrade de Stiftsgården

Depuis le centre, Bakklandet est accessible par le Gamle Bybro (« vieux pont »), qui fut doté de portes sculptées en 1861. Au-dessus du quartier se dresse la forteresse de Kristiansten, érigée par Johan Caspar de Cicignon en 1682.

Ringve Museum

Lade Allé 60, 4 km au nord-est du centre-ville. 73 87 02 80. *18 mai-15 sept. : t.l.j. ; autres périodes : dim.*

Ringve est le musée national de l'Histoire de la musique. Il fut créé en 1952, conformément au testament de Victoria et Christian Anker Bachke, qui appartenaient à une très ancienne famille de grands propriétaires terriens et de maîtres de forges. Le couple légua sa vaste propriété et sa collection d'instruments de musique pour en faire un musée. Auparavant, ces instruments avaient appartenu à Jan Wessel, père du héros Peter Wessel Tordenskiold.

Le musée fait passer ses visiteurs d'une période musicale à l'autre en présentant ses maîtres et ses instruments, avec démonstrations à l'appui.

Entourant la demeure, le jardin botanique offre une jolie vue sur la mer et contient 2 000 variétés de plantes et d'arbres.

Trøndelag Folkemuseum

Sverresborg Allé, à 4 km au sud du centre-ville. 73 89 01 10.
t.l.j. *jours fériés.*
partiel.

Avec plus de 60 bâtiments provenant de Trondheim et de ses environs, le Trøndelag Folkemuseum donne un remarquable aperçu de l'habitat et du mode de vie de la région. Situé près de la forteresse médiévale du roi Sverre, il offre une vue splendide sur la ville.

Gammelbyen, la vieille ville des XVIIIe et XIXe siècles, a été reconstituée avec son cabinet de dentiste, son épicerie et sa confiserie. Ne manquez pas Vikastua, une maison d'Oppdal aux extraordinaires décorations « à la rose ». Provenant de Haltdalen, l'église en bois debout remonte à 1170.

Demeure traditionnelle de la région, Trøndelag Folkemuseum

Trondheim: Nidarosdomen

Érigée à l'emplacement de Kristkirken (église du Christ) au-dessus du tombeau de saint Olav *(p. 194)*, la partie ancienne de la cathédrale de Nidaros, construite dans les styles anglo-normand, roman et gothique, remonte à environ 1320. Avec ses 102 m sur 50 m, c'est le plus grand édifice médiéval de Norvège. Après plusieurs incendies, elle était très endommagée lorsque sa restauration commença en 1869. Sa reconstruction dans le style gothique est aujourd'hui terminée. L'une des chapelles contient les joyaux de la Couronne norvégienne.

MODE D'EMPLOI

Bispegaten 5. ☎ *73 53 91 60.*
14 juin-15 août : 10 h-17 h lun.-ven., 10 h-15 h sam., 12 h-17 h dim. ; 16 août-13 juin : 11 h-15 h lun.-sam., 12 h-16 h dim.
www.nidarosdomen.no

Nef
La nef, haute de 21 m, est construite sur le modèle de la cathédrale de Lincoln et de l'abbaye de Westminster en Angleterre.

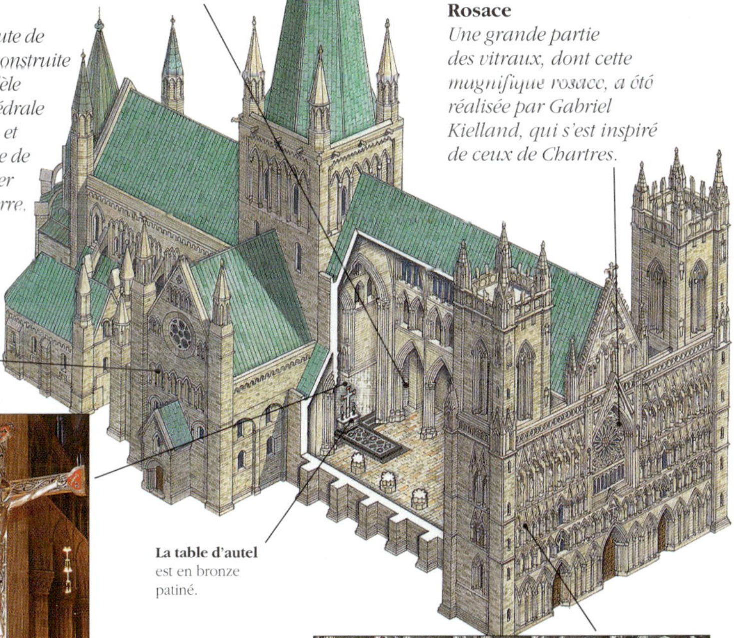

La tour principale s'élève à 98 m.

Rosace
Une grande partie des vitraux, dont cette magnifique rosace, a été réalisée par Gabriel Kielland, qui s'est inspiré de ceux de Chartres.

Le transept nord, de style roman, date du XIIe siècle.

La table d'autel est en bronze patiné.

Crucifix en argent
Des Norvégiens des États-Unis offrirent ce crucifix de W. Rasmussen pour le 900e anniversaire de la cathédrale.

Façade ouest
Sur le rang médian de la façade ouest richement ouvragée, ces cinq statues représentent le saint archevêque Øystein, saint Hallvard, sainte Sunniva, saint Olav et la vertu de l'Amour.

L'église de Stiklestad, érigée un siècle après la funeste bataille

Stiklestad 7

Province du Nord-Trøndelag, à 4 km à l'est de Verdal. *jusqu'à Verdal, puis en taxi.* *pendant la fête d'Olsok.*

Stiklestad figure parmi les lieux les plus célèbres de l'histoire norvégienne. C'est là que, lors d'une bataille, en 1030, mourut le roi Olav Haraldsson, qui fut canonisé par la suite. Sur le site même, le **Stiklestad Nasjonale Kultursenter** (Centre culturel national) est consacré au saint homme. Quant au monument Saint-Olav, la légende veut qu'il se trouve à l'endroit précis où le corps du souverain fut caché avant d'être inhumé à Nidaros *(p. 193)*.

Chaque année, aux alentours de la fête de saint Olav, Olsok (29 juillet), la pièce *Spelet om Heilag Olav (La Geste de saint Olav)* d'Olav Gullvåg et Paul Okkenhaug est représentée dans l'amphithéâtre de Stiklestad, devant 20 000 spectateurs. Au sommet de l'édifice se dresse la statue équestre du saint monarque, réalisée par Dyre Vaa *(ci-dessous)*.

L'autel de **Stiklestad Kirke** aurait été construit au-dessus de la pierre contre laquelle Olav mourut. L'église érigée à cet endroit peu après la bataille fut remplacée un siècle plus tard par le long édifice actuel.

Les tableaux du XVIIe siècle qui ornent l'édifice représentent des scènes bibliques. Évoquant la célèbre bataille, les fresques du chœur furent commandées à Alf Rolfsen lorsque l'église fut restaurée à l'occasion du jubilé de saint Olav en 1928.

Près de l'église, le **Verdal Museum** renferme entre autres une ferme typique du XIXe siècle.

Stiklestad Nasjonale Kultursenter

4 km à l'est du centre de Verdal. *74 04 42 00.* *t.l.j.* *certains jours fériés.*

Verdal Museum

4 km à l'est du centre de Verdal. *74 04 42 00.* *10 juin-10 août : t.l.j.*

Saint Olav et la bataille de Stiklestad

En 1016, lors de l'assemblée d'Øretinget, Olav Haraldsson fut nommé roi de la Norvège unifiée. Ayant entrepris de convertir tout le pays au christianisme, il se fit de nombreux ennemis, notamment parmi les fermiers qui redoutaient la toute-puissance du souverain. Ceux-ci apportèrent alors leur soutien à Knut le Grand, roi du Danemark, lequel envahit la Norvège en 1028 par la mer, obligeant Olav à s'enfuir.

En 1030, Olav tenta de reconquérir son royaume, mais il périt le 29 juillet à Stiklestad sous les coups de l'ennemi. Un an après sa mort, il fut canonisé. Sa dépouille indemne fut exhumée et transférée dans plusieurs églises successives. En 1090, ses reliques prirent enfin place à Kristkirken, à l'emplacement de la future cathédrale de Nidaros. Des miracles s'étant produits sur son tombeau, celui-ci devint un lieu de pèlerinage et de nombreuses églises furent consacrées au saint.

Statue de saint Olav à Stiklestad

Bølareien, renne gravé dans le roc il y a six mille ans

Steinkjer 8

Province du Nord-Trøndelag.
20 400.
Namdalsveien 11, 74 16 36 17.
marché de Steinkjer (août).
www.steinkjer-turist.com

Les fouilles archéologiques montrèrent que les environs de Steinkjer étaient habités il y a huit mille ans. Des tertres funéraires, des cercles de pierres et des mégalithes furent mis au jour à Eggekvammen, Tingvoll et Egge, près de la cascade Byafossen. Des pétroglyphes des âges de pierre et du bronze subsistent près de Bardal, ainsi qu'un vaste site de gravures rupestres près de Hammer, à 13 km à l'ouest de Steinkjer. D'autres découvertes indiquent qu'un important pôle commercial se trouvait à l'extrémité du Beitstadfjord. Snorri Sturluson relate dans ses sagas qu'Olav Tryggvason y établit un bourg en 997. L'église de Steinkjer se dresse sur la colline de Mærehaugen. Avant l'introduction du christianisme, un temple dédié aux dieux norrois se trouvait là. Érigée vers 1150, la première église ayant existé sur ce site fut brûlée. La seconde fut détruite lors d'un raid aérien en 1940. L'église actuelle, conçue par Olav Platou (1965), a été richement ornée par Sivert Donali et Jakob Weidemann.

Steinkjer est bien desservie : la ligne de chemin de fer Nordlandsbanen et la route E6 traversent la ville, tandis que la RV17 mène aux zones côtières de Flatanger et Osen. Sur la rive orientale du lac Snåsavatnet, le visiteur découvrira Bølareien, un renne gravé dans la pierre il y a six mille ans.

De Snåsa partent les excursions pour le parc national de Gressåmoen et les monts Snåsaheiene. Dans le bourg, le **Samien Sitje** est un musée dédié à la culture des Samis du Sud.

La pêche au saumon est un loisir très prisé sur les rives de la Namsen

Samien Sitje
58 km au nord-est de Steinkjer.
74 15 15 22. 20 juin-20 août : mar.-ven. et dim. ; 21 août-19 juin : sur r.-v.

Namsos 9

Province du Nord-Trøndelag. *12 500.* *Stasjonsgata 3, 74 21 73 13.* *marché de Namsos (3e sem. août).* www.namsoinfo.no

À l'extrémité du Namsenfjord long de 35 km, Namsos est située entre les îles Otterøy et Jøa. Olav Duun (1876-1939) mentionna la ville dans ses romans. Elle prit naissance en 1845 en tant que port consacré au commerce du bois. Namsos fut incendiée à deux reprises, puis rasée par les bombardements de la Seconde Guerre mondiale, avant d'être reconstruite.

Namsos marque l'embouchure de la Namsen, la plus grande rivière du Trøndelag, réputée pour son saumon. Les zones de pêche le plus prisées sont Sellæg, Grong et Overhalla. La pêche se pratique depuis des bateaux appelés *harling* ou depuis la rive. Au nord de Grong, la chute Fiskumfossen est équipée de la plus longue échelle à saumons d'Europe du Nord (291 m).

À Trones, le **Namsskogan Familiepark** rassemble des animaux nordiques dans leur environnement naturel. Plus au nord, une petite route mène à Røyrvik, d'où l'on peut rejoindre le parc national du Børgefjell en bateau.

Namsskogan Familiepark
70 km au nord de Namsos.
depuis Namsos. 74 33 37 00. juin-août : t.l.j. sur r.-v.

Rørvik 10

Province du Nord-Trøndelag. *4 000.* *Vikna, 74 36 16 70.* *Festival de Rørvik (4e sem. juil.), Fête du Hurtigruten (1re sem. juil.).*

Au nord de Namsos, l'archipel de Vikna comprend près de 6 000 îles. Rørvik en est la principale agglomération. Le **Nord-Trøndelags Kystmuseum** (musée du Littoral) présente des chaloupes de pêche à rames du XIXe siècle, typiques du Trøndelag.

Une grande partie de l'archipel constitue une réserve naturelle peuplée de nombreux oiseaux, de loutres, de marsouins et de phoques.

Au nord de Vikna, près de la limite du Nordland, le roc Lekamøya se dresse face à la mer. Leka-møya (« la vierge de Leka ») est le personnage principal d'un conte populaire du Nordland. Les sites remarquables de Leka sont Solsemhulen avec ses peintures rupestres, et le tumulus de Herlagshaugen. Le musée de la Culture locale, **Leka Bygdemuseum**, se trouve non loin.

Nord-Trøndelags Kystmuseum
Museumsgata 2. *74 39 04 41.* *t.l.j.*

Leka Bygdemuseum
1 km au nord de Leka.
Leka, 74 38 70 00. juil. : t.l.j.

Le cormoran huppé, l'un des nombreux oiseaux peuplant Vikna

LA NORVÈGE DU NORD ET LE SVALBARD

Pour le romancier Knut Hamsun, la Norvège du Nord était la « terre dissimulée au loin ». D'autres écrivains l'ont qualifiée de « fascinant pays » ou de « royaume de la lumière ». Ces descriptions illustrent bien les particularités de la région : ses distances infinies, ses paysages sauvages et solitaires, ses aurores boréales en hiver et son soleil de minuit en été.

La Norvège du Nord est formée de trois provinces – le Nordland, le Troms et le Finnmark – qui représentent un tiers de la surface du pays. Des ports animés tels que Bodø, Narvik, Tromsø, Hammerfest et Kirkenes se nichent au fond d'une baie ou entre deux îles. Les parcs nationaux abritent des ours et des loups, tandis que, en bord de mer, les oiseaux investissent les falaises vertigineuses. Enfin, à 640 km au nord du continent se trouve l'archipel du Svalbard (Spitzberg), recouvert pour moitié de glaciers.

Dans le Nordland, la côte préservée du Helgeland renferme une multitude d'îles, de détroits, de fjords et de pics enneigés. Au nord-ouest, sur les îles Lofoten se dressent des montagnes abruptes. Plus au nord, Tromsø, la capitale de la Norvège du Nord, a été surnommée le « Paris du Nord » ou la « porte de l'océan Arctique ». Au-delà, le paysage se fait plus rude.

Les touristes du monde entier viennent poser le pied au Nordkapp (cap Nord). Ces falaises verticales qui marquent l'extrême nord du continent européen furent baptisées ainsi par le navigateur anglais Richard Chancellor en 1533.

Dans le Finnmark, Alta, Kautokeino et Karasjok sont imprégnées de la culture du peuple sami. Karasjok est d'ailleurs le siège de leur Parlement. Hjemmeluft recèle de magnifiques peintures et gravures rupestres vieilles de cinq mille ans. Enfin, Kirkenes, située près des frontières finnoise et russe, est clairement influencée par la Finlande.

Morue mise à sécher dans les îles Lofoten

◁ **Un beau paysage tranquille près d'Eggum, au nord de l'île Vestvågøya des Lofoten**

À la découverte du Nord et du Svalbard

Les îles Lofoten, le Nordkapp (cap Nord) et le Helgelandskysten ont toujours connu un grand succès. Cependant, ce sont les somptueux paysages de toute la Norvège du Nord et du Svalbard (Spitzberg) qui attirent les voyageurs dans cette région, sans parler de son soleil de minuit et de ses activités de plein air. Les visiteurs franchissent en effet le cercle polaire pour pêcher, photographier les baleines et les phoques, observer les oiseaux, explorer les grottes, randonner en montagne ou tout simplement se reposer dans une cabane de pêcheur sur pilotis. Encore plus au nord, l'archipel du Svalbard offre un paysage arctique doté d'une flore et d'une faune spécifiques.

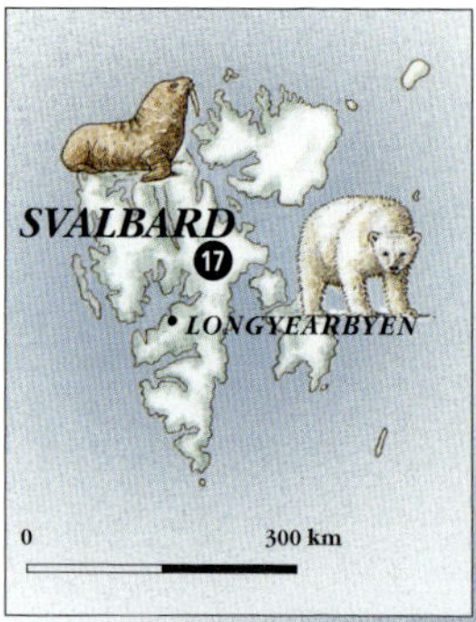

Hamnøy, hameau de pêcheurs sur le Vestjord dans les îles Lofoten

Cachalot au large de l'île d'Andøya dans les Vesterålen

VOIR AUSSI

• ***Hébergement*** p. 227

• ***Restaurants et cafés*** p. 239

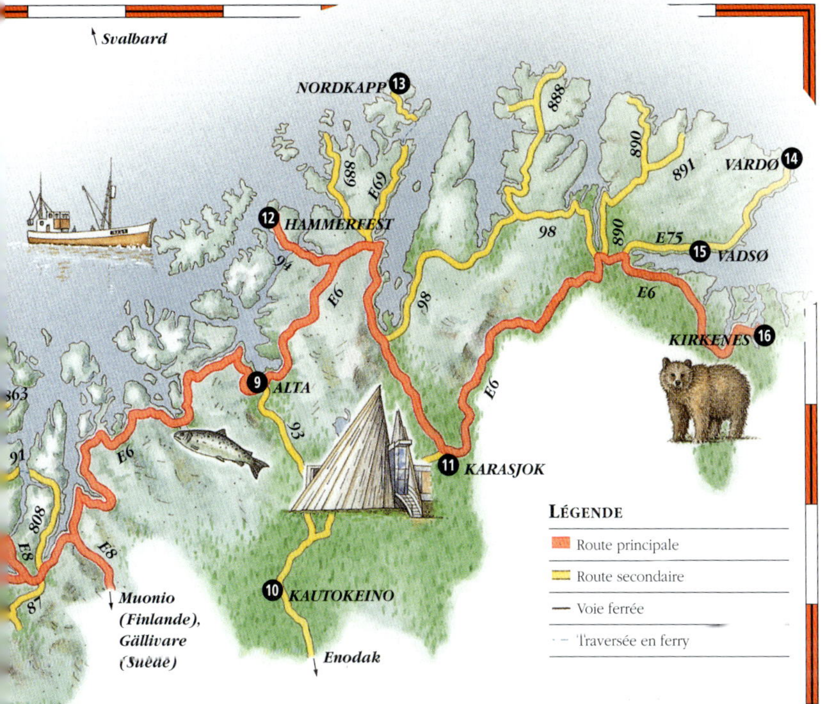

Circuler

S'étendant sur 1 600 km depuis le Nordland jusqu'à Kirkenes, la route E6 traverse les trois provinces. Quatre voies transversales se dirigent vers la Suède depuis Trofors, Mo i Rana, Storjord et Narvik. Les artères menant en Finlande partent de Skibotn, Kautokeino, Karasjok et Neiden. Depuis Kirkenes, la Russie est accessible *via* Storskog. La voie ferrée Nordlandsbanen se termine à Bodø. L'Express côtier dessert la côte, ainsi que des bateaux locaux. Enfin, la région comprend huit aéroports, dont un au Svalbard.

L'étrange phénomène lumineux de l'aurore boréale par une belle nuit d'hiver

Artisanat sami proposé devant un *lavvo* (tente traditionnelle)

La région d'un coup d'œil

Au nord de Sandessjøen, le pont du Helgeland mesure 1 065 m

Helgelandskysten ❶

Province du Nordland. ✈ 🚂 🚌 ⛴ ℹ *Helgelandsgaten 1, Sandnessjøen, 75 04 25 80.* W www.helgelandshysten.com

Partant de Leka vers le nord, le chenal qui longe la côte du Helgeland traverse un fascinant paysage d'îles et de montagnes. Qu'on la découvre depuis l'Express côtier *(p. 205)* ou depuis la RV17 qui serpente le long du littoral, la région ne manque pas de charme.

Le Helgelandskysten est également appelé le royaume des Nessekonge. Ces riches marchands, qui dominèrent économiquement et politiquement la Norvège du Nord jusqu'au début des années 1900, avaient fait fortune en commerçant avec les navires de fret et de pêche.

Sur l'île de **Torget**, près de Brønnøysund, l'étrange rocher de Torghatten est percé d'un passage long de 160 m, qui fut creusé par l'océan après la dernière période glaciaire.

Au nord du Vefsfjord, l'île d'**Alsten** abrite le village norrois de Tjøtta, où subsistent des habitations en ruines et des tumuli de l'époque viking. Culminant à 1 072 m, De Syv Søstre (les Sept Sœurs), un majestueux massif montagneux, domine l'île.

L'église d'Alstadhaug, qui date du XIIe siècle, fut la paroisse du pasteur et poète Petter Dass (1647-1707). Le presbytère contient un musée qui lui est consacré. Sandnessjøen, port de pêche typique, est la plus grande localité d'Alsten.

Près de l'embouchure du Ranfjord, sur l'île **Dønna**, se trouve le manoir de Dønnes ainsi qu'une église en pierre édifiée en 1200. Parmi les autres îles, **Lovund** est réputée pour son importante colonie de macareux. Située sur le cercle polaire, celle de **Hestemona** est dominée par le mont Hestmannen qui culmine à 568 m. Ce dernier porte le nom d'un troll géant qui, selon une saga ancienne, fut changé en pierre. L'île **Rødøy** marque l'extrémité nord de la côte du Helgeland.

Mo i Rana ❷

Province du Nordland. 👥 *25 000.* ✈ 🚂 🚌 ℹ *O T Olsens Gate 3, 75 13 92 00.* 🎭 *Festival rock Sjonstock (1re sem. août), Festival en plein air (4e sem. août), Festival des lumières d'hiver (janv.).* W www.arctic-circle.no

On sait peu de choses des origines de Mo i Rana, ville industrielle, hormis le fait qu'elle comprenait une église et un marché sami avant 1860. À cette date, Hans A. Meyer acquit tous les territoires de Mo, y installa un hôtel et promut le commerce avec la Suède. Aujourd'hui, le centre de Mo s'organise autour de Meyergården – un hôtel et un centre commercial.

Le musée Rana Bygdemuseum renferme les collections de H. A. Meyer consacrées à la géologie, à l'exploitation minière et à la culture rurale. À 9 km du centre-ville, le musée de l'aviation Friluftsmuseet est une annexe du Rana Bygdemuseum.

Aux environs : Depuis Mo, la route E6 longe le Ranfjord vers le sud. À 75 km au sud-ouest de Mo, **Mosjøen** possède un superbe musée, le Vefsn Museum qui présente les œuvres d'artistes contemporains du Nordland. La rue Sjøgata est bordée de maisons et d'entrepôts en bois datant du début du XIXe siècle.

À une vingtaine de kilomètres au nord de Mo, dans les grottes calcaires de **Grønli**, à 107 m de profondeur, coule une rivière souterraine qui resurgit dans la grotte de Seter. Les visiteurs doivent porter un casque.

La grotte de Grønli et sa rivière souterraine

Parc national du Saltfjellet-Svartisen ❸

Province du Nordland.
office de tourisme de Mo i Rana, 75 13 92 00.

Le parc national du Saltfjellet et du Svartisen se caractérise par de magnifiques paysages intacts. À l'est, vers la ligne du Nordlandsbanen, la E6 et la frontière suédoise, les étendues vallonnées sont ponctuées de pics atteignant 1 700 m. L'ouest est formé de vastes plateaux et de vallées boisées.

Deuxième glacier de Norvège par son étendue, le Svartisen (« glace noire ») comprend en réalité deux langues glaciaires, Østisen et Vestisen. Plusieurs bras descendent ensuite vers les vallées environnantes. Le bras sud-est, Østerdalsisen, est étrangement profilé. Depuis Mo, roulez pendant 32 km jusqu'au lac Svartisvannet, traversez celui-ci en ferry (en saison), puis marchez 3 km jusqu'au pied du glacier.

Le **Polarsirkelsenteret** (Centre du cercle polaire) se trouve à Saltfjellet tout près du cercle polaire (à 84 km au nord de Mo par l'E6). On y trouve un office de tourisme, des diaporamas et un restaurant. Non loin se dressent des pierres sacrificielles sami, et un monument aux prisonniers yougoslaves morts durant la Seconde Guerre mondiale en construisant le chemin de fer.

Polarsirkelsenteret
84 km au nord de Mo i Rana.
75 12 96 96. mai-15 sept. : t.l.j. 17 mai.

Matérialisation du cercle polaire près du Polarsirkelsenteret

Avion exposé au Norsk Luftfartsmuseum, musée national de l'Aviation

Bodø ❹

Province du Nordland. *42 000.*
Sjøgata 3, 75 54 80 00. Festival de musique du Nordland (4e sem. juil.)
www.visitbodo.com

La capitale du Nordland bénéficie d'un cadre somptueux avec le Saltfjord, ses îles et ses falaises à l'ouest, les chaînes du Børvasstindene au sud de l'autre côté du fjord, et l'île Landegode au nord. On peut y contempler le soleil de minuit du 1er juin au 12 juillet.

La cathédrale de Bodø, **Domkirken**, est une basilique moderne à trois nefs qui fut conçue par G. Blakstad et H. Munthe-Kaas et consacrée en 1956. Le vitrail au-dessus de l'autel est d'Aage Storstein.

Le **Norsk Luftfartsmuseum** (musée national de l'Aviation) retrace l'histoire de l'aviation norvégienne civile et militaire. Les avions les plus connus sont les hydravions Catalina, les Mosquito, le fameux avion espion U2 et les Junkers 52.

À 40 km au nord de Bodø, **Kjerringøy** fut au XIXe siècle le plus grand comptoir commercial du Nordland. Appartenant aujourd'hui au musée du Nordland, l'île compte 15 maisons anciennes. Nyfjøset (« la nouvelle grange »), qui abrite un office de tourisme et un café, est la réplique d'un bâtiment démoli en 1892. L'édifice principal du musée se trouve près de la cathédrale de Bodø.

Ancien propriétaire de Kjerringøy, Erasmus Zahl (1826-1900) aida Knut Hamsun lorsqu'il voulut devenir écrivain. Dans ses livres, Hamsun *(p. 22)* baptisa le lieu Sirilund.

Le **Saltstraumen** est un phénomène naturel qui se produit à 33 km au sud-est de Bodø. Il s'agit de l'une des plus fortes marées au monde. Quatre fois par jour, l'eau s'engouffre à la vitesse de 20 nœuds dans un détroit de 150 m de large sur 3 km de long. À l'Opplevelsessentret, une exposition multimédia explique le processus. S'y trouvent également un aquarium et un bassin de phoques.

Norsk Luftfartsmuseum
Olav V Gata. *75 50 78 50.*
t.l.j.

L'OBSERVATION DES BALEINES

Les safaris-photos *(p. 253)* permettent d'observer les orques, en particulier dans le Tysfjord – le fjord le plus profond de Norvège du Nord –, notamment d'octobre à janvier lorsque les cétacés viennent se nourrir de harengs. L'orque est un cétacé à dents, proche des dauphins. La femelle peut mesurer 7,50 m de long, et le mâle adulte jusqu'à 9 m. Ce dernier possède une grande nageoire dorsale triangulaire. L'orque est un animal rapide, souple et vorace qui se nourrit de poissons, mais s'attaque aussi aux phoques et aux autres cétacés. Sur l'île d'Andøya le visiteur pourra observer des phoques, voire d'énormes cachalots.

Orque sillonnant le Tysfjord

Les îles Lofoten et Vesterålen ❺

Vus depuis le Vestfjord au nord de Bodø, les à-pics des îles Lofoten plongent dans la mer, semblables à des murailles. Les Lofoten regroupent six grandes îles et une multitude d'îlots. Leurs vallées en cuvette et leurs pics déchiquetés offrent un merveilleux écrin aux fjords, aux landes, aux fermes, aux villes et aux hameaux de pêcheurs. À l'extrême sud, Moskenesøya est la plus grande des îles. Jusqu'à Skomvær se succèdent 60 km de falaises abruptes nommées *nyker*. Au nord-est, les Vesterålen ont en commun les îles Hinnøya et Vestvågøy avec les Lofoten. Elles comprennent en outre trois grandes îles : Langøya, Andøya et Hadseløya.

Kabelvåg
Au XIXe siècle, Kabelvåg fut le plus grand port de pêche des Lofoten. Son église à structure en bois, la « cathédrale » des Lofoten, contient 1 200 places.

Nusfjord
Sur l'île Flakstadøya (p. 204), *ce village de pêcheurs est parfaitement préservé. Ses bâtiments typiques du XIXe siècle évoquent l'histoire du Lofotfisket (grande pêche à la morue traditionnelle).*

L'ouest de Flakstadøya présente de longues plages de sable blanc qui, même à cette latitude, sont idéales pour la baignade en été.

Moskenesstrømmen (courant de Moskenes) est le maelström de sinistre réputation qu'évoquèrent des écrivains comme Jules Verne, Edgar Allan Poe, Peder Claussøn Friis et Petter Dass.

Le Vestvågøy Museum de Fygle, au sud de Leknes, retrace la vie des pêcheurs locaux au fil des siècles.

Skomvær

Å
La route E10 se termine au village de Å, qui abrite deux musées de la Pêche, Lofoten Tørrfiskmuseum et Norsk Fiskeværmuseum.

Légende

- Route principale
- Route secondaire
- Route en construction (2007)
- Itinéraire du Hurtigruten (*p. 205*)
- Autre ferry
- Aéroport national

Andenes
À la pointe nord des Vesterålen sur l'île Andøya, Andenes abrite un musée polaire ainsi que le champ de tir de fusées-sondes le plus septentrional au monde.

> **MODE D'EMPLOI**
>
> Provinces du Nordland et du Troms. 5 000. Leknes, Andenes et Svolvær. Svolvær, 76 06 98 00. *Championnat du monde de pêche au cabillaud arctique (avr.). Festival de blues de Codstock (Pentecôte), Festival international de musique de chambre de Lofoten (mi-juil.)* www.lofoten.info

Trondenes
Remontant à la dernière guerre, le canon Adolf de 40,6 cm de calibre est l'une des curiosités de Trondenes (p. 204).

CIRCULER

Depuis Bodø, des vols desservent Svolvær et Leknes dans les Lofoten, Andenes dans les Vesterålen et Røst. L'Express côtier fait escale à Stamsund et Svolvær. Divers ponts et tunnels, autocars et bateaux relient les nombreuses îles. Des liaisons en hélicoptère sont également possibles.

Tjeldsundbrua
Long d'un kilomètre, le pont de Tjelsund relie le continent à Hinnøya, la plus grande et la plus peuplée des îles norvégiennes. Ses pylônes s'élèvent à 76 m au-dessus de la mer.

Svolvær
Capitale des Lofoten et nœud de communication, Svolvær (p. 204) *se niche au pied du pic Svolværgeita (« chèvre de Svolvær »).*

À la découverte des Lofoten et Vesterålen

Les îles Lofoten et Vesterålen se caractérisent par leurs pics abrupts plongeant dans la mer, tels le Tinden sur l'île Langøya ou le Møysalen sur Hinnøya. Les villes et les hameaux de pêcheurs se nichent au bord de l'eau. Parmi ces localités, certaines se désertifient comme Nyksund, alors que d'autres prospèrent à l'exemple de Myre. Le port d'Andenes marque l'extrémité nord des Vesterålen, tandis que Svolvær est la capitale des Lofoten.

Les crêtes dentelées des Lofoten à l'arrière-plan des récifs

Svolvær

Considérée comme la capitale des Lofoten, Svolvær n'accéda cependant au statut de ville qu'en 1996. Située sur l'île Austvågsøya, elle est bien desservie et sert de point de départ pour le tourisme vers les autres îles. Son économie repose sur la pêche au *skrei* (morue). À partir de février, les poissons viennent frayer dans le Vestfjord, où les attendent les pêcheurs.

Outre les pêcheurs et les touristes, les artistes fréquentent également Svolvær depuis longtemps. Le **Nordnorsk Kunstnersentrum** est un centre dédié aux créateurs de Norvège du Nord. À 6 km, l'hôtel de ville de Vågan vaut une visite. Il contient sept tableaux de Gunnar Berg illustrant la révolte des petits pêcheurs contre les nouveaux bateaux à vapeur, lors de la bataille de Trollfjord en 1880.

Dressant ses deux cornes à 569 m au-dessus de la ville, le **Svolværgeita** (« chèvre de Svolvær ») est un sommet difficilement accessible.

Nordnorsk Kunstnersentrum
Svolvær. 76 06 67 70. *mi-juin-mi-août : t.l.j. ; mi-août-mi-juin : mar.-dim.* *jours fériés.*

Vestvågøya

Depuis l'île d'Austvågøya, une route mène à l'île de Vestvågøya *via* celle de Gimsøy et deux ponts. L'Express côtier Hurtigruten fait escale à Stamsund et l'aéroport se trouve à Leknes. **Stamsund** et **Ballstad** figurent parmi les plus grands et les plus typiques des villages de pêcheurs de l'ouest des Lofoten. Vestvågøya est en outre une île agricole, exploitée depuis l'âge de pierre.

À Fygle, le **Vestvågøy Museum** présente entre autres une cabane de pêcheur remontant à 1834. L'île est riche en monuments des âges de pierre et du fer ainsi qu'en vestiges vikings. Au nord de Leknes, **Lofotr-Vikingmuseet på Borg** (musée viking de Borg) renferme la reconstitution de la ferme d'un chef des Ve-IXe siècles. Très vivant, ce musée organise des banquets vikings et des démonstrations navales.

Sund, ancien comptoir de l'île Moskenesøya

Vestvågøy Museum
2 km à l'est de Leknes.
76 08 00 43. *juin-mi-août : t.l.j.*

Lofotr-Vikingmuseet på Borg
Prestegårdsveien 59, Borg.
76 08 49 00. *mi-mai-août : t.l.j. ; sept.-mi-mai : ven.* *jours fériés.*

Flakstadøya et Moskenesøya

L'île Flakstadøya est surtout connue pour son village de pêcheurs, **Nusfjord**. Lors de l'année européenne de l'écologie, en 1975, celui-ci fut choisi pour un projet pilote concernant la préservation de l'habitat traditionnel norvégien.

L'île Moskenesøya abrite une série de villages de ce type, dont Reine, dans un cadre montagneux grandiose. Le joli village de **Å** *(p. 202)* se trouve au bout de la route des Lofoten, au sud, et **Sund** possède un musée de la Pêche et une forge.

Entre les îles Moskenesøya et Værøy se forme le **Moskenesstrømmen**, le maelström le plus puissant au monde. Lorsque le vent suit la même direction que le courant, le tumulte s'entend à 5 km.

Sur les îles **Værøy** et **Røst**, les plus méridionales des Lofoten, des myriades d'oiseaux de mer nichent dans les falaises aux formes étranges. À l'extrême sud de l'archipel se dresse le fameux phare de **Skomvær**.

Îles Vesterålen

Hinnøya est l'île la plus grande et la plus peuplée des Vesterålen, et de Norvège. Sa ville principale, **Harstad**, se développa vers 1870 grâce à l'afflux des harengs. Chaque année, autour du solstice d'été, le Festival de la culture du Nordnorge s'y déroule.

Non loin, Trondenes abrite une église du début du gothique. L'île la plus septentrionale est Andøya, avec son port de pêche, **Andenes** *(p. 203)*.

L'Express côtier : le plus beau voyage au monde

Lancée par le capitaine Richard With de la compagnie Vesteraalske Dampskibsselskab, l'idée d'un Express côtier souleva une vive controverse. Rares étaient ceux qui croyaient possible de sillonner la côte tout au long de l'année, en particulier durant le long hiver sans lumière. À l'époque, le redoutable littoral norvégien était mal cartographié. With signa toutefois un contrat avec le gouvernement en mai 1893. Au début, les départs furent hebdomadaires et le Hurtigruten desservit neuf ports, de Trondheim à Hammerfest, durant l'été. En hiver, l'itinéraire s'arrêtait à Tromsø. Rapidement, ce service se révéla vital pour les communautés concernées. Aujourd'hui, deux compagnies exploitant douze bateaux assurent des départs journaliers (p. 267). Avec ses trente-quatre escales, la croisière de Bergen à Kirkenes est considérée comme « le plus beau voyage au monde par la mer ».

Balise

Les îles Lofoten *constituent un cadre grandiose. Raftsund est le chenal le plus étroit de l'itinéraire.*

Les escales du Hurtigruten

Tromsø, capitale de la Norvège du Nord et « porte de l'océan Arctique », offre l'une des plus belles vues d'approche.

Kirkenes est la dernière escale de l'Express côtier.

Le cercle polaire arctique se trouve à mi-distance.

Trondheim est l'un des plus grands ports desservis.

Bergen *est l'escale la plus méridionale du Hurtigruten. De là, le bateau rallie Kirkenes en six jours.*

Le Nordkapp *(cap Nord) présente de spectaculaires falaises qui s'élèvent à 309 m.*

Le voyage *en été peut s'apparenter à une croisière en Méditerranée. En hiver, les conditions sont plus difficiles, mais les paysages n'en sont que plus fascinants. Quoi qu'il en soit, les bateaux sont toujours confortables.*

Le port de Narvik, non loin de la frontière suédoise

Narvik ❻

Province du Nordland. 18 600. festivités d'hiver (2e sem. mars), rallye de l'Ours noir (4e sem. juin). www.destinationnarvik.com

Narvik se développa grâce à l'exportation du minerai de fer provenant de Kiruna, en Suède. Une fois reliée à Kiruna par la voie ferrée Ofotbanen, en 1902, Narvik acquit le statut de ville.

En 1940, la ville fut rasée par les Allemands. Après la guerre, Narvik se releva pour devenir le deuxième port de Norvège pour son tonnage. Les activités liées au fer constituent encore la base de son économie. Surplombant le Rombaksfjord à flanc de montagne, l'Ofotbanen offre une vue splendide.

Depuis Oscarsborg, le funiculaire **Fjellheisen** conduit 700 m plus haut. En été, il fonctionne jusqu'à 2 h (soleil de minuit : 31 mai-14 juillet).

Près de la place principale, le **Krigsminnemuseet** (musée de la Guerre) est consacré aux opérations militaires de 1940. Aussi bien les Alliés que les soldats allemands sont enterrés près de Fredskapellet (chapelle de la paix).

De Narvik en direction du sud, la route E6 traverse plusieurs fjords, notamment l'impressionnant pont de 525 m qui enjambe le magnifique Skjomenfjord. Sur l'île Hamarøy, à une centaine de kilomètres de Narvik, se trouvent le mont Hamarøyskaftet aux formes étranges, ainsi que la maison d'enfance du prix Nobel de littérature Knut Hamsun (1859-1952).

AUX ENVIRONS : la route panoramique E10, **Bjørnfjellveien**, part du Rombaksfjord et grimpe à travers les montagnes sauvages d'Ofoten jusqu'à la frontière suédoise.

Krigsminnemuseet

Torvhallen. *76 94 44 26.*
t.l.j. *jours fériés.*
sur r.-v.

Senja ❼

Province du Troms. *9 000.*
Ringveien 2, Finnsnes, 77 85 07 30.
Festival de Finnsnes (4e sem. juil.), Festival de pêche en mer (1re sem. août), Festival de Tramøy (2e sem. août), Festival de Husøy (août).

Deuxième île de Norvège par la taille, Senja est accessible par l'E6 depuis Bardufoss, en franchissant le pont à Finnsnes. Le paysage est verdoyant du côté du continent, mais il devient plus rude vers le large. Sauvage et préservé, l'**Ånderdalen Nasjonalpark** est peuplé d'aigles et d'élans.

Groupe de cygnes de l'Ånderdalen Nasjonalpark sur l'île Senja

Sur le continent, au sud de la province du Troms, de vastes étendues naturelles comme le parc national d'Øvre Dividal abritent des ours.

À environ 100 km à l'est de Senja, la route E8 passe non loin du point de jonction des frontières finnoise, suédoise et norvégienne, Treriksrøysa.

Ånderdalen Nasjonalpark

35 km au sud de Finnsnes.
Sør-Senja Museum, 77 85 46 77.

Tromsø ❽

Voir p. 210-211.

Détail d'une gravure rupestre de Hjemmeluft, près d'Alta

Alta ❾

Province du Finnmark. *17 500.*
Sentrumsparken 4, 78 44 95 55. *Festival des Boréales (mars), course du Finnmark (mars).*

Situé à l'embouchure de l'Alta, le village du même nom s'étendit et fusionna avec les localités voisines pour former la zone urbaine la plus peuplée du Finnmark. Celle-ci inclut Bossekop, un bourg riche en traditions où les peuples sami, kväne (d'origine finnoise) et norvégien échangeaient jadis leurs marchandises. Hormis l'église de Bossekop, la totalité de l'agglomération fut rasée lors de la retraite allemande, en 1944.

Aujourd'hui, Alta est une ville industrielle et universitaire en expansion, ainsi qu'un point de communication important grâce à la route E6 et à son aéroport.

La partie inférieure de la vallée de l'Alta est couverte de forêts d'épicéas et de terres agricoles fertiles, grâce au Gulf Stream et aux nuits d'été

◁ **Habitat épars et premières neiges au pied des montagnes de Norvège du Nord**

La chute d'eau Pikefossen sur la rivière Kautkeinoelva, Finnmark

ensoleillées en dépit de la latitude (70° N). L'Altaelvar est l'une des meilleures rivières à saumon du monde pour la pêche à la mouche.

En 1973, des gravures rupestres remontant à deux mille et six mille ans furent découvertes près du village de Hjemmeluft. Elles sont aujourd'hui inscrites au patrimoine de l'humanité de l'Unesco.

Lauréat du Prix européen du musée de l'année en 1993, l'**Alta Museum**, à Hjemmeluft, retrace l'histoire de l'Alta, depuis la culture de Komsa à l'âge de pierre (7000-2000 av. J.-C.) jusqu'au dernier projet hydroélectrique.

Alta Museum
Altaveien 19, Hjemmeluft.
78 45 63 30. t.l.j.
certains jours fériés.

Kautokeino ⑩

Province du Finnmark. *3 000.*
Siva Bygget, 78 48 65 00.
Festival de Pâques (avr.), Festival d'automne (sept.).

Kautokeino est la forme norvégienne du nom sami Guovdageaidnu. Cette ville de montagne est entourée de plateaux désolés où l'élevage du renne reste l'activité économique la plus importante.

Dotée d'une importante communauté sami, Kautokeino possède un lycée sami. L'élevage du renne fait partie du programme.

Créée en 1980, la **Kulturhuset** (maison de la culture) abrite le Sámi Instituhtta, organisme dédié à la sauvegarde de la culture sami. Elle comprend en outre un théâtre et une bibliothèque.

Pâques marque une période de transition pour les Samis, avant qu'ils n'emmènent leurs troupeaux vers les pâturages d'été sur la côte. L'événement donne lieu à diverses festivités comme les mariages, le festival de *jojk* (chant Sami) et les courses de rennes.

Kulturhuset
1 km au nord du centre-ville. *78 48 72 16. lun.-ven. : t.l.j. (bibliothèque) et lors des films et spectacles. certains jours fériés.*

Karasjok ⑪

Province du Finnmark. *3 000.*
Porsangerveien 1, 78 46 88 10.
Festival de Pâques (avr.).

Karasjok (Karásjohka en langue sami) est la capitale du pays sami, ainsi que le siège de son Parlement, **Sametinget**, depuis 1989. Le bâtiment actuel de ce dernier fut inauguré par le roi Harald en l'an 2000. Ses architectes, Christian Sundby et Stein Halvorsen, s'inspirèrent de l'élevage du renne. Le long hall, Vandrehallen, rappelle les barrières qui servent à séparer le troupeau. Imitant un *lavvo* (tente traditionnelle de forme pointue, utilisée en été par les Samis), la salle d'assemblée est magnifiquement décorée en bleu et or par Hilde Skancke Pedersen.

Environ 80 % de la population de Karasjok est d'origine sami. La culture de ce peuple fait l'objet du musée **De Samiske Samlinger**, qui illustre son mode de vie, son habillement et son habitat traditionnels.

La région connaît un climat extrême, avec des températures pouvant varier de – 51,4 °C à + 32,4 °C.

Sametinget
Kautokeinoveien 50. *78 47 40 00.*
lun.-ven.

De Samiske Samlinger
Museumsgate 17. *78 46 99 50.*
t.l.j. jours fériés.

L'étonnant édifice du Parlement sâme à Karasjok

Tromsø ❽

Statue de Roald Amundsen

Situé à 300 km au-delà du cercle arctique, à la même latitude que le nord de l'Alaska, le « Paris du Nord » est la plus grande ville de la zone polaire scandinave. Dans le chenal animé de Tromsøysundet, son centre-ville occupe une île qui abrita une ferme au début de l'époque viking, ainsi qu'une première église vers 1250. Durant la domination de la Hanse, Tromsø connut une forte expansion. En 1794, la ville fut officiellement un bourg. Puis, à partir des années 1820, elle devint un port important à l'entrée de l'océan Arctique. Elle servit ensuite de point de départ aux expéditions de Nansen et d'Amundsen. En 1972, Tromsø inaugura l'université la plus septentrionale du monde.

À l'arrière-plan, l'église Ishavskatedralen et le mont Tromsdalstind

Polaria

Hjalmar Johansens Gate 12.
77 75 01 00. *t.l.j.* *certains jours fériés.*

Polaria est un centre national de recherche et de documentation sur les régions polaires, et plus particulièrement l'Arctique. C'est aussi l'endroit idéal pour découvrir le milieu arctique. Un superbe film panoramique sur le Svalbard *(p. 214-215)* transporte le spectateur sous les aurores boréales, lui donnant une idée des émotions qu'y procure la nature.

Un aquarium présente les poissons peuplant l'Arctique, ainsi que des crustacés comme le crabe royal du Kamchatka *(Paralithodes camtschaticus)* qui peut atteindre 10 kg. Cette espèce provenant de Russie s'étend progressivement vers le sud, le long de la côte norvégienne. La piscine aux phoques, visible par-dessous, constitue une autre attraction.

Tromsø Kunstforening

Muségata 2. *77 64 58 27.*
mar.-dim. *certains jours fériés.*

Fondée en 1877, c'est la plus ancienne galerie d'art de Norvège du Nord. Avec une vingtaine d'expositions par an, elle présente des œuvres contemporaines norvégiennes et internationales. Elle occupe un bâtiment du XIXe siècle qui abrita autrefois le musée de Tromsø.

Façade du Tromsø Kunstforening, construit en 1894

Nordnorsk Kunstmuseum

Sjøgata 1. *77 64 70 20.*
mar.-dim. *certains jours fériés.*

À sa création en 1985, le musée des Beaux-Arts de la Norvège du Nord était destiné à présenter la peinture et l'artisanat de la région, ainsi que la sculpture et les arts textiles. Il organise en outre des expositions temporaires d'œuvres anciennes et contemporaines.

Polarmuseet

Søndre Tollbugata 11. *77 68 43 73.*
t.l.j.

Le Musée polaire est dédié à la chasse et aux expéditions polaires. Il retrace le voyage de Fridtjof Nansen jusqu'au pôle Nord à bord du *Fram*, la vie de l'explorateur de l'Antarctique Roald Amundsen *(p. 23)* et la tentative de Salomon Andrée pour atteindre le pôle Nord en ballon (1897).

Des expositions sont consacrées aux premiers chasseurs du Svalbard, aux trappeurs d'ours, de renards polaires et de phoques, qui passaient l'hiver sur les îles gelées. Les collections rassemblent toutes sortes d'objets laissés par les chasseurs dans toute la Norvège du Nord.

Situé sur le port du vieux Tromsø, le musée est entouré d'entrepôts, de dortoirs pour pêcheurs et de différents bâtiments en bois robustes remontant aux années 1830.

Ishavskatedralen

2 km à l'est du centre-ville.
77 75 34 40. *t.l.j.*

Consacrée en 1965, l'Ishavskatedralen (la « cathédrale arctique », également appelée Tromsdalen Kirke) fut construite en béton d'après les plans de Jan Inge Hovig. La forme de sa toiture symbolise l'aurore boréale qui illumine les longs mois d'hiver de Tromsø.

Un vitrail triangulaire monumental, d'une hauteur de 23 m, remplace la paroi orientale de l'église. Représentant *Le Retour*

L'étonnante paroi orientale de l'Ishavskatedralen, constituée entièrement de vitrail

du *Christ*, cette œuvre de Victor Sparre (1972) comprend 86 panneaux.

Tromsø Museum, Universitetsmuseet

Lars Thøringsvei 10. *77 64 50 00.* *t.l.j.*

Appartenant à l'université depuis 1976, le Tromsø Museum est le musée régional de la Norvège du Nord. Fondé en 1872, ce musée pluridisciplinaire qui sert également de centre de recherches arctiques comprend sept sections consacrées à la géologie, la botanique, la zoologie, l'archéologie, l'ethnographie sâme, l'histoire culturelle récente et la biologie marine.

Le musée possède d'immenses collections provenant de l'âge de pierre, de l'époque viking et du haut Moyen Âge. La salle consacrée au peuple préhistorique de Komsa renferme des reproductions de gravures rupestres. La période viking est illustrée par de belles pierres runiques. Une grande salle retrace l'évolution des bateaux du Nordland et du Finnmark. Parmi les pièces les plus remarquables figurent la reconstitution d'un bâtiment viking, les sculptures religieuses médiévales de la période hanséatique et celles de style baroque.

MODE D'EMPLOI

Province du Troms. *61 000.*
Prostneset. *Prostneset.*
Storgata 61-63, 77 61 00 00.
Festival international de cinéma (2e sem. janv.), Festival de l'aurore boréale (3e sem. janv.), marathon du soleil de minuit (mi-juin), Fête de la bière (3e sem. août).
destinasjontromso.no

Dès sa création, le musée se spécialisa dans le milieu arctique et sa culture. L'histoire du peuple sami, sa culture et son mode de vie y occupent une place importante.

Le musée fera également la joie des enfants avec ses projections de films et sa réplique de dinosaure en grandeur nature.

Enfin, une nouvelle section consacrée à l'aurore boréale a été ouverte récemment. Elle pallie la disparition du Nordlysplanetariet (Planétarium de l'aurore boréale), fermé pour des raisons financières.

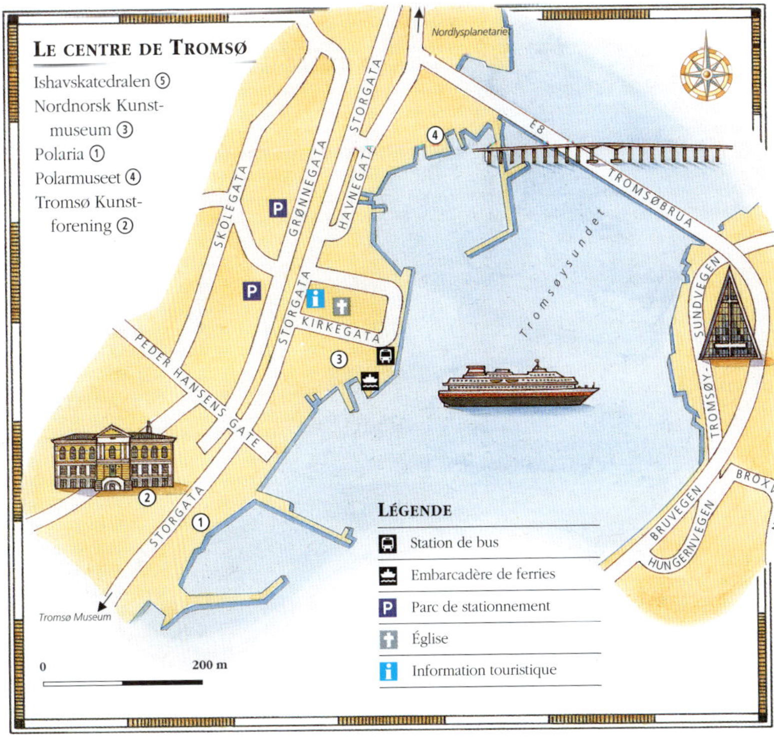

***Les Enfants du monde*, sculpture réalisée au Nordkapp par des jeunes**

Hammerfest ⓬

Province du Finnmark. *9 200.*
Sjøgata 6, 78 40 62 30.
Journées de Hammerfest (3e sem. juil.), Festival de la nuit polaire (3e sem. nov.). www.hammerfest-turist.no

L'ours polaire figurant sur le blason de Hammerfest rappelle que la ville fut jadis un centre de chasse important. Habitée dès le IXe siècle, Hammerfest acquit sa charte municipale en 1789. Située à 70° 39' 48" de latitude N, elle est la ville la plus septentrionale au monde, comme l'indique la Meridianstøtten (stèle du méridien) qui commémore la première mesure de la Terre effectuée au XIXe siècle par une équipe internationale.

Hammerfest connut de nombreuses catastrophes, dont un ouragan en 1856 et les bombardements allemands durant la dernière guerre. En 1890, ce fut la première ville d'Europe à installer l'éclairage électrique public.

L'église de Hammerfest est dépourvue d'autel, mais le mur du chœur arbore un immense vitrail abstrait aux couleurs vives. Le club de l'Ours polaire, **Isbjørnklubben**, comprend un musée évoquant les traditions locales.

Isbjørnklubben
Rådhusplassen 1. *78 41 31 00.*
t.l.j.

Nordkapp ⓭

Province du Finnmark. *en été.*
office de tourisme du cap Nord 78 47 70 30.

Le navigateur anglais Richard Chancellor baptisa le Nordkapp (cap Nord) en 1533 alors qu'il cherchait une nouvelle route pour la Chine. Diverses personnalités firent le voyage pour contempler le cap Nord, parmi lesquelles Louis-Philippe d'Orléans, futur roi de France, en 1795, et Oscar II en 1873. Ce dernier encouragea les bateaux de croisière à inclure le cap dans leurs itinéraires, si bien que le tourisme se développa rapidement. Depuis peu, une nouvelle route relie le cap au continent, passant en partie sous le détroit de Magerøy.

La stèle du méridien à Hammerfest

Chaque année, plus de 200 000 touristes se rendent au sommet de la falaise. Creusé dans le roc, le **Nordkapphallen** (hall du cap Nord) offre une vue panoramique sur la côte. À l'intérieur, un écran vidéo géant illustre les différentes saisons du Finnmark. Enfin, le visiteur peut adhérer au Club royal du cap Nord.

Du haut de la falaise part un sentier balisé qui mène au promontoire de **Knivskjellodden**, le point le plus septentrional du continent européen à 71° 11' 08" de latitude N. À 35 km au sud-est du cap, l'Express côtier *(p. 205)* fait escale à **Honningsvåg** où se trouve en outre un musée du cap Nord.

Nordkapphallen
35 km au nord de Honningsvåg.
78 47 68 60. *t.l.j.*

Vardø ⓮

Province du Finnmark. *2 400.*
Kaigata 12, 78 98 82 07.
Festival d'hiver (avr.), Blues en hiver (nov.), Journées pomores (4e sem. juil.).

Au début du XIVe siècle, deux événements conférèrent à Vardø son rôle de bastion contre les incursions provenant de l'est : Håkon V érigea sa forteresse et l'archevêque Jørund consacra sa première église. Au XVIIIe siècle, la forteresse, **Vardøhus Festning**, fut reconstruite en forme d'étoile avec des parapets en terre, huit canons et un mortier. La résidence du commandant, les dépôts et la caserne se visitent. Sur une énorme poutre de l'un des bastions, quatre rois nordiques ont gravé leur nom.

Depuis 1982, Vardø est relié au continent par un tunnel qui passe sous le détroit de Bussesundet. La pêche et son industrie sont à la base de l'économie locale.

Au sud, le village de **Kiberg** fut surnommé le « petit Moscou » du fait de ses activités partisanes lors de la dernière guerre. Au nord, le hameau abandonné de **Hamningberg** occupe un paysage lunaire composé d'étranges formations rocheuses sculptées par l'océan.

Vardøhus Festning
Festningsgata. *78 98 85 02.*
t.l.j. *sur r.-v.*

Depuis Vardøhus Festning, le canon salue la réapparition du soleil

Vadsø doit son expansion à l'immigration finnoise

Vadsø 15

Province du Finnmark. 6 200. Kirkegata 15, 78 94 04 44. *Festival de musique de Varanger (mi-août).*

Située à l'origine sur l'île Vadsøya, la ville de Vadsø fut transférée sur le continent vers 1600. Quelques vestiges des édifices des XVe et XVIe siècles subsistent sur l'île. S'y trouve également un mât qui permit à Amundsen d'amarrer le dirigeable *Norge* lors de son expédition pour le pôle Nord en 1926, et à Umberto Nobile de lancer l'*Italia* en 1928.

Au fil des siècles, de nombreux Finnois s'installèrent à Vadsø, comme en témoignent ses édifices. D'ailleurs, le **Ruija Kvenmuseum** fait la part belle aux Kvänes (nom d'une tribu finnoise). Ce musée occupe une ferme de style finnois, Tuomainengården.

Réalisé par le sculpteur finnois Ensio Seppänen, l'**Invandrermonumentet** (monument aux immigrants) fut inauguré en 1977 par le roi Olav en présence du roi de Suède et du président finnois.

Aux XIXe et XXe siècles, le commerce des Pomores (échange de poisson contre du bois avec les pêcheurs russes) contribua énormément à l'expansion de la ville.

Ruija Kvenmuseum

Hvistendahlsgate 31. *78 94 28 90. 20 juin-20 août : t.l.j. ; autres périodes : lun.-ven. jours fériés.*

Kirkenes 16

Province du Finnmark. 3 500. *Presteveien 1, 78 99 25 44. course à ski de Barents (mars), Festival de la pêche au saumon (1re sem. juil.), Festival des mois d'hiver (nov.). 4e mar. du mois.*

Au fond du Bøkfjord se trouve Kirkenes, la plus grande agglomération de l'est du Finnmark et l'ultime escale de l'Express côtier. Le minerai de fer fut à la base de l'expansion de la ville. Lorsque celle-ci fut détruite par l'armée allemande en retraite en 1944, ses 2 000 habitants se réfugièrent dans les mines.

Les puits ont fermé en 1996. Au sud de la ville, les mines à ciel ouvert de **Bjørnevatn** forment aujourd'hui une grande vallée artificielle s'enfonçant à 70 m au-dessous du niveau de la mer. La proximité de la frontière russe attire des touristes dans la région. Une excursion consiste à traverser la frontière à Storskog et à poursuivre jusqu'à la rivière Grense Jacobselv en traversant des forêts de bouleaux surplombant la mer.

À l'embouchure de la rivière, une chapelle érigée en 1869 monte une garde spirituelle vers l'est. En 1873, elle fut dédiée à Oscar II, à l'occasion d'une visite du souverain. La route d'Elvenes conduit à Skafferhullet et à sa chapelle gréco-russe.

Le long de la rivière Pasvikelva, les pinèdes et les landes d'**Øvre Pasvik Nasjonalpark** s'étendent jusqu'au monument Treriksrøysa, où la Finlande, la Russie et la Norvège se rejoignent. Le cours d'eau est exploité pour l'hydroélectricité.

SOLEIL DE MINUIT ET AURORES BORÉALES

La Norvège et la Scandinavie dans son ensemble sont réputées pour leur fameux soleil de minuit. En effet, au-delà de 66,5° de latitude N, pendant les quelques mois d'été, l'arc supérieur de l'astre solaire reste au-dessus de l'horizon nuit et jour. À l'inverse, en hiver, il est une période durant laquelle le soleil ne dépasse à aucun moment la ligne d'horizon. À titre de compensation, semble-t-il, l'aurore boréale déchire parfois le ciel de ses stries lumineuses aux teintes diverses. Le soleil de minuit et l'hiver sans lumière résultent de l'inclinaison de l'axe terrestre, associée à la rotation de notre planète autour du soleil. Ces phénomènes constituent une expérience unique.

Le soleil de minuit illuminant le cap Nord

Le Svalbard (Spitzberg) ⑰

Nommé Svalbard (« côtes froides ») en norrois, l'archipel du Spitzberg comprend notamment les îles Spitsbergen (la plus grande), Nordaustlandet, Edgeøya, Barentsøya et Prins Karls Forland. Il est situé à 640 km au nord du continent, à une heure de vol de Tromsø. Mentionné pour la première fois en 1194 dans un document islandais, l'archipel fut reconnu par l'explorateur hollandais Willem Barents en 1596. En découvrant ce paysage ponctué de pics déchiquetés, celui-ci baptisa le lieu Spitzberg (« montagne pointue »). Depuis ses gigantesques glaciers, des séracs plongent avec fracas dans la mer. En 1925, un traité attribua la souveraineté du Svalbard à la Norvège, tout en autorisant les autres nations signataires à exploiter ses ressources minières.

Morse
Protégé depuis les années 1950, le morse a vu sa population augmenter à nouveau. Il est présent notamment sur l'île de Moffen.

Newtontoppen et Perriertoppen sont les plus hauts sommets, à 1 717 m d'altitude.

Magdalenefjord
Au nord-ouest du Vest-Spitsbergen, le petit fjord de Magdalene offre un spectacle saisissant. Le Svalbard est en effet recouvert à 60 % par des glaciers.

Légende

- - Parc national
- - Réserve naturelle
✈ Aéroport national

Longyearbyen
La capitale du Svalbard doit son nom à l'Américain John Longyear, qui ouvrit la première mine de l'archipel en 1906.

Pack
Le pack est une banquise qui recouvre les mers entourant le Svalbard. Son étendue varie selon les saisons et les conditions météorologiques. Les fjords des côtes occidentales des îles sont généralement accessibles en bateau depuis la fin mai jusqu'à la fin de l'automne.

MODE D'EMPLOI

Næringsbygget, Longyearbyen, 79 02 55 50. Longyearbyen. Polar Jazz (4e sem. janv.), Fête du soleil (1re sem. mars), marathon de ski (mai), marathon de Spitsbergen (1re sem. juin), Festival de blues des saisons sombres (oct.) www.svalbard.net

Le campement de la tragique expédition Andrée fut retrouvé en 1930, 33 ans après que Salomon Andrée eut quitté l'île Danskeøya à bord de son dirigeable en voulant atteindre le pôle Nord.

Pavot arctique
Ce pavot à longue tige existe en deux variétés : la plus appréciée est jaune, la seconde est blanche.

Mouette ivoire
Également appelée goéland sénateur, la mouette ivoire est l'une des 15 espèces d'oiseaux qui nichent dans l'archipel.

Ours polaire
Pouvant mesurer jusqu'à 2,80 m, l'ours polaire, ou ours blanc, est le plus grand des ursidés. Sa fourrure est blanche en hiver, crème en été.

LES BONNES ADRESSES

Hébergement

Parmi les nombreux hôtels proposés aux quatre coins de la Norvège, vous disposerez d'un large choix en termes de prix et de qualité. Cependant, ce mode d'hébergement n'est pas toujours l'idéal pour découvrir un pays. En Norvège du Nord, par exemple, vous pourrez lui préférer un *rorbu* – une petite maison de pêcheur. Il existe également des chalets de montagne, des auberges de jeunesse et des chambres d'hôtes à la ferme. Enfin, le logement chez l'habitant se pratique sur les grands axes routiers. Dans tous ces établissements, un petit déjeuner est généralement servi. Le plus souvent, les prix sont affichés à l'extérieur. Si vous avez prévu votre itinéraire à l'avance, il est toutefois préférable de réserver vos chambres.

Portier du Grand Hotel

La tour remarquable de l'hôtel Radisson SAS Plaza à Oslo *(p. 221)*

Choix d'un hôtel

En Norvège, les types d'hébergement sont aussi divers que les paysages.

Vous trouverez des hôtels de standing dans les grandes villes, des chalets plus modestes dans les montagnes ou encore des chambres chez l'habitant le long des routes principales.

Un large choix s'offre à vous dans la plupart des catégories de prix. Les hôtels norvégiens sont d'une grande propreté et la taille des chambres et les prestations varient en fonction du prix.

Les grandes chaînes hôtelières sont bien représentées dans les principales villes. Dans le reste du pays, les confortables *turisthoteller* (hôtels de tourisme) et les hôtels de montagne ne manquent pas, le plus souvent situés dans un cadre magnifique. Dans le Vestland en particulier, les hôtels touristiques sont souvent tenus par une même famille de génération en génération, perpétuant ainsi une qualité de service.

Souvent situés sur les cols, les hôtels et chalets de montagne constituent tout au long de l'année un point de départ idéal pour toutes sortes d'activités de plein air.

En ce qui concerne les prix, les auberges de jeunesse sont les plus intéressantes.

Réservation

Il n'existe aucun service de réservations centralisé en Norvège. Les chaînes d'hôtels possèdent généralement leur propre système de réservation.

Dans les villes et les villages importants, l'office de tourisme peut vous aider à réserver une chambre, que l'hôtel soit sur son territoire ou non.

Par ailleurs, de nombreux hôtels possèdent leur propre site Internet vous permettant de réserver en ligne.

Vous pouvez également réserver par téléphone, ce qui vous permettra éventuellement de négocier un tarif préférentiel.

Confortable suite au Radisson SAS Royal Hotel de Bergen

Chaînes d'hôtels

Différentes chaînes sont présentes dans toute la Norvège, principalement dans les grandes villes. Destinés à la clientèle d'affaires, ces hôtels proposent aux touristes des tarifs intéressants durant l'été.

Best Western regroupe 20 établissements privés pratiquant des prix intermédiaires. De petite ou de moyenne taille, les hôtels se trouvent aussi bien en ville qu'à la campagne.

La chaîne scandinave **Choice Hotels** comprend 66 hôtels en Norvège, répartis en trois catégories. La catégorie Comfort s'adresse à la classe affaires, tandis que la catégorie Quality est dédiée au tourisme et aux congrès. Enfin, les hôtels Clarion appartiennent au haut de gamme. Le groupe Choice délivre le *Nordic Hotel Pass* qui donne droit à des réductions le week-end et durant l'été.

La chaîne **First Hotels** comprend des hôtels d'affaires de taille moyenne, implantés dans les villes, dont les tarifs se situent dans la fourchette supérieure.

Radisson SAS regroupe 19 hôtels en Norvège. À Oslo, le Radisson SAS Plaza est le plus grand hôtel d'Europe du Nord avec ses 674 chambres réparties sur 37 étages. Le groupe possède également un hôtel au Spitzberg. Traditionnellement dédié à la classe affaires, Radisson SAS se tourne depuis peu vers la clientèle touristique.

Rica Hotels est une chaîne suédo-norvégienne comptant 60 hôtels en Norvège, depuis l'établissement familial Rica

◁ Le Theatrecafeen d'Oslo, bel exemple de décor Art nouveau (Jugend)

Le Kvikne's Hotell *(p. 225)* au bord du Sognefjord

Dyreparken de Kristiansand jusqu'au Grand Hotell d'Oslo. La carte *Rica Feriepass* permet de bénéficier de réductions sur les chambres et les activités.

Rainbow Hotels est une chaîne norvégienne de 45 hôtels proposant des prix moyens.

Scandic, première chaîne nordique appartenant au groupe Hilton, comprend 18 hôtels en Norvège. La chaîne porte une attention particulière à la protection de l'environnement : les nouveaux bâtiments sont construits à 97 % avec des matériaux recyclés.

Tarifs et paiement

Très variables, les prix des hôtels norvégiens sont généralement plus élevés dans les villes.

La plupart des hôtels proposent des tarifs spéciaux le week-end et en été. Ils proposent en outre un système de « pass » permettant de bénéficier de réductions à partir de deux nuitées.

Toutes les cartes de paiement habituelles sont acceptées. Les grands hôtels pratiquent le change, à un coût toutefois plus élevé que la banque *(p. 260)*.

Auberges de jeunesse

Gérées par le **Norske Vandrerhjem**, les 75 auberges de jeunesse s'adressent en réalité à toutes les classes d'âge.

Réparties sur tout le territoire norvégien, les auberges accueillent aussi bien les individuels que les familles. À Oslo, Haraldsheim est la plus grande d'entre elles. Selon votre budget, vous pourrez partager un dortoir avec cinq ou six personnes, ou bien choisir une chambre pour toute votre famille.

La plupart des auberges offrent un grand confort pour un prix raisonnable, et sont souvent bien situées.

Le Norske Vandrerhjem ne propose pas de service de réservation par téléphone. Toutefois, vous pouvez réserver à partir de leur site Internet.

Chalet du DNT de Kobberhaugen dans la forêt d'Oslomarka

Chalets et refuges

L'association pour le tourisme norvégien, **Den Norske Turistforening** (DNT), gère un ensemble de chalets de montagne *(hytter)* situés dans des lieux propices à la randonnée *(p. 250)*.

De nombreux chalets proposent une restauration. Équipés de toilettes et de douches, ils sont assez confortables. Certains refuges sont en libre-service avec des draps et de la nourriture. Pour le paiement, le visiteur dépose simplement l'argent dans une boîte prévue à cet effet. Les refuges sans personnel sont parfois dépourvus de ravitaillement.

Les réservations se font par téléphone auprès du refuge, pour un minimum de trois nuits. Cependant, les visiteurs imprévus trouveront toujours où dormir.

Carnet d'adresses

Chaînes d'hôtels

Best Western
Tél. *80 01 16 24 (appel gratuit).*
FAX *22 83 00 49.*
W www.bestwestern.no

Choice Hotels Scandinavia
Tél. *22 33 42 00.* FAX *22 40 13 10.*
W www.choice.no

First Hotels
Tél. *80 01 04 10 (appel gratuit).*
FAX *46 86 43 40 46 (Suède).*
W www.firsthotels.se

Hilton Scandic Hotels
Tél. *23 15 50 00.* FAX *23 15 50 01.*
W www.scandic-hotels.com

Radisson SAS
Tél. *00 800 33 33 33 33*
(appel gratuit depuis la France).
Tél. *80 01 60 91*
(appel gratuit depuis la Norvège).
W www.radissonsas.com

Rainbow Hotels
Tél. *23 08 00 00.* FAX *23 08 00 02.*
W www.rainbow-hotels.no

Rica Hotels
Tél. *66 85 45 60.* FAX *66 85 45 61.*
W www.rica.no

Auberges de jeunesse

Norske Vandrerhjem
Torggata 1, 0181 Oslo.
Plan 3 D3. Tél. *23 13 93 00.*
W www.vandrerhjem.no

Chalets et refuges

Den Norske Turistforening (DNT)
Storgata 3, Oslo.
Plan 2 E3. Tél. *22 82 28 00.*
W www.turistforeningen.no

Choisir un hôtel

Couvrant une large gamme de prix, les établissements ci-après ont été sélectionnés pour la qualité de leurs prestations, leur emplacement et leur charme. Ils sont classés par région, en commençant par Oslo. Les prix sont en couronnes norvégiennes *(kroner)*. Pour les renvois au plan d'Oslo, consultez les pages 98 à 101. Une liste de restaurants figure aux pages 232 à 239.

Oslo

Établissement	Cartes bancaires	Équipements pour enfants	Parc de stationnement	Restaurant	Bar
Ouest d'Oslo : *Rainbow Hotell Munch* (Kr) Munchs Gate 5, 0165 Oslo. **Plan** 3 D2. *23 21 96 00.* FAX *23 21 96 01.* munch@rainbow-hotels.no Rénové en 2001, cet hôtel des années 1960 est abordable. Il est en outre calme, tout en étant proche de nombreux restaurants. ***Chambres :*** *183*	AE DC MC V	●	■		
Ouest d'Oslo : *Quality Hotel Savoy* (Kr)(Kr) Universitetsgate 11, 0164 Oslo. **Plan** 3 D2. *23 35 42 00.* FAX *23 35 42 01.* Intime et central, cet hôtel renommé possède un restaurant agréable. ***Chambres :*** *93*	AE DC MC V	●	■		■
Ouest d'Oslo : *Rainbow Hotel Europa* (Kr)(Kr) St Olavs Gate 31, 0166 Oslo. **Plan** 3 D2. *23 25 63 00.* FAX *23 25 63 63.* europa@rainbow-hotels.no L'hôtel est situé à deux pas du centre. L'ambiance est décontractée. ***Chambres :*** *167*	AE DC MC V	●	■	●	■
Ouest d'Oslo : *Rainbow Hotel Stefan* (Kr)(Kr) Rosenkrantz' Gate 1, 0159 Oslo. **Plan** 3 D3. *23 31 55 00.* FAX *23 31 55 55.* stefan@rainbow-hotels.no Récemment rénové, cet hôtel est renommé pour son succulent buffet, à midi, qui attire aussi une clientèle extérieure. ***Chambres :*** *150*	AE DC MC V	●	■	●	■
Ouest d'Oslo : *Norlandia Karl Johan Hotell* (Kr)(Kr)(Kr) Karl Johans Gate 33, 0162 Oslo. **Plan** 3 D2. *23 16 17 00.* FAX *22 42 05 19.* service@karljohan.norlandia.no Situé dans le centre, cet établissement du XIXe siècle offre un cadre norvégien moderne. ***Chambres :*** *111*	AE DC MC V	●	■	●	■
Ouest d'Oslo : *Radisson SAS Scandinavia Hotel* (Kr)(Kr)(Kr) Holbergs Gate 30, 0166 Oslo. **Plan** 3 D2. *23 29 30 00.* FAX *23 29 30 01.* www.radisson.com/oslono_scandinavia Ce haut édifice construit en 1975 est l'un des hôtels les plus réputés de la ville. Il offre une grande variété de chambres et de services de qualité et abrite plusieurs boutiques. ***Chambres :*** *488*	AE DC MC V	●	■	●	■
Ouest d'Oslo : *Rainbow Cecil Hotel* (Kr)(Kr)(Kr) Stortingsgata 8, 0161 Oslo. **Plan** 3 D3. *23 31 48 00.* FAX *23 31 48 50.* cecil@rainbow-hotels.no Très central, cet hôtel à la fois chic et traditionnel est entouré de nombreux restaurants et salles de spectacles. ***Chambres :*** *111*	AE DC MC V	●	■		
Ouest d'Oslo : *Scandic Hotel Edderkoppen* (Kr)(Kr)(Kr) St Olavs Plass 1, 0165 Oslo. **Plan** 3 D2. *23 15 56 00.* FAX *23 15 56 11.* edderkoppen@scandic-hotels.com Récemment construit sur le site d'un ancien théâtre, cet hôtel propose des tarifs préférentiels pour différents spectacles. ***Chambres :*** *241*	AE DC MC V	●	■	●	■
Ouest d'Oslo : *Scandic Hotel KNA* (Kr)(Kr)(Kr) Parkveien 68, 0254 Oslo. **Plan** 2 B3. *23 15 57 00.* FAX *23 15 57 11.* kna@scandic-hotels.com Rénové et meublé avec goût, dans un quartier paisible non loin d'Aker Brygge et du port, l'hôtel donne sur le fjord. ***Chambres :*** *189*	AE DC MC V	●	■	●	■
Ouest d'Oslo : *Hotel Bristol* (Kr)(Kr)(Kr)(Kr) Kristian IV's Gate 7, 0164 Oslo. **Plan** 3 D2. *22 82 60 00.* FAX *22 82 60 01.* booking@bristol.no Depuis 1920, le Bristol est l'un des meilleurs hôtels de la capitale. Modernisé en 1999, il n'en a pas moins conservé son élégance surannée. Le Bibliotekbaren et le Bristol Grill sont des lieux de rendez-vous prisés pour boire un verre ou se restaurer. ***Chambres :*** *252*	AE DC MC V	●	■	●	■

Catégories de prix pour une nuit en chambre double (et non par personne), petit déjeuner, taxes et service compris :
- Auberge de jeunesse/familiale
- (Kr) moins de 1 000 Nok
- (Kr)(Kr) de 1 000 à 1 400 Nok
- (Kr)(Kr)(Kr) de 1 400 à 1 800 Nok
- (Kr)(Kr)(Kr)(Kr) plus de 1 800 Nok

Équipements pour enfants
Lits d'enfants et chaises hautes disponibles. Certains hôtels proposent aussi un service de baby-sitting.

Parc de stationnement
Stationnement assuré par l'hôtel, soit dans un parking attenant, soit dans un garage privé à proximité.

Restaurant
L'hôtel possède un restaurant pour ses hôtes, mais accueille aussi les clients extérieurs – généralement pour le dîner.

Bar
L'hôtel met un bar à la disposition de ses hôtes et des clients extérieurs.

Ouest d'Oslo : *Hotel Continental* (Kr)(Kr)(Kr)(Kr)
Stortingsgate 24-26, 0161 Oslo. **Plan** 3 D3. *22 82 40 00.* FAX *22 42 96 89.*
booking@hotel-continental.no
Cet hôtel familial existe depuis 1900. Membre des Leading Hotels of the World, il possède deux restaurants maintes fois primés : le Theatercafeen et l'Annen Etage. ***Chambres :*** *154*

Est d'Oslo : *City Hotel* (Kr)
Skippergaten 19, 0106 Oslo. **Plan** 3 E4. *22 41 36 10.* FAX *22 42 24 29.*
www.cityhotel.no
Un hôtel modeste qui occupe les étages supérieurs d'un immeuble du centre-ville. Ambiance intime et tranquille. ***Chambres :*** *52*

Est d'Oslo : *Best Western Bondeheimen Hotel* (Kr)(Kr)
Rosenkrantz' Gate 8, 0159 Oslo. **Plan** 3 D3. *23 21 41 00.* FAX *23 21 41 01.*
booking@bondeheimen.com
Cet hôtel traditionnel était à l'origine destiné aux visiteurs venant de la campagne. Bien que modernisé, il a conservé son sobre style norvégien. Le restaurant, le *Kaffistova*, sert des spécialités. ***Chambres :*** *127*

Est d'Oslo : *Comfort Hotel Børsparken* (Kr)(Kr)
Tollbugate 4, 0152 Oslo. **Plan** 3 E4. *22 47 17 17.* FAX *22 47 17 18.*
booking.boersparken@comfort.choicehotels.no
Face à la Bourse d'Oslo (Børs), cet hôtel moderne s'attache à offrir un accueil chaleureux. Il ne possède pas de restaurant, mais propose le soir un buffet réservé à ses hôtes. ***Chambres :*** *198*

Est d'Oslo : *Rainbow Hotel Norrøna* (Kr)(Kr)
Grensen 19, 0159 Oslo. **Plan** 3 E4. *23 31 80 00.* FAX *23 31 80 01.* norrona@rainbow-hotels.no
Un hôtel tranquille qui conviendra aux familles. Bien qu'il fasse partie de la chaîne Rainbow, l'établissement est géré par un organisme chrétien et ne sert pas d'alcool. ***Chambres :*** *93*

Est d'Oslo : *First Hotel Noble House* (Kr)(Kr)(Kr)
Kongens Gate 5, 0153 Oslo. **Plan** 3 D4. *23 10 72 00.* FAX *23 10 72 10.*
Ce petit hôtel intime se situe dans le plus vieux quartier d'Oslo, non loin de la Bankplassen et de la forteresse Akershus. ***Chambres :*** *69*

Est d'Oslo : *Radisson SAS Plaza Hotel Oslo* (Kr)(Kr)(Kr)
Sonja Henies Plass 3, 0185 Oslo. **Plan** 3 F3. *22 05 80 00.* FAX *22 05 80 10.*
www.radissonsas.com
Vous ne pouvez manquer cet hôtel de standing pointant au-dessus d'Oslo. Les chambres arborent des décorations diverses, depuis le style oriental jusqu'au style scandinave. ***Chambres :*** *674*

Est d'Oslo : *Rica Oslo Hotel* (Kr)(Kr)(Kr)
Europarådets Glass 1, 0105 Oslo. **Plan** 3 E3. *23 10 42 00.* FAX *23 10 42 10.*
www.rica.no
Hôtel moderne situé près de la gare et de la place Jernbanetorget. Des tableaux d'artistes norvégiens ornent chaque chambre. ***Chambres :*** *174*

Est d'Oslo : *Clarion Hotel Royal Christiania* (Kr)(Kr)(Kr)(Kr)
Biskop Gunnerus' Gate 3, 0155 Oslo. **Plan** 3 E3. *23 10 80 00.* www.choice.no
Dans cet hôtel de standing près de la place Jernbanetorget, l'aménagement des chambres respecte les règles du feng shui.
Chambres : *503*

Est d'Oslo : *Grand Hotel* (Kr)(Kr)(Kr)(Kr)
Karl Johans Gate 31, 0159 Oslo. **Plan** 3 D3. *23 21 20 00.* FAX *23 21 21 00.*
reservations-grand@rica.no www.grand.no
Cet excellent hôtel proposant plusieurs bars, restaurants et spectacles est très prisé des célébrités du moment. ***Chambres :*** *289*

Hôtel	Cartes bancaires	Équipements pour enfants	Parc de stationnement	Restaurant	Bar
Hotel Continental	AE DC MC V		■	●	■
City Hotel	DC MC V				
Best Western Bondeheimen Hotel	AE DC MC V		■	●	
Comfort Hotel Børsparken	AE DC MC V	●	■		■
Rainbow Hotel Norrøna	AE DC MC V	●	■		
First Hotel Noble House	AE DC MC V	●	■		■
Radisson SAS Plaza Hotel Oslo	AE DC MC V	●	■	●	■
Rica Oslo Hotel	AE DC MC V	●	■	●	■
Clarion Hotel Royal Christiania	AE DC MC V	●	■	●	■
Grand Hotel	AE DC MC V	●		●	

Légende des symboles, voir rabat de couverture

Catégories de prix pour une nuit en chambre double (et non par personne), petit déjeuner, taxes et service compris :

- Auberge de jeunesse/familiale
- (Kr) moins de 1 000 Nok
- (Kr)(Kr) de 1 000 à 1 400 Nok
- (Kr)(Kr)(Kr) de 1 400 à 1 800 Nok
- (Kr)(Kr)(Kr)(Kr) plus de 1 800 Nok

Équipements pour enfants
Lits d'enfants et chaises hautes disponibles. Certains hôtels proposent aussi un service de baby-sitting.

Parc de stationnement
Stationnement assuré par l'hôtel, soit dans un parking attenant, soit dans un garage privé à proximité.

Restaurant
L'hôtel possède un restaurant pour ses hôtes, mais accueille aussi les clients extérieurs – généralement pour le dîner.

Bar
L'hôtel met un bar à la disposition de ses hôtes et des clients extérieurs.

En dehors du centre : *Oslo Vandrerhjem Haraldsheim*
Haraldsheimveien 4, 0587 Oslo. *22 22 29 65.* FAX *22 22 10 25.* www.haraldsheim.oslo.no
Cette auberge de jeunesse est située dans un cadre agréable à 4 km du centre, avec vue sur la ville et le fjord. Chambres à 4 lits. ***Chambres :** 71*

En dehors du centre : *Gardermoen Gjestegård* (Kr)
Gardemoveien 2, 060 Gardermoen. *63 94 08 00.* FAX *63 94 08 01.*
www.gg-gardermoen.no
À 4 mn en voiture de l'aéroport de Gardermoen, cette auberge en bois conviviale se trouve en pleine campagne. ***Chambres :** 72*

En dehors du centre : *Holmenkollen Park Hotel Rica* (Kr)(Kr)
Kongeveien 26, 0787 Oslo. *22 92 20 00.* FAX *22 14 61 92.*
www.holmenkollenparkhotel.no
Avec son aile digne d'un château de conte de fées, cet hôtel calme et bien aménagé se trouve près du complexe sportif. ***Chambres :** 220*

En dehors du centre : *Linne Hotel* (Kr)(Kr)
Statsråd Mathiesens Vei 12, 0598 Oslo. *23 17 00 00.* FAX *23 17 00 01.* www.linne.no
À l'est d'Oslo, un hôtel accueillant dans un cadre champêtre. Le centre-ville est à 10 mn en T-bane (métro). ***Chambres :** 106*

En dehors du centre : *Radisson SAS Park Hotel* (Kr)(Kr)
Fornebuveien 80, 1366 Lysaker. *67 82 30 00.* FAX *67 82 30 01.* www.radissonsas.com
À 10 mn en voiture du centre-ville, cet hôtel se trouve au bord de l'Oslofjord à 100 m de la plage. Il possède un court de tennis. ***Chambres :** 252*

En dehors du centre : *Rainbow Gyldenløve Hotel* (Kr)(Kr)
Bogstadveien 20, 0355 Oslo. **Plan** 2 B1. *23 33 23 00.* FAX *22 60 33 90.*
@ gyldenloeve@rainbow-hotels.no
Situé dans l'une des meilleures rues commerçantes d'Oslo à l'ouest du centre, le lieu est calme en dehors des heures ouvrables. ***Chambres :** 168*

En dehors du centre : *West Hotel* (Kr)(Kr)
Skovveien 15, 0257 Oslo. **Plan** 2 B2. *22 54 21 60.* FAX *22 54 21 65.*
www.westhotelno
Rénové en 2004, ce confortable hôtel bénéficie d'un bon emplacement, à côté du Palais royal et à 10 minutes à pied du centre. ***Chambres :** 56*

En dehors du centre : *Anker Hotel* (Kr)(Kr)(Kr)
Storgata 55, 0182 Oslo. **Plan** 3 F2. *22 99 75 00.* FAX *22 99 75 20.* www.anker.oslo.no
À dix minutes à pied de la Karl-Johansgate, l'Anker Hotel se trouve en outre près du quartier prisé de Grünerløkka. En été, l'Albert Sommerhotel vient accroître sa capacité d'accueil. ***Chambres :** 48*

En dehors du centre : *Frogner House Hotel* (Kr)(Kr)(Kr)
Skovveien 8, 0257 Oslo. **Plan** 2 B2. *22 56 00 56.* FAX *22 56 05 00.*
www.frognerhouse.com
Au centre de Frogner, cet élégant édifice a conservé son style victorien. ***Chambres :** 60*

En dehors du centre : *Gabelshus Hotell* (Kr)(Kr)(Kr)
Gabels Gate 16, 0272 Oslo. **Plan** 2 A3. *23 27 65 00.* FAX *23 27 65 60.* www.choice.no
Dans une rue calme à l'ouest du centre-ville, cet hôtel discret décoré à l'anglaise dégage une atmosphère élégante et intime. ***Chambres :** 114*

En dehors du centre : *Radisson SAS Airport Hotel, Gardermoen* (Kr)(Kr)(Kr)(Kr)
Hotelveien, 2060 Gardermoen. *63 93 30 00.* FAX *63 93 30 30.* www.radissonsas.com
Ce nouvel hôtel luxueux se trouve à quelques minutes de marche de l'aéroport de Gardermoen. ***Chambres :** 350*

Hôtel	Cartes bancaires	Équipements pour enfants	Parc de stationnement	Restaurant	Bar
Oslo Vandrerhjem Haraldsheim	MC V	●	■		
Gardermoen Gjestegård	AE DC MC V		■	●	■
Holmenkollen Park Hotel Rica	AE DC MC V		■	●	■
Linne Hotel	AE DC MC V	●	■	●	■
Radisson SAS Park Hotel	AE DC MC V	●	■	●	■
Rainbow Gyldenløve Hotel	AE DC MC V	●	■	●	■
West Hotel	AE DC MC V	●		●	■
Anker Hotel	AE DC MC V		■		■
Frogner House Hotel	AE DC MC V	●	■		
Gabelshus Hotell	AE DC MC V	●	■		
Radisson SAS Airport Hotel, Gardermoen	AE DC MC V	●	■	●	■

Autour de l'Oslofjord

Hôtel	Cartes	1	2	3	4
Fredrikstad : *Victoria Hotel* Kr Kr Turngate 3, 1606 Fredrikstad. Tél. 69 38 58 00. FAX 69 38 58 01. W www.victoria-fredrikstad.com Hôtel chaleureux situé dans le centre près de la cathédrale (Domkirken). TV *Chambres : 65*	AE DC MC V		■	●	■
Halden : *Grand Hotell* Kr Jernbanetorget 1, 1767 Halden. Tél. 69 18 72 00. FAX 69 18 79 59. Un hôtel simple situé près du centre de Halden. TV *Chambres : 31*	AE DC MC V				■
Horten : *Norlandia Grand Ocean Hotell* Kr Kr Jernbanegate 1, 3187 Horten. Tél. 33 04 17 22. FAX 33 04 45 07. À deux pas du centre-ville, cet hôtel moderne a la mer pour plus proche voisine. TV *Chambres : 100*	AE MC V	●	■	●	■
Larvik : *Quality Hotel Grand Farris* Kr Kr Storgata 38, 3256 Larvik. Tél. 33 18 78 00. FAX 33 18 70 45. W www.choicehotels.no/hotels/no048 Cet hôtel douillet dispose d'un grand choix de chambres, dont la suite luxueuse portant le nom du grand explorateur natif de Larvik, Thor Heyerdahl. Cadre superbe avec vue sur le port. TV *Chambres : 88*	AE DC MC V	●	■	●	■
Moss : *Hotel Refsnes Gods* Kr Kr Kr Godset 5, 1518 Moss. Tél. 69 27 83 00. FAX 69 27 83 01. W www.refsnesgods.no Magnifiquement situé sur l'île de Jeløy, cet ancien manoir possède un bon restaurant et une cave bien approvisionnée. TV *Chambres : 61*	AE DC MC V		■	●	
Sandefjord : *Rica Park Hotel Sandefjord* Kr Kr Kr Strandpromenaden 9, 3212 Sandefjord. Tél. 33 44 74 00. FAX 33 44 75 00. W www.rica.no Construit en 1960, cet hôtel est l'un des points de repère de la ville. Proche du centre, il est confortable et bien aménagé. TV *Chambres : 231*	AE DC MC V			●	■
Stavern : *Hotel Wassilioff* Kr Havnegate 1, 3290 Stavern. Tél. 33 11 36 00. FAX 33 11 36 01. W www.wassilioff.no Au cœur de la jolie ville de Stavern, cet hôtel chaleureux date des années 1840. TV *Chambres : 47*	AE DC MC V			●	■
Tønsberg : *Hotell Maritim* Kr Storgata 17, 3126 Tønsberg. Tél. 33 00 27 00. FAX 33 31 72 52. W www.hotellmaritim.no Un hôtel calme et confortable au centre-ville. TV *Chambres : 33*	AE DC MC V	●		●	■
Tønsberg : *Rica Klubben Hotel* Kr Nedre Langgate 49, 3126 Tønsberg. Tél. 33 35 97 00. FAX 33 35 97 97. W www.rica.no L'hôtel est aussi réputé pour ses spectacles d'été, dans son propre théâtre, que pour son restaurant et ses chambres de qualité. TV *Chambres : 145*	AE DC MC V	●	■	●	■

La Norvège de l'Est

Hôtel	Cartes	1	2	3	4
Drammen : *Rica Park Hotel Drammen* Kr Kr Gamle Kirkeplass 3, 3019 Drammen. Tél. 32 26 36 00. FAX 32 26 37 77. W www.rica.no Près de l'ancien théâtre, cet établissement renommé possède des chambres confortables, récemment rénovées. TV *Chambres : 100*	AE DC MC V	●	■	●	■
Drammen : *First Hotel Ambassadeur* Kr Kr Kr Strømsø Torg 7, 3044 Drammen. Tél. 31 01 21 00. FAX 31 01 21 11. W www.firsthotels.com Entièrement rénové en 2001 dans un style moderne, cet établissement est proche du centre. TV *Chambres : 230*	AE DC MC V	●	■	●	■
Elveseter : *Elveseter Turisthotell* Kr 2687 Bøverdalen. Tél. 61 21 99 00. FAX 61 21 99 01. W www.elveseter.no Cette ferme rustique, dont le plus vieux bâtiment remonte à 1640, est devenue un confortable hôtel plein de charme. *Chambres : 130*	AE DC MC V	●	■	●	■
Geilo : *Dr Holms Hotel* Kr Kr Kr Timrehaugveien 2, 3580 Geilo. Tél. 32 09 57 00. FAX 32 09 16 20. W www.drholms.com Au pied de hautes montagnes, ce bâtiment classique offre d'excellentes possibilités de ski pendant l'hiver. TV *Chambres : 127*	AE DC MC V	●	■	●	■
Hamar : *Quality Hotel Astoria* Kr Kr Torggata 23, 2317 Hamar. Tél. 62 70 70 00. FAX 62 70 70 01. W www.choice.no Hôtel moderne dans le centre-ville près du lac Mjøsa. Récemment rénovées, les chambres sont de qualité. TV *Chambres : 78*	AE DC MC V	●	■	●	■

Légende des symboles, voir rabat de couverture

Catégories de prix pour une nuit en chambre double (et non par personne), petit déjeuner, taxes et service compris :
- Auberge de jeunesse/familiale
- Ⓚ moins de 1 000 Nok
- ⓀⓀ de 1 000 à 1 400 Nok
- ⓀⓀⓀ de 1 400 à 1 800 Nok
- ⓀⓀⓀⓀ plus de 1 800 Nok

Équipements pour enfants
Lits d'enfants et chaises hautes disponibles. Certains hôtels proposent aussi un service de baby-sitting.

Parc de stationnement
Stationnement assuré par l'hôtel, soit dans un parking attenant, soit dans un garage privé à proximité.

Restaurant
L'hôtel possède un restaurant pour ses hôtes, mais accueille aussi les clients extérieurs – généralement pour le dîner.

Bar
L'hôtel met un bar à la disposition de ses hôtes et des clients extérieurs.

	Cartes bancaires	Équipements pour enfants	Parc de stationnement	Restaurant	Bar
Hamar : *First Hotel Victoria* ⓀⓀⓀ Strandgaten 21, 2317 Hamar. *62 02 55 00.* FAX *62 53 32 23.* W www.firsthotels.no Situé dans le centre, près du parc, avec vue sur le lac Mjøsa, c'est un bon hôtel traditionnel doté d'un restaurant réputé. ***Chambres :** 115*	AE DC MC V	●	■	●	■
Lillehammer : *Birkebeineren Hotel/Motel & Apartments* Ⓚ Birkebeinerveien Olympiaparken 24, 2618 Lillehammer. *61 26 47 00.* FAX *61 26 47 50.* W www.birkebeineren.no Magnifiquement situé dans le parc Olympia à 10 mn à pied du centre. Choix d'appartements et de chambres d'hôtel et de motel. ***Chambres :** 120*	AE DC MC V	●	■		
Lillehammer : *Comfort Hotel Hammer* ⓀⓀ Storgata 108B, 2615 Lillehammer. *61 26 73 73.* FAX *61 26 37 30.* W www.choicehotels.no/hotels/no028 Un hôtel chaleureux de qualité, dont l'intérieur illustre les traditions de la vallée du Gudbrandsdal. Dîner inclus. ***Chambres :** 94*	AE DC MC V	●	■		
Lillehammer : *First Hotel Breiseth* ⓀⓀ Jernbaneg 1-5, 2609 Lillehammer. *61 24 77 77.* FAX *61 26 95 05.* W www.breiseth.com Cet hôtel agréable, rénové en 1994 pour les Jeux olympiques, propose des chambres de grande qualité et un très bon restaurant. ***Chambres :** 89*	AE DC MC V	●	■	●	■
Lom : *Fossheim Turisthotell* ⓀⓀ 2686 Lom. *61 21 95 00.* FAX *61 21 95 01.* W www.fossheimhotel.no Tenu par la même famille depuis des générations, l'hôtel s'est agrandi pour offrir des appartements et chalets de style traditionnel. Son restaurant est réputé. Hôtel fermé en hiver. ***Chambres :** 50*	AE DC MC V	●	■	●	■
LE SØRLAND ET LE TELEMARK					
Arendal : *Scandic Hotel Arendal* ⓀⓀ Friergangen 1, 4836 Arendal. *37 05 21 50.* FAX *37 05 21 51.* W www.scandic-arendal.no Sur la péninsule de Tyholmen, non loin du centre-ville et du port. Chambres modernes récemment rénovées. ***Chambres :** 84*	AE DC MC V	●	■	●	■
Arendal : *Clarion Hotel Tyholmen* ⓀⓀⓀ Teaterplassen 2, 4836 Arendal. *37 07 68 00.* FAX *37 07 68 01.* W www.choice.no Équipé d'installations modernes, ce magnifique hôtel en bois, classé, est situé sur le quai dans la vieille ville. ***Chambres :** 60*	AE DC MC V	●	■	●	■
Dalen : *Dalen Hotel* ⓀⓀ 3880 Dalen. *35 07 70 00.* FAX *35 07 70 11.* W www.dalenhotel.no Orné de têtes de dragons, de tourelles et de flèches, cet édifice en bois restauré possède un vaste jardin donnant sur le lac et les montagnes. ***Chambres :** 38*	AE DC MC V	●	■	●	■
Kristiansand : *Clarion Hotel Ernst* ⓀⓀ Rådhusgaten 2, 4611 Kristiansand. *38 12 86 00.* FAX *38 02 03 07.* W www.ernst.no Agrémenté des installations les plus modernes, cet établissement datant de 1858 a beaucoup de classe. ***Chambres :** 135*	AE DC MC V	●	■	●	■
Kristiansand : *Comfort Hotel Skagerak* ⓀⓀ Henrik Wergelands Gate 4, 4612 Kristiansand S. *38 07 94 00.* FAX *38 07 02 43.* W www.choice.no Un hôtel moderne et douillet qui se trouve au milieu du quartier de Kvadraturen, en plein cœur de Kristiansand. ***Chambres :** 67*	AE DC MC V	●	■		
Kristiansand : *Radisson SAS Caledonien Hotel* ⓀⓀ Vestre Strandgate 7, 4610 Kristiansand S. *38 11 21 00.* FAX *38 11 21 11.* W www.radissonsas.com Cet hôtel de qualité se trouve près du port de plaisance et du front de mer, tout en étant au cœur de l'agréable quartier de Kvadraturen. ***Chambres :** 205*	AE DC MC V	●	■	●	■

KRISTIANSAND : *Scandic Hotel Kristiansand* Markens Gate 39, 4612 Kristiansand S. ☎ *21 61 42 00.* FAX *21 61 42 11.* @ kristiansand@scandic-hotels.com Un hôtel de qualité, bordant une rue piétonnière au centre de la ville. ***Chambres :*** *112*	Kr Kr	AE DC MC V	●	■	●	■
PORSGRUNN : *Hotell Vic* Skolegata 1, 3916 Porsgrunn. ☎ *35 55 55 80.* FAX *35 55 72 12.* W www.vichotel.no Remontant à 1825, l'édifice d'origine s'est vu adjoindre une aile moderne. ***Chambres :*** *96*	Kr Kr	AE DC MC V	●	■	●	■
SKIEN : *Rainbow Høyers Hotell* Kongens Gate 5, 3717 Skien. ☎ *35 90 58 00.* FAX *35 90 58 05.* @ hoeyers@rainbow-hotels.no Au cœur de Skien, la classique façade rose du plus vieil hôtel du Telemark cache un édifice confortable et moderne. ***Chambres :*** *73*	Kr Kr Kr	AE DC MC V	●	■	●	■

LE VESTLAND

BALESTRAND : *Kvikne's Hotell* 6899 Balestrand. ☎ *57 69 42 00.* FAX *57 69 42 01.* @ booking@kviknes.no W www.kviknes.com Cet hôtel historique est magnifiquement situé à Balholm, sur la rive du Sognefjord. Agrandi et modernisé, l'édifice n'en a pas moins conservé son atmosphère surannée. ***Chambres :*** *210*	Kr Kr Kr	AE DC MC V	●	■	●	■
BERGEN : *Neptun Hotell* Valkendorfs Gate 8, 5012 Bergen. ☎ *55 30 68 00.* FAX *55 30 68 50.* W www.neptunhotell.no Contenant plus de 700 œuvres d'art, cet hôtel est en outre réputé pour son restaurant et son excellente cave. ***Chambres :*** *124*	Kr Kr	AE DC MC V	●	■	●	■
BERGEN : *Rainbow Hotell Bryggen Orion* Bradbenken 3, 5003 Bergen. ☎ *55 30 87 00.* FAX *55 32 94 14.* @ bryggenorion@rainbow-hotels.no Situé entre le quai de Bryggen et la tour Rosenkrantz, près du centre-ville, cet hôtel est réputé pour ses petits déjeuners. ***Chambres :*** *229*	Kr Kr	AE DC MC V	●	■		■
BERGEN : *Augustin Hotel* Sundts Gate 22/24C, 5004 Bergen. ☎ *55 30 40 00.* FAX *55 30 40 10.* W www.augustin.no Hôtel familial situé dans le centre, près du port et d'une zone commerçante. Rénové en 1999-2001, il a reçu un prix pour sa décoration. ***Chambres :*** *109*	Kr Kr Kr	AE DC MC V	●	■	●	■
BERGEN : *Radisson SAS Hotel Norge* Nedre Ole Bulls Plass 4, 5012 Bergen. ☎ *55 57 30 00.* FAX *55 57 30 01.* W www.radissonsas.no Au cœur de Bergen, un ancien hôtel occupait déjà ce lieu en 1885. Moderne et bien aménagé, l'établissement actuel a conservé les traditions et la qualité de son prédécesseur. ***Chambres :*** *345*	Kr Kr Kr	AE DC MC V	●	■	●	■
BERGEN : *Clarion Hotel Admiral* C Sundts Gate 9, 5004 Bergen. ☎ *55 23 64 00.* FAX *55 23 64 64.* W www.admiral.no Dans un ancien entrepôt de Bryggen, face au port Vågen, cet hôtel confortable est très central. ***Chambres :*** *210*	Kr Kr Kr Kr	AE DC MC V	●		●	■
HAUGESUND : *Rica Maritim Hotel* Åsbygaten 3, 5528 Haugesund. ☎ *52 86 30 00.* FAX *52 86 30 01.* W www.rica.no Avec des chambres de tailles diverses, le plus grand hôtel de Haugesund se trouve dans le centre-ville sur le quai. ***Chambres :*** *312*	Kr Kr Kr	AE DC MC V		■	●	■
KRISTIANSUND : *Comfort Hotel Fosna* Hauggata 16, 6509 Kristiansund N. ☎ *71 67 40 11.* FAX *71 67 76 59.* W www.choicehotels.no Simple et chaleureux, cet hôtel de qualité donne sur le port et la place. Le buffet dînatoire est inclus dans le prix. ***Chambres :*** *50*	Kr Kr	AE DC MC V	●	■		■
MOLDE : *Quality Hotel Alexandra* Storgata 1-7, 6413 Molde. ☎ *71 20 37 50.* FAX *71 20 37 87.* W www.choicehotels.no Situé dans le centre, l'hôtel est bien conçu et possède des chambres modernes, un restaurant et une discothèque. ***Chambres :*** *163*	Kr Kr	AE DC MC V	●	■	●	■
STAVANGER : *Radisson SAS Atlantic Hotel* Olav V's Gate 3, 4005 Stavanger. ☎ *51 76 10 00.* FAX *51 76 10 01.* W www.radissonsas.com Dans le centre-ville, ce vaste hôtel bien conçu aux chambres rénovées donne sur le lac Breiavannet. ***Chambres :*** *350*	Kr Kr	AE DC MC V	●	■	●	■

Légende des symboles, voir rabat de couverture

Catégories de prix pour une nuit en chambre double (et non par personne), petit déjeuner, taxes et service compris :
- Auberge de jeunesse/familiale
- Kr moins de 1 000 Nok
- Kr Kr de 1 000 à 1 400 Nok
- Kr Kr Kr de 1 400 à 1 800 Nok
- Kr Kr Kr Kr plus de 1 800 Nok

Équipements pour enfants
Lits d'enfants et chaises hautes disponibles. Certains hôtels proposent aussi un service de baby-sitting.

Parc de stationnement
Stationnement assuré par l'hôtel, soit dans un parking attenant, soit dans un garage privé à proximité.

Restaurant
L'hôtel possède un restaurant pour ses hôtes, mais accueille aussi les clients extérieurs – généralement pour le dîner.

Bar
L'hôtel met un bar à la disposition de ses hôtes et des clients extérieurs.

Stavanger : *Comfort Hotel Grand* Kr Kr Kr
Klubbgate 3, 4013 Stavanger. *51 20 14 00.* FAX *51 20 14 01.* W www.choicehotels.no
Dans le centre-ville, cet hôtel agréable, simple et convivial, propose des chambres de taille variée, avec dîner inclus. ***Chambres :*** *90*

Stavanger : *Skagen Brygge Hotell* Kr Kr Kr
Skagenkaien 30, 4006 Stavanger. *51 85 00 00.* FAX *51 85 00 01.*
@ booking@skagenbryggehotell.no
Hôtel central doté de chambres douillettes. Sa façade sur le port Vågen ne dépare pas avec les anciens docks. ***Chambres :*** *110*

Ålesund : *Scandic Hotel Ålesund* Kr Kr
Moloveien 6, 6004 Ålesund. *21 61 45 00.* FAX *21 61 45 11.* @ alesund@scandic-hotels.com
En bord de mer et proche du centre-ville, cet établissement est décoré dans le style marin. ***Chambres :*** *118*

Ålesund : *Comfort Hotel Bryggen* Kr Kr Kr
Apotekergate 1, 6004 Ålesund. *70 12 64 00.* FAX *70 12 11 80.*
@ bryggen@comfort.choicehotels.no
Au centre-ville, cet hôtel typique occupe un ancien entrepôt au bord de l'eau. Le dîner est inclus dans le prix. ***Chambres :*** *85*

Le Trøndelag

Røros : *Quality Hotel Røros* Kr Kr
An-Magrittveien, 7374 Røros. *72 40 80 00.* FAX *72 40 80 01.*
W www.choicehotels.no/hotels/no045
Décoré dans un style rustique à l'aide de matériaux naturels, cet hôtel calme et convivial se trouve à la périphérie de Røros dans un cadre champêtre. Le restaurant est de qualité. ***Chambres :*** *167*

Røros : *Bergstadens Hotel* Kr Kr Kr
Osloveien 2, 7374 Røros. *72 40 60 80.* FAX *72 40 60 81.* W www.bergstaden.no
Au centre de la ville minière, un hôtel accueillant doté de chambres confortables, de deux restaurants et de quatre bars. ***Chambres :*** *90*

Steinkjer : *Rainbow Tingvold Park Hotel* Kr Kr
Gamle Kongeveien 47, 7725 Steinkjer. *74 16 11 00.* FAX *74 14 11 01.*
W www.rainbow-hotels.no/tingvold
Un ancien manoir a été agrandi pour obtenir cet hôtel mêlant les styles ancien et moderne. Différents types de chambres. ***Chambres :*** *53*

Trondheim : *Munken Hotell* Kr
Kongens Gate 44, 7012 Trondheim. *73 53 45 40.* FAX *73 53 42 60.*
@ munken.hotell@munken.no
À quelques minutes à pied du centre, un hôtel chaleureux offrant un bon rapport qualité-prix. Certaines chambres sont équipées d'une kitchenette. ***Chambres :*** *22*

Trondheim : *Radisson SAS Royal Garden Hotel Trondheim* Kr Kr
Kjøpmannsg. 73, 7010 Trondheim. *73 80 30 00.* FAX *73 80 30 50.*
W www.radissonsas.com
Un hôtel bien aménagé, de grand standing. De vastes serres de plantes exotiques séparent les différentes ailes du bâtiment. Excellent choix de restaurants. ***Chambres :*** *298*

Trondheim : *Rainbow Trondheim Hotell* Kr Kr
Kongens Gate 15, 7013 Trondheim. *73 50 50 50.* FAX *73 51 60 58.*
W www.rainbow-hotels.no/trondheim
Un hôtel simple et agréable, situé sur la place principale de Trondheim près d'un grand centre commercial. ***Chambres :*** *131*

Hôtel	Cartes bancaires	Équipements pour enfants	Parc de stationnement	Restaurant	Bar
Comfort Hotel Grand	AE DC MC V	●			■
Skagen Brygge Hotell	AE DC MC V	●	■		■
Scandic Hotel Ålesund	AE DC MC V	●	■	●	■
Comfort Hotel Bryggen	AE DC MC V	●	■		■
Quality Hotel Røros	AE DC MC V	●	■	●	■
Bergstadens Hotel	AE DC MC V	●	■	●	■
Rainbow Tingvold Park Hotel	AE DC MC V	●	■	●	■
Munken Hotell	AE DC MC V	●		●	■
Radisson SAS Royal Garden Hotel Trondheim	AE DC MC V	●	■	●	■
Rainbow Trondheim Hotell	AE DC MC V	●	■		■

TRONDHEIM : *Britannia Hotel* Kr Kr Kr
Dronningens Gate 5, 7011 Trondheim. *73 80 08 00.* FAX *73 80 08 01.*
@ gjest@britannia.no
Derrière la façade baroque se cache un hôtel élégant et confortable et plusieurs restaurants, dont le Palm Garden. TV ***Chambres :*** *247*
AE DC MC V

TRONDHEIM : *Quality Hotel Augustin* Kr Kr Kr
Kongens Gate 26, 7011 Trondheim. *73 54 70 00.* FAX *73 54 70 01.*
@ hotel-augustin@hotel-augustin.no
Situé sur la place centrale de Trondheim, ce bon hôtel est à deux pas des sites les plus intéressants. Le dîner est inclus dans le prix. TV
Chambres : *138*
AE DC MC V

TRONDHEIM : *Scandic Hotel Residence* Kr Kr Kr
Munkegata 26, Torvet, 7011 Trondheim. *73 52 83 80.* FAX *21 61 47 11.*
@ residence@scandic-hotels.com
Hôtel d'affaires de qualité situé sur la place principale. TV ***Chambres :*** *66*
AE DC MC V

LA NORVÈGE DU NORD

BODØ : *Radisson SAS Hotel Bodø* Kr
Storgaten 2, 8039 Bodø. *75 51 90 00.* FAX *75 51 90 01.* W www.radissonsas.com
Situé au cœur de la ville, cet hôtel de grand standing est bien aménagé, avec plusieurs restaurants réputés. TV ***Chambres :*** *190*
AE DC MC V

BODØ : *Comfort Hotel Grand* Kr Kr Kr
Storgaten 3, 8006 Bodø. *75 54 61 00.* FAX *75 54 61 50.*
@ booking.grand@comfort.choicehotels.no
Un bon hôtel accueillant, rénové en 1998. L'emplacement a été occupé par un hôtel depuis près de deux siècles. TV ***Chambres :*** *97*
AE DC MC V

HAMMERFEST : *Quality Hotel Hammerfest* Kr Kr
Strandgata 2/4, 9600 Hammerfest. *78 42 96 00.* FAX *78 42 96 60.*
@ hammerfest@quality.choice.no
Près du port et de la place principale, ce bon hôtel moderne possède de très grandes chambres donnant sur la mer. TV ***Chambres :*** *50*
AE DC MC V

HAMMERFEST : *Rica Hotel Hammerfest* Kr Kr
Sørøygata 15, 9600 Hammerfest. *78 41 13 33.* FAX *78 41 13 11.*
@ rica.hotel.hammerfest@rica.no W www.rica.no
Au centre de la ville, cet hôtel douillet et bien conçu offre une vue sur la mer.
TV ***Chambres :*** *86*
AE DC MC V

HARSTAD : *Quality Hotel Arcticus* Kr Kr
Havnegata 3, 9480 Harstad. *77 04 08 00.* FAX *77 04 08 01.*
@ arcticus@quality.choicehotels.no
Situé près du quai et du front de mer, l'hôtel donne sur le fjord. L'édifice abrite en outre le centre culturel de la ville. TV ***Chambres :*** *75*
AE DC MC V

NARVIK : *Nordstjernen Hotell* Kr
Kongens Gate 26, 8514 Narvik. *76 94 41 20.* FAX *76 94 75 06.* @ nhnarvik@online.no
Hôtel simple et chaleureux dans la rue principale. TV ***Chambres :*** *25*
DC V

NARVIK : *Grand Royal Hotel* Kr Kr Kr
Kongens Gate 64, 8514 Narvik. *76 97 70 00.* FAX *76 97 70 07.*
@ reservations.narvik@radissonsas.com
Le plus grand hôtel de Narvik, très bien équipé. TV ***Chambres :*** *107*
AE DC MC V

TROMSØ : *Rainbow Polar Hotell* Kr
Grønnegata 45, 9008 Tromsø. *77 75 17 00 .* FAX *77 75 17 10.* @ polar@rainbow-hotels.no
Hôtel confortable au cœur de la ville, qui possède également le Polar L'Økonomihotell, plus économique, est de l'autre côté de la rue. TV
Chambres : *113*
AE DC MC V

TROMSØ : *Radisson SAS Hotel Tromsø* Kr Kr
Sjøgatan 7, 9008 Tromsø. *77 60 00 00.* FAX *77 65 62 21.* W www.radissonssas.com
Dans le centre-ville, cet hôtel de standing, bien aménagé, propose des chambres de tailles variées. Son pub Rorbua est réputé pour son ambiance particulière. TV ***Chambres :*** *195*
AE DC MC V

TROMSØ : *Rica Ishavshotel* Kr Kr Kr
Fr Langes Gate 2, 9008 Tromsø. *77 66 64 00.* FAX *77 66 64 44.* W www.rica.no
Au cœur de Tromsø, un hôtel de grand standing donnant sur le détroit Tromsøsundet et sur la cathédrale arctique. TV ***Chambres :*** *180*
AE DC MC V

Légende des symboles, voir rabat de couverture

RESTAURANTS ET CAFÉS

En quinze ans, les restaurants se sont multipliés en Norvège, avec 5 000 nouveaux établissements dans la seule capitale. Les gourmets et même les amateurs de plats exotiques trouveront leur bonheur. Ne manquez pas les spécialités norvégiennes comme le ragoût de mouton aux choux, le saumon mariné *(gravlaks)*, les boulettes *(kumle)* ou les médaillons de renne. Goûtez les plats de poisson et les crustacés, qui arrivent chaque jour de la mer de Barents et de la mer du Nord. De février à avril, nous vous recommandons la morue des îles Lofoten, le *lofotskrei*. Avant Noël, le *lutefisk*, morue marinée à la soude, est une grande spécialité. Vous trouverez également des restaurants offrant les cuisines du monde entier. Les établissements d'apparence modeste se révèlent souvent bons, et meilleur marché. En Norvège, l'alcool, y compris la bière, est extrêmement cher.

Le *smørbrød*, sorte de canapé

RESTAURANTS

Les villes offrent bien sûr le plus grand choix. À Oslo, en particulier, vous trouverez un large éventail de spécialités, depuis les plats traditionnels norvégiens jusqu'aux plus exotiques, dans toute une gamme de qualités et de prix. Il existe des restaurants de renommée internationale, dirigés par des chefs réputés. Leur carte associe généralement une cuisine internationale et des spécialités norvégiennes, avec notamment du poisson. Les meilleurs établissements vous proposeront en outre du gibier comme le renne, l'élan ou des oiseaux sauvages.

Dans les hôtels de montagne, vous dînerez le plus souvent sur place car il n'y aura aucun autre restaurant dans les environs. La nourriture y est en général de grande qualité, tout comme dans les chalets et refuges d'altitude.

Dans la plupart des villes, vous trouverez des restaurants proposant diverses cuisines du monde. Oslo possède un choix particulièrement varié.

En outre, des cafés traditionnels, servant principalement à boire, se trouvent dans de nombreuses villes et agglomérations.

BUFFET NORVÉGIEN

Proposé pour le déjeuner, le buffet norvégien constitue un repas substantiel et varié. Vous n'avez qu'à faire votre choix parmi une profusion de plats de viande et de poisson. Sur une table séparée se trouvent généralement les plats chauds. La Norvège étant le plus grand producteur mondial de saumon, ce poisson est souvent largement représenté. Dans les hôtels de montagne, le déjeuner est l'un des clous du séjour avec un extraordinaire choix de mets. Nous vous conseillons de respecter l'ordre suivant : commencez par le poisson et les salades, poursuivez avec la viande et les plats chauds, puis terminez avec le fromage et/ou le dessert. Les boissons se commandent à table.

Enseigne de restaurant à Bergen

HABITUDES ALIMENTAIRES NORVÉGIENNES

Les habitudes norvégiennes diffèrent quelque peu des nôtres, notamment pour le déjeuner et le dîner. À midi, les Norvégiens prennent rarement un repas chaud à la maison. Toutefois, sur le lieu de travail, les cantines proposant des plats chauds se développent de plus en plus. Si l'entreprise ne prévoit rien, les employés apportent leurs propres sandwichs. Quant aux cafés et restaurants, ils servent des repas chauds pour le déjeuner.

Le déjeuner est servi entre 11 h et 14 h, tandis que le dîner se prend à la maison vers 17 h. S'ils sortent au restaurant, les Norvégiens repoussent le dîner jusqu'à 19 h-20 h. Les restaurants ouvrent vers 17 h-18 h. Il est

Le Theatercafeen d'Oslo, autrefois fréquenté par les artistes en vue *(p. 233)*

Le marché aux poissons de Bergen, où l'on trouve des snacks

rarement nécessaire de réserver à midi. En revanche, c'est conseillé le soir, en particulier le mercredi, le vendredi et le samedi dans les lieux prisés.

Restauration rapide

Le snack le plus répandu est une saucisse *(pølse)* insérée dans un petit pain ou une crêpe de pommes de terre *(lompe)*. Agrémenté d'oignons et de différentes sauces, il se trouve facilement dans les échoppes ou les camionnettes, ainsi que sur certains marchés comme celui de Bergen. En outre, les villes sont généralement bien pourvues en chaînes de fast-food et vendeurs de kebabs.

Enfin, de nombreuses cafétérias bordent les routes principales des zones les plus peuplées. En général assez simple, la nourriture y est servie presque aussi rapidement que dans un fast-food.

Prix et pourboire

De nombreux établissements proposent le déjeuner à des prix raisonnables. En ville, vous pourrez manger pour 60-70 Nok. Cependant, les boissons augmentent considérablement la note. Une simple eau minérale peut coûter 20 à 30 Nok. Dans un bon restaurant, un dîner de trois plats avec vin peut revenir à 600-700 Nok par personne. Certains affichent régulièrement des offres spéciales, même pour le dîner. Un bon plat principal peut alors être proposé à moins de 100 Nok. La plupart des établissements affichent leur menu à l'extérieur, bien que cela ne soit pas obligatoire.

Le service est toujours compris. Toutefois, le pourboire est d'usage, surtout si le personnel s'est montré à la hauteur – environ 10 % de la note. N'hésitez pas à réclamer si la qualité laisse à désirer. Les restaurateurs eux-mêmes encouragent la clientèle à le faire.

Enfants

Les enfants sont accueillis dans tous les cafés et restaurants, qui proposent généralement un menu spécial et des chaises hautes. Sinon, vous devriez pouvoir vous arranger avec le serveur. Les menus pour enfants comprennent souvent des boulettes de viande, des saucisses et des frites ou des pâtes.

Notez qu'il n'est pas dans les habitudes du pays d'emmener les enfants dîner au restaurant. Si vous le faites, veillez à ne pas les laisser quitter la table et courir dans la salle.

Tenue vestimentaire

Nul besoin de prévoir des tenues chic pour dîner au restaurant. Les Norvégiens étant assez décontractés, seuls quelques restaurants nécessiteront le port de la cravate. La règle est à peu près la même que dans les autres pays : plus le restaurant est cher, plus vous devez soigner votre tenue.

Alcool

Très réglementée en Norvège, la consommation d'alcool fait l'objet des taxes les plus élevées d'Europe.

Les jeunes ne sont autorisés à boire de la bière qu'à partir de 18 ans, et de l'alcool fort à partir de 21 ans. Pour servir de l'alcool, les restaurants doivent obtenir une licence. De nombreux établissements possèdent une licence pour la bière et le vin à l'exclusion des alcools forts. Au bar, chacun paie ses propres consommations. Offrir une tournée ne fait pas partie des habitudes.

Les vins et spiritueux sont exclusivement vendus dans des magasins d'État appelés Vinmonopolet, qui ferment en général autour des jours fériés, ainsi que le dimanche. Ces boutiques se trouvent uniquement dans les zones urbanisées. Autrefois, dans les petites municipalités, la vente d'alcool était tout bonnement interdite.

Fumeurs

La législation sur le tabac est drastique, et la tendance n'a fait que s'accentuer ces dernières années. Il est interdit de fumer dans les lieux publics clos, à moins qu'une salle ne soit prévue à cet effet. Les contrevenants sont rares. L'interdiction s'applique également sur les quais de gares, dans les halls de départ et d'arrivée des aéroports, dans les bureaux privés et dans les usines. Dans les cafés et restaurants, fumer n'est autorisé que s'il existe une zone séparée.

L'Engebret Café (1857) est le plus vieux restaurant d'Oslo ***(p. 233)***

Que manger en Norvège

La cuisine norvégienne jouit depuis peu d'une reconnaissance internationale. Bien sûr, le poisson prédomine parmi ses spécialités. Le saumon, la morue et le hareng se préparent de mille et une manières. Le gibier est également apprécié, en particulier le renne, l'élan et le gibier à plumes. Enfin, les baies sauvages comme la myrtille, la framboise, l'airelle et la mûre arctique entrent dans la composition de succulents desserts.

Les fromages
Le Jarlsberg est apprécié au-delà des frontières norvégiennes. Le geitost *est un fromage de chèvre brun et sucré.*

SMØRBRØD

Ce canapé typiquement norvégien (littéralement « pain beurré ») reçoit toutes sortes de garnitures *(pålegg)*. La plupart des ingrédients proviennent de la mer, mais la viande fumée et le rosbif sont également très appréciés.

Crevettes, mayonnaise et rondelle de citron sur une feuille de laitue.

Saumon fumé, œufs brouillés et aneth constituent un grand classique.

Steak haché servi chaud, accompagné d'oignons frits et d'une garniture de salade.

Pâté de foie en abondance, agrémenté de fines lamelles de concombre mariné.

Fruits de mer agrémentés de mayonnaise sur un lit de laitue et d'aneth.

Agneau bouilli et roulé, servi froid avec du concombre mariné et de la laitue.

Bergensk fiskesuppe *est une soupe à base de poissons, fruits de mer et légumes, relevée de crème et de vin blanc.*

Gul ertesuppe *est une soupe de pois cuite avec un os de jambon fumé, du thym et du poivre.*

Friske reker, *de grosses crevettes servies avec de la mayonnaise, du citron, du beurre et de la baguette française.*

SPEKESILD

Jadis le plat du pauvre, le hareng mariné est aujourd'hui très prisé. Il figure même au menu de Noël. On le sert avec de l'oignon cru, de la crème aigre, des airelles rouges, du beurre et du pain azyme, accompagné de bière et d'aquavit.

Beurre

Crème aigre

Airelles rouges

Pain azyme

Grillet breiflabb, *lotte grillée servie avec une sauce aux herbes, une julienne de légumes et des pommes de terre à l'eau.*

Gratinert sjøkreps, *langoustine saupoudrée de fromage râpé avant d'être grillée. Elle est accompagnée d'une garniture de laitue et d'une sauce moutarde. La langoustine est l'un des nombreux crustacés que l'on trouve dans les eaux norvégiennes, comme la crevette, le crabe ou le homard.*

Kokt torsk, *filets de cabillaud délicatement pochés. Servis avec des légumes et du beurre fondu, ils s'accompagnent de vin rouge.*

Får-i-kål, *émincé d'agneau cuit avec de fines lamelles de chou jusqu'à ce que la viande soit tendre. Accompagné de pommes de terre.*

Reinsdyrstek, *rôti de renne servi rosé avec des pommes de terre à l'eau, une sauce épaisse, des brocolis et des airelles rouges.*

Elgstek, *rôti d'élan en tranches, accompagné de pommes de terre en gratin, de brocolis, de confiture d'airelles et d'une sauce au vin rouge.*

Multekrem med krumkake, *gaufrettes fourrées de mûres arctiques et de crème fouettée. Un agréable dessert pour terminer le repas de Noël.*

Kransekake, *gâteau traditionnel préparé pour les fêtes, à base d'amandes finement moulues et de sucre.*

LES BOISSONS

La bière norvégienne *(øl)* est d'excellente qualité. L'aquavit *(akevitt)* est un alcool de pommes de terre agrémenté d'épices dont la plus reconnaissable est le cumin. Le *linje-akevitt* est vieilli dans des fûts de chêne à bord de navires qui franchissent la « ligne », autrement dit l'Équateur. L'eau minérale Farris, dépourvue d'additifs et d'acide carbonique, provient de la source du même nom. La St Hallvard est une liqueur sucrée qui accompagne admirablement le café.

Eau minérale Farris

Bière Ringnes

Aquavit Løitens

Liqueur St Hallvard

Choisir un restaurant

Les restaurants ci-dessous couvrent une large gamme de prix. La qualité de leur cuisine, le rapport qualité-prix et la beauté du site sont entrés en ligne de compte. Le tableau mentionne d'autres informations qui pourront influencer votre choix. Les établissements sont classés par région. Pour les renvois au plan d'Oslo, consultez les pages 98 à 101.

Oslo

	Cartes bancaires	Ouvert à midi	Ouvert tard le soir	Menu à prix fixe	Bonne carte des vins
Ouest d'Oslo : *Mr Hong* Kr Stortingsgata 8, entrée par Rosenkrantz' Gate, 0161 Oslo. **Plan** 3 D3. *22 42 20 08.* À deux pas du Storting, ce vaste restaurant richement décoré à l'orientale propose des spécialités japonaises, chinoises et mongoles.	AE DC MC V		■		
Ouest d'Oslo : *Vegeta Vertshus* Kr Munkedamsveien 3B, 0161 Oslo. **Plan** 2 C3. *22 83 42 32.* Un restaurant végétarien simple, situé dans une petite rue près du Nationaltheatret. Le buffet copieux propose salades, soupes, plats chauds et desserts. Pas d'alcool.	AE DC MC V	●	■		
Ouest d'Oslo : *Coco Vika* KrKr Dronning Mauds Gate 1, 0250 Oslo. **Plan** 2 C3. *22 83 18 18.* Bénéficiant d'une situation centrale, à côté d'Akker Brygge et apprécié des habitants d'Oslo pour son ambiance chaleureuses et sa savoureuses cuisine orientale.	AE DC MC V	●	■		■
Ouest d'Oslo : *Egon Karl Johan* KrKr Karl Johans Gate 37, 0162 Oslo. **Plan** 3 D3. *22 41 77 90.* Un restaurant accueillant sur la Karl-Johansgate, dans la galerie marchande Paleet. Son buffet propose un choix de plats abordables et du vin. Pas de service à table. Le menu est traduit en plusieurs langues.	AE DC MC V	●	■		
Ouest d'Oslo : *Lorry Restaurant* KrKr Parkveien 12, 0350 Oslo. **Plan** 2 C2. *22 69 69 04.* Intemporel et convivial, ce restaurant situé à l'angle nord de Slottsparken est réputé pour son prodigieux choix de bières. La carte est variée.	AE DC MC V	●	■		■
Ouest d'Oslo : *Babette's Gjestehus* KrKrKr Fridtjof Nansens Plass 2, 0160 Oslo. **Plan** 3 D3. *22 41 64 64.* Dans le Rådhuspassasjen, ce restaurant rustique fait évoluer sa carte en fonction des saisons. Il possède un café non loin. *dim.*	AE DC MC V		■		■
Ouest d'Oslo : *Dinner Bar & Restaurant* KrKrKr Stortingsgata 22, 0161 Oslo. **Plan** 3 D3. *23 10 04 66.* Un excellent restaurant spécialisé dans la cuisine setchouanaise et cantonaise, dans un cadre élégant et moderne face au Nationaltheatret.	AE DC MC V		■		■
Ouest d'Oslo : *D/S Louise Restaurant & Bar* KrKrKr Stranden 3, 0250 Oslo. **Plan** 2 C4. *22 83 00 60.* Ce vaste restaurant chaleureux occupe plusieurs étages au cœur d'Aker Brygge, avec vue sur le port. La décoration ne manque pas de bibelots en rapport avec la mer.	AE DC MC V		■	●	■
Ouest d'Oslo : *Lofoten Fiskerestaurant* KrKrKr Stranden 75, 0250 Oslo. **Plan** 2 C4. *22 83 08 08.* Ce restaurant de fruits de mer sert de succulents plats variant au fil des saisons. Situé sur les quais modernes à l'extrémité d'Aker Brygge, il domine le fjord et la ville. Des plats de viande sont également proposés. En été, des tables sont installées à l'extérieur.	AE DC MC V	●	■		■
Ouest d'Oslo : *Blom* KrKrKrKr Karl Johans Gate 41B, 0162 Oslo. **Plan** 3 D3. *22 40 47 10.* Fréquenté par les artistes, Blom est un vieux restaurant confortable, légèrement en retrait de la Karl-Johansgate dans la galerie marchande Paleet. Il est décoré de tableaux, d'armoiries et de souvenirs de grands personnages du monde de l'art. La nourriture est traditionnelle et de qualité.	AE DC MC V	●	■	●	■

Catégories de prix pour un repas avec entrée, plat et dessert, une demi-bouteille de vin de la maison, couvert, taxes et service compris :
- (Kr) moins de 400 Nkr
- (Kr)(Kr) de 400 à 500 Nkr
- (Kr)(Kr)(Kr) de 500 à 700 Nkr
- (Kr)(Kr)(Kr)(Kr) plus de 700 Nkr

OUVERT À MIDI
De nombreux restaurants n'ouvrent que le soir, sauf s'ils se trouvent dans une grande ville ou sont liés à un café.

OUVERT TARD LE SOIR
Restaurant servant tous les plats de la carte après 22 h.

MENU À PRIX FIXE
Généralement composé de trois plats, menu d'un bon rapport qualité-prix proposé au déjeuner et/ou au dîner.

BONNE CARTE DES VINS
Restaurant disposant d'un vaste choix de bons vins, ou d'une sélection plus spécialisée.

OUEST D'OSLO : *Theatercafeen* (Kr)(Kr)(Kr)(Kr)
Stortingsgata 24, 0161 Oslo. **Plan** 3 D3. *22 82 40 50.*
Très animé, le célèbre Theatercafeen attire toutes sortes de gens, depuis les riches habitués jusqu'aux touristes de passage. Il propose une cuisine internationale. C'est le lieu où il faut être vu.

EST D'OSLO : *Coco Chalet* (Kr)
Øvre Slottsgate 8, 0157 Oslo. **Plan** 3 D4. *22 33 32 66.*
Une maison agréable offrant un choix varié de spécialités européennes, avec une touche exotique au café comme au restaurant.

EST D'OSLO : *Kaffistova* (Kr)
Rosenkrantz' Gate 8, 0159 Oslo. **Plan** 3 D3. *23 21 42 10.*
Un buffet pourvu d'une grande variété de plats traditionnels. Au sein de l'Hotell Bondeheimen, à deux pas de la Karl-Johansgate, ce restaurant était initialement destiné aux campagnards en mal de cuisine du pays. Il est aujourd'hui apprécié de tous ceux qui veulent manger des spécialités norvégiennes. Aucun alcool n'est servi. Mobilier norvégien simple et moderne.

EST D'OSLO : *Kafé Celsius* (Kr)(Kr)
Rådhusgata 19, 0158 Oslo. **Plan** 3 D4. *22 42 45 39.*
Près de Christiania Torg, le plus vieil édifice d'Oslo comprend des galeries ainsi qu'un charmant restaurant dans la cour. Agréable et discret, celui-ci propose des spécialités de poisson et de fruits de mer.

EST D'OSLO : *Brasserie A Touch of France* (Kr)(Kr)(Kr)
Øvre Slottsgaten 16, 0157 Oslo. **Plan** 3 D3. *23 10 01 65.*
Près d'Egertorget, cette brasserie agréable et sans prétention propose une carte variée de spécialités françaises, ainsi que quelques plats internationaux.

EST D'OSLO : *Det Gamle Raadhus Restaurant* (Kr)(Kr)(Kr)
Nedre Slottsgate 1, 0157 Oslo. **Plan** 3 D4. *22 42 01 07.*
Près de la forteresse Akershus, ce restaurant prisé occupe l'un des plus vieux édifices d'Oslo, remontant à 1641. La cuisine norvégienne et internationale se déguste dans un cadre historique et chaleureux. *dim.*

EST D'OSLO : *Engebret Café* (Kr)(Kr)(Kr)
Bankplassen 1, 0151 Oslo. **Plan** 3 E4. *22 82 25 25.*
Près de la Norges Bank, rien ne semble avoir changé dans cet établissement depuis sa création en 1857. Sa carte attire une nombreuse clientèle tout au long de l'année. En été, on peut manger en terrasse. *dim.*

EST D'OSLO : *Restaurant Mona Lisa* (Kr)(Kr)(Kr)
Grensen 10, entrée par Øvre Slottsgate, 0159 Oslo. **Plan** 3 E3. *22 42 89 14.*
Restaurant traditionnel situé au premier étage, près d'Egertorget. Sa carte fournie comprend des plats norvégiens, italiens et français. L'intérieur est engageant.

EST D'OSLO : *Solsiden Restaurant* (Kr)(Kr)(Kr)
Søndre Akershus Kai 34, 0150 Oslo. **Plan** 3 D5. *22 33 36 30.*
Installé dans une ancienne savonnerie sur le quai au bas de la forteresse Akershus, ce restaurant de poisson est remarquable. Vous vous délecterez à la fois de la vue sur le port et d'une carte exclusivement composée de poisson. *mai-sept.*

EST D'OSLO : *Stortorvets Gjestgiveri* (Kr)(Kr)(Kr)
Grensen 1, 0159 Oslo. **Plan** 3 E3. *23 35 63 60.*
L'apparence extérieure de ce bâtiment n'a pratiquement pas changé depuis trois siècles. Les salles du restaurant ont conservé leur charme historique. La nourriture est bonne et simple.

Restaurant	Cartes bancaires	Ouvert à midi	Ouvert tard le soir	Menu à prix fixe	Bonne carte des vins
Theatercafeen	AE DC MC V	●	■	●	■
Coco Chalet	MC V	●	■		
Kaffistova	AE DC MC V	●		●	
Kafé Celsius	AE DC MC V	●	■		
Brasserie A Touch of France	AE DC MC V		■	●	■
Det Gamle Raadhus Restaurant	AE DC MC V		■	●	■
Engebret Café	AE DC MC V	●	■		■
Restaurant Mona Lisa	AE DC MC V	●	■	●	■
Solsiden Restaurant	AE DC MC V		■	●	■
Stortorvets Gjestgiveri	AE DC MC V	●	■	●	■

Légende des symboles, voir rabat de couverture

Catégories de prix pour un repas avec entrée, plat et dessert, une demi-bouteille de vin de la maison, couvert, taxes et service compris :
(Kr) moins de 400 Nkr
(Kr)(Kr) de 400 à 500 Nkr
(Kr)(Kr)(Kr) de 500 à 700 Nkr
(Kr)(Kr)(Kr)(Kr) plus de 700 Nkr

Ouvert à midi
De nombreux restaurants n'ouvrent que le soir, sauf s'ils se trouvent dans une grande ville ou sont liés à un café.

Ouvert tard le soir
Restaurant servant tous les plats de la carte après 22 h.

Menu à prix fixe
Généralement composé de trois plats, menu d'un bon rapport qualité-prix proposé au déjeuner et/ou au dîner.

Bonne carte des vins
Restaurant disposant d'un vaste choix de bons vins, ou d'une sélection plus spécialisée.

	Cartes bancaires	Ouvert à midi	Ouvert tard le soir	Menu à prix fixe	Bonne carte des vins
Est d'Oslo : *Grand Cafe* (Kr)(Kr)(Kr)(Kr) Karl Johans Gate 31, 0159 Oslo. **Plan** 3 D3. *24 14 53 00.* Bordant la Karl-Johansgate, ce vieux café à la française était déjà prisé à la fin du XIXe siècle. Henrik Ibsen figurait parmi les habitués. La carte est bonne et variée.	AE DC MC V	●	■	●	■
Est d'Oslo : *Statholdergaarden* (Kr)(Kr)(Kr)(Kr) Rådhusgata 11, 0151 Oslo. **Plan** 3 E4. *22 41 88 00.* Cette élégante demeure vieille de 350 ans fut au XVIIe siècle la résidence d'un haut personnage public, le *statholder*. Les nombreuses petites pièces donnent une impression d'intimité, tandis que les toiles classiques et les plafonds ornés de stuc témoignent du passé du lieu. La fine cuisine est préparée sous la direction d'un ancien lauréat du Bocuse d'Or. ● *dim.*	AE DC MC V		■	●	■
Bygdøy : *Najaden* (Kr)(Kr)(Kr) Bygdøynesveien 37, 0286 Oslo. **Plan** 1 C4. *22 43 81 80.* Situé dans le Sjøfartsmuseum (musée de la Marine), ce restaurant offre un beau panorama sur le fjord et la ville. L'ambiance est marine et la carte scandinave, avec des spécialités de poisson et de viande.	AE DC MC V	●		●	■
En dehors du centre : *Kafe Asylet* (Kr)(Kr) Grønland 28, 0188 Oslo. *22 17 09 39.* Plafonds bas, planchers inégaux et fenêtres de guingois caractérisent cette charmante maison en bois située dans le quartier de Grønland, au nord-est de la gare centrale d'Oslo. L'entrée se fait par l'arrière. La cuisine est simple mais bonne.	DC MC V	●	■		
En dehors du centre : *Magma* (Kr)(Kr) Bygdoy Allée 53, 0262 Oslo. **Plan** 2 A3. *23 08 58 10.* C'est l'un des rares restaurants d'Oslo à proposer une carte pour le petit déjeuner. Il est également ouvert tard le soir et sert une cuisine aux influences françaises et italiennes. *dim.*	AE DC MC V	●	■	●	■
En dehors du centre : *Markveien Mat & Vinhus* (Kr)(Kr) Torvbakkgata 12, entrée par Markveien, 0550 Oslo. **Plan** 3 F2. *22 37 22 97.* Un lieu agréable aux murs recouverts d'œuvres d'art. Ce restaurant propose une cuisine simple mais délicieuse, en insistant sur la qualité des produits. Les serveurs se feront un plaisir de vous expliquer la carte. ● *dim.*	AE DC MC V		■	●	■
En dehors du centre : *Sult* (Kr)(Kr) Thorvald Meyers Gate 26, 0555 Oslo. *22 87 04 67.* Dans le quartier branché de Grünerløkka, Sult propose des plats norvégiens qui tirent le meilleur parti des produits frais. ● *lun.*	AE DC MC V		■		■
En dehors du centre : *Big Horn Steak House Majorstua* (Kr)(Kr)(Kr) Bogstadveien 64, 0366 Oslo. *22 69 03 00.* Sur le thème de l'Ouest américain, ce restaurant aménagé dans une cave fait du steak et des plats de viande sa spécialité. Il est situé dans le quartier animé de Majorstua, près du Vigelandsparken.	AE DC MC V		■		■
En dehors du centre : *De Fem Stuer* (Kr)(Kr)(Kr) Kongeveien 26, 0787 Oslo. *22 92 27 34.* Au sein du Rica Park Hotell de Holmenkollen, ce restaurant dégage une atmosphère chaleureuse et champêtre. On y jouit en outre d'un vaste panorama sur la ville. Internationale, sa carte est très complète.	AE DC MC V	●	■	●	■
En dehors du centre : *Frognerseteren* (Kr)(Kr)(Kr) Holmenkollveien 200, 0791 Oslo. *22 92 40 40.* Restaurant, café et salles de réception s'adaptent à toutes les occasions, depuis le rafraîchissement après une promenade en forêt jusqu'au repas de fête. Une ambiance typiquement norvégienne dans le style romantique national, avec vue sur le tremplin à ski de Holmenkollen.	DC MC V	●	■	●	■

EN DEHORS DU CENTRE : *Holmenkollen Restaurant* Kr Kr Kr
Holmenkollveien 119, 0787 Oslo. *22 13 92 00.*
Ce restaurant historique surplombant la ville a conservé son charme d'antan. La carte est d'inspiration norvégienne.

Holmenkollen Restaurant	AE DC MC V	●	■	●	■

EN DEHORS DU CENTRE : *Hos Thea* Kr Kr Kr
Gabels Gate 11, 0272 Oslo. Plan 2 A3. *22 44 68 74.*
Un restaurant élégant et accueillant près de Drammensveien, avec une carte variée de viandes et de poissons.

Hos Thea	AE DC MC V		■	●	■

EN DEHORS DU CENTRE : *Klosteret Restaurant* Kr Kr Kr
Fredensborgveien 13, 0177 Oslo. Plan 3 E2. *23 35 49 00.*
La vieille salle voûtée en brique, le fer forgé, les chandelles et la musique grégorienne créent une atmosphère on ne peut plus romantique. La carte allie cuisine française et continentale. *dim.*

Klosteret Restaurant	AE DC MC V		■	●	■

EN DEHORS DU CENTRE : *Bagatelle Restaurant* Kr Kr Kr Kr
Bygdøy Allé 3, 0257 Oslo. *22 12 14 40.*
Au sud du Vigelandsparken, derrière une façade discrète se cache le seul restaurant de Norvège qui détienne deux étoiles au Guide Michelin. Il propose une carte splendide, sans parler des vins. *dim.*

Bagatelle Restaurant	AE DC MC V		■	●	■

EN DEHORS DU CENTRE : *Feinschmecker Spisested* Kr Kr Kr Kr
Balchens Gate 5, 0265 Oslo. *22 12 93 80.*
Gastronomie d'inspiration française. Avec une étoile au Guide Michelin, ce restaurant offre de bons mets ainsi qu'un cadre agréable. *dim.*

Feinschmecker Spisested	AE DC MC V		■	●	■

EN DEHORS DU CENTRE : *Restaurant Le Canard* Kr Kr Kr Kr
President Harbitz Gate 4, 0259 Oslo. Plan 2 B2. *22 54 34 00.*
Un restaurant gastronomique d'inspiration française utilisant les meilleurs produits. Une carte des vins exceptionnellement fournie. *dim.*

Restaurant Le Canard	AE DC MC V		■	●	■

AUTOUR DE L'OSLOFJORD

DRAMMEN : *Café Picasso* Kr
Nedre Storgate 16, 3015 Drammen. *32 89 07 08.*
Viande, poisson, pâtes et plats mexicains figurent à la carte du Café Picasso. En été, vous pourrez manger dans la cour à l'arrière.

Café Picasso	AE DC MC V	●	■		■

DRAMMEN : *Lauritz Restaurant & Bar* Kr
Bragernes Torg 2A, 3017 Drammen. *32 83 77 22.*
Sur la place principale de la ville, ce restaurant sert une nourriture simple et savoureuse. Musiciens le dernier samedi de chaque mois.

Lauritz Restaurant & Bar	AE DC MC V	●	■		

DRAMMEN : *Sofus Vertshus – Kro* Kr Kr Kr
Øvre Torggate 6, 3017 Drammen. *32 83 80 05.*
Dans une ancienne écurie, ce grill propose une cuisine internationale. Intérieur rustique alliant brique et bois. Décor équestre.

Sofus Vertshus – Kro	AE DC MC V		■		■

FREDRIKSTAD : *Major-Stuen* Kr Kr
Voldportgaten 73, 1632 Gamle Fredrikstad. *69 32 15 55.*
Dans la vieille ville, le Major-Stuen est un restaurant rustique servant un large éventail de plats, roboratifs ou légers.

Major-Stuen	AE DC MC V	●	■		■

FREDRIKSTAD : *Balaklava Gjestgiveri* Kr Kr Kr
Færgeportgata 78, 1632 Gamle Fredrikstad. *69 32 30 40.*
Gastronomie à tendance internationale, à base de produits frais de la région. L'auberge regroupe cinq bâtiments bien préservés au sein de la forteresse, comprenant plusieurs cafétérias et des chambres d'hôtel. Service en terrasse durant l'été. *lun.*

Balaklava Gjestgiveri	AE DC MC V		■	●	■

HØVIK : *Bølgen & Moi* Kr Kr Kr
Sonja Henies Vei 31, 1363 Høvik. *67 52 10 20.*
Une carte et une ambiance remarquables. L'intérieur aux lignes épurées accueille des expositions artistiques temporaires. Le restaurant se trouve en effet au sein du Henie-Onstad Kunstsenter.
dim., lun. (la cafétéria reste ouverte).

Bølgen & Moi	AE DC MC V	●	■	●	■

LARVIK : *Ferdinands Lille Kjøkken* Kr
Storgata 32, 3256 Larvik. *33 13 05 44.*
Réputé pour ses plats de poisson, ce restaurant accueillant est spécialisé dans la cuisine norvégienne. Situé au cœur de la ville, il possède une terrasse donnant sur le port, où l'on peut manger en été.

Ferdinands Lille Kjøkken	AE DC MC V		■		■

Légende des symboles, voir rabat de couverture

Catégories de prix pour un repas avec entrée, plat et dessert, une demi-bouteille de vin de la maison, couvert, taxes et service compris :
(Kr) moins de 400 Nkr
(Kr)(Kr) de 400 à 500 Nkr
(Kr)(Kr)(Kr) de 500 à 700 Nkr
(Kr)(Kr)(Kr)(Kr) plus de 700 Nkr

Ouvert à midi
De nombreux restaurants n'ouvrent que le soir, sauf s'ils se trouvent dans une grande ville ou sont liés à un café.

Ouvert tard le soir
Restaurant servant tous les plats de la carte après 22 h.

Menu à prix fixe
Généralement composé de trois plats, menu d'un bon rapport qualité-prix proposé au déjeuner et/ou au dîner.

Bonne carte des vins
Restaurant disposant d'un vaste choix de bons vins, ou d'une sélection plus spécialisée.

Restaurant	Cartes bancaires	Ouvert à midi	Ouvert tard le soir	Menu à prix fixe	Bonne carte des vins
Larvik : *Brasserie Vadskjæret* (Kr)(Kr) Havnegata 12, 3263 Larvik. *33 14 10 90.* Située sur la rive nord du port, la brasserie offre une vue sur le fjord. Plats de viande et de poisson, dont le steak et le filet de baleine. Terrasse en été.	DC MC V		■	●	■
Sandefjord : *Da Vinci Restaurant* (Kr) Klaras Vei 9C, 3244 Sandefjord. *33 46 86 80.* Dans le centre-ville, ce restaurant italien propose également des plats norvégiens.	AE DC MC V	●	■		■
Sandefjord : *Mathuset Solvold* (Kr)(Kr)(Kr) Thor Dahlsgate 9, 3210 Sandefjord. *33 46 27 41.* Établissement réputé notamment pour la qualité de sa cave. Outre une zone réservée à la restauration légère, ce restaurant présente une carte d'inspiration française avec quelques touches d'Espagne, d'Italie et d'Asie. *dim.*	AE DC MC V		■	●	■
Tønsberg : *Fregatten Restaurant & Bar* (Kr) Storgata 17, 3126 Tønsberg. *33 31 47 76.* Cuisine norvégienne et japonaise avec des spécialités de poisson et de fruits de mer servies dans un cadre maritime et convivial, à Storgaten.	AE DC MC V		■	●	■
Tønsberg : *Brygga Restaurant* (Kr)(Kr) Nedre Langgate 32, 3126 Tønsberg. *33 31 12 70.* Restaurant norvégien traditionnel, situé sur les quais dans une cour récente. Carte variée de poissons et de viandes.	AE DC MC V	●	■		■
La Norvège de l'Est					
Hamar : *Mrs Sippy's Steakhouse* (Kr)(Kr) Torggata 3, 2317 Hamar. *48 20 18 44.* Carte américaine, créole et mexicaine. Situé près du Jernbaneparken, ce restaurant est réputé pour ses travers de porc. Son ambiance décontractée rappelle le Sud américain.	AE DC MC V		■		■
Hamar : *Stallgården Restauranthus* (Kr)(Kr)(Kr) Torggata 82, 2317 Hamar. *62 54 31 00.* Cette ancienne écurie datant de 1849 comprend un café, un bar, une discothèque ainsi qu'un restaurant, le Bykjeller'n, proposant une carte norvégienne variée.	AE DC MC V	●	■	●	■
Lillehammer : *Bryggeriet Restaurant* (Kr) Elvegaten 19, 2609 Lillehammer. *61 27 06 60.* Lors de la démolition de la brasserie de la ville, les caves datant de 1855 ont été reconverties en un agréable restaurant, à deux pas de Storgaten. Les steaks sont la spécialité de la maison.	DC MC V		■		■
Lillehammer : *Blåmann Restaurant & Bar* (Kr)(Kr) Lilletorget 1, 2615 Lillehammer. *61 26 22 03.* Conformément à son nom, ce restaurant est entièrement décoré en bleu. Préparés dans la cuisine ouverte, les plats vont de la gastronomie norvégienne à celle du Mexique. Il y également un piano-bar.	AE DC MC V	●	■		■
Lillehammer : *Nikkers* (Kr) Elvegaten 18, 2609 Lillehammer. *61 24 74 30.* Le style rural norvégien se reflète aussi bien dans la décoration que sur la carte. Au premier étage, le bar est équipé de plusieurs écrans TV retransmettant des manifestations sportives.	AE DC MC V	●	■		■
Lillehammer : *Paa Bordet Restaurant* (Kr)(Kr)(Kr) Bryggerigata 70, 2609 Lillehammer. *61 25 30 00.* Dans une vieille maison en bois à deux pas de la rue principale, ce petit restaurant propose une carte gastronomique et chic. *dim.*	AE DC MC V		■	●	■

LE SØRLAND ET LE TELEMARK

ARENDAL : *Phileas Fogg* Kr
Nedre Tyholmsveien 2, 4836 Arendal. *37 02 02 02.*
Restaurant de style anglais proposant des spécialités du monde entier. Situé dans le centre, près du port de plaisance Pollen.

ARENDAL : *Madam Reiersen* Kr Kr
Nedre Tyholmsveien 3, 4836 Arendal. *37 02 19 00.*
Un restaurant convivial avec bar attenant, situé sur le quai face au port de plaisance Pollen. Large choix de plats internationaux.

KRISTIANSAND : *Brasserie Hvide Hus* Kr
Markens Gate 29, 4611 Kristiansand S. *38 02 18 84.*
Cuisine norvégienne simple dans une ambiance chaleureuse. Le restaurant, au premier étage, donne sur la rue commerçante piétonnière. ● *dim.*

KRISTIANSAND : *Bakgården Restaurant* Kr Kr Kr
Tollbodgata 5, 4611 Kristiansand S. *38 02 79 55.*
Cuisine d'inspiration française, dans un cadre sans prétention autour d'une cour du centre-ville. La salle est éclairée par des lampes à pétrole. Il n'y a pas de carte : les serveurs vous annoncent eux-mêmes les plats. ● *dim.*

KRISTIANSAND : *Luihn Restaurant* Kr Kr Kr
Rådhusgata 15, 4611 Kristiansand S. *38 10 66 40.*
Ancienne maison patricienne à l'atmosphère accueillante, dans une partie pittoresque du Kvadraturen. La carte de grande classe propose une cuisine norvégienne, agrémentée d'une touche française. ● *dim.*

KRISTIANSAND : *Sjøhuset Restaurant* Kr Kr Kr
Østre Strandgate 12A, 4610 Kristiansand S. *38 02 62 60.*
Dans un ancien entrepôt de sel datant de 1892, ce restaurant est situé en front de mer dans la partie est du port. Spécialisé dans le poisson et les fruits de mer, il sert en terrasse à la belle saison. ● *dim.*

SKIEN : *Boden Spiseri* Kr Kr Kr
Langbrygga 5, 3724 Skien. *35 52 61 70.*
Situé sur les quais dans un bâtiment des années 1850, ce restaurant comprend deux salles. Au rez-de-chaussée, on sert des plats norvégiens et internationaux dans un cadre rustique et romantique. À la cave, la Kulcompagnie, décontractée, propose snacks et repas légers à des prix raisonnables.

LE VESTLAND

BERGEN : *Mezzo* Kr
Rosenkrantzgaten 6, 5003 Bergen. *55 55 03 03.*
Plusieurs salles sont réparties dans cet édifice vieux de trois siècles. Décorée dans des tons chauds, la brasserie propose une carte franco-norvégienne à base de poisson et de viande. Il y a également un restaurant gastronomique, ainsi qu'un troisième dédié au Mexique. ● *dim.*

BERGEN : *Bryggeloftet & Stuene Restaurant* Kr Kr
Bryggen 11, 5003 Bergen. *55 31 06 30.*
Ce vieux restaurant traditionnel est situé sur le front de mer. La carte comprend poissons, viandes et gibier.

BERGEN : *Holbergstuen* Kr Kr
Torgalmenningen 6, 5014 Bergen. *55 55 20 55.*
Ce vieux restaurant renommé est situé dans le centre-ville. La salle est ornée de citations du poète Ludvig Holberg, natif de Bergen. La carte est très variée, pour les plats comme pour les vins.

BERGEN : *Wesselstuen* Kr Kr
Ole Bulls Plass 6, 5012 Bergen. *55 55 49 49.*
Le plus traditionnel des restaurants de Bergen attire des clients de tous les milieux, depuis les étudiants jusqu'aux hommes d'affaires. Il sert un grand choix de plats norvégiens sans prétention.

BERGEN : *Bryggen Tracteursted* Kr Kr Kr
Bryggestredet 2, 5003 Bergen. *55 33 69 99.*
Reconstruit en 1701 à la suite d'un incendie, cet édifice a dès lors toujours abrité un restaurant. Celui-ci évoque aujourd'hui l'ambiance de la maison d'un marchand de la Hanse, et le personnel est en costume d'époque. La nourriture s'inspire elle aussi du temps de la Ligue. ● *dim.*

Restaurant	Cartes	Col. 1	Col. 2	Col. 3	Col. 4
Phileas Fogg	AE DC MC V	●	■	—	■
Madam Reiersen	AE DC MC V	●	■	●	■
Brasserie Hvide Hus	AE DC MC V	●	■	●	■
Bakgården Restaurant	AE DC MC V	—	■	—	■
Luihn Restaurant	AE DC MC V	—	■	●	■
Sjøhuset Restaurant	AE DC MC V	●	■	●	■
Boden Spiseri	AE DC MC V	—	■	—	■
Mezzo	AE DC MC V	—	■	●	■
Bryggeloftet & Stuene Restaurant	AE DC MC V	●	■	—	■
Holbergstuen	AE DC MC V	●	■	—	■
Wesselstuen	AE DC MC V	●	■	—	■
Bryggen Tracteursted	AE DC MC V	●	■	—	—

Légende des symboles, voir rabat de couverture

Catégories de prix pour un repas avec entrée, plat et dessert, une demi-bouteille de vin de la maison, couvert, taxes et service compris :
- Kr moins de 400 Nkr
- Kr Kr de 400 à 500 Nkr
- Kr Kr Kr de 500 à 700 Nkr
- Kr Kr Kr Kr plus de 700 Nkr

OUVERT À MIDI
De nombreux restaurants n'ouvrent que le soir, sauf s'ils se trouvent dans une grande ville ou sont liés à un café.

OUVERT TARD LE SOIR
Restaurant servant tous les plats de la carte après 22 h.

MENU À PRIX FIXE
Généralement composé de trois plats, menu d'un bon rapport qualité-prix proposé au déjeuner et/ou au dîner.

BONNE CARTE DES VINS
Restaurant disposant d'un vaste choix de bons vins, ou d'une sélection plus spécialisée.

BERGEN : *Smauet Mat & Vinhus* — Kr Kr Kr
Vaskerelvsmuget 1, 5014 Bergen. ☎ *55 21 07 10.*
Face au Torgalmenningen, cet intérieur douillet rappelle les chalets en bois. L'accent est mis sur la cuisine française, mais les spécialités italiennes sont également présentes. ♿ 🚭 V Y

HAUGESUND : *Bestastuå Mat Prat & Vinhus* — Kr Kr
Strandgata 132, 5527 Haugesund. ☎ *52 86 55 88.*
Dans un vieil édifice, ce vaste restaurant du centre sert de succulents plats norvégiens. Bar réputé pour son cognac et ses cigares.
🚭 ♫ V Y ● *dim.*

HAUGESUND : *Brovingen Mat & Vin* — Kr Kr Kr
Åsbygata 3, 5528 Haugesund. ☎ *52 86 31 48.*
Les spécialités provençales sont servies dans une salle moderne avec vue sur le détroit Smedasundet. ♿ 🚭 V ● *dim., lun.*

STAVANGER : *Antique* — Kr Kr
Olav V's gate 3, 4005 Stavanger. ☎ *51 76 10 00.*
Le restaurant, dans le Radisson SAS Atlantic Hotel, propose un menu international avec un grand choix de plats à des prix raisonnables.
♿ 🚭 🚸 V

STAVANGER : *Sjøhuset Skagen* — Kr Kr
Skagen 16, 4006 Stavanger. ☎ *51 89 51 80.*
Près du port, un ancien dortoir sur le quai (Skagenkaien) abrite d'agréables restaurants à l'ambiance marine. Aux différents étages, de petites pièces et niches offrent un cadre charmant où l'ont peut déguster des plats norvégiens et internationaux. 🚭 V Y

STAVANGER : *Cartellet Restaurant* — Kr Kr Kr
Øvre Holmegate 8, 4006 Stavanger. ☎ *51 89 60 22.*
Situé au centre de la ville, ce restaurant de grande qualité propose un large choix de plats de poisson et de viande basé sur la cuisine norvégienne, avec une tendance internationale. La salle occupe une cave dont les pierres proviennent de l'ancien quai de Stavanger.
🚭 🚸 V Y ● *dim.*

STAVANGER : *Elisabeth Restaurant* — Kr Kr Kr
Kongsgata 41, 4005 Stavanger. ☎ *51 53 33 00.*
Situé au bord du lac Breiavannet, au centre de la ville, ce restaurant traditionnel sert une cuisine française, avec une touche internationale. Le mobilier d'origine a été conservé et complété par des éléments modernes.
♿ 🚭 V ● *dim.*

ÅLESUND : *Fjellstua* — Kr Kr
Aksla 600, 6004 Alesund. ☎ *70 10 74 00.*
Construit sur le versant d'une montagne qui domine Alesund, Fjellstua mérite une visite pour sa vue exceptionnelle. Bonne cuisine norvégienne et atmosphère chaleureuse. ♿ 🚭 🚸 V Y

ÅLESUND : *Sjøbua Restaurant* — Kr Kr Kr
Brunholmgata 1, 6004 Ålesund. ☎ *70 12 71 00.*
Un restaurant de poisson renommé, occupant un ancien entrepôt, édifié dans le style Art nouveau après le terrible incendie de 1904. Vue sur le détroit Brosundet et sur la mer. ♿ 🚭 🚸 V Y ● *dim.*

LE TRØNDELAG

RØROS : *Vertshuset Røros* — Kr Kr
Kjerkgata 34, 7374 Røros. ☎ *72 41 93 50.*
Restaurant chaleureux avec pub au sous-sol. Carte variée avec quelques plats locaux. 🚭 🚸 V

Restaurant	Cartes bancaires	Ouvert à midi	Ouvert tard le soir	Menu à prix fixe	Bonne carte des vins
Bergen : Smauet Mat & Vinhus	AE DC MC V		■	●	■
Haugesund : Bestastuå Mat Prat & Vinhus	AE DC MC V	●	■	●	■
Haugesund : Brovingen Mat & Vin	AE DC MC V		■	●	■
Stavanger : Antique	AE DC MC V		■	●	■
Stavanger : Sjøhuset Skagen	AE DC MC V	●	■	●	■
Stavanger : Cartellet Restaurant	AE DC MC V		■	●	■
Stavanger : Elisabeth Restaurant	AE DC MC V		■	●	■
Ålesund : Fjellstua	AE DC MC V	●			■
Ålesund : Sjøbua Restaurant	AE DC MC V		■		■
Røros : Vertshuset Røros	AE DC MC V		■		

TRONDHEIM : *Druen Mat og Vinstue* Kr Kr
Munkegata 26, 7011 Trondheim. *73 92 26 00.*
Pour se délecter d'un verre de vin, avaler un repas léger ou déguster un bon dîner en choisissant parmi la carte internationale. *dim.*
AE DC MC V

TRONDHEIM : *Grenaderen* Kr Kr
Kongsgårdsgata 1, 7013 Trondheim. *73 51 66 80.*
Dans une forge vieille de deux siècles, ce restaurant propose viandes et poissons avec une prédilection pour les plats et produits norvégiens.
AE DC MC V

TRONDHEIM : *Tavern Vertshus* Kr Kr
Sverresborg Allé 11, 7020 Trondheim. *73 87 80 70.*
Cuisine traditionnelle servie dans une ancienne auberge qui n'a pratiquement pas changé depuis sa construction en 1739.
AE DC MC V

TRONDHEIM : *Bryggen Restaurant* Kr Kr Kr
Øvre Bakklandet 66, 7013 Trondheim. *73 87 42 42.*
Restaurant gastronomique proposant un bon choix de viandes, de poissons et de vins. Situé dans un ancien entrepôt avec vue sur la rivière. *dim.*
AE DC MC V

TRONDHEIM : *Emilies Et Spisested* Kr Kr Kr
Erling Skakkes Gate 45, 7012 Trondheim. *73 92 96 41.*
Ce petit restaurant, à deux pas de la place principale, propose un menu de cinq plats avec possibilité de choisir à la carte.
AE DC MC V

TRONDHEIM : *Havfruen* Kr Kr Kr
Kjøpmannsgata 7, 7013 Trondheim. *73 87 40 70.*
Restaurant de poisson à l'ambiance marine, situé dans l'un des anciens entrepôts du quai de la Nidelva, tout près du vieux pont, Gamle Bybro. Les succulents plats de poisson varient au fil des saisons. *dim.*
AE DC MC V

TRONDHEIM : *Palmehaven Restaurant* Kr Kr Kr
Dronningens Gate 5, 7011 Trondheim. *73 80 08 00.*
Depuis son ouverture en 1918, ce restaurant est réputé pour la qualité de sa cuisine française. *dim., lun.*
AE DC MC V

LA NORVÈGE DU NORD

BODØ : *Blix Restaurant* Kr Kr
Sjøgata 23, 8006 Bodø. *75 54 70 99.*
Ce charmant restaurant donnant sur la mer comprend plusieurs petites salles. Carte traditionnelle variée de viandes et poissons.
AE DC MC V

BODØ : *Taste Cuisine* Kr Kr
Havnegata 1, 8001 Bodø. *75 54 01 80.*
Cuisine internationale et orientale dans un cadre Art déco, riche en couleurs.
AE DC MC V

HAMMERFEST : *Odd's Mat og Vinhus* Kr Kr
Strandgata 24, 9600 Hammerfest. *78 41 37 66.*
Petit restaurant près du port, au milieu de la Strandgata. Des tableaux contribuent à l'atmosphère marine du lieu. *dim.*
AE DC MC V

TROMSØ : *Arctandria Sjømat Restaurant* Kr Kr
Strandtorget 1, 9008 Tromsø. *77 60 07 20.*
Près du port, une cuisine de type arctique avec des spécialités de poisson locales et du renne, du phoque et de la baleine. *dim.*
AE DC MC V

TROMSØ : *Aunegården* Kr Kr
Sjøgata 29, 9008 Tromsø. *77 65 12 34.*
Chaque salle de ce restaurant possède son propre caractère et son histoire. L'une d'elles est une ancienne boucherie. On peut y consommer des snacks, des repas légers, des plats gastronomiques et des gâteaux.
AE DC MC V

TROMSØ : *Store Norske Fiskekompani* Kr Kr
Storgata 73, 9008 Tromsø. *77 68 76 00.*
Dans le centre-ville, ce restaurant de poisson propose une cuisine internationale à base de produits frais de la région. *dim.*
AE DC MC V

TROMSØ : *Markens Grøde* Kr Kr Kr
Storgata 30, 9008 Tromsø. *77 68 25 50.*
Près de la cathédrale, le Markens Grøde sert viandes et poissons. La salle imite le salon d'une ancienne famille de brasseurs locaux du nom de Mack. Le café devient un pub en soirée. *lun.*
DC MC V

Légende des symboles, voir rabat de couverture

BOUTIQUES ET MARCHÉS

Les villes norvégiennes les plus importantes sont bien pourvues en centres commerciaux et en grands magasins. Les prix sont globalement élevés, même si les vêtements se révèlent meilleur marché. Vous pourrez faire de bonnes affaires avec les bijoux en or et en argent, les montres, le verre et les articles en cuir. La TVA est particulièrement élevée en Norvège (24 %), mais les visiteurs étrangers peuvent bénéficier d'un remboursement partiel. L'un des articles les plus intéressants est le cardigan tricoté main aux motifs traditionnels, que l'on appelle *lusekofte*. Vous en trouverez de belle qualité dans les boutiques d'artisanat. Ces dernières proposent en outre des objets en bois, en étain, en argent et en lin. L'artisanat et les bijoux samis font de superbes cadeaux, tandis que les spécialités culinaires norvégiennes et le fameux aquavit sont toujours appréciés.

***Lusekofte* tricoté main**

HORAIRES D'OUVERTURE

La plupart des commerces sont ouverts de 9 h à 17 h en semaine. Les centres commerciaux et les grands magasins ouvrent entre 9 h et 10 h pour fermer leurs portes entre 18 h et 21 h. Les boutiques ferment plus tôt le samedi, notamment dans les petites agglomérations où elles peuvent baisser le rideau dès 13 h. En ville, les commerces restent maintenant ouverts jusqu'à 14 h ou 15 h le samedi, tandis que les centres commerciaux et les grands magasins ouvrent de 9 h à 18 h. Tous les commerces ferment le dimanche, à l'exception des week-ends qui précèdent Noël.

Dans de nombreuses localités, une station essence reste ouverte jusqu'à minuit, voire toute la nuit. Cela peut s'avérer utile, sachant que les stations norvégiennes sont de véritables supérettes. Vous y trouverez nourriture, cadeaux, fleurs, CD et bonbons. Certaines proposent du café et des hot-dogs. Essayez la saucisse enroulée dans une crêpe de pommes de terre *(lompe)*, avec de la moutarde et du ketchup.

MODES DE PAIEMENT

En général, les grands magasins et les centres commerciaux acceptent les principales cartes internationales : Visa, MasterCard, Diners Club, Eurocard et American Express. En revanche, les chèques de voyage se font rares. Les commerçants qui les acceptent vous demanderont une pièce d'identité telle que passeport ou permis de conduire. Vous trouverez un distributeur de billets dans tous les centres commerciaux avec des instructions en français, en anglais et en allemand.

Depuis que de nombreux pays ont adopté l'euro, les centres commerciaux norvégiens envisagent de l'accepter.

TAXES ET EXEMPTIONS

La TVA *(moms)* peut atteindre 19,35 % du prix d'achat d'un article. La Norvège ne faisant pas partie de l'Union européenne, les visiteurs étrangers – à l'exception des Suédois, des Danois et des Finnois – peuvent demander le remboursement de cette taxe à partir d'un certain montant.

Plus de 3 000 magasins pratiquent cette détaxe, qui vous permet de récupérer entre 11 % et 18,5 % du prix payé. Ce système ne s'applique ni aux restaurants ni aux locations de voiture.

Oslo City, l'un des centres commerciaux les plus fréquentés

Pour y avoir droit, vous devez procéder comme suit :

1 Faites vos achats dans une boutique arborant le logo *Tax-Free Shopping* sur sa vitrine.

2 Dépensez plus de 310 Nok.

3 Demandez un chèque de détaxe lorsque vous passez à la caisse.

4 En quittant le pays, faites-vous rembourser auprès de l'un des guichets qui se trouvent dans les aéroports, à la gare centrale d'Oslo, aux frontières et sur les bateaux de croisière et ferries. Vous devrez présenter la marchandise, le chèque de détaxe, le ticket de caisse et un passeport.

5 Si vous ne trouvez pas le bureau de remboursement lors de votre départ, vous pouvez adresser le chèque d'exemption à

Artisanat en vente sur le marché

La galerie marchande de luxe Paleet se trouve à deux pas du Palais royal d'Oslo

Global Refund par la poste. L'adresse se trouve au dos. Au préalable, vous devrez avoir fait viser le chèque par la douane ou la police de votre pays. La somme sera ensuite versée sur votre compte bancaire.

Protection des consommateurs

Les Norvégiens sont des consommateurs avisés. Les enfants eux-mêmes connaissent leurs droits, notamment grâce à deux émissions TV consacrées à la législation sur la consommation.

De plus, les commerçants reprennent les articles en allant bien au-delà des obligations légales. Si l'objet que vous avez acheté comporte le moindre défaut, vous avez le droit de l'échanger ou de vous le faire rembourser. Si vous voulez rendre un article pour la seule raison qu'il ne vous plaît plus, la plupart des magasins le reprendront, même s'ils n'y sont pas contraints par la loi. L'article ne devra pas avoir été utilisé, et sera de préférence retourné dans son emballage d'origine. Le vendeur vous demandera en général le ticket de caisse. Certains commerçants vous rembourseront, tandis que d'autres vous demanderont de choisir un autre article.

Grands magasins et centres commerciaux

Les Norvégiens adorent faire les magasins. Le samedi, vous aurez l'impression que la ville entière est sortie faire ses emplettes. Les rues, les grands magasins et les centres commerciaux regorgent de clients. Les grands centres commerciaux sont relativement récents en Norvège. Ils ont fait leur apparition au début des années 1990, avec la construction d'énormes complexes à la limite des villes. Leur expansion s'est révélée tellement rapide que les autorités locales ont dû intervenir pour empêcher la disparition des petits commerces. Aujourd'hui, l'implantation des centres commerciaux est réglementée afin de maintenir un équilibre avec le commerce de proximité.

Reposant tous sur le même modèle, les centres commerciaux norvégiens regroupent entre 30 et 80 boutiques, cafés, restaurants et boulangeries. Les plus vastes sont **Oslo City** dans la capitale, **Kløverhuset** à Bergen et **Trondheim Torg**.

Chacun d'entre eux comprend à la fois des boutiques de créateurs et des enseignes plus abordables. Toutefois, la galerie marchande **Paleet** d'Oslo se distingue en proposant exclusivement des produits haut de gamme. Toujours dans la capitale, le quartier prisé d'**Aker Brygge** *(p. 57)* propose un vaste choix de restaurants et de magasins.

Sachez enfin que, en Norvège, la vente d'alcool se fait exclusivement dans les magasins d'État, Vinmonopolet. Généralement très compétents et serviables, les vendeurs vous aideront à choisir vins et spiritueux.

À Oslo, les magasins de souvenirs proposent un large choix

Carnet d'adresses

Centres commerciaux et grands magasins

Aker Brygge
Oslo. **Plan** 2 C4.
☎ *22 83 26 80.*

Kløverhuset
Strandgaten 15, Bergen.
☎ *55 31 37 90.*

Oslo City
Près de la gare centrale d'Oslo.
Plan 3 E3.
☎ *81 54 41 00.*

Paleet
Karl Johans Gate 37-43, Oslo.
Plan 3 D3.
☎ *22 03 38 82.*

Trondheim Torg
Kongens Gate 11, Trondheim.
☎ *73 80 77 40.*

Marchés

Aux mois d'avril et de mai, les marchés aux puces fleurissent avec des ventes de charité qui sont organisées dans tous les gymnases et cours d'écoles. Annoncées dans la presse locale, celles-ci permettent de financer les clubs sportifs et les fanfares scolaires.

Ces ventes de charité comprennent souvent une section consacrée aux objets d'occasion et aux antiquités. Les plus précieuses sont généralement vendues aux enchères.

Selon certains, le meilleur moment d'une vente de charité serait la dégustation de gaufres maison et de café. En tout cas, cette expérience typiquement norvégienne vous permettra de rencontrer les gens du pays dans un cadre convivial et festif.

Enfin, divers marchés ont lieu dans toute la Norvège. L'un des plus connus est celui de Røros *(p. 28)* à la fin du mois de février. Ce marché froid mais fabuleux rassemble tous les produits imaginables, depuis les vêtements jusqu'à l'artisanat en passant par la nourriture. Habillez-vous chaudement : la température peut descendre jusqu'à – 20 °C.

Qu'acheter en Norvège

Trolls des légendes norvégiennes

Si vous souhaitez rapporter un souvenir, mieux vaut choisir un objet typiquement norvégien. L'achat le plus classique est le cardigan traditionnel en tricot, *lusekofte*. Vous trouverez de nombreux autres articles artisanaux, en étain ou en verre par exemple. Si vous avez de la place dans vos bagages, vous pouvez même choisir une peau de renne. Les amateurs de navigation et autres activités de plein air trouveront du matériel de qualité. Enfin, les trolls, les ours polaires et les phoques en peluche feront des cadeaux très appréciés des enfants.

Ours polaire
Un ourson du Grand Nord fera un charmant souvenir, ou encore un élan en peluche tout doux.

Chaussons
Pour lutter contre le froid, rien ne vaut les chaussons en feutre de laine norvégienne, avec leurs semelles en cuir. Vous les trouverez dans de nombreux chalets.

Tricot
Le tricot fait partie des traditions. Tous les petits Norvégiens, filles et garçons, apprennent à tricoter à l'école. Mais rares sont ceux qui réussissent à fabriquer un lusekofte. *Vous trouverez des bonnets, des gants et des cardigans aux motifs traditionnels et modernes, ainsi que des écharpes.*

Étain et argent
La Norvège compte de remarquables orfèvres, dont vous trouverez les créations dans des boutiques comme Husfliden et Heimen à Oslo. Les objets en étain connaissent beaucoup de succès, en particulier les copies de chopes et plats anciens. La reine Sonja en offre parfois aux dignitaires étrangers en visite officielle. Certains magasins ont un beau choix de bijoux modernes.

Rabot à fromage
Inventé en Norvège, cet ustensile est très pratique. Du plus traditionnel au plus moderne, il prend des formes très diverses. Le manche peut être en bois, en métal ou en bois de renne.

Lin
Souvent ornées de motifs traditionnels, les nappes et serviettes en lin sont de belle qualité. La culture du lin s'accroît en Norvège.

Peinture sur bois et sur porcelaine
L'application de motifs floraux sur toutes sortes d'objets – depuis la boîte à bijoux jusqu'au buffet – est une technique décorative appelée rosemaling *(« peinture à la rose »). Cette tradition se perpétue depuis plusieurs siècles.*

Bol peint à la main

Porcelaine de Porsgrunn

Figurines de Noël en verre
Avec leurs chapeaux rouges ou bleus, ces gnomes en verre servent à décorer la table du réveillon.

Artisanat sami
Vous trouverez de très beaux objets samis dans toute la Norvège, mais vous ferez certainement les meilleures affaires au Finnmark. Les chaussures traditionnelles (skaller) *se terminent par une pointe recourbée, qui se glissait sous une sangle attachée au ski. Pour empêcher l'humidité de pénétrer, les Sâmes bourraient leurs souliers d'herbe sèche.*

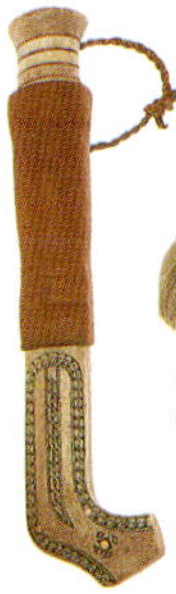
Couteau dans sa gaine

***Skaller*, chaussures sami**

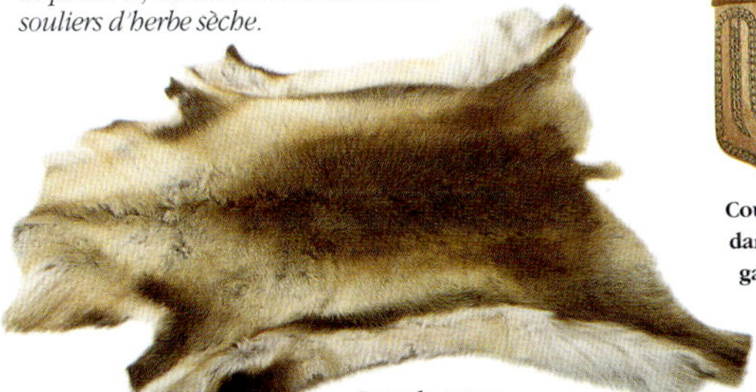
Peau de renne

Cuillère en argent

Bijoux sami
De facture magnifique, les bracelets traditionnels sont obtenus en tressant de minces fils d'étain sur un support en peau de renne. Les broches arborent des motifs anciens et contemporains.

Bracelet en fil d'étain

Broche en argent

Broche traditionnelle

Veste de bateau
La marque Helly Hansen est synonyme de qualité en matière de sportswear, que vous recherchiez une polaire bien chaude, une veste pour l'été, un pantalon imperméable ou la panoplie complète du marin.

Spécialités norvégiennes

Coupé en tranches fines, le *geitost*, fromage de chèvre brun et sucré, sert à garnir les sandwichs. Le saumon fumé de Norvège est très prisé des gourmets du monde entier. Quant au chocolat au lait norvégien, il est tout simplement délicieux.

Geitost

Chocolat au lait

Saumon fumé

Gilet de sauvetage
Selon la loi norvégienne, toute personne à bord d'un bateau doit porter un gilet de sauvetage. Confortable et léger, ce type de gilet est très apprécié des marins.

Aquavit en bouteilles miniatures
Vous pouvez acheter l'aquavit (p. 231) *dans des minibouteilles : le Gammel au parfum de chêne, le vigoureux Taffel pour les repas consistants et le Linie, modérément épicé.*

Aquavit Oppland

Aquavit Gammel

Aquavit Taffel

Aquavit Oslo

Aquavit Linie

Où acheter en Norvège

Les villes importantes comme Oslo, Bergen, Trondheim, Kristiansand, Tromsø, Stavanger ou Ålesund possèdent toutes leurs grands magasins, leurs centres commerciaux et leurs marchés. Hammerfest elle-même, dans le Grand Nord, compte de nombreux commerces. Tout village qui se respecte a sa boutique d'artisanat, et vous trouverez des magasins de souvenirs dans tous les lieux touristiques. En été, vous découvrirez les marchés en plein air, qui regorgent de produits locaux.

Souvenirs

Les souvenirs norvégiens se divisent en deux catégories : les articles en série bon marché d'une part, et les objets artisanaux de qualité d'autre part. Les premiers comprennent les chopes, pin's, écussons, magnets, porte-clefs, cendriers et T-shirts que l'on trouve dans le monde entier. Ces cadeaux représentent généralement le drapeau norvégien, les trolls rondelets, les bateaux et casques vikings et les animaux typiquement nordiques comme l'élan, le renne, l'ours polaire ou le phoque.

Les trolls des montagnes et des forêts existent en diverses matières. Les moins chers sont en caoutchouc, tandis que les plus onéreux sont sculptés à la main dans le bois de la région.

Quant aux objets artisanaux, vous les trouverez dans les magasins de souvenirs plus importants. Les plus courants sont les figurines en bois représentant des trolls, les bols ornés de fleurs peintes ou sculptées, les rabots à fromage, les bonnets, gants et écharpes tricotés main, la vaisselle de porcelaine, les nappes et serviettes en lin et les articles en étain et en argent.

Artisanat

Dans la campagne norvégienne, des artisans pratiquent la sculpture sur bois, l'ébénisterie, la broderie, le tricot, le tissage et la peinture. Leur production se vend dans des magasins comme **Heimen** et **William Schmidt** à Oslo. La chaîne **Husfliden**, qui regroupe plus de 100 boutiques à travers le pays, propose elle aussi des objets de très belle qualité.

Les objets en bois ornés de motifs floraux peints ou sculptés – technique connue sous le nom de *rosemaling* – font de très beaux cadeaux. Les plus petits d'entre eux, comme les ronds de serviettes ou les bols, sont abordables. Le *rosemaling*, ou peinture à la rose, est une tradition très ancienne. Aux XVIIe et XVIIIe siècles, les artisans voyageaient de ferme en ferme en proposant de décorer les buffets, portes et plafonds. Les couleurs et motifs employés sont les mêmes depuis plusieurs siècles.

Antiquités

Si vous vous laissez tenter par une chope ancienne ou une boîte en bois décorée à la main, sachez que c'est un véritable investissement. Rendez-vous chez **Kaare Berntsen AS** à Oslo, ou renseignez-vous sur les boutiques locales.

En été, les magasins d'antiquités exposent souvent à l'extérieur. Chaque année, Hammerfest *(p. 212)* organise un Sommertorg. Une journée durant, ce marché en plein air propose toutes sortes de souvenirs comme les gilets traditionnels en tricot, l'artisanat sami, les peaux de renne et les produits frais de la région. En juillet, lors des Journées de Hammerfest (Hammerfestdagene), vous devriez également trouver votre bonheur.

Verrerie

À 70 km au nord-est d'Oslo, vous pouvez visiter la fabrique de verre **Hadeland Glassverk**. Sous l'œil averti d'un maître de l'art, les enfants sont invités à souffler leur propre verre. Magnifiquement située dans la campagne, à côté d'une boulangerie et d'un café, cette verrerie vous occupera facilement toute la journée. Un large choix d'objets est proposé à la vente, et de nombreuses autres créations sont exposées.

Magnor Glassverk, une autre verrerie, vous permet elle aussi d'assister à la fabrication du verre. Elle se trouve à deux heures en voiture à l'est d'Oslo, près de la frontière suédoise.

Or et argent

La Norvège possède de nombreux joailliers de talent qui créent toutes sortes de bijoux d'inspiration classique ou moderne.

Dans toutes les villes importantes, vous trouverez des boutiques proposant des objets en or ou en argent. Dans la capitale, **Thune** et **David-Andersen** sur l'Egertorget disposent du plus vaste choix. À Bergen, allez chez **Bryggen Gull og Sølv** dans le quartier de Bryggen. À Trondheim, ne manquez pas **Møllers Gullsmedforretning**.

Horlogerie

Selon les statistiques de Global Refund, les montres et horloges viennent en quatrième position dans les achats des touristes. Les visiteurs étrangers se faisant rembourser jusqu'à 18,5 % du prix, les montres peuvent être intéressantes y compris celles de certaines grandes marques suisses.

Urmaker Bjerke possède plusieurs boutiques à Oslo et Bergen.

Artisanat sami

Les achats les plus intéressants se font souvent dans le Finnmark, sur le bord de la route. Des objets y sont proposés dans des maisons privées, des tentes ou de petites boutiques.

Les souvenirs samis les plus typiques sont les chaussures traditionnelles, les bijoux, les couteaux et les objets en peau et en bois de renne.

À Kautokeino *(p. 209)*, la **Juhls' Silvergallery** est un vaste atelier de création que Regine et Frank Julhs ouvrent au public. Leurs articles se trouvent aussi dans des boutiques à Oslo et Bergen.

MODE

Toutes les villes de Norvège regorgent de magasins de vêtements et de chaussures. Les centres commerciaux et grands magasins *(p. 241)* offrent la plus grande variété. Toutefois, en explorant les petites rues, vous trouverez tout ce qu'il vous faut en matière de mode, de la boutique de créateur aux marques les plus répandues.

L'hiver norvégien durant six mois, l'habillement met l'accent sur le confort et la protection contre le froid. Les mêmes priorités s'appliquent aux chaussures, à la fois élégantes et imperméables. Le plus grand magasin de chaussures de Scandinavie, **Grændsens Skotøimagazin**, est à Oslo.

La mode féminine se trouve à des prix raisonnables, par exemple dans les magasins **Lindex**. Si vous souhaitez un costume ou une veste à un prix abordable, entrez dans une boutique **Dressmann**. On trouve des vêtements pour enfants dans tous les centres commerciaux, notamment chez **Cubus** ou **Hennes & Mauritz**.

SPORT

Il n'existe pas de mauvaise boutique de sport en Norvège. Les différentes chaînes proposent toutes des produits similaires. De plus, des promotions et soldes sont souvent organisés.

Gresvig et Intersport sont les plus grandes enseignes. Pour l'équipement adapté à des activités spécifiques, adressez-vous à **Villmarkshuset** à Oslo, ou à **Skandinavisk Høyfjellsutstyr** qui aplusieurs succursales. **XXL Sport og Villmark** est une boutique à bas prix située à Oslo.

Parmi les grandes marques norvégiennes figurent Helly Hansen, Norrøna et Hjelle (pour les couteaux) ainsi que les collections de sportswear des champions de ski de fond Vegard Ulvang et Bjørn Dæhlies.

POISSONS ET CRUSTACÉS

Le plus célèbre marché au poisson est celui de Bergen, sur le quai de Bryggen, renommé pour sa morue, son flétan, son poisson-chat, son saumon et sa truite. C'est en hiver que le homard est le meilleur. Les Norvégiens le dégustent avec du pain blanc et de la mayonnaise. Le crabe est également excellent. Les Norvégiens adorent s'asseoir sur le quai pour manger des crevettes fraîches. Tous ces produits de la mer coûtent cher, mais il serait dommage de ne pas y goûter au cours de votre séjour.

Les poissons et crustacés sont vendus frais dans la plupart des villes côtières. S'il n'y a ni marché ni magasin sur le port, repérez un bateau de pêche local.

Si vous êtes à Oslo, ne manquez pas de vous rendre à Aker Brygge. Non seulement ce quartier est connu pour être la meilleure zone marchande de la capitale, mais il abrite aussi l'épicerie de luxe **Ica Gourmet**.

CARNET D'ADRESSES

ARTISANAT

Heimen
Rosenkrantzgate 8, Oslo.
Plan 3 D3. ☎ *23 21 42 00.*

Husfliden
Storgata 47-48, Lillehammer.
Plan 3 E3.
☎ *61 26 70 70.*

William Schmidt
Fridtjof Nansens Plass 9, Oslo. **Plan** 3 D3.
☎ *22 42 02 88.*

ANTIQUITÉS

Kaare Berntsen AS
Universitetsgaten 12, Oslo.
Plan 3 D2.
☎ *22 20 34 29.*

VERRERIE

Hadeland Glassverk
Hadeland, province de l'Oppland.
☎ *61 31 64 00.*

Magnor Glassverk
Magnor, province du Hedmark. ☎ *62 83 35 00.*

OR ET ARGENT

Bryggen Gull og Sølv
Bryggen, Bergen.
☎ *55 31 56 85.*

David-Andersen
Egertorget, Oslo.
Plan 3 B3.
☎ *24 14 88 10.*

Møllers Gullsmed-forretning
Munkegatan 3, Trondheim.
☎ *73 52 04 39.*

Thune
Egertorget, Oslo.
Plan 3 B3. ☎ *23 31 01 00.*

HORLOGERIE

Urmaker Bjerke
Karl Johans Gate 31, Oslo.
Plan 3 D3.
☎ *23 01 02 10.*

Urmaker Bjerke
Torgallmenningen, Bergen.
☎ *55 23 03 60.*

ARTISANAT SAMI

Juhls' Silvergallery
Roald Amundsens Gate 6, Oslo. **Plan** 3 D3.
☎ *22 42 77 99.*
Bryggen 39, Bergen.
☎ *55 32 47 40.*
Kautokeino.
☎ *78 48 43 30.*

VÊTEMENTS ET CHAUSSURES

Cubus
Stenersengata 1, centre commercial Oslo City, Oslo.
Plan 3 E3. ☎ *22 36 76 60.*
☎ *66 77 32 00.*

Dressmann
Stortorget 3, Oslo.
Plan 3 E3. ☎ *22 33 71 73.*

Grændsens Skotøimagazin
Près de la gare centrale d'Oslo. **Plan** 3 E4.
☎ *22 82 34 00.*

Hennes & Mauritz
Nedre Slottsgate 10 B, Oslo. **Plan** 3 E3.
☎ *22 47 30 70.*

Lindex
Karl Johans Gate 27, Oslo.
Plan 3 D3.
☎ *22 33 22 00.*

ÉQUIPEMENT SPORTIF

Skandinavisk Høyfjellsutstyr
Bogstadveien 1, Oslo.
☎ *23 33 43 80.*

Villmarkshuset
Chr. Kroghsgate 14-16, Oslo. ☎ *22 05 05 50.*

XXL Sport og Villmark
Storgaten 2-6, Oslo.
Plan 3 E3.
☎ *24 08 40 25.*

POISSONS ET FRUITS DE MER

Ica Gourmet
Aker Brygge, Oslo.
Plan 2 C4. ☎ *22 01 78 60.*

Se distraire en Norvège

Le spectacle norvégien se caractérise par sa grande variété. Il existe en effet une large gamme d'événements culturels, depuis les manifestations propres à chaque tradition locale jusqu'aux représentations d'artistes de renommée internationale. Les comiques et les musiciens de boîtes de nuit ajoutent encore à l'animation des soirées citadines. Par ailleurs, les distractions varient au fil des saisons. Tandis qu'en ville les salles de spectacle ferment l'été (la saison suivante commence à la fin du mois d'août), les revues estivales et les reconstitutions historiques fleurissent dans tout le pays à la belle saison. Les parcs d'attractions proposent eux aussi des animations. Enfin, les festivals jouent un rôle important dans la vie culturelle norvégienne, qu'ils soient consacrés au cinéma, au jazz, à la musique sacrée, à la gastronomie, au théâtre, au folklore ou aux changements de saisons. Ainsi, le dramaturge Henrik Ibsen et le compositeur Edvard Grieg font l'objet de festivals à Oslo et Bergen.

Danseurs folkloriques

Informations

Les 260 offices de tourisme norvégiens vous informent sur les animations locales. Leurs sites Internet *(p. 257)* fournissent en outre une liste des manifestations, en langue anglaise. Le bureau d'Oslo publie également une version imprimée, *What's On In Oslo*, qui est diffusée auprès des hôtels et des offices de tourisme.

Chargé de superviser l'information touristique au niveau national, l'**Innovasjon Norge** (Innovation Norway) divise ses activités en six régions.

Les hôtels et les agences touristiques pourront également vous renseigner. De plus, la plupart des villes disposent d'un journal local annonçant avec précision toutes les manifestations. Si vous souhaitez vous rendre à un festival, spectacle ou concert en particulier, contactez directement son organisateur. Leurs programmes sont généralement disponibles plusieurs mois à l'avance.

Réservations

Vos chances d'obtenir des billets dépendront du spectacle visé. Il est préférable de réserver, par l'intermédiaire d'une agence de voyages, de votre hôtel ou de la billetterie de la salle concernée.

Il existe des agences de spectacles comme **Billettservice AS** ou **Keith Prowse**. Elles prélèvent bien entendu leur commission, mais elles disposent souvent d'un quota de places qui leur est réservé.

Dans certaines salles, vous pouvez racheter les billets non retirés en vous présentant le soir même du spectacle. Cela vaut la peine de tenter sa chance, même si la représentation affiche complet.

Musiciens de rue sur la place Spikersuppa au cœur d'Oslo

Grandes salles et centres culturels

Outre les théâtres permanents au répertoire classique, de nombreuses villes norvégiennes se sont dotées de centres culturels organisant un large éventail d'événements. Certains d'entre eux, comme le **Grieghallen** de Bergen, l'**Olavshallen** de Trondheim, l'**Oslo Konserthus** et le **Stavanger Konserthus**, hébergent l'orchestre symphonique de la ville et proposent une programmation de musique classique variée. À Oslo, le **Chateau Neuf** et la **Sentrum Scene** sont des salles très fréquentées qui montent des farces, des comédies musicales et des spectacles de cabaret.

L'Oslo-Filharmonien en répétition à l'Oslo Konserthus

Les centres culturels les plus importants accueillent des vedettes internationales, ainsi que les concerts exigeant une grande salle.

Certains programmes rassemblent plusieurs artistes renommés. C'est le cas de la soirée de gala annuelle de l'**Oslo Spektrum**, organisée dans le cadre de la cérémonie de remise du prix Nobel de la paix au mois de décembre. D'autres spectacles mettent en scène de la danse, de la musique classique, de la comédie musicale, voire des groupes ou vedettes étrangers.

Théâtre

Les œuvres de Henrik Ibsen sont les pièces les plus jouées au monde après celles de Shakespeare, faisant du dramaturge nordique le plus grand ambassadeur du théâtre norvégien. Ses drames sont régulièrement représentés à travers tout le pays. Les occasions d'écouter Ibsen dans sa langue d'origine sont par conséquent nombreuses, en particulier dans son propre théâtre, le **Nationaltheatret** d'Oslo. L'écrivain assista à son inauguration en 1899. Aujourd'hui, sa statue se dresse devant l'entrée principale, à côté de celle de son confrère Bjørnstjerne Bjørnson.

Tous les deux ans, le Festival Ibsen occupe quatre salles du Nationaltheatret. À deux pas de celui-ci, l'Ibsenmuseet (musée Ibsen) organise des débats qui sont menés par des spécialistes en littérature et des professionnels du théâtre.

Outre les grands théâtres de la capitale – Nationaltheatret, **Det Norske Teatret** et **Oslo Nye** –, le théâtre de Bergen **Den Nationale Scene**, le

Théâtre alternatif attirant les foules à Porsgrunn

La splendide salle de style rococo du Nationaltheatret d'Oslo

Rogaland Teater de Stavanger et le **Trøndelag Teater** de Trondheim proposent également de vastes répertoires incluant Ibsen, Shakespeare et Tchekhov, ainsi que des comédies musicales et des œuvres plus récentes de dramaturges norvégiens et étrangers. Tous les grands théâtres comprennent des plateaux plus petits et, l'été, des représentations sont données en plein air dans des cadres superbes.

Parmi les festivals d'art dramatique figurent le **Porsgrunn Internasjonale Teaterfestival**, qui accorde une large part au théâtre de rue, et le **Figurteater Festivalen** de Kristiansand. Dédié aux spectacles de marionnettes, ce dernier cherche à stimuler l'imagination des enfants.

Certaines villes possèdent leur propre théâtre comique, qui donne au public l'occasion de connaître les meilleurs artistes de Norvège. À Oslo, le **Chat Noir** est le plus ancien cabaret de chansonniers nordique.

Opéra, ballet, danse et musique classique

Bien que la Norvège n'ait acquis un opéra national et sa troupe de ballet qu'en 1958 avec la cantatrice Kirsten Flagstad pour directrice, cet art connaît un intérêt croissant. **Den Norske Opera** (Opéra national de Norvège) inaugurera ses nouveaux locaux en 2008 au centre d'Oslo.

Outre les œuvres les plus célèbres qui figurent à son répertoire, l'Opéra national crée trois ou quatre spectacles chaque saison. Il collabore avec des orchestres hors d'Oslo et se produit également à Trondheim, Stavanger, Sandnes et Haugesund.

Le **Nasjonalballetten** (Ballet national) est la seule troupe de ballet classique de Norvège. Il présente également des chorégraphies modernes signées par Jiri Kilian, George Balanchine ou Mats Ek.

Pour ce qui est de la danse contemporaine, la compagnie Carte Blanche, en résidence permanente au **Studio Bergen** de Bergen, monte les créations de chorégraphes norvégiens et étrangers.

Chaque année, la ville de Bergen accueille le Festival international, **Festspillene**. Consacré à la danse, à l'opéra et à la musique classique, il rassemble les meilleures compagnies, orchestres et solistes du monde.

La musique de chambre connaît un succès grandissant en Norvège. Oslo et la pittoresque ville de Risør, sur la côte sud, organisent toutes deux des festivals d'excellente qualité tous les ans.

Les orchestres symphoniques **Oslo-Filharmonien** et **Musikkselskabet Harmonien** se produisent respectivement à l'Oslo Konserthus et au Grieghallen de Bergen. Les villes de Trondheim, Tromsø, Stavanger et Kristiansand disposent elles aussi d'un orchestre permanent et de salles de concert. Renseignez-vous sur les concerts de musique de chambre, qui se déroulent souvent dans des lieux inattendus.

Concert au lever du soleil dans le cadre du Vestfold Festspillene

Rock, jazz et country

Lorsqu'elles viennent en Norvège, les stars de la pop et du rock se produisent le plus souvent dans l'immense **Oslo Spektrum**.

À Kristiansand, le **Quart Festivalen** est incontournable pour les fans de rock. La ville est alors en pleine effervescence, accueillant des concerts nuit et jour, tant à l'intérieur qu'en plein air.

Au début de l'été à Oslo, les vedettes internationales participent au **Norwegian Wood**, un autre grand festival rock.

Depuis quelques années, les boîtes d'Oslo et de Bergen reprennent de la vigueur. Pour savoir où aller danser ou écouter de la musique, consultez les journaux locaux.

Les inconditionnels du jazz trouveront eux aussi leur bonheur parmi les festivals. En mai et en juin, les villes de l'Ouest comme Stavanger, Bergen ou Ålesund accueillent d'excellents concerts à toute heure.

Les festivals internationaux de jazz – **Sildajazz** à Haugesund, **Moldejazz** à Molde et **Jazzfestival à Oslo** – sont réputés pour leur qualité et leur diversité. À Molde, en juillet, vous pourrez écouter les plus grands noms du jazz tout en profitant des paysages de l'Ouest, magnifiques à cette époque. Réservez vos billets longtemps à l'avance. Quant aux amateurs de country, ils traverseront la superbe province du Telemark jusqu'à Seljord où se tient en été le plus grand festival nordique de country.

Musique populaire et danse folklorique

Le Telemark est réputé pour maintenir les traditions norvégiennes en matière de musique et de danse. Chaque année, à Bø, le **Telemarkfestivalen** rassemble tous les Norvégiens qui souhaitent partager leur art.

Sur la presqu'île de Bygdøy à Oslo, le **Norsk Folkemuseum** *(p. 82-83)* perpétue la pratique de la danse et de la musique. Il possède son propre groupe de danse folklorique. Le prince Håkon et son épouse Märtha Louise sont venus danser ici.

Bien d'autres musées régionaux, comme le Bryggens Museum de Bergen, collaborent avec des groupes folkloriques pour organiser des manifestations tout au long de la saison touristique.

Danses traditionnelles au Norsk Folkemuseum, Oslo

Festivals

Une quantité de festivals d'importances diverses, sont organisés à travers toute la Norvège, principalement en été. En hiver, la beauté et la grandeur du pays prennent toute leur mesure à Tromsø lors du **Nordlysfestivalen** (Festival de l'aurore boréale), qui marque le retour du soleil après des semaines d'obscurité. Au Spitzberg a lieu la plus septentrionale des fêtes du soleil. La ville de Røros célèbre également la fin de l'hiver par des concerts.

À l'ouest de la Norvège, Haugesund accueille le **Den Norske Filmfestivalen** (Festival du cinéma norvégien). Depuis trente ans, les professionnels comme le grand public viennent assister à des conférences et à la projection d'une centaine de nouveaux films, norvégiens et étrangers. Les spectateurs ont parfois la chance d'apercevoir quelques-unes des stars participant à la manifestation. Le festival se termine par la cérémonie d'attribution des prix Amanda. Une statue de Marilyn Monroe orne les quais.

À Bergen, le **Festspillene** est le festival international le plus important de Norvège. Pendant dix jours, les visiteurs se voient proposer des concerts, des spectacles et des expositions de la plus haute qualité. Des concerts sont donnés chaque jour à Troldhaugen *(p. 171)*, ancienne demeure du compositeur Edvard Grieg.

Au mois de mars, le **Kirkemusikkfestival** (Festival de musique sacrée d'Oslo) attire plusieurs milliers de personnes dans la capitale.

Le **Vestfold Festspillene** (Festival du Vestfold) rassemble toutes les formes d'art du spectacle, souvent présentées dans un contexte surprenant à des heures tout aussi inattendues. Ses organisateurs cherchent à créer une ambiance informelle. Une cinquantaine de concerts proposent aux auditeurs du flamenco, du blues et bien d'autres styles.

Séjours culturels

Entre les visites exclusivement citadines et les vacances en plein air très sportives, il est possible de trouver un juste milieu en explorant les nombreux sites historiques préservés.

Le patrimoine minier constitue un aspect de la culture norvégienne. Des visites guidées sont proposées dans les anciennes mines d'argent de Kongsberg *(p. 137)* et celles de cobalt, situées près de Blaafarveværket à Modum. Créée en 1773, l'usine **Blaafarveværket** fabriquait du bleu de cobalt pour les industries du verre et de la porcelaine du monde entier. Des expositions artistiques y sont organisées chaque année. Dans le **Vassfaret Bjørnepark** (réserve d'ours de Vassfaret), entre les vallées de Hallingdal et de Valdres, vous pourrez non seulement observer les ours de près, mais aussi apprendre les travaux d'aiguille traditionnels. Quant au **Tromsø Villmarkssenter** (Centre de la vie sauvage de Tromsø), il vous fera découvrir les modes de déplacement traditionnels en Arctique. En participant à un safari, vous pourrez même apprendre à diriger un traîneau tiré par des chiens.

Le **canal du Telemark** *(p. 142)* traverse la Norvège sur 100 km, depuis la mer jusqu'au pied du plateau de Hardangervidda. Dans la verrerie de Nøstetangen (commune d'Øvre Eiker), qui fonctionne depuis les années 1740, on souffle encore le verre.

Enfin, pour connaître la culture côtière, visitez les nombreux musées maritimes et les phares. Adressez-vous aux offices de tourisme régionaux.

Visite de Blaafarveværket à Modum

Carnet d'adresses

Informations

Innovasjon Norge
Akersgate 13, Oslo.
☎ 22 00 25 00.

Réservations

Billettservice AS
Rådhusgate 26, Oslo.
☎ 81 53 31 33.
W www.billettservice.no

Ticnet
Karl Johans Gata 16B, Oslo. ☎ 81 51 15 00.
W www.ticnet.no

Grandes salles et centres culturels

Chateau Neuf
Slemdalsveien 7, Oslo.
☎ 22 96 15 00.

Grieghallen
Edvard Griegs Pl. 1, Bergen.
☎ 55 21 61 00.

Olavshallen
Kjøpmannsgata 44, Trondheim. ☎ 73 99 40 00.

Oslo Konserthus
Munkedamsveien 14, Oslo.
☎ 23 11 31 00.

Oslo Spektrum
Sonja Henies Pl. 2, Oslo.
☎ 22 05 29 00.

Sentrum Scene
Arbeidersamfunnets Pl. 1, Oslo. ☎ 22 98 24 00.

Stavanger Konserthus
Bjergsted, Stavanger.
☎ 51 53 70 00.

Théâtre

Chat Noir
Klingenberggata 5, Oslo.
☎ 22 83 22 02.

Den Nationale Scene
Engen 1, Bergen.
☎ 55 54 97 00.

Det Norske Teatret
Kristian IV Gate 8, Oslo.
☎ 22 42 43 44.

Figurteater Festivalen
Kongens Gate 2A, Kristiansand.
☎ 38 07 70 50.

Nationaltheatret
Johanne Dybwadsplass 1, Oslo. ☎ 81 50 08 11.

Oslo Nye Teater
Rosenkrantzgate 10, Oslo.
☎ 22 34 86 00.

Porsgrunn Teaterfestival
Storgata 143, Porsgrunn.
☎ 35 55 66 88.

Rogaland Teater
Kannikgate 2, Stavanger.
☎ 51 91 90 00.

Trøndelag Teater
Prinsensgate 18-20, Trondheim.
☎ 73 80 50 00.

Opéra, ballet, danse et musique classique

Den Norske Opera/ Nasjonalballetten
Storgata 23, Oslo.
☎ 23 31 50 00.

Musikkselskabet Harmonien
Grieghallen, Bergen.
☎ 55 21 61 00.

Oslo-Filharmonien
Haakon VIIs Gate 2, Oslo.
☎ 22 01 60 60.

Studio Bergen
Nøstegaten 119, Bergen.
☎ 55 30 86 80.

Rock, jazz et country

Molde International Jazz Festival
Molde, Møre et Romsdal.
☎ 71 20 31 50.

Norwegian Wood Festivalen
Fjellveien 5, Lysaker.
☎ 67 10 34 50.

Oslo Jazzfestival
Tollbugata 28, Oslo.
☎ 22 42 91 20.

Quart Festivalen
Bygg 29, Odderøya, Kristiansand.
☎ 38 14 69 69.

Country Music Festival
Seljord, Telemark.
☎ 35 05 51 64.

Sildajazz
Knut Knutsens Gt 4, Haugesund. ☎ 52 74 33 70.

Festivals

Den Norske Filmfestivalen
Knut Knutsens Gt 4, Haugesund. ☎ 52 74 33 75.

Festpillene i Bergen
Vågsallmenningen 1, Bergen. ☎ 55 21 06 30.

Nordlysfestivalen
Mellomueien 33, Tromsø.
☎ 77 68 90 70.

Oslo Kirkemusikk
Tollbugata 28, Oslo.
☎ 22 41 81 13.

Telemarkfestivalen
Gullbringveien 34, Bø.
☎ 35 95 19 19.

Vestfold Festspillene
Fjordgatan 13, Tønsberg.
☎ 33 30 88 50.

Séjours culturels

Blaafarveværket
3340 Åmot.
☎ 32 78 67 00.

Tromsø Villmarkssenter
Kvaløysletta, Tromsø.
☎ 77 69 60 02.

Vassfaret Bjørnepark
3539 Flå. ☎ 32 05 35 10.

Sports et activités de plein air

Certains prétendent que les Norvégiens naissent les skis aux pieds et le sac au dos. Ce peuple adore le grand air et pratique des activités de plein air tout au long de l'année, plus encore que toute autre nation européenne. Il faut reconnaître que les conditions géographiques s'y prêtent. Où que vous vous trouviez, la montagne et la mer ne sont jamais loin. Même dans les plus grandes villes, la nature est à portée de main. La Norvège compte de magnifiques parcs nationaux et de vastes étendues vierges. Bien souvent, jusque dans les montagnes les plus sauvages, des sentiers de randonnées et des pistes de ski sont balisées. Le long de la côte méridionale, les amateurs de navigation trouveront de nombreux ports de plaisance parfaitement équipés. Ce pays offre en outre des loisirs plus aventureux comme le deltaplane ou la descente en eaux vives.

Panneaux indicateurs

Randonnée

Été comme hiver, la Norvège est le paradis des randonneurs. Les jours de repos, les Norvégiens mettent le sac au dos et s'en vont à travers champs et forêts faire leur *søndagstur* (promenade du dimanche). Ils parcourent alors les sentes étroites et les chemins balisés. Nombre d'entre eux randonnent également pendant leurs vacances, en marchant d'un refuge à l'autre, en toute saison.

Dans les zones montagneuses les plus fréquentées, vous ne serez jamais loin d'un refuge où vous pourrez passer la nuit *(p. 219)*. Ces chalets sont reliés par un réseau de sentiers balisés, et de pistes de ski en hiver. La plupart des refuges appartiennent au **Den Norske Turistforening** (DNT, association pour le tourisme norvégien) et à sa cinquantaine de représentants locaux. Quelque 400 chalets sont répartis sur toute la Norvège. Quant au confort, si certains chalets sont comparables à des hôtels, les plus spartiates ne comprennent que le strict nécessaire.

Si vous comptez randonner de chalet en chalet, procurez-vous la carte DNT pour 445 Nok. Une nuit dans une chambre de un à trois lits vous coûtera alors 190 Nok (95 Nok pour les enfants) contre 245 Nok pour les non-membres (125 Nok pour les enfants). Le petit déjeuner est facturé 80 Nok aux adhérents, et le dîner 180 Nok. Les prixindiqués concernent uniquement la région d'Oslo. Pour le déjeuner, on vous proposera un panier repas et un thermos.

En montagne, les sentiers balisés et les pistes de ski passent généralement par les endroits les plus spectaculaires, tout en se cantonnant à des terrains sûrs. Avant de partir, demandez toujours au refuge la distance qui vous sépare du chalet suivant ainsi que la difficulté de la randonnée.

Pêche à la truite à Sysendal, parc national du Hardangervidda

Sur les hauts plateaux, la neige subsiste tard dans l'année. La meilleure période pour randonner se situe entre mai et octobre. Aux mois d'août et de septembre, les montagnes se parent de superbes couleurs.

Si vous partez en montagne en dehors de cette période, renseignez-vous systématiquement sur les conditions d'enneigement. Dans les zones les plus fréquentées, les pistes de ski sont tracées dès les premières neiges et sont accessibles aux skieurs moyens.

Vous trouverez de nombreuses cartes auprès de DNT et dans les grandes librairies. Il existe aussi des cartes gratuites.

Refuge de Trondsbu sur le plateau de Hardangervidda

Randonneurs gravissant la crête de Besseggen dans le parc national du Jotunheimen

Sécurité

Bienfaisante et magnifique, la nature peut se révéler redoutable si l'on omet certains principes de base. Il est important de lire et de respecter les règles de sécurité en montagne, *fjellvettsreglene*, qui rappellent comment réagir selon les conditions rencontrées, en particulier en hiver. En effet, le temps peut passer rapidement du soleil à l'orage. Les dernières prévisions météorologiques sont généralement affichées dans les hôtels et les refuges.

Emportez les vêtements nécessaires au cas où le temps deviendrait mauvais *(p. 259)*. Procurez-vous de bonnes cartes et pensez à vous munir d'une boussole. Enfin, ne partez jamais seul à moins d'être très expérimenté.

Équipement

Pour partir en randonnée, veillez à vous équiper correctement et à emporter suffisamment à manger et à boire. Essayez de réduire au maximum le poids de votre sac, tout en tenant compte des changements de temps. Des chaussures robustes sont indispensables. Prévoyez des habits de rechange, de préférence en laine, ainsi que des vêtements pour vous protéger de la pluie et du vent. Pour préserver vos affaires de l'humidité, enveloppez-les dans une poche plastique avant de les placer dans votre sac à dos.

Munissez-vous d'une trousse à pharmacie contenant pansements et produits pour soigner les ampoules et les blessures, ainsi qu'un anti-moustique. Les lunettes de soleil et la crème solaire sont nécessaires en montagne, été comme hiver.

Si vous partez pour la journée, prévoyez des aliments énergétiques et des boissons en quantité suffisante. En chemin, vous pourrez remplir vos gourdes dans les cours d'eau. Pour la nourriture, vous vous ravitaillerez dans les refuges.

Si vous campez, vous devrez acheter l'essentiel de votre matériel – tente, ustensiles de cuisine, sacs de couchage – car il n'existe pas de magasins de location en Norvège.

Promenade en barque sur l'un des nombreux lacs du Hardangervidda

Parcs nationaux

La Norvège comprend 23 parcs nationaux totalisant près de 13 000 km², ce qui représente environ 4 % de son territoire. Les parcs nationaux ont été créés pour protéger la beauté ou l'unicité de leurs paysages, ainsi que de la richesse de leur flore et de leur faune. Toute activité susceptible d'altérer l'environnement est proscrite. Des informations sont disponibles auprès des représentants du DNT, des offices de tourisme et des bureaux d'accueil des différents parcs.

Couvrant 3 422 km², le parc national du Hardangervidda *(p. 152-153)* est le plus vaste de Norvège. Constitué pour une large part d'un haut plateau montagneux, il est facilement accessible depuis l'est du pays ainsi que depuis le Vestland en voiture, ou depuis Oslo et Bergen en car et en train. Les routes et voies ferrées orientées d'est en ouest donnent accès à des randonnées de difficulté moyenne.

Plus physique et plus spectaculaire encore, le parc du Jotunheimen se trouve au centre de la Norvège du Sud *(p. 134-135)*. Comprenant cinq sommets de plus de 2 300 m d'altitude, ce massif attire des visiteurs depuis la deuxième moitié du XIXe siècle. Un superbe réseau de chemins de randonnée et de pistes de ski permet d'explorer un domaine majestueux et encore sauvage.

À Rondale, les skieurs profitent des fêtes de Pâques

Ski

Il n'y a rien d'étonnant à ce que la Norvège détienne plus de médailles d'or aux Jeux olympiques d'hiver et aux championnats du monde que n'importe quel autre pays. En effet, ses habitants bénéficient de conditions idéales pour pratiquer aussi bien le ski de fond que le ski alpin. Où que l'on se trouve, les pistes et les remontées mécaniques ne sont jamais bien loin.

Les principales stations de sports d'hiver se trouvent en Norvège de l'Est. Ainsi, Beitostølen, Oppdal, Geilo, Hemsedal, Lillehammer et Trysil sont très fréquentées durant tout l'hiver.

Le ski de fond ou ski nordique, appelé *langren*, est le sport national. Moins escarpé qu'en Europe centrale, le relief se prête particulièrement bien à cette discipline. Bien entretenues, les pistes aménagées entre les montagnes comprennent deux traces. Skiez toujours sur celle de droite afin d'éviter les skieurs qui arrivent en sens inverse.

Snowboard et ski alpin à la station de ski d'été de Stryn

De nombreuses stations illuminent certaines pistes la nuit – en général des boucles de 4 à 5 km. Le ski de nuit est une expérience inoubliable. Certains skieurs parcourent les pistes non éclairées à l'aide d'une lampe frontale.

À travers toute la Norvège, des stations de ski alpin proposent des pistes classées par niveau de difficulté. Vous pouvez aussi apprendre la technique du télémark – ski de descente avec des planches de fond. Les stations les plus importantes ont leurs magasins de location permettant de s'équiper pour le fond, le ski alpin, le télémark et le snowboard. Surtout, ne cédez pas à la tentation de faire du hors-piste. Vous pourriez déclencher une avalanche.

Le DNT fournit des renseignements sur les pistes de fond. Le **Skiforeningen** (Association pour le ski norvégien), qui entretient 2 600 km de pistes autour d'Oslo et de ses environs, met quotidiennement à jour l'état des traces sur son site Internet.

Alpinisme

Le relief norvégien permet aux alpinistes de tous niveaux de pratiquer leur passion. Bien que les sommets ne soient pas aussi élevés que ceux des Alpes, ils peuvent être tout aussi impressionnants. Dans le Sud, les pics abrupts du Jotunheimen constituent un terrain très apprécié des amateurs de montagne. Dans le Romsdal, les parois rocheuses figurent parmi les plus vertigineuses. Bien plus au nord, les zones les plus prisées sont les Lofoten *(p. 204)* et les Lyngsalpene (Alpes de Lyngen) dans le Troms.

La saison d'été est relativement courte. À tout moment, soyez prêts à affronter le mauvais temps dans les zones les plus exposées. Les villes importantes disposent de lieux d'entraînement comme celui de Kolsås, à 15 km à l'ouest d'Oslo.

Un certain nombre de livres décrivent les sommets et les voies d'escalade de Norvège. Le **Norges Klatreforbund** (Fédération norvégienne d'escalade) fournit sur son site Internet des informations détaillées sur l'alpinisme à travers tout le pays.

Passage en surplomb au-dessus d'un fjord au bleu profond

Sports nautiques

Avec son littoral immense entrecoupé de fjords et d'îles, la Norvège est le paradis de la navigation. Les ports de plaisance louent des voiliers, des bateaux à moteur, des canoës et des kayaks. Les petits bateaux ne nécessitent pas de permis, toutefois une connaissance des bases de la navigation est requise.

Le centre national des sports en eaux vives se trouve à Heidal dans le Gudbrandsdal.

Des sorties en kayak et en raft avec moniteur peuvent être organisées.

À travers la Norvège, de nombreuses rivières se prêtent aux sports en eaux vives. La **Norges Padleforbund** (Association norvégienne de canoë-kayak) vous renseigne sur les meilleurs endroits où naviguer.

Pêche

Plus de la moitié des Norvégiens vont pêcher au moins une fois par an, une proportion inégalée dans le monde. Il faut dire que le pays ne manque ni de côtes ni de rivières. Les prises les plus répandues sont la morue et la truite. La Norvège compte 230 espèces marines et 40 espèces d'eau douce.

La pêche sportive nécessite une canne, un moulinet, un fil et un leurre. Vous ferez de belles prises depuis la côte. En bateau, vous attraperez de la morue, du colin et du maquereau. La Norvège compte en outre un certain nombre de rivières à saumon remarquables.

La pêche en mer est libre lorsqu'elle est pratiquée à titre de loisir. En eau douce, elle est soumise, selon les cas, aux règles nationales ou à celles de la propriété privée. Pour chaque cours d'eau, vérifiez si la pêche est autorisée. La réglementation varie d'un lieu à un autre. À partir de 16 ans, tous les pêcheurs à la ligne doivent se procurer un permis auprès des boutiques, hôtels, offices de tourisme et bureaux de poste. Celui-ci est valable pour un lieu et une période donnés. L'utilisation d'appâts vivants est interdite.

Vous pouvez vous renseigner auprès de la **Norges Jeger-og Fiskerforbund** (Association norvégienne pour la chasse et la pêche) ou des Fylkesmannens Miljøvernavdeling (directions provinciales chargées de l'environnement).

Safaris-baleines

Chaque été, les cachalots mâles laissent leur famille dans l'hémisphère sud et migrent vers le nord de la Norvège. Ils s'approchent des îles Vesterålen pour se nourrir de poissons et de calmars.

Si le temps le permet, des safaris-baleines *(p. 201)* sont organisés au départ d'Andenes et de Tysfjord. La croisière dure entre six et huit heures.

Le bateau croisera certainement l'un de ces géants, qui peuvent mesurer jusqu'à 20 m. Les baleines s'attardent parfois à la surface de l'eau pour prendre de l'air avant de redescendre dans les profondeurs de l'océan. Vous aurez peut-être aussi la chance d'apercevoir une baleine à bosse, un petit rorqual ou une orque, sans parler des dauphins. Il existe également des safaris pour observer les phoques et les oiseaux de mer.

Chasse

Jugée d'une grande utilité, la chasse se pratique dans toute la Norvège. Les chasseurs aiment par-dessus tout la communion avec la nature. Parmi les animaux chassés figurent l'élan, le chevreuil, le cerf, le petit gibier, les oiseaux des forêts et le lagopède. Que vous chassiez sur une terre privée ou non, vous devez acheter un permis.

Strictement réglementée, la saison de chasse s'étend généralement d'août à décembre. Des arrêtés locaux peuvent autoriser la chasse de certaines espèces jusqu'en mai. D'autres sont protégées toute l'année.

Carnet d'adresses

Organismes à contacter

Den Norske Turistforening DNT
Accueil du public : Storgata 3, Oslo. **Plan** 2 E3.
22 82 28 00.
www.turistforeningen.no

Norges Jeger-og Fiskerforbund
66 79 22 00.
www.njff.no

Norges Klatreforbund
21 02 98 30.
www.klatring.no

Norges Padleforbund
21 02 98 35.
www.padling.no

Skiforeningen
22 92 32 00.
www.skiforeningen.no

Safaris-baleines

Hvalsafari
Fyrvika, Andenes. *76 11 56 00.*
www.whalesafari.no

Tysfjord Turistsenter AS
Storfjord, Tysfjord. *75 77 53 70.*
www.tysfjord-turistseuter.no

Sur le Tysfjord, dans le Nordland, des touristes ravis observent une orque

RENSEIGNEMENTS PRATIQUES

LA NORVÈGE MODE D'EMPLOI

La Norvège est très étendue : la distance entre Oslo et le cap Nord équivaut à celle qui sépare la capitale norvégienne de Rome. Aussi est-il préférable de bien organiser son séjour.

Les villes de taille moyenne possèdent en général un office de tourisme. La Norvège se visite aussi bien en voiture qu'en ferry ou en train. Son réseau routier est très développé et le train va jusqu'à Bodø, au-delà du cercle arctique. Le littoral est entaillé de fjords, mais les nombreux ferries et tunnels permettent de les traverser facilement et d'accéder aux îles. Les villes sont dotées de tous les équipements modernes nécessaires aux touristes.

Panneau des offices de tourisme

Nombre de sites naturels comme les parcs nationaux, les lieux de randonnée, de pêche, etc., se trouvent en dehors des sentiers battus. Il est donc indispensable de se munir de bonnes cartes.

Office de tourisme de Bergen

INFORMATION TOURISTIQUE

La Norvège dispose d'un certain nombre d'offices de tourisme à l'étranger. De plus, le site Internet d'**Innovasjon Norge** (Innovation Norway) fournit des informations très détaillées en français. Il vous permet en outre de commander gratuitement des brochures en français, que vous ne trouverez pas toujours en Norvège.

Oslo compte deux offices de tourisme principaux, **Turistinformasjonen** près de l'hôtel de ville et Turistinformasjonen på Oslo Sentralbanestasjon à la gare centrale. Comme dans les autres grandes villes, vous y trouverez une brochure en français. Les offices de tourisme locaux, accueillants et bien documentés, vous renseigneront sur les hôtels, les restaurants et les sites à visiter dans les environs.

QUAND PARTIR

La meilleure période pour visiter la Norvège se situe de mai à septembre. La Norvège de l'Est et la région d'Oslo offrent les conditions météorologiques les plus stables, mais prévoyez tout de même des vêtements imperméables.

Pour découvrir le soleil de minuit, vous devrez franchir le cercle polaire arctique. À Bodø, il fait encore jour à minuit du 20 mai au 20 juillet, à Tromsø du 16 mai au 27 juillet et au cap Nord du 13 mai au 29 juillet. Dans le reste du pays, pendant cette même période, les nuits sont claires et très courtes.

Les étés sont agréables et, durant l'hiver, la Norvège offre de nombreuses activités de plein air. Du mois de novembre au mois d'avril, l'hiver est plus ou moins rude selon les régions. Le froid et la neige s'installent pour longtemps dans le nord du pays, dans les zones montagneuses et à l'intérieur des terres dans le Sud. Le climat est généralement plus clément le long des côtes.

L'enneigement maximal se situe aux mois de janvier et février. C'est la période idéale pour pratiquer le ski et découvrir les chalets et les refuges de montagne.

PASSEPORT ET DOUANES

Pour les voyageurs de l'Union européenne et les citoyens suisses, une carte d'identité ou un passeport en cours de validité suffit. Les Canadiens doivent présenter un passeport.

La Norvège est l'un des rares pays d'Europe exempts de la rage. La réglementation sur l'importation d'animaux est en conséquence draconienne. Si vous voyagez avec votre animal de compagnie, il sera placé en quarantaine pendant quatre mois avant d'être admis.

Chaque personne a le droit, sans acquitter de taxe, d'importer 2 litres de bière, 1 litre de spiritueux, 2 litres de vin et 200 cigarettes. L'âge minimal pour entrer en Norvège avec des spiritueux est de 20 ans, et de 18 ans pour le vin et le tabac. Vous ne pouvez emporter que vos médicaments personnels, accompagnés d'un certificat de votre médecin.

HEURES D'OUVERTURE ET PRIX D'ENTRÉE

L'accès à la plupart des musées et galeries d'art est payant. Un tarif réduit est généralement accordé aux familles, aux étudiants, aux adolescents, aux retraités, ainsi qu'aux groupes. Les enfants sont souvent admis gratuitement. À Oslo, l'accès est gratuit pour la Nasjonalgalleriet *(p. 52-53)* et Frognerparken comprenant le musée Gustav Vigeland *(p. 90-91)*. L'heure d'ouverture, qui varie d'un musée à l'autre, se situe entre 9 h et 11 h, et la fermeture

◁ **Bateau de croisière se dirigeant vers le fabuleux Geirangerfjord**

entre 16 h et 19 h. Certains musées ferment le lundi. De septembre à mai, ils ouvrent souvent moins longtemps.

Les temples protestants sont généralement fermés en dehors des offices. Les sanctuaires importants, comme les cathédrales et les églises en bois debout, ouvrent davantage leurs portes aux visiteurs, notamment en été.

Si vous avez l'intention de visiter un certain nombre de sites dans la capitale, vous avez intérêt à vous procurer l'*Oslo Pass*. Cette carte donne accès à la plupart des musées ainsi qu'aux transports publics (à l'exception des bus et trams de nuit), et permet de bénéficier de réductions. Individuelle ou familiale, valable un ou plusieurs jours, elle est en vente dans les offices de tourisme, la plupart des hôtels et les kiosques à journaux Narvesen *(p. 263)*. Quant à l'*Oslo Pakken*, il inclut à la fois l'*Oslo Pass* et les nuits d'hôtel. D'autres villes comme Bergen et Trondheim proposent des forfaits similaires.

Forfait pour Bergen

Voyageurs handicapés

De plus en plus, les hôtels facilitent l'accès aux personnes handicapées et leur réservent des chambres spécialement aménagées.

Les chemins de fer norvégiens (NSB) disposent de wagons adaptés aux voyageurs à mobilité réduite. Les nouveaux bateaux de l'Express côtier sont eux aussi équipés pour cette catégorie de passagers. Pour plus d'informations, adressez-vous à la **Norges Handikapforbund** (Association norvégienne des handicapés).

Savoir-vivre

Les Norvégiens sont assez peu protocolaires. Une fois présentés, les hommes comme les femmes s'appellent généralement par leur prénom. À la première rencontre, l'habitude veut que l'on se serre la main.

Il existe cependant deux règles à observer. Après un repas, les Norvégiens ont coutume de remercier leur hôte en disant « *takk* ».

Dans un contexte un peu plus formel, l'hôte proposera un toast (« *skål* ») au début du repas. Auparavant, la politesse veut que les invités ne touchent pas leur verre.

Lorsqu'ils ont été reçus par des amis, les Norvégiens appellent généralement leurs hôtes un ou deux jours plus tard pour les remercier (« *takk for sist* »).

Conduite, alcool et tabac

En Norvège, il est interdit de conduire avec un taux d'alcoolémie supérieur à 0,2 g/l. Pour la majorité des gens, cela équivaut à moins d'un verre de vin. Il faut donc impérativement choisir entre boire et conduire.

La législation norvégienne sur le tabac dans les lieux collectifs est assez stricte. Dans les restaurants et les bars, les fumeurs sont cantonnés dans une zone séparée. Il est interdit de fumer dans tous les bâtiments publics.

La vente de boissons alcoolisées fait l'objet de restrictions spécifiques. Seules les bières à faible concentration en alcool se trouvent dans les épiceries et les supermarchés. Les vins et spiritueux sont vendus exclusivement dans les magasins d'État Vinmonopolet *(p. 229)*.

Magasin d'État détenant le monopole des vins et spiritueux

Carnet d'adresses

Offices de tourisme en Norvège

Innovasjon Norge
Akersgate 13, Postbok 440
Sentrum, 0104 Oslo.
Plan 3 E3.
Tél. *22 00 25 00.* FAX *22 00 25 01.*
W www.visitnorway.com
@ post@invanor.no

Oslo Turistinformasjonen Rådhuset
Fridtjof Nansens Plass 5,
0160 Oslo. **Plan** 3 D3.
Tél. *24 14 77 00.* FAX *22 42 92 22.*
W www.visitoslo.com
@ info@visitoslo.com

Lillehammer Turistinformasjon
Jernbanetorget 2, 2609
Lillehammer.
Tél. *61 28 98 00.* FAX *61 28 98 01.*
W www.lillehammerturist.no

Kristiansand Turistinformasjon
Vestre Strandgate 32,
4612 Kristiansand.
Tél. *38 12 13 14.*
FAX *38 02 52 55.*
W www.sorlandet.com

Bergen Turistinformasjon
Vågsallmenningen 1,
5014 Bergen.
Tél. *55 55 20 00.* FAX *55 55 20 01.*
W www.visitbergen.com

Trondheim Turistinformasjon
Munkegata 1,
7013 Trondheim.
Tél. *73 80 76 60.* FAX *73 80 76 70.*
W www.visit-trondheim.com

Tromsø Turistinformasjon
Storgata 61/63, 9053 Tromsø.
Tél. *77 61 00 00.* FAX *77 61 00 10.*
W www.destinasjontromso.no

Voyageurs handicapés

Norges Handikapforbund
(informations pour les handicapés)
Schweigaards Gate 12,
0185 Oslo.
Plan 3 F3.
Tél. *24 10 24 00.*
FAX *24 10 24 99.*
W www.nhf.no

Santé et sécurité

Insigne de police

Détenant le taux de criminalité le plus faible d'Europe, la Norvège est une destination sûre, y compris dans les grandes villes. Cependant, comme partout ailleurs il convient d'observer quelques précautions élémentaires. Ainsi que toute ville densément peuplée, Oslo est davantage exposée au banditisme. Toutefois, les statistiques montrent que les rares épisodes violents surviennent généralement au sein du milieu et affectent rarement les touristes. Il est néanmoins conseillé de verrouiller sa voiture et de ne laisser aucun objet de valeur en vue, où que l'on se trouve en Norvège.

Voiture de police

Sécurité des personnes

Le vol à la tire existe à Oslo. Des bandes internationales bien organisées sévissent régulièrement dans la capitale. Elles opèrent dans les lieux bondés comme les magasins ou les aéroports. Ne laissez pas votre portefeuille dans la poche arrière de votre pantalon. Conservez les objets de valeur le plus près possible de votre corps. Au restaurant ou au café, évitez d'accrocher votre sac à main au dossier de la chaise. Posez-le par terre en plaçant un pied sur la bandoulière, ou gardez-le sur vos genoux.

Conservez passeport et billets d'avion séparément du portefeuille, et ne laissez jamais le code à proximité de votre carte bancaire.

Pour éviter de transporter de grosses sommes d'argent, déposez-les dans le coffre de l'hôtel. Même si les vols dans les chambres sont rares, évitez de laisser vos objets de valeur en évidence.

Les distributeurs automatiques de billets sont couramment utilisés en Norvège. Si vous avez des problèmes pour retirer de l'argent, n'acceptez pas l'aide d'un autre « client » se trouvant dans la file. Refusez poliment son assistance et tentez votre chance dans un autre distributeur ou adressez-vous à la banque.

Police

La Norvège est divisée en 27 circonscriptions ayant chacune leur préfet *(politimester)*. Certaines d'entre elles regroupent plusieurs commissariats *(lensmannskontorer)*. La Direction de la police est chargée de l'administration de toutes ces entités.

Les policiers ne sont généralement pas armés. N'hésitez pas à leur demander votre chemin ou tout autre renseignement. Rappelez-vous qu'il est strictement interdit de conduire après avoir bu de l'alcool. Un taux d'alcoolémie même très faible peut vous valoir une peine de prison ferme, assortie d'une lourde amende. Les infractions au code de la route coûtent très cher, en particulier les excès de vitesse.

Panneau signalant un poste de police

Agents de police

Objets perdus ou volés

Signalez à la police tout objet perdu ou volé. Le procès-verbal sera nécessaire pour faire votre déclaration auprès de l'assurance.

Il se peut que vos affaires soient rapportées au bureau des objets trouvés. Les gares routières et ferroviaires ainsi que les aéroports possèdent souvent leur propre service d'objets trouvés.

Si vous perdez votre passeport, vous devez immédiatement en avertir votre ambassade ou consulat.

Soins médicaux

Le système de santé norvégien est très performant, depuis les médecins de ville jusqu'aux grands hôpitaux publics. Dans les villes, il existe des services d'urgences publics et privés, appelés *legevakt*. L'attente sera souvent plus importante dans les établissements publics, mais les soins seront moins onéreux que dans le privé. Les soins d'urgence sont gratuits pour les ressortissants de l'Union européenne et de l'Espace économique européen. Toute urgence est couverte à l'exception de la dialyse et de la recharge des bouteilles d'oxygène appartenant au patient.

Il est recommandé aux ressortissants de l'Union européenne de se procurer la carte européenne d'assurance maladie auprès de la sécurité sociale avant le départ, car la gratuité des soins dépend de leur appartenance à leur système de sécurité sociale. Les citoyens des autres pays devront régler leurs frais médicaux, à moins qu'ils n'aient contracté une assurance voyage.

Pharmacies

Seules les pharmacies sont habilitées à vendre des médicaments, dont la majorité nécessitent une ordonnance. Si vous suivez un traitement disponible uniquement sur prescription médicale, mieux vaut emporter tous les médicaments nécessaires pour la durée de votre séjour. Si nécessaire, vous pouvez cependant consulter un médecin en Norvège pour obtenir une ordonnance.

Les pharmacies ouvrent aux mêmes horaires que les autres commerces. Les grandes villes sont dotées de pharmacies de garde 24 h/24 dont la liste est affichée.

Sauveteurs en montagne équipés de civières et de traîneaux

Dangers naturels

La Norvège est un vaste pays qui connaît d'importantes variations climatiques et géographiques. En bord de mer, comme en altitude, le vent et le temps peuvent changer rapidement. Il faut en tenir compte.

Les cas de noyade sont malheureusement nombreux. Certains touristes y ont succombé en s'aventurant en mer dans de mauvais bateaux ou par gros temps. Avant d'embarquer vers des eaux inconnues, renseignez-vous auprès des gens du pays qui connaissent la région et son climat.

Enseigne de pharmacie

Les montagnes sont bien connues pour leurs changements de temps soudains. Un beau ciel bleu peut en quelques heures céder la place à un épais brouillard, à la neige ou à un vent furieux. Là encore, suivez les conseils des habitants qui connaissent bien les environs. Le personnel de l'hôtel ou du refuge vous indiquera les chemins balisés et vous précisera le temps nécessaire pour arriver à destination.

En été, dans certaines régions, vous risquez fort d'être la proie des moustiques. Vous trouverez des antimoustiques dans les pharmacies et les épiceries.

Bien que les ours et les loups se déplacent librement dans certaines zones, vous n'avez rien à craindre. En effet, ces animaux évitent en général les hommes. Aucune confrontation tragique n'a eu lieu ces dernières années.

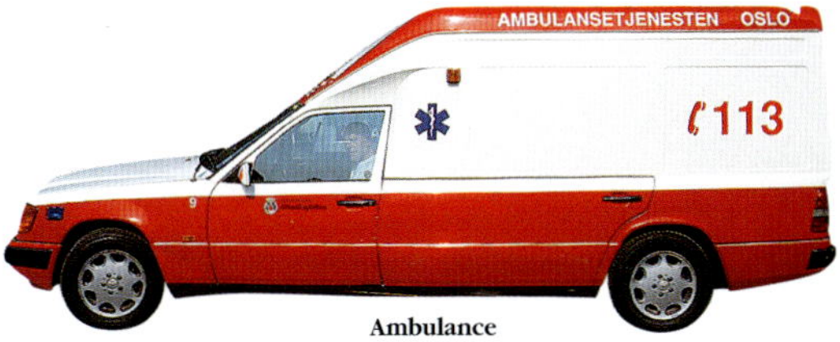

Ambulance

Camion de pompiers

Carnet d'adresses

Numéros d'urgence

Pompiers *110.*

Police *112.*

Ambulance *113.*

Ambassades

France
Drammensveien 69, Oslo.
Plan 2 A3. *23 28 46 00.*

Belgique
Drammensveien 103 D, Oslo.
Plan 1 C1. *23 13 32 20.*

Luxembourg (consulat)
Håkon VII Gate 1, Oslo.
Plan 2 C3. *23 11 71 11.*

Suisse
Bygdøy Allé 78, Oslo.
Plan 1 B1. *22 54 23 90.*

Canada
Wergelandsveien 7, Oslo.
Plan 2 C2. *22 99 53 00.*

Banques et monnaie

Les visiteurs peuvent faire transiter en Norvège autant d'argent liquide qu'ils le souhaitent. Toutefois, les montants dépassant 25 000 Nok doivent être signalés à la Norges Bank. Les cartes bancaires, très répandues, vous permettront d'obtenir des espèces en monnaie locale. Vous pouvez également utiliser des chèques de voyage. Vous trouverez des bureaux de change dans tous les aéroports internationaux. De nombreux hôtels pratiquent le change, mais les taux et commissions sont plus avantageux dans les banques.

Un Minibank, distributeur automatique de billets

Banques et bureaux de change

La plupart des banques disposent de bureaux de change et pratiquent des taux à peu près similaires. La majorité des établissements bancaires possèdent des distributeurs automatiques de billets appelés Minibank, qui acceptent les principales cartes de paiement telles que Visa ou MasterCard. Les instructions sont souvent affichées en plusieurs langues. Les commissions dépendent du type de carte. En général, vous pouvez retirer jusqu'à 9 900 Nok sur quatre jours en sept opérations au maximum. Avec la carte Visa, vous pouvez retirer des espèces au guichet. Ce type d'opération risque toutefois de prendre du temps, car la banque doit au préalable obtenir une autorisation.

Des bureaux de change se trouvent dans la plupart des aéroports, aux principaux postes-frontières ainsi qu'à la gare du Flytog (train express reliant l'aéroport Gardermoen au centre d'Oslo).

Heures d'ouverture

Les banques norvégiennes ouvrent de 9 h à 15 h 30. En été, elles ferment un peu plus tôt, à 15 h. Certaines ferment plus tard le jeudi, vers 17 h-18 h.

Toutes les agences sont fermées le samedi et le dimanche. Enfin, les veilles de jours fériés comme le nouvel an, la plupart ferment leurs portes avant 15 h 30.

Siège de Den Norske Bank à Aker Brygge, Oslo

Bureau de change à la gare centrale d'Oslo

Cartes bancaires

Les cartes de paiement sont acceptées dans les hôtels, les restaurants, les stations-service et de nombreux magasins. Les cartes Visa et MasterCard sont les plus répandues.

Carnet d'adresses

Banques

Den Norske Bank (DnB)
Kongens Gate 18, 0021 Oslo.
Plan 3 E3. ☎ *22 48 10 50.*

DnB NOR
Kirkegata 18, 0153 Oslo.
Plan 3 E3. ☎ *81 50 05 90.*

Nordea
Stortorvet 7, 0155 Oslo.
Plan 3 E3. ☎ *22 48 50 00.*

Postbanken
Bureaux de poste dans la plupart des zones urbaines.

Bureaux de change

American Express
Fridtjof Nansens Plass 6, Oslo.
Plan 3 D3. ☎ *22 98 37 35.*

Nordea Flytogterminalen
Sentralbanestasjonen, Oslo.
☎ *23 15 99 20.*

Nordea Oslo Lufthavn
Gardermoen Flyplass.
☎ *63 94 88 00.*

Perte de carte bancaire

American Express
☎ *66 98 43 71.*

Diners Club
☎ *21 01 50 00.*

MasterCard
☎ *05 01 26 97.*

Visa
☎ *80 01 20 52.*

Certains commerçants ne prennent pas la carte American Express en raison de la commission élevée.

La carte bancaire permet de retirer des espèces dans la plupart des banques, ainsi qu'auprès des commerçants lors de vos achats.

Chèques de voyage

Vous pouvez acheter des chèques de voyage auprès de votre banque avant le départ. Ceux-ci sont acceptés à peu près partout. Veillez à signer vos chèques, sinon, en case de perte ou de vol, vous ne pourriez pas vous les faire rembourser.

Les chèques de voyage cèdent progressivement la place aux cartes bancaires, alors qu'ils sont pourtant plus sûrs.

Mandats télégraphiques

Le mandat télégraphique permet de recevoir de l'argent de l'étranger. Toutefois, ce type de transaction est lent et coûteux. La banque émettrice transfère l'argent à son partenaire en Norvège, qui à son tour l'envoie à la banque où le bénéficiaire du mandat pourra le retirer. MoneyGram permet de virer plus rapidement de l'argent sur American Express à Oslo.

Monnaie

L'unité monétaire norvégienne est la couronne, *krone*. Représentée par les symboles kr ou Nok, elle se subdivise en 100 *øre*. Les pièces vont de 50 *øre* à 20 *kroner*, et les billets de 50 à 1 000 Nok.

Payer avec un billet de 1 000 Nok ne devrait pas poser de problème, mais il vaut mieux se limiter aux billets de 500 Nok.

La Norvège n'appartenant pas à l'Union économique et monétaire européenne, l'euro n'y a pas valeur légale, excepté dans les aéroports et les magasins détaxés. Cependant, chaque commerçant est libre de l'accepter s'il le souhaite. Le temps dira si la monnaie européenne se généralisera dans le commerce norvégien.

50 Nok

Billets
Les coupures norvégiennes existent en cinq valeurs : 1 000, 500, 200, 100 et 50 kroner. *Sur chacune figure le portrait d'un personnage important.*

100 Nok

200 Nok

500 Nok

1000 Nok

Pièces
Les pièces ont une valeur faciale de 20, 10, 5 et 1 Nok, ainsi que de 50 øre. *L'envers arbore un motif traditionnel norvégien. Les nouvelles pièces de 1 et 5 Nok sont percées d'un trou en leur centre.*

50 *øre*

1 Nok

5 Nok

10 Nok

20 Nok

Communications et médias

Logo de la poste

Les télécommunications norvégiennes sont globalement de qualité. Avec 3,5 millions d'utilisateurs de téléphones mobiles pour une population de 4,5 millions d'habitants, les Norvégiens occupent l'un des premiers rangs mondiaux. Le recours à Internet et à l'e-mail est également très répandu, au bureau comme à la maison. Le premier prestataire de télécommunications est Telenor, ancienne entreprise publique. Les téléphones publics fonctionnent avec des pièces, des cartes prépayées et la plupart des cartes bancaires.

Téléphones publics

Il existe deux types de téléphones publics, gérés par Telenor. Présentes dans la plupart des grandes villes, les cabines rouges fonctionnent avec les cartes téléphoniques *(telekort)*, un certain nombre de cartes bancaires et les pièces de monnaie norvégiennes. Les télécartes s'achètent à travers tout le pays dans les kiosques Narvesen. Les téléphones verts n'acceptent pas les pièces.

Pour vous faire rappeler par votre interlocuteur, indiquez-lui le numéro qui figure sur la cabine.

Téléphones mobiles

L'utilisation des téléphones publics a considérablement diminué depuis l'apparition du téléphone mobile, qui s'est particulièrement développé en Norvège. En général, les visiteurs venant d'Europe peuvent utiliser leur téléphone sur le territoire norvégien. Si vous avez des cartes prépayées, adressez-vous à votre vendeur pour savoir comment procéder. Les téléphones canadiens ne fonctionnent pas en Norvège.

Cabine téléphonique

Sachez que dans le cas d'appels internationaux, c'est le destinataire qui supporte la majeure partie du coût de la communication. L'appelant paie le tarif local, et son interlocuteur règle la différence.

Le réseau GSM couvre 97 % de la population et 70 % de la surface du pays. NMT est un système propre à la Norvège, à la Suède et à la Finlande. Il est surnommé *villmarkstelefonen* (« le téléphone des étendues sauvages »), car sa couverture est plus large que celle du GSM. Toutefois, à eux deux, ces réseaux ne desservent pas la totalité du territoire.

Le téléphone mobile peut se révéler utile pour vous déplacer en pleine nature. Cependant, souvenez-vous que sa couverture n'est pas totale. Ne considérez pas votre téléphone comme une garantie absolue de pouvoir demander de l'aide.

Fax, télégrammes et Internet

Vous pourrez envoyer fax, télégrammes ou courriers électroniques de la plupart des hôtels.

Les grands hôtels proposent souvent des chambres disposant d'une connexion Internet pour vous permettre de brancher votre portable. Avant de prendre votre clé, renseignez-vous sur les

Utiliser un téléphone à carte

1 Sélectionnez la langue de votre choix.

2 Décrochez le combiné.

3 Insérez votre carte et attendez la tonalité.

4 Composez le numéro et attendez la sonnerie. Pour obtenir des renseignements sur la tarification, faites le 80 08 20 65.

5 Si vous oubliez de retirer la carte après avoir raccroché, une sonnerie retentit.

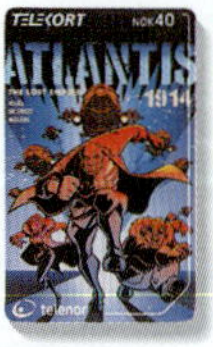

Télécarte d'une valeur de 40 Nok

Le bon numéro

- Tous les numéros de téléphone norvégiens comportent huit chiffres.
- Pour les appels internationaux, composez le 00 suivi de l'indicatif du pays puis l'indicatif régional sans le 0 et le numéro.
- L'indicatif pour la Norvège est le 47.
- Aide d'un opérateur international : 115.
- Renseignements nationaux : 1881 ; renseignements internationaux : 1882.
- Pour un réveil téléphonique, composez **55, l'heure (4 chiffres) puis #.
- Service clients : 05000.

Timbres-poste norvégiens (5,50 Nok, 7 Nok et 10 Nok)

possibilités, et sur les prix. Si vous n'avez pas d'ordinateur, de nombreux hôtels mettent un accès Internet à la disposition de leur clientèle.

Enfin, vous pouvez toujours vous connecter depuis un cybercafé, ou même gratuitement depuis une bibliothèque municipale.

Poste

Toutes les villes et presque tous les villages ont leur bureau de poste. De plus, certains magasins proposent des services postaux.

Les bureaux de poste ouvrent généralement de 9 h à 17 h en semaine, et de 10 h à 15 h le samedi.

Vous pouvez en outre acheter des timbres dans certains magasins, kiosques et librairies. Pour envoyer une carte postale ou une lettre de moins de 20 g dans un pays d'Europe, vous devez utiliser un timbre à 9,5 Nok. Les courriers pesant jusqu'à 50 g doivent être affranchis à 14 Nok. Pour le reste du monde, les tarifs sont respectivement de 10,50 Nok et 21 Nok. À l'intérieur de la Norvège, vous devrez affranchir à 6 Nok ou 9 Nok. Vers les autres pays nordiques, les timbres sont à 7,5 Nok et 12 Nok.

Boîte aux lettres jaune pour le courrier local, rouge pour le reste

Vous trouverez des boîtes aux lettres partout. S'il y a seulement une boîte rouge, vous pouvez déposer tous vos courriers, quelle que soit leur destination. Si elle est accompagnée d'une boîte jaune, celle-ci est réservée au courrier local. Le code postal figurant sur la boîte doit correspondre à celui de votre lettre. La boîte rouge est destinée au courrier national et international. Les horaires de levée sont indiqués sur les boîtes aux lettres.

Composé de quatre chiffres, le code postal précède le nom de la localité. Quant au numéro de la rue, il figure après le nom de celle-ci.

Vous pouvez recevoir du courrier en poste restante. Les lettres doivent comporter votre identité ainsi que le nom et le code postal du bureau de poste où vous souhaitez les retirer. Il existe enfin des sociétés spécialisées dans la messagerie express.

Télévision et radio

La plupart des chambres d'hôtels sont équipées d'une télévision couleur recevant les chaînes norvégiennes et internationales. Les chaînes nationales publiques sont NRK1 et NRK2. TV2 est la première chaîne commerciale. Le matin, elle diffuse à intervalles réguliers les prévisions météo. Les autres chaînes privées sont TV3 et TV Norge. Toutes les chaînes norvégiennes passent les séries et films étrangers en version originale (principalement en anglais).

Les hôtels disposent souvent de chaînes étrangères comme Eurosport, TV5, MTV et CNN. Les plus grands établissements proposent en outre des films payants. De nombreux hôtels possèdent leur propre chaîne diffusant des informations pour la clientèle.

Les stations de radio les plus écoutées sont P1 et P2, qui diffusent le journal et la météo toutes les heures. D'autres stations norvégiennes proposent jour et nuit de la musique classique et moderne.

Journaux

La Norvège publie un nombre impressionnant de journaux, eu égard à sa population. La plupart des villes disposent d'au moins un journal local ou régional. Les trois quotidiens nationaux sont *Aftenposten*, *Verdens Gang* et *Dagbladet*. Deux journaux sont diffusés en anglais sur Internet : www.aftenposten.no/english et www.norwaypost.no. La presse étrangère est disponible dans les kiosques Narvesen.

Carnet d'adresses

Bureaux de poste principaux

Posten Norge BA
Kirkegata 22, Oslo.
Plan 3 E4. ☎ *23 14 90 00.*

Bergen Postkontor
Småstrandgaten 3, Bergen.
☎ *81 00 07 10.*

Messageries express

DHL
☎ *81 00 13 45.*

Federal Express
☎ *63 94 03 00.*

TNT
☎ *81 00 08 10.*

Cybercafés

Accezzo Internettcafé
Galleriet, Torgallmenningen 8, Bergen. ☎ *55 31 11 60.*

Studenten
Karl-Johansgate 45, Oslo.
Plan 3 D3. ☎ *22 42 56 80.*

Presse étrangère

Narvesen
Stortingsgata 24-26, 0161 Oslo.
Plan 3 D3. ☎ *22 42 95 64.*

Bystasjonen (gare routière), 5015 Bergen.
☎ *55 32 59 06.*

Gare centrale de Trondheim , 7491 Trondheim.
☎ *73 88 30 30.*

Aller en Norvège et y circuler

Lorsqu'ils arrivent en avion, la plupart des visiteurs atterrissent à l'aéroport Gardermoen d'Oslo. D'autres villes telles que Torp dans le Vestfold, ou Bergen, Stavanger et Trondheim dans l'ouest du pays, disposent aussi d'aéroports internationaux. Le sud de la Norvège et Bergen sont bien desservis par les ferries provenant des Pays-Bas, d'Allemagne, du Danemark et de Suède. De nombreux touristes utilisent également le car, la voiture, le train ou le bateau de croisière. La Norvège n'appartenant pas à l'Union européenne, vous pouvez acheter des produits détaxés *(p. 240)*. Malgré les obstacles naturels que constituent les montagnes et les fjords, les déplacements à travers la Norvège sont facilités par les ferries, les tunnels, les ponts et la qualité des routes. De plus, le train et le car forment de très bons réseaux.

Avion de la compagnie SAS (Scandinavian Airlines System)

Nouveau terminal de l'aéroport Gardermoen d'Oslo

Arriver en avion

Depuis les principales villes européennes, de nombreux vols desservent la Norvège. Gardermoen, le plus grand aéroport international de Norvège, est très bien relié à Oslo par la route et le train. En bus, le trajet dure entre 35 et 40 mn. La navette ferroviaire Flytog rejoint le centre-ville en 20 mn, avec un départ toutes les 10 mn. En revanche, les taxis sont onéreux et moins rapides que le Flytog.

SAS (Scandinavian Airlines System) est la première compagnie aérienne des pays scandinaves, avec trois vols quotidiens directs depuis Paris, Bruxelles et Zurich et trois vols depuis Genève transitant par Copenhague. SAS propose également des vols de Montréal à Oslo *via* Londres ou Francfort. **Air France** assure trois vols quotidiens directs Paris-Oslo. Toujours depuis Paris, **KLM** dessert Oslo et Sandefjord deux fois par jour *via* Amsterdam, tandis que **British Airways** dessert Oslo *via* Londres et **Maersk Air** *via* Billund. La compagnie **SN Brussels Airlines** relie Bruxelles à Oslo trois fois par jour.

Anyway propose des vols à tarifs négociés sur des vols réguliers. Degriftour.com propose des vols secs à prix soldés pour les départs à la dernière minute. La Bourse des Vols offre des tarifs sur les vols réguliers, charters et vols dégriffés.

Les horaires étant susceptibles de changer, il est préférable de se renseigner auprès de la compagnie aérienne ou d'une agence de voyages.

Logo SAS

Le Flytog, moyen de transport le plus rapide de l'aéroport à Oslo

Tarifs aériens

Les prix des billets d'avion varient énormément. Outre les rabais pratiqués par la plupart des compagnies, diverses réductions sont accordées aux enfants, aux étudiants, aux familles ainsi qu'aux passagers réservant longtemps à l'avance.

En principe, plus la date du départ approche, plus il est difficile d'obtenir une réduction. Seuls les billets à tarif plein restent disponibles.

Achetés longtemps à l'avance, les billets APEX sont peu onéreux, mais ne peuvent être modifiés ni remboursés.

La concurrence étant rude entre les compagnies aériennes, n'hésitez pas à comparer les prix. Consultez les sites Internet des différentes compagnies pour connaître les offres spéciales. Les vols charters peuvent aussi se révéler intéressants.

Renseignez-vous également sur les forfaits qui peuvent exister auprès de votre agence de voyages.

Ferry arrivant à quai dans le port de Kristiansand

Arriver par la mer

La Norvège possédant la plus longue côte d'Europe, les ferries ont toujours occupé une place importante en ce qui concerne les déplacements.

DFDS Seaways rallie la Norvège depuis le Danemark (Copenhague) et la Suède (Helsingorg et Göteborg). **Color Line** assure des traversées depuis le Danemark (Hirtshals et Frederikshavn), la Suède (Strömstad) et l'Allemagne (Kiel). **Fjord Line** dessert Egersund et Bergen depuis le Danemark (Hanstholm). **P&O/Stena Line** dessert Oslo depuis le Danemark (Frederikshavn). Entre juin et août, il est impératif de réserver auprès de l'un des agents de ces compagnies maritimes – **Bennett Voyages**, **Navifrance**, **Scanditours** – ou de P&O/Stena Line.

Capables d'embarquer des voitures, ces énormes ferries très confortables disposent de cabines de différentes catégories. Vous trouverez à bord des restaurants et des boutiques détaxées.

Arriver en train ou en autocar

Oslo est desservie tous les jours par les trains en provenance de Copenhague et de Stockholm. Depuis la capitale danoise, la voie longe la côte occidentale de la Suède.

Depuis Paris, les cars d'**Eurolines** rallient Oslo *via* Copenhague et Göteborg en 27 heures. **Nor-Way Bussekspress** dessert Oslo depuis Copenhague, Göteborg et Stockholm. Dans le Nord, des cars relient Skellefteå (Suède) et Bodø, ainsi que Umeå (Suède) et Mo i Rana. De Rovaniemi, en Finlande, partent des cars en direction de Tromsø, Tana Bru, Lakselv, Karasjok et Kautokeino.

Entrée de la gare centrale d'Oslo

Arriver en voiture

Bordant trois autres pays, la Norvège compte de nombreux postes-frontières, depuis Svinesund au sud jusqu'à Grense Jakobselv à la lisière de la Russie, dans le Grand Nord.

Tous les points de passage sont accessibles aux véhicules privés. La plupart des touristes arrivent de Suède par le poste de Svinesund.

Depuis la Suède, il vaut mieux éviter de pénétrer en Norvège durant le week-end car de longues files de voitures attendent de chaque côté de la frontière. En effet, nombreux sont les Norvégiens qui se rendent en Suède pour faire leurs achats car les prix y sont souvent plus intéressants.

Des bureaux des douanes se trouvent aux frontières, mais vous passerez directement si vous n'avez rien à déclarer. Les douaniers pourront à l'occasion vous demander de vous arrêter pour un contrôle, tout comme à n'importe quelle distance de la frontière.

Carnet d'adresses

Compagnies aériennes

Air France
☎ *0 820 820 820 (France)*
W www.airfrance.fr

British Airways
☎ *0 825 825 400 (France)*
W www.britishairways.com

KLM
☎ *0 890 710 710 (France)*
W www.klm.fr

Maersk Air
☎ *0 825 320 321 (France)*
W www.maerskair.com

SAS
☎ *0 825 325 335 (France)*
☎ *02 643 69 00 (Belgique)*
☎ *022 929 79 79 (Suisse)*
W www.scandinavian.net

SN Brussels Airlines
☎ *070 35 11 (Belgique)*
W www.flysn.be

Ferries

Bennett Voyages
☎ *01 43 94 46 90 (France)*
W www.bennett-voyages.fr

Color Line
W www.colorline.com

DFDS Seaways
W www.dfdsseaways.com

Fjord Line
W www.fjordline.com

Navifrance
☎ *01 42 66 65 40 (France)*
W www.navifrance.net

P&O/Stena Line
☎ *0 800 010 020 (France)*
W www.posl.com

Scanditours
☎ *01 42 85 64 30 (France)*
W www.scanditours.fr

Autocar et train

Eurolines
☎ *08 92 89 90 91 (France)*
W www.eurolines.fr

Nor-Way Bussekspress
☎ *815 44 444 (Norvège)*
W www.nor-way.no

Inter Rail
☎ *08 92 35 35 35 (France)*
W www.voyages-sncf.com

Circuler en avion, en train, en car et en ferry

La Norvège est si étendue du nord au sud que la plupart des déplacements d'un bout à l'autre du pays se font par avion. Les lignes intérieures desservent les grandes villes, avec des correspondances vers les autres localités. Afin de profiter au maximum de votre séjour, associez l'avion au train et au ferry. En Norvège du Nord en particulier, l'Express côtier Hurtigruten *(p. 205)* vous fera découvrir les communautés les plus reculées, qui sont inaccessibles autrement. L'autocar est également un moyen de transport à envisager.

Un appareil de Widerøe sur le tarmac de Svolvær dans les îles Lofoten

Vols intérieurs

La plupart des villes de province sont desservies quotidiennement par des vols intérieurs. Il existe en outre un important réseau d'aérodromes, si bien que vous ne serez jamais très loin d'une piste d'atterrissage. Les temps de vol sont relativement courts, à moins que vous ne traversiez la Norvège sur toute sa longueur. Entre Oslo et Bergen, Stavanger ou Trondheim, le voyage dure de 50 à 60 mn. Le trajet Oslo-Tromsø prend 1 h 30. Le plus long vol est celui qui relie Oslo à Kirkenes, en 2 h avec une escale.

SAS a racheté les compagnies **Braathens** et **Widerøe**, qui fonctionnent toutefois de manière indépendante. D'autres compagnies de moindre importance proposent des vols en nombre plus restreint.

SAS dessert 14 aéroports nationaux, et SAS Braathens presque autant. Widerøe, troisième compagnie norvégienne, propose 35 destinations – surtout des petites villes. Ces trois compagnies animent ainsi un réseau bien desservi. Les billets sont disponibles auprès des agences de voyages et des compagnies aériennes. Les vols intérieurs sont assez coûteux, mais vous pouvez obtenir des réductions si vous êtes souples sur les horaires. Avec l'Explore Norway Ticket, Widerøe propose 14 jours de trajets illimités.

Horaires et retards éventuels sont mis à jour en temps réel sur la *tekst-TV* de NRK, la société de radio-télédiffusion norvégienne. SAS propose aussi un service de messagerie qui permet de vérifier les heures d'arrivée et de départ. Sachez que les horaires varient selon les saisons.

Voyager en train

Depuis Halden au sud jusqu'à Bodø dans le nord, le réseau ferroviaire est excellent. L'ouest du pays est également bien desservi, notamment Stavanger et Bergen.

Les voies ferrées sont exploitées par **NSB** (Norges Statsbaner). Les trains comme les gares sont généralement de qualité, et les wagons sont toujours propres et confortables. Des équipements sont prévus pour les personnes handicapées. Vous pouvez transporter skis et vélos, mais sur les longs trajets vous devrez réserver aussi bien pour la bicyclette que pour vous-mêmes. Vous pouvez en outre expédier vos bagages à l'avance. Le site Internet de NSB contient tous les renseignements utiles.

Les trains norvégiens sont divisés en trois catégories. Les trains locaux desservent les environs d'Oslo, de Bergen, de Stavanger, de Bodø et de Trondheim. Les rames InterCity assurent la liaison entre les villes de la Norvège de l'Est. Enfin, les trains longue distance sont Ekspress (train express) et Nattog (train de nuit). Pour ces derniers, il faut réserver sa place à l'avance. En revanche, sur les trains régionaux, la réservation n'est pas obligatoire. Vous pouvez acheter votre billet à la gare ou bien dans le train (les petites gares sont souvent dépourvues de guichet).

Le trajet en train le plus spectaculaire est celui du

Le trajet du Flåmsbanen est l'un des plus spectaculaires de Norvège

Le *Telemarken* à quai à Akkerhaugen, sur le canal du Telemark

Flåmsbanen *(p. 176)*, qui serpente à travers la montagne. Il peut être intégré au circuit « Norway in a Nutshell », qui part de Bergen et emprunte le train, le car et le ferry. Pour réserver, adressez-vous à Fjord Tours, 81 56 82 22, www.fjordtours.no

Voyager en car

La plupart des villes et régions disposent d'une société d'autocars, avec un service plus fréquent dans les zones urbaines que dans les campagnes. L'aéroport d'Oslo est desservi par des *flybusser* (navettes) depuis les villes avoisinantes.

Exploitant le plus grand parc d'autocars du pays, **NOR-Way Bussekspress** propose à la fois des trajets nationaux et internationaux. La société garantit une place à tout voyageur, ce qui rend toute réservation inutile. Si le car est complet, un second est immédiatement mis en service.

Les sociétés d'autocars pratiquent des réductions pour les enfants et les retraités, ainsi que sur un aller-retour. Les départs sont fréquents : entre Oslo et Bergen, trois cars partent chaque jour dans les deux directions. Thé et café sont servis en route. Les cars de nuit disposent de sièges inclinables et parfois de couvertures et d'oreillers.

De nombreuses sociétés organisent des circuits en Norvège et à l'étranger. Une agence de voyages vous renseignera.

Voyager en ferry

Tout le long du littoral norvégien, ferries et express côtiers relient les îles et les fjords. Ils constituent non seulement un moyen de communication vital, mais aussi une merveilleuse façon de visiter le pays.

Le célèbre Express côtier, **Hurtigruten**, relie Bergen et Kirkenes avec un départ quotidien dans les deux sens *(p. 205)*. Entre ces deux villes, les bateaux marquent 34 escales. Au retour, le voyage dure 11 jours. Les horaires sont déterminés de façon à ce que les étapes effectuées de jour à l'aller se fassent de nuit lors du retour. De tailles et d'âges divers, les navires offrent tous un grand confort.

Certaines provinces bordant le littoral disposent de leurs propres compagnies de ferries *(p. 269)*, permettant aux visiteurs de découvrir les magnifiques paysages des fjords. En général, les passagers paient une fois à bord. Des croisières d'une journée sont proposées, par exemple le long du Sognefjord, de Bergen à Flåm ou encore entre Svolvær, dans les îles Lofoten, et Narvik. Pour descendre le canal du Telemark depuis Skien jusqu'à Dalen ou Akkerhaugen *(p. 142)*, achetez vos billets auprès de **Telemarkreiser**.

Touristes regagnant leur car à Eidfjord

Carnet d'adresses

Réservations lignes intérieures

SAS
05400.
www.sasbraathens.no

Braathens
05400.
www.sasbraathens.no

Widerøe
810 01 200.
www.wideroe.no

Train

NSB
815 00 888.
www.nsb.no

Ferry

Hurtigruten (NNDS)
810 30 000 (Norvège).
01 58 30 86 86 (France).
www.hurtigruten.fr
www.norwegian coastalvoyage.com

Telemarkreiser
35 90 00 30.
www.telemarkreiser.no

Autocar

NOR-Way Bussekspress
815 44 444.
www.nor-way.no/nbeweb

Circuler en voiture

Route panoramique

La Norvège dispose d'un vaste réseau routier dont la majorité des voies sont en excellent état. La plupart sont goudronnées, mais vous trouverez des chemins gravillonnés dans les zones les plus reculées. Avec un peu d'organisation, vous pouvez généralement éviter les péages. Le trajet sera peut-être un peu plus long, mais vous découvrirez certainement des lieux superbes, surtout si un panneau « Turistveg » signale une route panoramique. Nous énumérons ci-après les spécificités de la conduite en Norvège : péages, code de la route, réglementation en matière de stationnement et précautions à prendre en hiver.

Code de la route

Les automobilistes sont très respectueux de la réglementation, peut-être à cause des fortes amendes.

Veillez notamment à respecter les limitations de vitesse. Un dépassement de 20 km/h peut vous coûter environ 3 000 Nok. Au-delà, votre permis vous sera retiré sur-le-champ et vous devrez payer une amende très importante. La plupart des grandes routes sont équipées de radars.

La vitesse est généralement limitée à 80 km/h sur les grandes routes. Sur les autoroutes, la vitesse autorisée est de 80 à 90 km/h, voire 100 km/h sur certaines sections.

Sachez que l'alcoolémie au volant est sévèrement réprimée en Norvège. Le taux maximal autorisé est de 0,2 g/l, ce qui revient pratiquement à ne pas boire du tout avant de conduire. Un taux compris entre 0,2 et 0,5 g/l vous vaudra une lourde amende. Au-delà de 0,5 g/l d'alcool dans le sang, vous risquez 21 jours de prison ferme, assortis du retrait de permis et d'une très forte amende.

Le port de la ceinture de sécurité est obligatoire à l'avant et à l'arrière, tout comme les sièges spéciaux pour les enfants de moins de 4 ans.

De jour comme de nuit, tout véhicule doit circuler avec ses feux de croisement allumés.

Il est conseillé de vérifier l'état de votre voiture avant d'entrer en Norvège. Des contrôles sont parfois pratiqués.

En abordant un sens giratoire, vous devez céder la priorité aux autres véhicules.

Respectez toujours les feux de signalisation. Ne vous avisez jamais de passer au rouge, même si la voie est tout à fait libre.

L'un des spectaculaires ouvrages d'art reliant les îles norvégiennes

Péage automatique avec un panneau annonçant les tarifs

Péages

Pour pénétrer dans certaines grandes agglomérations, vous devrez acquitter un droit de péage. Ayez toujours un peu de monnaie à portée de main.

La majorité des péages sont automatisés : il suffit de mettre les pièces de monnaie dans le réceptacle prévu. Certains guichets sont tenus par des préposés, à qui vous devrez régler en monnaie du pays. Les tarifs varient de 20 à 30 Nok.

Des péages sont également placés sur certaines grandes routes, tunnels et ponts. La plupart comprennent à la fois des guichets manuels et automatiques.

Quelques rares routes privées nécessitent le paiement d'un péage, en particulier pour passer un col ou accéder à des chalets de vacances.

Les péages privés s'acquittent en plaçant la monnaie dans une enveloppe, qui est fournie à la barrière. Après avoir porté le numéro d'immatriculation de son véhicule sur l'enveloppe, l'automobiliste dépose celle-ci dans une boîte prévue à cet effet. Des contrôles sont effectués. Le montant du péage peut varier de 10 à 150 Nok.

Stationnement

La plupart des villes disposent de parcmètres et de parcs de stationnement gardés. À Oslo, si vous dépassez l'heure indiquée sur votre ticket, vous serez passible d'une amende de 500 Nok. Les gardiens sont réputés pour leur efficacité. Dans les parkings gardés, le paiement se fait à la sortie. Les tarifs sont très variables. Dans la capitale, le stationnement pourra vous coûter 20 à 30 Nok par heure.

État des routes

Le réseau norvégien comprend des routes dites européennes *(europaveier)*, des routes nationales *(riksveier)* et des voies secondaires. Les *europaveier* sont en très bon état, notamment dans le Sud. Les *riksveier* sont de bonne qualité, tandis les routes secondaires sont variables. Dans l'ouest du pays, les routes sont très sinueuses.

Location de voitures

Vous trouverez des sociétés de location norvégiennes ainsi que les chaînes étrangères **Avis**, **Budget** et **Hertz**. Leurs agences sont situées dans les principaux aéroports et en ville. Vous pouvez réserver un véhicule depuis l'étranger, ou bien directement auprès d'une agence.

L'âge minimal requis pour louer une voiture est de 19 ans et de 25 ans pour les véhicules de luxe ou en cas de paiement par carte bancaire. Les conditions de location sont similaires à celles des autres pays.

En revanche, les tarifs seront probablement plus élevés que dans votre pays. Cependant, renseignez-vous sur les nombreuses offres promotionnelles dont vous pouvez bénéficier.

Ferries

La côte norvégienne est entaillée d'innombrables fjords qui pénètrent loin dans les terres. Par endroits, le ferry est le seul moyen de communication. Le réseau est très étendu et les bateaux relativement fréquents.

Les tickets s'achètent soit avant l'embarquement, soit à bord auprès du contrôleur. En été, il vaut mieux réserver lorsqu'il s'agit de gros ferries ralliant des destinations très fréquentées comme les îles Lofoten. Vous pouvez le faire par téléphone auprès de la compagnie OVDS. Les transports en ferry sont largement subventionnés, et donc peu onéreux. La plupart des bateaux comportent une cafétéria.

Stations-service

En règle générale, vous ne vous trouverez jamais très loin d'une station-service. De nombreuses villes disposent de stations ouvertes 24 h/24 qui, pour la plupart, acceptent les cartes bancaires. Toutefois, si vous partez de nuit, prévoyez au moins un demi-réservoir.

Sachez aussi que, bien que la Norvège soit un pays producteur de pétrole, l'essence et le gazole ne sont pas bon marché.

NAF (Norges Automobilforbund), **Falken** et **Viking** sont les principaux organismes de secours routiers. En cas de panne ou d'accident, les membres de l'Automobile-Club de France peuvent faire appel à la NAF.

Station-service appartenant à la compagnie pétrolière d'État

Signalisation routière

La signalisation internationale prévaut en Norvège. Parmi les exceptions figure le « M » blanc sur fond bleu, qui indique une aire de dégagement.

Ne vous amusez pas à rapporter en guise de souvenir un panneau signalant le passage d'élans. Ces animaux étant répandus en Norvège, les panneaux sont d'une grande importance. Ils vous avertissent qu'un élan peut surgir sur la route et vous invitent à réduire la vitesse. Une collision avec un élan peut provoquer de graves dégâts, voire être mortelle.

Attention, élans !

Conduite hivernale

En hiver, les conditions varient radicalement d'une extrémité de la Norvège à l'autre. À Oslo et sur les côtes du Vestland, les routes ne sont généralement jamais enneigées ni verglacées. Elles peuvent cependant être glissantes de novembre à avril. Il est alors fortement recommandé d'utiliser des pneus neige ou des pneus cloutés. Dans les zones montagneuses et dans le nord du pays, la neige et la glace sont susceptibles de recouvrir les routes durant cinq ou six mois de l'année. Des pneus appropriés sont alors nécessaires, voire des chaînes.

Les routes les plus exposées sont équipées de barrières afin de pouvoir en interdire l'accès lorsqu'elles deviennent impraticables. Ainsi, certains cols sont inaccessibles la majeure partie de l'hiver. Les fermetures sont signalées suffisamment tôt.

Sur les cols qui restent ouverts tout l'hiver, les chutes de neige gênent parfois la circulation. Un chasse-neige ouvre alors périodiquement la voie, suivi par un convoi de voitures.

Observez toujours les conditions météorologiques avant de prendre la route. Si vous roulez en montagne, emportez des vêtements chauds et de la nourriture.

Carnet d'adresses

Location de voitures

Avis
☎ *81 53 30 44.*
W www.avis.fr

Budget
☎ *81 56 06 00.*
W www.budget.fr

Hertz
☎ *67 16 80 00.*
W www.hertz.fr

Dépannage

Falken ☎ *02222.*
NAF ☎ *810 00 505.*
Viking ☎ *06 000.*

Ferries

OVDS ☎ *769 67 600.*

Circuler à Oslo

Oslo est une ville idéale pour les touristes. La plupart des monuments se trouvent dans le centre et les musées, restaurants et autres lieux intéressants sont peu éloignés. C'est à pied ou à vélo que l'on pourra le mieux découvrir Oslo. Depuis Karl-Johansgate, l'artère principale de la capitale, les principaux sites ne sont qu'à quelques minutes. Au-delà du centre-ville, le réseau de transports en commun reste très efficace. La fréquence du trafic permet d'accéder facilement à la périphérie. En revanche, mieux vaut éviter de prendre sa voiture pendant les heures de pointe, en raison des embouteillages fréquents.

Passage piétons sur la Karl-Johansgate

À PIED

La meilleure façon d'apprécier Oslo consiste à se déplacer à pied pour en explorer les moindres recoins. La circulation automobile gêne peu les piétons, d'autant plus que le centre-ville comprend plusieurs zones piétonnes.

Vous ne devez pas traverser lorsque le feu est vert, même s'il n'y a aucun véhicule en vue. À certains endroits, vous devez appuyer sur un bouton. Dès que le « bonhomme vert » s'allume, vous pouvez traverser. Lorsqu'un passage piétons est dépourvu de feux de signalisation, les voitures doivent vous céder le passage.

Les rues de la capitale sont correctement signalées. De plus avec votre *Atlas des rues (p. 98-101)*, vous vous repérerez sans peine.

La Karl-Johansgate *(p. 50)* est une attraction en elle-même. Elle mène de la gare centrale au Palais royal en passant par le Parlement et le Théâtre national. Le bas de l'avenue et les rues alentour sont réservées aux piétons.

Dix minutes à pied suffisent pour atteindre les quais d'Aker Brygge. Fourmillant de bateaux et de ferries, le port offre la plus belle vue sur Akershus Festning, la forteresse qui monte la garde au fond de l'Oslofjord. Depuis son sommet, vous découvrirez un magnifique panorama sur le fjord.

EN VOITURE

Si vous avez l'habitude de conduire dans une grande ville, vous n'aurez aucun mal à circuler dans Oslo. Le trafic n'est guère plus dense que dans une autre cité. Toutefois, dans le centre, les sens interdits risquent de vous poser problème à moins que vous n'ayez un plan les signalant.

Embouteillages aux heures de pointe en direction d'Oslo

À condition d'éviter les heures de pointe (7 h-10 h et 15 h-18 h), il est facile de circuler en voiture dans Oslo. Dans le centre, la vitesse est limitée de 30 à 50 km/h. Près des écoles et dans certaines zones résidentielles, vous ne devrez pas dépasser 30 km/h.

Faites attention aux ralentisseurs. Dans certaines rues, ils sont tellement rapprochés qu'à grande vitesse le choc peut se révéler suffisamment violent pour endommager le véhicule.

Des tunnels souterrains facilitent la traversée de la capitale. Les plus longs sont Rådhustunnel (le long du fjord, sous le Rådhuset) et Vålerengtunnelen (partant de l'est vers le nord).

Oslo compte de nombreux parcs de stationnement gardés, comme ceux d'Østbanen, de Grønland, d'Ibsen et d'Aker Brygge. Si vous vous garez en centre-ville entre 8 h et 17 h sur un emplacement payant, vous devrez retirer un ticket au parcmètre. Le stationnement est gratuit en dehors de cette plage horaire, ainsi que le dimanche. Plus vous approchez du centre, plus les tarifs augmentent. N'oubliez pas de payer, car les amendes sont très élevées. Dans les parkings gardés ou privés, le stationnement est payant à toute heure.

Verrouillez toujours votre voiture et ne laissez aucun objet de valeur en vue. Enfermez plutôt ceux-ci dans le coffre.

EN TAXI

Vous trouverez facilement un taxi à Oslo, excepté aux heures d'affluence. Si le signal fixé sur le toit du véhicule est allumé, le taxi est libre. Vous pouvez héler les taxis officiels dans la rue ou les prendre aux stations. La réservation est également possible, jusqu'à 20 mn avant le départ. La plupart des taxis acceptent quatre passagers, mais vous pouvez demander une voiture plus grande.

Il existe plusieurs sociétés de taxis dans la capitale : **Oslo Taxi**, **NorgesTaxi** et **Taxi 2**.

Des taxis clandestins ont également fait leur apparition. Des particuliers vous proposent une course à un prix négocié. Il est conseillé de les éviter.

Taxi bleu appartenant à la société NorgesTaxi

Transports en commun

Oslo dispose d'une bonne infrastructure – trams, bus, trains et Tunnelbane ou T-bane (métro) – avec des liaisons fréquentes entre le centre et la périphérie. Il existe aussi des lignes reliant les banlieues entre elles sans passer par le centre-ville. En revanche, celles du Tunnelbane traversent Oslo *(voir plan à l'intérieur du dernier rabat de couverture)*. **Trafikanten** vous renseignera sur les itinéraires et les horaires.

Les tickets sont disponibles dans les distributeurs automatiques, auprès des guichets du T-bane ou à bord des bus et des trams. S'il n'y a pas de receveur, vous devez insérer votre ticket dans le composteur. Les amendes sont très lourdes pour les contrevenants.

Un ticket est valable pendant une heure après avoir été composté, sur tous les transports en commun de la ville. Vous pouvez changer de ligne autant de fois que vous le voulez.

Il existe également des cartes valables pour plusieurs trajets, pour 24 heures (appelées *dagskort*) ou encore pour une semaine entière.

L'*Oslo Pass (p. 257)* permet d'emprunter tous les transports publics, excepté les bus et trams de nuit.

Navette entre Bygdøy et le centre d'Oslo

En ferry

Des bateaux affrétés par **Nesoddbåtene** assurent toutes les heures une navette entre Aker Brygge et la péninsule de Nesoddtangen, à l'est de l'Oslofjord. La fréquence s'accélère aux heures de pointe.

De fin avril à début octobre, le **Bygdøyfergene** (ferry de Bygdøy) propose une superbe traversée jusqu'aux musées de Bygdøynes *(p. 78-79)* ou jusqu'à la jetée de Dronningen pour visiter le musée en plein air Norsk Folkemuseum.

À vélo

Il est facile et agréable de circuler à vélo dans Oslo, notamment si vous traversez les parcs et empruntez les rues secondaires. Toutefois, les automobilistes ne respectent pas particulièrement les cyclistes. Soyez donc vigilants et sachez que les voitures ne vous céderont pas toujours le passage.

Vous avez le droit de marcher sur le trottoir en tenant votre vélo, et vous pouvez même y rouler si vous ne pouvez faire autrement, à condition de ne pas gêner les piétons.

Kikutstua ou **Oslo Bysykkel** louent des bicyclettes à la journée.

Panneau signalant une voie cyclable

Visites guidées

Pour découvrir la capitale, vous pouvez également vous joindre à une visite guidée. Ainsi, l'itinéraire classique proposé par **Båtservice Sightseeing** ou **HMK** comprend la visite en car en trois heures du centre d'Oslo, de Vigelandsparken, du tremplin à ski et du musée de Holmenkollen, ainsi que des musées de Bygdøy. Des visites personnalisées peuvent également être organisées par **Oslo Guideservice** ou **Oslo Guidebureau**. Ces agences proposent aussi bien des circuits à pied ou à vélo que des excursions à thème.

De mai à septembre, des croisières sur l'Oslofjord sont proposées. **Båtservice Sightseeing** assure toutes les heures une mini-croisière de 50 mn autour du port, ainsi qu'un circuit de 2 heures permettant de découvrir le fond du fjord, avec un départ toutes les 3-4 heures. L'embarquement se fait à Bryggen devant le Rådhuset *(p. 56-57)*.

Carnet d'adresses

Information sur les transports en commun

Trafikanten
Face à la gare centrale. ☎ *177.*

Taxis

NorgesTaxi
☎ *08000.*

Oslo Taxi
☎ *02323.*

Taxi 2
☎ *02202.*

Ferries

Bygdøyfergene
☎ *23 35 68 90.*

Nesoddbåtene
☎ *23 11 52 20.*

Visites guidées

Båtservice Sightseeing
☎ *23 35 68 90.*

HMK
☎ *23 15 73 00.*

Oslo Guidebureau
☎ *22 42 28 18.*

Oslo Guideservice
☎ *22 42 70 20.*

Location de vélos

Kikutstua
☎ *22 42 01 73.*

Oslo Bysykkel
☎ *22 02 34 88.*

Index

Afin de respecter l'ordre alphabétique norvégien, les lettres **Æ**, **Ø** et **Å** sont classées après la lettre Z. Toutefois, lorsqu'elle est orthographiée AA, la lettre Å est classée à la suite du A. Les numéros de pages en **gras** renvoient aux entrées principales.

A

B

C

G

H

I

Q

R

W

X

Y

Z

Ø

Å

Remerciements

L'éditeur tient à remercier l'équipe de Dorling Kindersley :

COORDINATEUR CARTOGRAPHIE
Casper Morris

DIRECTEUR PAO
Jason Little.

DIRECTRICE ARTISTIQUE
Jane Ewart.

DIRECTRICE ÉDITORIALE
Anna Streiffert.

ÉDITEUR
Douglas Amrine.

L'éditeur souhaite également remercier toutes les personnes dont la contribution a permis la préparation de cet ouvrage.

AUTEUR
Snorre Evensberget, ancien directeur éditorial de Gyldendal Norsk Forlag, est l'auteur de *Thor Heyerdahl, Oppdageren*, publié en 1994 en norvégien et en anglais *(Thor Heyerdahl: The Explorer)*, ainsi que des ouvrages de référence *Bevingede Ord*, 1967 (dictionnaire de citations), et *Litterært Leksikon*, 2000 (dictionnaire de littérature). Il a en outre édité des livres sur la Norvège, en particulier *Bygd og By i Norge*, 1-19, et *Norge, Vårt Land*, 1-9, ainsi que de nombreux titres consacrés à la nature, à la chasse et à la pêche en Norvège.

VÉRIFICATION
Sharon A. Bowker.

RESPONSABLE ÉDITORIALE POUR L'ÉDITION ANGLAISE
Jane Hutchings.

ASSISTANTE ÉDITORIALE POUR L'ÉDITION ANGLAISE
Sands Publishing Solutions, Sadie Smith, Karen Villabona.

LECTEUR-CORRECTEUR
Stewart J. Wild.

INDEX
Hilary Bird.

PHTOGRAPHIES SUPPLÉMENTAIRES
Tim Ridley.

AUTORISATIONS DE PHOTOGRAPHIER
L'éditeur tient à remercier tous les responsables qui lui ont donné l'autorisation de photographier les églises, musées, restaurants, hôtels, magasins, galeries et autres sites, trop nombreux pour être tous cités.

CRÉDITS PHOTOGRAPHIQUES
h = en haut ; hg = en haut à gauche ; hc = en haut au centre ; hd = en haut à droite ; cgh = au centre à gauche en haut ; ch = au centre en haut ; cdh = au centre à droite en haut ; cg = au centre à gauche ; c = au centre ; cd = au centre à droite ; cgb = au centre à gauche en bas ; cb = au centre en bas ; cdb = au centre à droite en bas ; bg = en bas à gauche ; b = en bas ; bc = en bas au centre ; bd = en bas à droite ; d = détail.

Malgré tout le soin que nous avons apporté à dresser la liste des auteurs des photographies publiées dans ce guide, nous demandons à ceux qui auraient été involontairement oubliés de bien vouloir nous en excuser. Cette erreur serait corrigée lors de la prochaine édition de cet ouvrage.

L'éditeur remercie également les particuliers, sociétés, musées, bibliothèques et photothèques suivants qui l'ont autorisé à reproduire leurs clichés et œuvres d'art :

All Over Press : 22bd, 23hd, 23cg, 23bd, 40c, 41bd, 150bd.

Amarok AB : Magnus Elander, 21bg, 214hd, 215hg 215cdh, 215cd, 215bd, 253b.

Tom Arnbom : 201bd.

Liv Arnessen : 26bc.

Barnekunstmuseet : 95b.

Bergen Kunstmuseum : *Bergens Våg*, 1834, J. C. Dahl 167bg.

Bergen Touris Board : 256cg.

Bergen Museum : De Naturhistoriske Samlinger : 169c.

Studio Lasse Berre AS : 5cgb, 24hg, 24cgh, 24ch, 24cdh, 24cgb, 24cb, 24cdb, 24bg, 24bc, 24bd, 25hg, 25hc, 25hd, 25cgh, 25ch, 25cd, 25cb, 25cdb.

© **Bono :** Frits Solvang : *Shaft*, Richard Serra 70b ; *Einar Gerhardsen*, Nils Aas 75cg ; *Monolitten*, Gustav Vigeland 89h ; *Sinataggen*, Gustav Vigeland 90hg ; *Livshjulet*, Gustav Vigeland 90ch ; *Monolittplatået*, Gustav Vigeland 90cb ; *Triangel*, Gustav Vigeland 90b ; *Fontenen*, Gustav Vigeland 91cd ; *Slekten*, Gustav Vigeland 91h.

British Museum : Peter Anderson 34bc, 35cb.

C. M. Dixon : 34hd.

English Heritage : 34cg.

Fjellanger-Wideroe : 10cg.

Jiri Havran : 51b, 171hd.

Det Kgl. Bibliotek, København : 36h.

Knudsens Fotosenter : 14h, 14b, 15h, 15b, 17b 25bg, 28cg, 29cg, 29b, 31hd, 31b, 73h, 111b, 135cdh, 137cg, 166cg, 175bg, 178hg, 188-189, 193cgh, 193cdh, 193bg, 199cd, 209hg, 212hg, 212c, 213h, 213b, 214bg, 249hd, 252cd, 259h, 266h.

Kunstindustrimuseet i Oslo : *Baldisholteppet* 59h, 59cdb.

Kviknes Hotell : 219h.

Håkon Li : 177cg, 177cd, 177bg, 177bd.

Lunds Historiska Museum : 33h.

Munch-Museet : *Nattvandreren*, Edvard Munch © Bono 93b.

Museet for Samtidskunst : *Vintersol*, Gunnar S. Gundersen © Bono 70hd ; *Indre Rom*, Per Inge Bjørlo © Bono 70cg ; *Søppelmannen*, Ilja Kabakov © Bono 71hg ; *Form No. 3*, Sol Le Witt © Bono 71cdh ; *Uten titel*, Per Maning © Bono 71b.

Nasjonalbiblioteket : 39bd.

Nasjonalgalleriet : *Brudeferd i Hardanger*, A. Tidemand & H. Gude 8-9 ; *Leiv Eirikson Oppdager Amerika*, Christian Krohg 34c ; *Fra Hjula Veveri*, Wilhelm Peters 39cg ; *Fra Stalheim*, J. C. Dahl 49cdh ; *Babord Litt*, Christian Krohg 52c ; *Portrett av Mme Zborowska*, Amadeo Modigliani 53hc ; *Den Angrende St Peter*, El Greco 53cdh ; *Vinternatt i Rondane*, Harald Sohlberg 53cd ; *Stetind i Tåke*, Peder Balke 53b ; *Skrik*, Edvard Munch © Bono 52cgb ; *Ibsen*, Gustav Vigeland © Bono 52b.

Norgestaxi Oslo AS : 271cga.

Norsk Folkemuseum : 3, 12, 82ch.

Norsk Hjemmefront Museum : 41cgb, 66bg.

Oslo Bymuseum : *Det Konglige Slott 1845*, O. F. Knudsen 9 ; *Prøvetur på Eidsvollsbanen* 39hg.

Oslo Spektrum : 75b.

Sametinget : 209bd.

Samfoto : Kim Hart 26c.

Scanpix : 022cg, 027cdh, 27bd.

Mick Sharp : 35cd.

Tiu Similä : 21hd.

Skimuseet : 26hd, 26cg.

Statens Historiska Museum, Stockholm : Peter Anderson 34hg, 35hg, 35cdb.

Statens Vegvesen : 19bd.

Stenersenmuseet : *Høstens Promenade*, Ludvig O. Ravensberg © Bono 58bd.

Tofoto : 205h, 205cgh, 205cd, 205cg, 205b.

Danny Twang : 247bg.

Universitetets Kulturhistoriske Museer : Ove Holst 34bd.

Universitetets Oldsakssamling : 33b ; Peter Anderson 4bd, 034bg, 54cg, 84b, 85bg ; Ann Christine Eek 54hd ; *Livets Hjul* 55hg, 55b ; Ove Holst 84hg ; Eirik Irgens Johnsen 49hg, 54ch, 54b, 76, 84cg, 85hg, 85hc.

O. Væring : *Birkebeinerferden*, K. Bergslien 26cgb ; *Håkon Håkonsson Krones*, Gerhard Munthe 32 ; *Bærums Verk*, C. A. Lorentzen 36bd ; *Sjøhelten Peter Wessel Tordenskiold*, Balthasar Denners 37c ; *En Aften i det Norske Selskap*, Eilif Petersen 37h ; *Torvslaget i Christiania 17.5 1829*, H. E. Reimers 38bd ; *Nasjonalforsamlingen på Eidsvoll 1814*, O. Wergeland 38hg ; *Christian Michelsen og Kongefamilien 7/6 1905*, H. Ström 40hg ; *Akershus Slott*, Jacob Croning 69hg.

Vestfold Festspillene : 248hg.

Linda Whitwam : 104-105, 196, 197b, 210hg, 210cg, 210bc.

Staffan Widstrand : 013c, 21bcg, 21bd, 214cg.

Vigelandsmuseet : 22hd.

COUVERTURE
Première : Corbis, Paul A. Souders (photo principale) ; DK Picture Library, Linda Whitwam bg ; Kunstindustrimuseet, Oslo bc ; Staffan Widstrand cdb. Quatrième : DK Picture Library,

Rolf Sørensen et Jørn Bøhmer Olsen b ; Getty Images, Paul Souders h. Dos : Corbis, Paul A. Souders.

Autres illustrations : © Dorling Kindersley.

Pour plus d'informations : www.dkimages.com

Lexique

Prononciation

Le *ø* norvégien se prononce comme le « eu » français, tandis que le *æ* se prononce « ai ». Quant à la voyelle *å* (ou *aa*), elle se prononce « au » comme dans « paume » ou bien « o » comme dans « sol », suivant qu'elle est longue ou courte. Le *o* norvégien se situe entre le « o » et le « ou » français, tandis que le *y* norvégien se rapproche du « u » français. Le *u* norvégien ressemble presque au « ou » français. Pour le groupe de consonnes *gn*, le *g* accompagne la voyelle qui précède et le *n* celle qui suit. Ainsi *Rognan* se lit « Raug?na?n ». Quant aux groupes *sj*, *skj* et *sk*, ils correspondent à peu près au « ch » de « chat ». Lorsqu'il n'est pas précédé de *s* ou de *sk*, le *j* se prononce comme le « y » de « yaourt ». Enfin, le *h* est toujours aspiré lorsqu'il est placé devant une voyelle.

Alphabet norvégien

Nous avons respecté l'ordre alphabétique norvégien dans les listes ci-dessous, si bien que les lettres *æ*, *ø* et *å* viennent après la lettre *z*.

En cas d'urgence

Au secours !	**Hjelp!**
Arrêtez !	**Stopp!**
Appelez un médecin !	**Ring etter lege!**
Appelez une ambulance !	**Ring etter ambulanse!**
Appelez la police !	**Ring til politiet!**
Appelez les pompiers !	**Ring til brannvesenet!**
Où est le téléphone le plus proche ?	**Hvor er nærmeste telefon?**
Où est l'hôpital le plus proche ?	**Hvor er nærmeste sykehus?**

L'essentiel

Oui/Non	**Ja/Nei**
Merci	**Takk**
Non, merci	**Nei takk**
Oui, s'il vous plaît.	**Ja takk**
Tenez ! Voici ! De rien ! Je vous en prie ! Il n'y a pas de quoi !	**Vær så god**
Pardon	**Unnskyld**
Salut	**Mor'n**
Bonjour	**God dag**
Bonsoir	**God kveld**
Bonne nuit	**God natt**
Au revoir	**Morn'a ; (familier) ha det**
Excusez-moi !	**Om forlatelse!**

Quelques phrases utiles

Je ne comprends pas.	**Jeg forstår ikke.**
Pourriez-vous parler plus lentement ?	**Kan du snakke langsommere?**
Pourriez-vous me l'écrire ?	**Kan du skrive det opp for meg?**
Je m'appelle...	**Jeg heter...**
Pourriez-vous me dire… ?	**Kan du si meg...?**
Je voudrais un/une...	**Jeg vil gjerne ha en/et...**
Où puis-je trouver... ?	**Hvor kan jeg få...?**
Quelle heure est-il ?	**Hvor mange er klokken?**
Je dois partir.	**Jeg må gå nå.**
Je me suis perdu (à pied).	**Jeg har gått meg bort.**
Santé !	**Skål!**
Où sont les toilettes ?	**Hvor er toalettet?**

Les achats

Je voudrais...	**Jeg skal ha...**
Avez-vous... ?	**Har du...?**
Combien cela coûte-t-il ?	**Hvor mye koster denne/dette?**
Pourrais-je changer cet article ?	**Kan jeg få bytte denne (dette)?**
Puis-je avoir un reçu ?	**Kan jeg få en kvittering?**
Puis-je l'essayer / les essayer ?	**Kan jeg prøve den/dem?**
Je ne fais que regarder.	**Jeg bare kikker.**
Acceptez-vous les cartes bancaires ?	**Tar du kredittkort?**
agence de voyage	**reisebyrå**
bon marché	**billig**
boucher	**slakter**
boulangerie	**bakeri**
boutique d'artisanat	**husflidsforretning**
boutique de cadeaux	**gavebutikk**
cher	**dyrt**
coiffeur	**frisør**
fleuriste	**blomsterbutikk**
grand magasin	**varemagasin**
librairie	**bokhandel**
magasin d'antiquités	**antikvitetshandel**
magasin de chaussures	**skobutikk**
magasin de jouets	**leketøysbutikk**
marchand de journaux et débit de tabac	**avis-og tobakksbutikk**
marchand de légumes	**dagligvarebutikk**
marché	**marked**
mode	**mote**
pâtisserie	**konditori**
pharmacie	**apotek**
poissonnerie	**fiskebutikk**
poste	**postkontor**
soldes	**salg**
supermarché	**supermarked**

Le tourisme

église	**kirke**
galerie d'art	**kunstgalleri**
hôtel de ville	**rådhus**
jardin	**hage**
maison	**hus**
montagne	**fjell**
musée	**museum**
office de tourisme	**turistkontor**
place	**plass**
rue	**gate**
fermé pour les vacances	**stengt på grunn av ferie**
station de bus	**busstasjon**
gare ferroviaire	**jernbanestasjon**

À l'hôtel

Avez-vous une chambre libre ?	**Har dere ledige rom?**
J'ai une réservation.	**Jeg har reservert rom.**
chambre double	**dobbeltrom**
chambre à deux lits	**tomannsrom**
chambre simple	**enkeltrom**
chambre avec bain / douche / toilettes	**rom med bad / dusj / toalett**
clé	**nøkkel**

Au restaurant

Avez-vous une table pour… ?	**Kan jeg få et bord til...?**
Puis-je voir la carte ?	**Kan jeg få se menyen?**
Puis-je voir la carte des vins ?	**Kan jeg få se vinkartet?**
Je suis végétarien.	**Jeg er vegetarianer.**
Garçon ! / Mademoiselle !	**Hallo! ; Unnskyld !**
L'addition, s'il vous plaît.	**Regningen, takk.**
aquavit	**akevitt**
assiette	**tallerk**
bière	**øl**
bouteille	**flaske**
buffet	**koldtbord**
café	**kaffe**
canapé	**smørbrød**
carte	**meny**
carte des vins	**vinkart**
couteau	**kniv**
cuillère	**skje**
eau	**vann**
fourchette	**gaffel**
gâteau	**kake**
lait	**melk**
note	**kvittering**
portion pour enfant	**barneporsjon**
pourboire	**tips**
serveur	**kelner**
serveuse	**serveringsdame**
serviette	**serviett**
snack	**smårett**
soupe	**suppe**
sucre	**sukker**
tasse	**kopp**
thé	**te**
verre	**glass**
vin	**vin**

Lire le menu

ansjos	anchois
baguette	baguette de pain à la française
blåskjell	moules
bringebær	framboises
brød	pain
dyrestek, reinsdyrstek	rôti de renne
eddik	vinaigre

elg	élan
fenalår	gigot d'agneau salé et séché
fisk	poisson
flatbrød	pain azyme fin et craquant
flyndre	sole
fløte	crème fraîche liquide
fårikål, får-i-kål	ragoût de mouton aux choux
gaffelbiter	filets de hareng marinés
geitost	fromage de chèvre brun et sucré
gravlaks	saumon mariné
grovbrød	pain complet
grønnsaker	légumes
hellefisk	flétan
hummer	homard
hvalbiff	steak de baleine
hvitvin	vin blanc
høns	poulet, volaille
is	crème glacée, glace
jordbær	fraises
kalv	veau
karbonade	steak haché
kjøtt	viande
kjøttkaker	boulettes de viande
kneipbrød	pain au son
knekkebrød	pain norvégien/suédois (dur et craquant)
kokt	bouilli, poché
koldtbord	buffet froid
krabbe	crabe
kreps	écrevisse
kveite	flétan
kylling	poulet
laks	saumon
lam	agneau
makrell	maquereau
melk	lait
mineralvann	eau minérale
multer	mûres arctiques / baies arctiques
mørbrad	aloyau
okse	bœuf
oksestek	rôti de bœuf
ost	fromage
pannekaker	grandes crêpes fines
pariserloff	pain ressemblant à la baguette française par sa forme et au pain de mie par sa consistance
pinnekjøtt	travers d'agneau séchés
pisket krem	crème fouettée
poteter	pommes de terre
pølser	saucisses de Francfort
rakørret	truite fermentée
reinsdyr	renne
reker	crevettes
ris	riz
rogn	chevreuil
rugbrød	pain de seigle
rødspette	carrelet (poisson plat)
rødvin	vin rouge
røkelaks	saumon fumé
rømme	crème fermentée
rå	cru
saus	sauce
sei	colin
sild	hareng
sjokolade	chocolat
skalldyr	crustacés
skinke	jambon
skjell	coquillages
smør	beurre
smørbrød	canapé
stekt	grillé, rôti, braisé
sukker	sucre
suppe	soupe
surkål	choucroute
svin	porc
syltetøy	confiture
søt	sucré
torsk	morue
tyttebær	airelles rouges
tørr	sec
vafler	gaufres
vann	eau du robinet
varm	chaud
vilt	gibier
vin	vin
øl	bière
ørret	truite
østers	huîtres

Les nombres

0	**null**
1	**en/ett**
2	**to**
3	**tre**
4	**fire**
5	**fem**
6	**seks**
7	**sju/syv**
8	**åtte**
9	**ni**
10	**ti**
11	**elleve**
12	**tolv**
13	**tretten**
14	**fjorten**
15	**femten**
16	**seksten**
17	**sytten**
18	**atten**
19	**nitten**
20	**tjue/tyve**
21	**tjueen/enogtyve**
22	**tjueto/toogtyve**
30	**tretti/tredve**
40	**førti/førr**
50	**femti**
60	**seksti**
70	**sytti**
80	**åtti**
90	**nitti**
100	**(ett) hundre**
110	**hundre og ti**
200	**to hundre**
300	**tre hundre**
400	**fire hundre**
1 000	**(ett) tusen**
10 000	**ti tusen**

Le jour et l'heure

aujourd'hui	**i dag**
hier	**i går**
demain	**i morgen**
ce matin	**i morges**
cet après-midi	**i ettermiddag**
ce soir	**i kveld**
tard	**sent**
tôt	**tidlig**
bientôt	**snart**
plus tard	**senere**
une minute	**et minutt**
deux minutes	**to minutter**
un quart d'heure	**et kvarter**
une demi-heure	**en halv time**
lundi	**mandag**
mardi	**tirsdag**
mercredi	**onsdag**
jeudi	**torsdag**
vendredi	**fredag**
samedi	**lørdag**
dimanche	**søndag**

GUIDES VOIR

Pays

Afrique du Sud • Allemagne • Australie
Canada • Costa Rica • Cuba • Écosse • Égypte • Espagne
France • Grande-Bretagne • Grèce • Inde • Irlande
Italie • Japon • Maroc • Mexique • Norvège
Nouvelle-Zélande • Portugal • Singapour
Suisse • Thaïlande • Turquie

Régions

Aquitaine • Baléares • Bali et Lombok
Barcelone et la Catalogne • Bretagne • Californie
Châteaux de la Loire et vallée de la Loire
Florence et la Toscane • Floride • Guadeloupe
Hawaii • Îles grecques • Jérusalem et la Terre sainte
Martinique • Naples et la côte amalfitaine
Nouvelle-Angleterre • Provence et Côte d'Azur
Sardaigne • Séville et l'Andalousie
Sicile • Venise et la Vénétie

Villes

Amsterdam • Berlin
Bruxelles, Bruges, Gand et Anvers • Budapest
Delhi, Agra et Jaipur • Istanbul • Londres • Madrid
Moscou • New York • Nouvelle-Orléans • Paris
Prague • Rome • Saint-Pétersbourg • Stockholm
Vienne • Washington

Transports en commun d'Oslo

T-bane / Trikk / Buss

T-bane
Métro
U-bahn

Trikk
Tramway
Straßenbahn

Buss
Ligne de bus principale
Stadtbus

Jernbane
Lignes ferroviaires
Eisenbahn

12 **Full driftstid**
Ligne ouverte t.l.j.
Stamlinie

18 **Begrenset driftstid**
Ligne saisonnière
Einsatzlinie

Overgangsmulighet
Correspondance
Umsteigemöglichkeit

Stoppesteder i én retning
Stations
Eine Richtung Haltestelle

Flere spørsmål?
Plus de questions ?
Mehrere Fragen?

Trafikanten ✆**177**

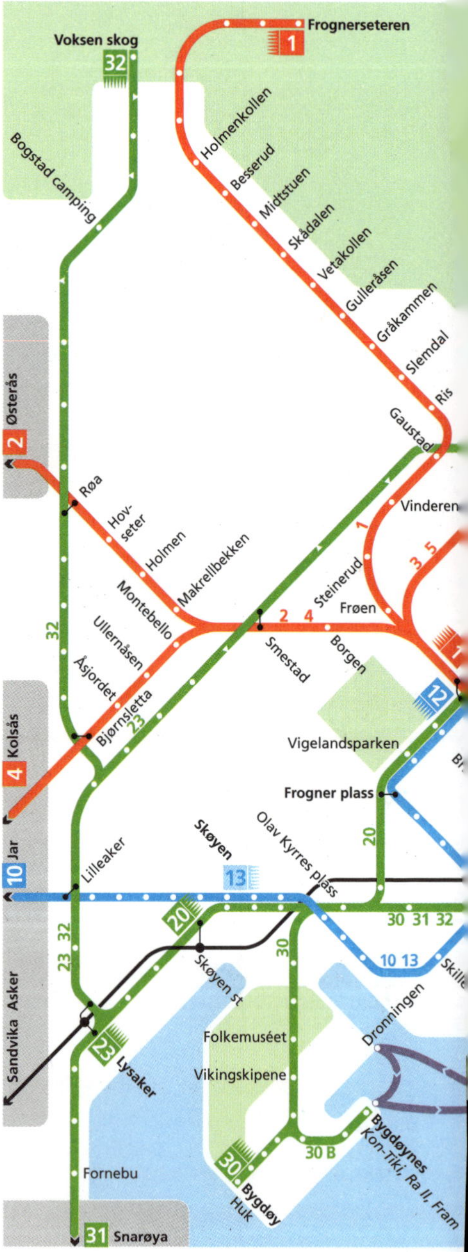